suhrkamp taschenbuch 2046

Don Juan zählt zu den Symbolgestalten des Abendlandes. Er ist der Verführer, das erotische Genie. Nun kennt man diesen spanischen Edelmann freilich auch als heiteren Genießer aller Lebensfreuden und als einen, der das Absolute sucht; als Verkörperung dämonischer Sinnlichkeit, als zynisch-adligen Ausbeuter, als Jongleur mit Worten und Heiratsversprechen und als müden Kriegsheimkehrer, auch als einen Feigling, den die Frauen verführen müssen, weil er nicht Manns genug ist, ihr Verführer zu sein ... Eigentlich aber, so schien Max Frischs Komödie 1952 zu behaupten, sei er ein Liebhaber der Geometrie gewesen. Dies nun galt seinerzeit als Gipfel der Frivolität.

Im vorliegenden Band werden Materialien versammelt als Antwort auf die Frage, welche Identität jeweils dieser symbolischen Gestalt Don Juans im geschichtlichen Wandel zugeschrieben werden konnte. Eine Dokumentation mit bisher unveröffentlichten Briefen zur Entstehungsgeschichte, Interpretationen von Frischs Komödie, die Analyse ihrer Rezeption drängen allerdings eine weitere Frage, die Max Frisch wichtiger als jede frivole These war, auch dem Leser auf: Welche Identität kann dieser Don Juan im steten – nicht nur erotischen – Rollenspiel eigentlich annehmen als sein Selbst, da doch alle Macht der Tradition auf die Rolle des Liebhabers drängt? Wenn Frisch später einmal auf »neue« Liebesgeschichten und ein verwandeltes Verhältnis der Geschlechter hofft, so hatte der Autor dieser melancholischen Komödie dargestellt, warum die alten Geschichten sich immer wiederholen.

Frischs »Don Juan oder Die Liebe zur Geometrie«

*Herausgegeben von
Walter Schmitz*

suhrkamp taschenbuch
materialien

Suhrkamp

suhrkamp taschenbuch 2046
Erste Auflage 1985
© Suhrkamp Verlag Frankfurt am Main 1985
Suhrkamp Taschenbuch Verlag
Alle Rechte vorbehalten, insbesondere das der Übersetzung,
des öffentlichen Vortrags
sowie der Übertragung durch Rundfunk und Fernsehen,
auch einzelner Teile.
Satz: Janß, Pfungstadt
Druck: Nomos Verlagsgesellschaft, Baden-Baden
Umschlag nach Entwürfen von Willy Fleckhaus und Rolf Staudt
Printed in Germany

1 2 3 4 5 6 – 90 89 88 87 86 85

Inhalt

Einleitung 9

I. Entstehung und Fassungen

Max Frisch/Peter Suhrkamp
 Ein Werkstattgespräch in Briefen. Dokumente zur Entstehung
 der Komödie *Don Juan oder Die Liebe zur Geometrie* 15

Walter Schmitz
 Fassungsvarianten von Max Frischs *Don Juan*-Komödie 26

II. Die Rezeptionsgeschichte

1. Ärgernis *Don Juan* – Die Rezeption der ersten Fassung 1953

Traugott Vogel
 Max Frisch: *Don Juan oder Die Liebe zur Geometrie*.
 Uraufführung im Schauspielhaus Zürich 47

Rudolf Jakob Humm
 Max Frisch: *Don Juan oder Die Liebe zur Geometrie*.
 Premiere 5. Mai 1953 im Schauspielhaus Zürich 50

Wilhelm Zimmermann
 Don Juan oder Die Liebe zur Geometrie.
 Komödie von Max Frisch (Uraufführung) 52

Felix Stössinger
 Max Frisch: *Don Juan oder Die Liebe zur Geometrie* 55

Max Frischs *Don Juan* in der Diskussion 59

Rudolf Jakob Humm
 Max Frisch steht Rede 68

Paula Rüf
 Zu Max Frischs *Don Juan oder die Liebe zur Geometrie*.
 Schauspielhaus Zürich 72

Erich Kuby
  Don Juans Liebe zur Geometrie ist zu klein   76

2. Der rehabilitierte *Don Juan* – Die Rezeption der Neufassung (1961)

Elisabeth Brock-Sulzer
  Max Frisch: *Don Juan oder die Liebe zur Geometrie*   81

Dieter Bachmann
  Der Unentschiedene. Zur Aufführung von *Don Juan oder Die Liebe zur Geometrie* von Max Frisch im Zürcher Schauspielhaus   85

Werner Wollenberger
  Hölle, wo ist Dein Sieg? Max Frisch, *Don Juan oder Die Liebe zur Geometrie*   87

Reinhold Viehoff
  Don Juan in der Theaterkritik. Anmerkungen zur Verarbeitungsgeschichte der Komödie Max Frischs   92

III. Don Juans Geschichtlichkeit

1. Zur Vorgeschichte von Max Frischs Komödie

Sören Kierkegaard
  [Aus:] Entweder – Oder (1843)   131

George Bernard Shaw
  [Aus:] Vorwort [zu: *Mensch und Übermensch* (1903)]   165

Ödön von Horváth
  Vorwort [zu: *Don Juan kommt aus dem Krieg* (1936)]   177

José Ortega y Gasset
  [Der Techniker und der Intellektuelle (1939/42)]   178

Albert Camus
  Der Don-Juanismus (1942)   186

Romano Guardini
  [Aus:] Vom Sinn der Schwermut (1949)   191

Max Frisch
  [Aus:] Spanien – Im ersten Eindruck (1951)   196

Bertolt Brecht
  Zu *Don Juan* von Molière (1953)   205

2. Tradition und Traditionsverarbeitung

Walter Schmitz
  Don Juans Dasein in der europäischen Literatur:
  Kapitel aus der Geschichte einer Symbolgestalt   208

Johannes Werner
  Ein trauriger Held. Vorgeschichte und thematische Einheit von
  Max Frischs *Don Juan oder Die Liebe zur Geometrie*   263

IV. Deutung und Vermittlung

Michael Butler
  Die Flucht in die Abstraktion. Zu Max Frischs
  Don Juan oder Die Liebe zur Geometrie   289

Eduard Schaefer
  Don Juan in der Schule. Literaturdidaktische Überlegungen
  zu Max Frischs Komödie   309

Anhang

Zur Einrichtung des Bandes   329
Kommentierte Auswahlbibliographie   330
Rechte-Vermerk   336

Einleitung

Don Juan zählt zu den Symbolgestalten des Abendlandes. Er ist der Verführer, das erotische Genie. Nun kennt man diesen spanischen Edelmann freilich auch als heiteren Genießer aller Lebensfreuden und als einen, der das Absolute sucht; als Verkörperung dämonischer Sinnlichkeit oder doch eher latent homosexuellen Narziß, als zynisch-adligen Ausbeuter, als Jongleur mit Worten und Heiratsversprechen und als müden Kriegsheimkehrer, auch als einen Feigling, den die Frauen verführen müssen, weil er nicht Manns genug ist, ihr Verführer zu sein... Eigentlich aber, so schien Max Frischs Komödie 1952 zu behaupten, sei er ein Liebhaber der Geometrie gewesen. Dies nun galt seinerzeit als Gipfel der Frivolität.

Im vorliegenden Band werden Materialien versammelt als Antwort auf die Frage, welche Identität jeweils dieser symbolischen Gestalt Don Juans im geschichtlichen Wandel zugeschrieben werden kann. Das leitende Prinzip dabei war, einerseits die Dokumente zu sammeln, damit sie für sich selbst sprechen mögen, andererseits aber auch Thesen anzubieten zum Anfang eines Dialogs, den der Leser und Benutzer weiterführen wird.

Frischs *Don Juan* und sein *Graf Öderland* sind ja Komplementärdramen, ähneln sich im Thema und ergänzen sich in Stoff und Dramaturgie. Während sich der Staatsanwalt Martin aus der von seinem Autor erfundenen Mythe vom ›Grafen Öderland‹ eine neue Identität zimmert und diese, »mit der Axt in der Hand«, gegen seine Umwelt durchficht, wird Don Juan Tenorio mit der literarisch-mythischen Rolle ›Don Juan‹ konfrontiert, so daß sein Leben nun stets diesem gesellschaftlichen Vorurteil verhaftet bleibt – in der Unterwerfung wie in der Auflehnung. So führt der »schreibende Zeitgenosse« Max Frisch uns denn allmählich zu jener bitteren Frage, die ihm wohl wichtiger und aktueller schien als jede frivole These über den berüchtigten »Verführer« von Sevilla: Welche Identität kann dieser Don Juan im steten – nicht nur erotischen – Rollenspiel eigentlich noch annehmen als sein Selbst, da doch alle Macht gesellschaftlicher Tradition auf die Rolle des Liebhabers drängt? Und wo findet sich denn – im Zürich Stillers, in Andorra, in unserem eigenen Innern – jener Freiraum, in dem sich das Selbst entfalten könnte? Wer konsequent sein wahres Selbst verwirklichen will, so lautet das Fazit, der verstrickt sich nur immer tiefer im Rollendiktat seiner Umwelt – nicht nur Opfer, sondern auch schuldig wegen seiner Einseitigkeit. Wenn Frisch später einmal, in der autobiographischen Erzählung *Montauk*, auf »neue« Liebesgeschichten und ein verwandeltes Verhältnis der Geschlechter hofft, dann hatte der Autor dieser melancholischen Komödie dargestellt, warum die alten Geschichten sich immer wiederholen.

Jedenfalls hat Frisch nicht einfach mit literarischen Motiven die soziologische Rollentheorie illustriert; zum Begriff der literarischen »Rolle« gehört vielmehr ihre Tradition: einmal in der subjektiven Sichtung, die Max Frisch vorgenommen hat – diese bildet sich in den gedanklichen Quellen, die entweder in seinen »nachträglichen« Bemerkungen genannt sind oder erschlossen werden können, ab (vgl. i. d. B. S. 241). Neben dem Lese- steht, bezeichnend für Frischs Schaffensweise, das Reiseerlebnis, und sein meisterlicher Essay *Spanien – Im ersten Eindruck* skizziert mit sicheren Strichen das Bild eines Landes, wo Sinnlichkeit und Spießbürgertum, Liebe und Tödliches, Maurisch-Heidnisches und strenge oder auch verlogene christliche Moral schroff aufeinanderstoßen: Die Heimat eines Don Juan, der sich in diesem Antithesendenken willig verirrt; noch der verhinderte Torero Stiller wäre gern ein triumphierender Kämpfer gegen den »schwarzen Stier« der Sinnlichkeit, und sein (etwas verklemmter) Puritanismus zeigt uns, daß »Sevilla« auch in der Schweiz liegen und »Seldwyla« heißen könnte. Die Traditionsmotive fügen sich den Erlebniskoordinaten von Max Frischs Gesamtwerk ein. Dann hat aber dieser große Stoff der europäischen Literatur auch sein eigenes Entwicklungsgesetz; seine Geschichte zielt nicht auf Frischs Stück hin, sondern dieses ordnet sich ihr zu, muß vor ihr bestehen und mag sie dann weiterführen und verändern: Zumindest skizziert werden sollte in unserem Band auch dieser Zusammenhang.

Ob Frischs Komödie in ihm überhaupt bestehen könnte, war zunächst keineswegs unumstritten. Freilich sind die erregten, hart an die Grenze des Theaterskandals streifenden Debatten nach der Uraufführung längst verhallt, und doch wollten wir hier nicht ohne weiteres die Aura des »Klassischen« akzeptieren, wie sie den modernen »Don Juan« von 1952 inzwischen umgibt. Unsere Dokumentation lädt den Leser ein, ein aufrührerisches Stück zu entdecken, seine Entstehung nachzuverfolgen und zu erfahren, wie in der

Folge der Fassungen »Klassizität« entsteht, ja hergestellt wird, und wie sie in den Institutionen der literarischen Öffentlichkeit – oft gegen den Willen der Beteiligten – allmählich beglaubigt wird. Der didaktische Beitrag, der unseren Band beschließt, sollte – über seinen unmittelbaren, praktischen Zweck hinaus – auch zu der nachdenklichen Frage veranlassen, ob ein »Don Juan für die Schule« überhaupt in der Institution ›Schule‹ noch seine ursprüngliche Bestimmung für eine Schule des Fragens und des Denkens bewahren kann. Dem Dilemma dieses Zweifels ist natürlich die Institution ›Literaturwissenschaft‹ nicht minder ausgesetzt. Wenn deshalb hier aus der Fülle der Deutungen nur zwei ausgewählt, die übrigen aber in einer kommentierten Bibliographie nachgewiesen werden, so will dies auch eine Aufforderung zur Neugier bedeuten: Diese Sammlung von Materialien soll eine zuverlässige und nützliche Hilfe für des Lesers eigene Mühe um Einsicht sein, nicht deren Ersatz. Letztlich hofft sie darauf, sich selbst überflüssig zu machen.

München, im September 1984 *Walter Schmitz*

I
Entstehung und Fassungen

Max Frisch / Peter Suhrkamp
Ein Werkstattgespräch in Briefen
Dokumente zur Entstehung der Komödie
»Don Juan oder Die Liebe zur Geometrie«

Der Briefwechsel Max Frischs mit seinem Verleger Peter Suhrkamp erlaubt es, ab Juli 1952 eine recht genaue Entstehungschronologie zu Frischs *Don Juan*-Komödie aufzustellen.
 Am 8. 7. übersandte Frisch das Manuskript einer ersten Version an den Verleger; am 18. 7. folgte ein »Nachwort«, ebenfalls die Vorstufe für Späteres. Am 24. 7. 1952 antwortete Peter Suhrkamp ausführlich:

Inzwischen werden Sie in Kampen sein. Ich las *Don Juan oder Die Liebe zur Geometrie*. Sie betonten verschiedentlich ausdrücklich, daß es sich bei dem Manuskript um eine Erstfassung handelt. Danach lasse ich mich im Moment auf Einzelheiten nicht ein, sondern nehme an, daß Sie am Ganzen, besonders an der Sprache und speziell an Formulierungen noch selbst weiterarbeiten.
 Wenn ich zunächst meine Reserviertheit gegen ein neues Don Juan Stück zurückstelle, kann ich sagen, dass ich überrascht bin über die echten Komödienzüge und vor allem über die Beherrschung der richtigen Komödientechnik. Zur Komödie gehört eben, daß auf der ganzen Linie dupiert wird und jeden Moment in der herrschenden Verwirrung nur der Zuschauer davon Bescheid weiß. Es gibt dann allerdings auch noch die Möglichkeit, dass selbst der Zuschauer dupiert wird und am Ende, wenn er das entdeckt hat, über sich selbst entweder lacht oder erschrickt, oder auch beides. Sie haben aber nicht nur die Methode der Komödie sofort richtig in den Griff bekommen, fast stärker noch ist die Wirkung der schlagenden Situationen und einzelner schlagender Formulierungen. Sie haben mich also, mit einem Wort, durchaus überzeugt, daß Sie eine sehr gute Komödie schreiben können. Die Intermezzi zwischen den einzelnen Bildern des ersten Teils gefallen mir ganz besonders, und zwar wegen ihrer Knappheit und Direktheit. Sie haben da viel von Brecht gelernt, ohne die Brecht-Schule noch zu verraten. Es sind im Grunde echte dialektische

Szenen. Sie stehen dialektisch zwischen den Bildern und sind in sich dialektisch lehrhaft.

So weit also eine Gratulation!

Eine zunehmende Enttäuschung war für mich der Epilog. Schon umfangmässig ist das Verhältnis zu den drei Bildern vorher nicht richtig. Der Epilog macht fast ein Drittel des Ganzen aus. Bis zum Epilog ist im Wechsel der Szenen allein schon ein drängendes Tempo gegeben, das durch die Intermezzi keineswegs aufgehalten wird. Der Epilog ist dann eine schwere abschliessende Wand. Für mich lastet er jedenfalls auf dem Ganzen. Nach dem Gang bis dahin habe ich das Bedürfnis, die Komödie müßte im gleichen Tempo und im raschen Wechsel zu Ende geführt werden. Die vorliegende Form hat sich für Sie wahrscheinlich daraus ergeben, dass zwölf Jahre dazwischen liegen. Muß das sein? Die Zweiteilung eines Stückes war noch nie eine glückliche Lösung, besonders nicht, wenn die beiden Teile in der Struktur so verschieden sind. Es dürfte möglich sein, den Epilog auch in zwei oder drei Bilder aufzulösen. Zwischen diese Bilder müssten dann selbstverständlich auch Intermezzi eingeschaltet werden. Diese Intermezzi innerhalb des Epilogs müssten aber auch wie bis dahin wesentliche Bestandteile für den Fortschritt der Handlung sein und keineswegs nur formale Elemente, denen man die Verlegenheit anmerkt.

Endlich gefällt mir der letzte Schluß der Komödie noch nicht. Die Geschichte mit den Kisten ist etwas fatal. Sie scheint mir eine unzulängliche Erfindung. Daß Don Juan das Genick brechen soll, ist unglaubhaft und fatal ist, daß der Kardinal und Don Juan selbst sich auf eine derart dilettantische Konstruktion stützen. Hier scheint mir noch der schwächste Punkt des ganzen Stückes zu liegen.

[...]

Soweit also zu *Don Juan oder Die Liebe zur Geometrie*.

Nun muß ich wohl noch von meiner Reserviertheit gegen ein neues Don Juan Stück schreiben. Die Liste der Don Juan Fassungen, die Sie in dem Nachwort geben, besagt schon, wie sehr dieser Stoff überanstrengt worden sein muss. Er gibt eigentlich nur noch bei neueren Fassungen etwas Witz her. Die Beschäftigung bleibt also im Intellektuellen. Das beobachtete ich auch schon bei anderen Don Juan Darstellungen der letzten Zeit. Dabei ist die Fabel ein Urthema. Dieses Thema lässt sich auch kaum besser fassen. Aber könnte man nicht die Don Juan Fabel Szene für Szene, also

Etappe für Etappe, als Muster benutzen, auf dem man ein heutiges Stück mit heutigen Figuren in der heutigen Welt sich vollziehen liesse? So hat doch Eliot seine modernen Stücke konstruiert, so hat Joyce seinen *Ulysses* gebaut. Damit wäre dann auch die Möglichkeit gegeben, sich in der Komödie vom spanischen Komödienklischee zu lösen. Die comedia dell'arte ist als Stil so beherrschend, ihre Formelhaftigkeit im Sprachlichen ist so zwingend, daß für meinen Geschmack von daher jede Komödie etwas Historisierendes an sich hat, etwas von einem Spiel, das nicht mehr trifft. Aber das sind so Gedanken von mir bei Gelegenheit Ihrer Don Juan Komödie. Sie haben nichts mehr mit der Beurteilung ihrer Komödie zu tun und sollen Sie nicht etwa veranlassen, noch umzuschmeissen. Diese Bemerkungen von mir sind vielleicht von Wert für eine eventuelle neue Komödie von Ihnen. Lassen Sie sich durch sie also keinesfalls bei der Arbeit an der vorliegenden beeinflussen oder bestimmen.

Das »Epilogische, der Tempowechsel« seien – so die Antwort – gewollt (31. 7.), und auch auf die »Zeit guter Kostüme« hat sich der Autor festgelegt:

[...] selbst wenn ich noch die Wahl hätte, ich könnte mich mit diesem Stoff und nach O'Neill, Eliot, Anouilh nicht entschließen, kostümlich zu aktualisieren [...]

Am 6. 8. 1952:

Langsam, durch Ihre und andere Urteile teils geklärt, teils zur Verdeutlichung meines Widerspruchs gereizt, drängt es mich nun doch, mit der weiteren Arbeit an der Komödie zu beginnen, sobald ich dazu komme.

Am 18. 8., abermals aus Kampen:

[...] es beschäftigt mich eigentlich nichts als die Komödie. Schon in den letzten drei Wochen ist mir einiges eingefallen, das ich notiert habe, in Bezug auf den Epilog. Zugleich habe ich den ersten Teil in liebevolle Revision genommen, sprachlich überarbeitet, im Detail gepflegt; das wichtigste dabei ist die fällig gewordene Ergänzung: das Lob der Geometrie. Ich habe jetzt, diesen ersten Teil betreffend, ein gutes Gefühl. Was den Epilog angeht, so möchte ich vorläufig nur sagen, dass ich von der Notwendigkeit eines Umbaus überzeugt worden bin, ich glaube auch, die Route zu sehen.

Ihre Anregung, die mir vorerst gar nicht passte, erfüllt sich nun, da ich das Bisher-Epilogische mehr in Aktion umsetze, wie von selbst, nämlich: es wird drei Bilder mit zwei Intermezzi geben, die ich bereits skizziert habe. Eines: Donna Elvira und Bischof von Cordoba, die zusammen, überrascht über ihr Zusammentreffen, im Vorraum warten. Das andere: der Steinerne Gast, nämlich die verkleidete Celestina, und Leporello, welcher der Verkleidung nicht glaubt, dass es die Kupplerin ist, die ihn sprechen will. Mehr will ich noch nicht berichten. Der Bischof, bisher Cardinal, wird mehr im Stil des Pater Diego gezeichnet sein, also humoriger, menschlicher, weniger Vogelscheuche. Entscheidend scheint mir, wenn ich an die jetzige Skizze denke, der Gewinn an Aktion, damit Tempo wie im ersten Teil. Das Problem bleibt Don Juans Tod! Ich bin nachwievor dagegen, dass er einer fremden List zum Opfer fällt; es geht darum, den »Zufall« annehmbar zu machen, nämlich fällig. Zweitens: ob Don Juan einen Sohn haben kann oder nicht. – Ich bin jetzt voll in der Arbeit. Es ist möglich, dass ich in zwei Wochen soweit komme, die neue Fassung vorlegen zu können. Sofern ich eine glückliche Hand habe! In diesem Fall möchte ich Ihnen vorschlagen, dass ich das ganze Stück dann in Frankfurt diktiere, damit wir die neue, wenn auch nicht die letzte, so doch eine anbietbare Fassung haben; um mit den Theatern verhandeln zu können.

Am 25. 8. ist diese Fassung anscheinend abgeschlossen:

Das Wichtigste: Die glückliche Hand, die ich erhoffte, hat mich nicht im Stich gelassen, der zweite Teil des Don Juan ist geschrieben und meiner Meinung nach gelungen.

Darauf am 27. 8., vor der Abreise aus Kampen:

Ich habe mich also doch – Ihr kurzes trockenes Lachen wird bis hieher hörbar sein – wieder einmal getäuscht, nämlich in Hinsicht auf die glückliche Hand, die ich eine Woche lang glaubte zu haben. Auch die neue Version vom zweiten *Juan*-Teil geht nicht. Ich ziehe also die gestern gehisste Fahne meiner Zuversicht vorläufig auf Halbmast, ohne übrigens verzagt zu sein; alle diese meine Attakken, die bisher zurückgeschlagen worden sind, bringen mich der Figur immer näher, »meinem« Juan, wie er im ersten Teil entwickelt ist.

Dies zur raschen Orientierung; es wird also in Frankfurt nicht vorgelegt, und von Diktat kann somit nicht die Rede sein.

Am 30. 9. ist die zweite Version beendet:

Heute sende ich Ihnen das Manuskript der neuen Fassung von Don Juan. Ich habe ausschließlich daran gearbeitet.

Die Reaktion des Verlags in Suhrkamps Brief vom 6. 10.:

[...] Ich fand die ersten drei Akte, einschließlich der Zwischenspiele, noch schlagender geworden. Das gilt ganz besonders für die ersten beiden Akte. Für sich genommen finde ich den 5. Akt wieder ausgezeichnet, wenn man auch der Ansicht sein kann, die Ehe als die Hölle zu bezeichnen, sei eine Auffassungssache und also subjektiv. Für einen Don Juan trifft das bestimmt zu. Ich glaube, dass damit aber auch eine verschwiegene Erfahrung der meisten Ehemänner von heute ausgesprochen ist. Aber darum geht es weniger als vielmehr um die Theaterszene, und diese finde ich durchaus gelungen.

Bei diesem Schluß ist der 4. Akt in der jetzigen Form problematisch. Er steht geradezu als ein Riegel zwischen dem 3. und 5. Akt. [...] [Partien im 4. Akt] bleiben Fremdkörper im Fluß der Komödie. Nach meiner Ansicht ist es nur die Komtur-Erscheinung. Sie ist bei der im übrigen ganz modernen Fassung des Don Juan Stoffes ein Stück der alten Legende, das heute in jeder Form nicht mehr eingeht. Sie ist ein Fremdkörper, und ich habe mir deshalb überlegt, ob auf sie nicht ganz zu verzichten ist. Die Erscheinung des Komtur könnte im Schlußakt, wo die Legende von Don Juan zum ersten Mal im Buch erscheint, aus diesem zitiert werden. Das ergäbe vielleicht noch eine ganz witzige Nuance. Man kann diese Veranstaltung auch ohne große Schwierigkeiten im 4. Akt streichen. Es bleibt dann im 4. Akt, daß Don Juan im Begriff zu verschwinden, in ein Kloster unterzutauchen, die Frauen, die in seiner Erinnerung haften, zu einem Abschied geladen hat. Zu dem Abschiedssouper kann [...] auch der Komtur geladen sein. Selbstverständlich erscheint das Denkmal in keiner Form. Stattdessen kommt unerwartet der eine Ehemann, und zwar unverkleidet, und zwingt Don Juan in seine Hölle, nämlich in die Ehe. Damit fiele der ganz mühselige Apparat, der für Ihre Lösung der Komturszene noch nötig ist, fort. Das Stück hätte dann einen einheitlichen leichten, frivolen Bogen.

Max Frisch am 8. 10.:

Ich bin froh um Ihren Brief. Das Problem, darin bin ich mit Ihnen ganz einig, ist jetzt der Vierte Akt; er hat mir denn auch am meisten Arbeit verursacht, und die kleine Korrektur, die Sie inzwischen erhielten, zeigt Ihnen, dass ich in dieser Gegend nicht ruhig bin.

Ziel (der neuen Version, und als Zielsetzung überzeugt es mich, indem dadurch auch die Modernität, die Sie zuerst sehr vermissten, deutlicher wird) ist dieses: die Legende von der Höllenfahrt, die nun einmal aus der Don Juan-Thematik nicht zu eliminieren ist, nicht bloss zu parodieren, sondern als Legende bestehen zu lassen und den Komödienwitz dahinein zu legen, dass die reale Story völlig davon abweicht (Juan bleibt am Leben), die Legende trotzdem existiert und auf eine andere Weise für ihn real wird, indem sie ihn aus der Welt verstösst und tatsächlich den »Don Juan« umbringt, d. h. in der Loggia von Ronda erweist es sich, dass die Legende, womit er die Welt narren wollte, die Ausdrucksfigur seiner realen Situation ist. In diesem Sinn ist der Held ein Dupierter. Das Intermezzo hat dabei die Aufgabe, die Etablierung der Legende zu zeigen, gegen die mit Vernunft nichts zu machen ist. Wir hätten damit, wenn es gelänge, durchaus die Rechtfertigung, den alten Stoff aufzugreifen; seine »Figur«, als solche von unserem Erleben her nur noch parodistisch vorstellbar, und die Realität unseres Erlebens – beides müsste da sein, um sich wechselseitig zu erklären, zu illustrieren.

Nun aber der vierte Akt: – ich meine auch, dass hier noch etwas getan werden muss, es ist ein Brocken. (Auch wenn der Spass der Ueberraschungen, die für uns nun schon ausfallen, einiges lockert, wird etwas Verpuffendes bleiben; ich habe immer wieder angesetzt, um es »hinzukriegen«, um für den Zuschauer das Vergnügen herzustellen, dass man sieht und voraus sieht, wo ein dreister Rechner sich verrechnet, wie ein männlicher Planer kapitulieren muss vor dem Zufall, der nicht umsonst von Weibern verkörpert wird.) Völlig einverstanden: der vierte Akt ist noch ungelöst. Wie aus der Skizzierung des Zieles schon hervorgeht, kann ich mir jedoch nicht vorstellen, dass man auf die Veranstaltung einfach verzichten kann. Schöner dünkte es mich, Mittel zu finden, das Mühselige daran zu überwinden. Im bisherigen Sinn: Don Juan, verzweifelt über sein Leben, sieht keine andere Ausflucht mehr als die Veranstaltung einer frommen Legende, die er nicht glaubt, und antizipiert damit sein reales Schicksal, dem er nicht entschlüpft, er illustriert nur seine Ausweglosigkeit. Und nur dann, glaube ich, steht der kurze letzte Akt. Jedenfalls muss Don Juan selber (und niemand anders) der Kreator der Legende sein; das heisst, wir müssen ihn sehen in seinem desperaten Versuch, den Aberglauben (das Weibische) sich zunutzen zu machen, um dem Weib zu entkommen, und nur dann mag es lustig sein, ihn im letzten Akt zu sehen als Gefangenen des Weibes.

Wie halten wir es nun?

Tatsächlich ist es so, dass es mich drängt, daran weiter zu arbeiten. Aber ich muss eine Pause einlegen, um einfach wieder die Möglichkeit frischer Reaktionen zu haben; ich kenne es jetzt auswendig, was mich hindert, Wirkungen des Vorliegenden registrieren zu können. Es gibt jetzt nichts anderes als den Umweg durch eine andere Arbeit; das mag drei, das mag sechs Wochen gehen, bis ich diesen VIERTEN AKT nochmals in die Hand nehmen kann. Ich schlage nun vor, dass wir das Manuskript doch vervielfältigen lassen, dass man es den wenigen vorgemerkten Theatern vorlegt, meinetwegen mit der Andeutung, dass der vierte Akt noch Veränderungen erfahren dürfte. Haben wir die bessere Lösung, setzen wir den Vierten Akt ein. *Ich* möchte, dass das Stück in dieser Spielzeit herauskommt [...]

Peter Suhrkamps Hinweis auf den »Weg [...], auf dem unser beider Vorstellungen ausgeführt werden können«, 13. 10. 1952:

Ich griff dabei Ihre Idee auf, daß Don Juan durchaus selbst seine Legende kreieren muss.

Wir sind uns darüber einig, dass die Probe zu dem Komtur-Auftritt im 4. Akt eine Stockung bedeutet. [...] der Fluß wird unterbrochen. Es ist etwas Ungelöstes und Unlösliches in ihn geworfen, das als Damm wirkt. Kürzer als die Probe zum Komtur-Auftritt jetzt im 4. Akt da ist, lässt sie sich kaum veranstalten. Ich sehe auch keinen Weg, das Mühselige in dieser Probe selbst zu überwinden. Mein Vorschlag zu einem Ausweg ist deshalb folgender:

Dem 4. Akt voran geht auch ein Zwischenspiel vor dem Vorhang. Es ist das ein Gespräch zwischen Don Juan und der Bordellmutter. In dieser Szene müsste Don Juan der Aktive sein. In dem Dialog wird die Komtur-Szene erfunden, entwickelt und kurz vorbereitet. Darauf öffnet sich der Zwischenvorhang, es ist kurz vor Beginn des Abschiedssouper. Das Komtur-Motiv wird in dem Gespräch zwischen Don Juan und Leporello kurz wieder aufgenommen, und in der Angst Leporellos hat es in dieser Szene einen Grad von Realität. Darauf folgt der Auftritt der Damen und die Überraschung: der Ehemann. Im übrigen kann der 4. Akt dann fast nach der Vorlage weitergeführt werden. Die Probe zur Komtur-Szene fällt also weg, auch der Auftritt des Denkmals selbst. Aber die Legende ist von Don Juan in Szene gesetzt.

Im 5. Akt wird, wie schon in meinem vorigen Brief angedeutet, die Komtur-Szene von Don Juan der Herzogin vorgelesen. Die anschliessenden Bemerkungen von beiden, die an einen wirklichen Verlauf des Abends erinnern, können witzig sein. Der Zuschauer erlebt damit gleichzeitig die Entwicklung der Legende.

Ich glaube, lieber Max Frisch, dass dies der gegebene Weg ist. Ich hatte nur ein Bedenken dagegen: nämlich daß nach der Pause mit einem Zwischenspiel begonnen wird. Dieses Zwischenspiel ist also in diesem Fall eine Art Vorspiel. Da es die Handlung aber unmittelbar auffängt, kann man das, glaube ich, riskieren.

Max Frisch kündigt am 14. 10. 1952 den vierten Akt für die nächsten zwei bis drei Tage an:

[...] die Komturprobe ist schon gefallen (ein Intermezzo daher) unnötig [...]

Am 19. 10. (am 18. hatte bereits im »Podium der Stadt Zürich« eine erste Lesung, »und zwar I Akt, 2 Intermezzo, III Akt«, stattgefunden):

Ich beliefere Sie mit einer weiteren Fassung des VIERTEN AKTES. Ich bin so vorgegangen: ich schrieb mir in der Methode der Brechtschen epischen Umschreibungen auf, was dieser Akt innerhalb der Zielsetzung, wie ich Sie Ihnen neulich skizzierte, zu leisten hat. Dabei entdeckte ich etwas sehr Simples, vermutlich die Ursache jenes Mühsamen und Umständlichen, wovon wir sprachen, nämlich: in der bisherigen Fassung hat sich alles mehrfach wiederholt, z. B. die Informierung des Zuhörers in den Plan, eine Höllenfahrt zu inscenieren, kam drei Mal, Probe mit Denkmal, Darlegung des Planes vor dem Bischof, Enthüllung durch Don Lopez, endlich die Erscheinung. Umständlichkeit ist bekanntlich der Tod jedes Witzes. Es fehle der Fluss, sagten Sie; ich meine: eben weil wir immer wieder hören und sehen mussten, was wir bereits wussten. Ich glaube also, dass der Akt einfach zu wenig »gemeistert« war. Wenn er sich so entwickelt, dass der Zuschauer (unwissend wie wir es beim Lesen leider nicht mehr sind) Schritt für Schritt weiter und vorwärts geführt wird, dürfte von einem Block oder Riegel kaum mehr die Rede sein. Das habe ich nun gemacht. Der Gewinn, scheint mir, ist nicht bloss der Ausfall der Komtur-Probe, nicht nur die nochmalige Straffung im Dialog – aus den bisher 34 Seiten sind 28 Seiten geworden – sondern vorallem eine ökonomischere Führung des Zuschauers, der zuerst nur weiss: Juan inszeniert etwas, aber was? Und dann: warum? und dann: wie gelingt es? Kurzum, ich bin der Meinung, in dieser Form sollte dieser VIERTE AKT nun gehen, spätere Verbesserungen im Detail vorbehalten.

Von dieser Fassung wurde ein Bühnenmanuskript hergestellt; Frisch bestätigt den Erhalt am 31. 10.:

Vielen Dank für Ihren Brief und das erste JUAN-Exemplar, die Verfremdung durch die andere Schrift verlockte mich, das Stück zu lesen – mit dem Ergebnis: es machte mir Spass, der sich im Vierten Akt noch immer in Sorge verwandelt, auch sprachlich wird noch einiges zu verbessern sein. Ich bin aber froh, dass es nun draussen ist. [...]

Inzwischen las ich übrigens Ihre ausgezeichnete Einleitung zu den Shawschen *Vorreden,* auch einiges von diesen Vorreden, und da mir immer noch viel Juanisches durch den Kopf geht, habe ich angefangen, gelegentlich Notizen zu machen: nicht zum Stück, nicht als Selbst-Exegese, trotzdem könnten solche Notizen einmal einen guten Dienst tun im Theaterheft und im Buch; beispielsweise handeln sie von Stierkampf, vom Ja oder Nein des Spaniers, von seiner fanatischen Radikalität, von Don Juan als Urvater der spanischen Anarchisten, die nie Revolutionäre sind, sondern rasante Individualisten, von der Unmöglichkeit der Don Juan-Existenz, der nur Tod oder Kapitulation bleibt, vom Hochstaplertum jedes Don Juan u.s.w. – aber wichtiger wäre, dass ich den Vierten Akt zum Stehen bringe, besser gesagt: zum Fliessen. Hirschfeld sagt noch etwas richtiges: der Zuschauer wird in die Pause entlassen nach einem Akt, der tragisch und der Komödie sehr fern ist, er findet, dass der Schluss dann die Komödie durchaus zustande bringt, fürchtet aber Verwirrung der Geister in der Pause, wo ja die Meinungen gebildet werden. Ich denke daran, vielleicht an den Dritten Akt noch einen kleinen Intermezzo-Schnörkel anzuhängen, um das Tragödienhafte aufzulösen.

Am 3. 11. moniert Peter Suhrkamp,

daß ein Intermezzo im Anschluß an den dritten Akt, vor der Pause also, mir unmöglich erscheint. Eher kann man nach der Pause, also vor dem vierten Akt, mit einem Intermezzo oder Vorspiel wieder beginnen.

Dieser Vorschlag wird am 18. 11. wiederholt; Suhrkamp drängt nochmals auf eine Überarbeitung des vierten Aktes, die Frisch für Anfang Dezember auch plant. Am 27. 11. erwähnt Suhrkamp dann Brechts Bearbeitung des *Dom Juan* von Molière, da Frisch um ein Leseexemplar für Benno Besson, der an Brechts Projekt mitarbeite, gebeten habe. Im Lauf des Dezembers entsteht eine weitere Version des vierten Aktes – Max Frisch am 5. 1. 1953:

Inzwischen habe ich den VIERTEN AKT nochmals geschrieben. Mit Lust. Sie werden insofern enttäuscht sein, als ich an der Legenden-Inscenierung (die bisher dramaturgisch nicht gelöst war) festgehalten habe, im Sinne meiner früheren brieflichen Erläuterungen. Die Verwandlung ist Ihnen vielleicht nicht auffallend, da der Text als solcher wenig verändert ist, doch sind wesentliche dramaturgische Fehler eliminiert. Um nur etwas zu nennen: Es war falsch, dass der Legenden-Spuk die Gäste aus dem Haus treibt, während Don Juan blieb; damit war so gut wie nichts geschehen. Jetzt ist es umgekehrt, der Legenden-Spuk treibt Don Juan aus dem Haus, die Gäste bleiben auf den Knieen zurück, es bleibt die sichtbare Geburt der Legende und dazu die Frage, wo geht Don Juan hin, da er in seinem Haus nicht mehr leben kann, d. h. die Handlung hat ein Gefälle. Ferner fehlte bisher eine Motivierung, warum Don Juan, als sein Klosterklausen-Plan durchkreuzt ist, trotzdem die Legende vom Stapel lässt; es geschah aus Verlegenheit, vage und keineswegs zwingend. Jetzt: Lopez hat das Haus umstellen lassen, Don Juan ist in einer Lage, der er nur mit dem Salto Mortale entkommen kann, und der Zuschauer glaubt, dass es für Don Juan hier kein Bleiben mehr gibt, er ist auf der Flucht. Daher ist es theatralisch richtig, dass er die Scene verlässt, nicht zurückbleibt wie bisher. Ferner: die Erscheinung des Denkmals wird als Missverständnis durchgeführt; Don Juan sagt die platte Wahrheit, die den Damen, indem sie an das Uebernatürliche glauben, als Verhöhnung erscheinen muss, und wir haben den Witz der Doppeldeutigkeit. Das »Unmoderne«, das bei der Geist-Erscheinung droht, finde ich durchaus eliminiert, ohne dass wir in der Parodie (wie im allerersten Entwurf) stecken bleiben. Es dürfte nun auch evident werden, warum gerade die Celestina den toten Komtur spielt.

Sie sind der Meinung, daß vor der Pause kein Intermezzo mehr sein könne. Was ich meinte, ist auch weniger ein Intermezzo, sondern ein Schnörkel, der an die Komödie erinnert, bevor man den Zuschauer (nach dem nahezu tragischen Dritten Akt) in die Pause entlässt. Dieser Schnörkel aber ist, um die Hauptscene mit der toten Anna nicht zu zerstören, am besten vor dem Zwischenvorhang zu machen, also auf der Ebene der Intermezzi. Sie sehen, wie ich es gemacht habe; sehr kurz, abbrechend. (Dabei wird beiläufig die Linie Miranda verdeutlicht, die Figur des Lopez eingeführt, was für später nützlich ist.)

In seiner Antwort (12. 1.) schließt Suhrkamp die Diskussion um den vierten Akt, wenn auch nicht völlig überzeugt, ab. Frisch meldet am 13. 1. den Abschluß von *Nachträgliches zu »Don Juan«*, reicht am 17. 1. noch einige Kürzungen nach, und am 4. 2. 1953 liegt die endgültige Bühnenfassung vor. Für die weiteren Fassungen der Komödie *Don Juan oder Die Liebe zur Geometrie* tritt neben Peter Suhrkamp nun die »Öffentlichkeit als Partner«.

Walter Schmitz

Fassungsvarianten von Max Frischs *Don Juan*-Komödie

Als unsere, je eigene Vergangenheit verblassen die fünfziger Jahre, ihre Atmosphäre und erlebte Eigenart, allmählich; als Geschichte mit anderem Recht sind sie uns für gewöhnlich noch kaum bewußt geworden. Unser Gedächtnis reicht gerade hin, um die Zeit zu leugnen und sich dem Schock geschichtlicher Fremdheit zu entziehen, aber ihm fehlt die Kraft, jene Vergangenheit lebendig zu vergegenwärtigen. So erwarten wir denn, daß die vor einer Generation erschienene Literatur uns unvermittelt anspricht, und wollen ihr das Eigenrecht des Historischen nicht zugestehen.

Mit dem Beginn der sechziger Jahre endet die Nachkriegszeit, die Phase der Konsolidierung und der Restauration, und diese historische Markierung gilt für die Literaturgeschichte gleichermaßen;[1] so erscheint es, wenngleich dies kaum vom Autor beabsichtigt war, doch für uns bedeutsam und sinnvoll, daß 1962 die Theaterstücke Max Frischs in einer definitiven Ausgabe gesammelt vorgelegt werden und nun, in den soweit endgültigen Fassungen des *Graf Öderland* wie des *Don Juan* vor allem die aktuellen Anspielungen und zeitgebundenen Motive getilgt werden. Anstelle einer konkreten, geschichtlichen Wirklichkeit wird deren Essenz im rückschauenden Bewußtsein geboten. Jene Abstraktion, die sich in der öffentlichen als Summe der privaten Erinnerung ausprägt, wird hier gleichsam vorweggenommen und damit auch vorbereitet und gefördert. Indem wir die Fassungsvarianten von *Don Juan oder Die Liebe zur Geometrie* hier vorstellen, wollen wir dieses abschließende Resultat wieder in seine Bedingungen auflösen, die nun freilich nicht mehr so bequem zu unserer Gegenwart passen, die uns jedoch gerade deshalb die Vorgeschichte und die Differenzqualität unserer Zeit bewußtmachen. Und wäre dies Ziel auch zu hoch gesteckt, so bildet sich in der Fassungsgeschichte der *Don Juan*-Komödie jedenfalls der gewandelte Stilwille Max Frischs ab.

Erhalten ist außer dem Erstdruck (E) und der in die *Stücke* aufgenommenen Neufassung (S) auch – im Archiv des Schauspielhauses Zürich – das eingestrichene Regiebuch der Uraufführung.[2] Zuerst wohl aus Rücksicht auf die Theaterpraxis hatte Frisch für die Zürcher Uraufführung am 11. 5. 1952 eine Anzahl Striche hingenommen, die in der Buchausgabe unnötig schienen. So wird etwa der Abschiedsdialog zwischen Don Juan und Anna gekürzt (zu E 54):

> Deine Mutter hat recht: Ich habe dich geliebt, Anna. Sogar zwiefach. Und es ist seltsam, daß ich euch beide verloren habe, beide im gleichen Augenblick, beide in Dir. ⟨Ich fühle nur, dass ich auf keine von euch beiden schwören könnte, am allerwenigsten auf mich.⟩
> DONNA ANNA Wir werden uns doch wiedersehen, Juan –
> DON JUAN Mag sein, Sevilla ist klein und die Welt nicht allzu gross. Sei nicht traurig! ⟨Leben ist Abschied in jedem Augenblick, aber heiter, wir müssen es nur lernen!⟩ Vergiss meinen Namen und mein Gesicht, aber vergiss nicht, wie schön es sein kann, ⟨wenn es einmal stimmt und wäre es nur ein einziges Mal.⟩ Schau deine Mutter! Werde wie sie und liebe die Welt, wie sie ist, ihre braune und rote Erde, die blüht und Früchte trägt, (...) (Nr. 1)

Und ebenso eine Erinnerung an Anna im Schlußakt (zu E 87):

> Du, die Tote, lebendiger als alle, Du kommst nicht, ⟨Du, die ich umarmt habe und nicht erkannt, und jetzt, da ich Dich erkenne,⟩ jetzt ist es Asche, was ich liebe: ⟨Dein Mund, den ich geküsst habe, und hinter dem Schleier⟩ der lebendige Glanz deiner Augen – Asche wie diese ... (Nr. 2)

Auf eine weitere Selbstcharakteristik Don Juans vor dem Empfang des angeblichen Bischofs wurde bei der Uraufführung ebenso verzichtet, wie eine Spitze gegen weibliche Leichtgläubigkeit ungesprochen blieb:

> Und sage ihm, er brauche sich keine Sorge zu machen, was das übliche Kalb betrifft; der verlorene Sohn habe sich gestattet, die Tafel selbst zu bestellen, denn ich schätze das Kälberne nicht. (Nr. 3, zu S. 89)
> Die Damen werden so ergriffen sein, dass sie weder sehen noch denken können, das ist der Zweck des schlechten Theaters, das sie schätzen. (Nr. 4, zu E 90)

Entsprechend hilflos bleibt das Wahrheitsbemühen des Don Lopez (zu E 115):

> (...) meine Damen; hören Sie mich an! – ⟨ich weiss nicht, welcher Spanier sich dazu hergibt, die vaterländische Stimme unseres toten Komturs zu entweihen, aber ich weiss und verkünde es vor aller Welt:⟩ (Nr. 5)

Anscheinend erst während der Proben erdacht, dann aber in die Buchausgabe übernommen, wurde hingegen nicht nur die erste

Erwähnung des Gabriel Tellez (vgl. S. 110), sondern auch ein Bekenntnis der Nonne Elvira, als sie die Wahrheit des Theatercoups von Celestina annehmen soll – sie braucht Don Juans Verdammnis:

Wie er darauf wartet, dass ich bete für ihn! Nie habe ich ihn süsser gespürt als jetzt, da ich weiss, er ist in der Hölle, von ewigen Flammen gepeitscht, oh, nie hab ich einen Mann so genossen wie dann, wenn ich verzeihe ...
(Nr. 6; zu E 123)

Nicht jede derartige Hinzufügung konnte im Buchtext noch berücksichtigt werden; jedenfalls bat Peter Suhrkamp (in einem Brief vom 11. 5.) seinen Autor dringend, von weiteren Änderungen abzusehen und vor allem den Selbstmord des Don Rodrigo, als eine weitere Belastung Don Juans, nicht entfallen zu lassen. Frisch antwortet, nachdem er auch die Münchner Inszenierung geprüft hatte, am 1. 6.:

Mit ihrer Hoffnung, daß ich mich nun nicht weiter um den Don Juan plage, dürfen Sie ganz zuversichtlich sein; zurück von München, im Begriff, meine nächsten Aufgaben mit Besonnenheit voneinander zu scheiden, bevor ich mich hineinwerfe, beschäftige ich mich mit Don Juan nur noch als Sekretär.

So finden wir denn nicht alle Striche der Uraufführung im Buchtext wieder aufgehoben (zu E 98 f.):

Die Jugend nimmt mich zum Vorbild, ich sehe es kommen. ⟨Ein ganzes Geschlecht von Messerstechern und Schürzenjägern, die meinen, ich sei der Weg zum Glück,⟩ ein ganzes Zeitalter sehe ich kommen, das in die Leere rennt wie ich, ⟨kühn, aber⟩ kühn nur, weil sie gesehen haben, es gibt kein Gericht, übermütig, aber ohne Mut, ⟨gesetzlos und dennoch nicht frei, eine ganze Erde voll Spötter, albern und eitel in einem Hohn, der nur noch Mode ist,⟩ grinsend über alles, aber grinsend wie ein Totenschädel, kahl und ohne Freude, ⟨tot vor Langeweile, öde und ohne die grosse Hoffnung, die unsereiner noch hatte, verloren in einer Art von Frevel, der immer billiger wird, immer schaler und lustloser,⟩ immer dümmer, immer gemeiner und fad zum Verzweifeln!
//Eminenz, ich bekenne es frank und frei: Es ist mir verleidet, Erzfeind eines Himmels zu sein, den es nicht gibt. Ich mag nicht mehr.// (Nr. 7)

Ähnlich hatte Frisch eingangs des vierten Aktes das Gespräch Juans mit den Musikanten erweitert und später dann gänzlich gestrichen; es gibt anscheinend eine Musikergewerkschaft in Sevilla:

MUSIKANT Herr, wir dürfen nicht spielen, bevor das Honorar geregelt ist.
DON JUAN Und wie soll ich im voraus wissen, wieviel euer Spiel wert ist?
MUSIKANT Herr, wir haben Tarife. (zeigt den Zettel) Das Adagio zum Normaltarif. Presto ist natürlich teurer.
DON JUAN Bedaure.
MUSIKANT Dafür ist Tacet umsonst!
DON JUAN Ich habe echte Künstler verlangt!
MUSIKANT Wir sind es ja, Herr.
DON JUAN Persönlichkeiten!
MUSIKANT Lassen Sie uns deswegen nicht verhungern, Herr. Ich war einmal ein Wunderkind.
DON JUAN Wunderkind oder nicht, Erpresser bleibt Erpresser.
MUSIKANT Herr ...
DON JUAN Ein echter Künstler, meine Herren, denkt nicht im voraus an das Honorar. Wo bliebe seine schöpferische Lust? Ich bitte Euch: kein Wort mehr von Geld.
MUSIKANT Kein Geld! –
DON JUAN Erschüttert nicht die Verehrung, die ich für den Künstler empfinde. (Nr. 8)

Auch die Attacken des Don Lopez gegen das Geschäft der Kupplerin, nun als »Gespenst« verkleidet und doch wahrlich die Inkarnation eines herrschenden ›Geistes‹, werden auf der Bühne wie im Buch-Text gekürzt von Don Juan variiert:

Ihr hört es, meine Lieben, nichts als Geschäft. Und davor soll ich auf die Knie stürzen? Das ist der Geist, der mich verkuppeln will, ⟨der leibhaftige Geist von Sevilla, der nur für Gold zu haben ist. Und darüber soll ich nicht lachen?⟩ Das ist es, das Denkmal unsrer spanischen Sitte, ⟨die mich verflucht, ein Schwindel vom Scheitel bis zur Zehe, nicht weiter, ich versichere es euch.⟩ Warum fasst ihr es nicht an? Ihr möchtet euch wundern, was dahinter ist, von Jenseits keine Spur – ⟨(...)
Ihr könnt nicht leben ohne eine Gerechtigkeit des Himmels, ich weiss, aber dem Himmel fällt es nicht ein, eure frommen Wünsche zu vollstrecken, und ich, meine Lieben, ich kann euch nicht mehr bieten als dieses Theater⟩ (Nr. 9; zu E 118)

Schon zuvor hieß es, in einer ebenfalls nicht mehr gedruckten Stelle:

Nichts als Theater. Was soll es anderes sein? Oder hat jemand von euch schon erlebt, dass die Toten, die man verhöhnt, aus ihrer Gruft kommen und sich an die Tafel setzen? Wenn unser König von seinen Soldaten redet: Ihr seid nicht umsonst gefallen, Helden unsres Kreuzzugs, das christliche Spanien wird euch nimmer vergessen! und wenn die königlichen Pfaffen die königliche Rede segnen, die ein Hohn ist – denn es gibt kein christliches

Spanien – müsste es nicht aus tausend Grüften steigen, meine Lieben, und müsste es nicht wimmeln von Skeletten, die unsern König besuchen wollen? Ich sehe es nicht, das Gewimmel der Toten. So leid es mir tut. Wo ist es? (Nr. 10; zu E 117)

Das Zürcher Premierenpublikum hatte sich schon bei der Uraufführung von Frischs *Chinesischer Mauer* (1946) von einer Anklage-Rhetorik schockieren lassen, wie sie jetzt erneut erklang: »ihr hört es, meine Lieben«, »hat jemand von euch schon erlebt« – solche Anredeformen (vgl. Nr. 8–10) mit ihrer impliziten Wendung an den Zuschauer hatte Frisch in seinen Nachkriegsdramen genutzt, um den »letzten Alarm« vorzubereiten, den er mit dem direkten Überspielen der Rampe dann auslösen wollte.³ Öffentliche und veröffentlichte Meinung hatten dies mit dem Urteil, solch ein »zorniger junger Mann« sei »unschweizerisch«, quittiert und die Spannung erreichte mit der Aufführung des *Graf Öderland* neuerlich einen Höhepunkt.⁴

Tatsächlich läßt sich die Schärfe der Gesellschaftskritik in den zwischen 1945 und 1960 entstandenen Werken Frischs, wenn man sie in ihrem schweizerischen Kontext betrachtet, kaum überschätzen: Nicht nur im *Tagebuch*-Zusammenhang werden die später ausgearbeitete Aufforderung zur Anarchie im *Graf Öderland* oder die zuletzt dramatisierte Schilderung eines möglichen Pogroms in einem Schweizer Modell-Staat situiert, der jenem 1961 erschienenen Erfolgsstück Frischs sogar den Namen gab: *Andorra;* auch in dem Tagebuch-Roman *Stiller* ist das helvetische Ambiente eben doch eine Ursache für das Malaise des unschöpferischen Bildhauers, der natürlich mit bissigen Bemerkungen, insbesondere über Frischs Heimatstadt, keineswegs geizt: »Zürich könnte ein reizendes Städtchen sein«;⁵ und wenn wir Stiller als »Hamletchen der Liebe« wie als einen ›faustischen Menschen‹ identifizieren dürfen, daneben Don Juan stellen und den schweizerischen Don Quijote aus dem (bislang verloren geglaubten) Hörspiel *Eine Lanze für die Freiheit* ⁶ – dann hat Frisch von 1952 bis 1955 das »abendländische Gestaltengeviert«, wie es die Kulturpflege in dem einen Zentrum der blühenden Schweizer Essayistik, Zürich, in der »Helvetia Mediatrix« einbürgern wollte, nun gerade zu einer unerhörten Attacke gegen seine Mitbürger aufgeboten.

Der *Graf Öderland* war denn auch »nach einem Monat vom Spielplan verschwunden«,⁷ obschon nach dem »spürbaren Widerstand« beim offiziösen Premierenpublikum allmählich ein öffentliches Gespräch in Gang gekommen war und sich auch Verteidiger des Stückes zu Wort meldeten. Die Uraufführungskritik hatte jedoch das Stück »einhellig abgelehnt« und damit ja durchaus die »offizielle Stimmung« gespiegelt – »eine Stimmung aus vorgeliefertem Misstrauen, Konsterniertheit, Hilflosigkeit, Unbehagen aus stetem Verdacht, man könnte ein politisches Kuckucksei vor Augen haben ...« Frisch hatte seinerzeit dieses Debakel – auch die Verflechtungen mit der Praxis des Zürcher Schauspielhauses – hellsichtig analysiert und für sein neues Stück konsequent die Uraufführung dreimal vergeben, um gegen den prognostizierbaren heimatlichen Mißerfolg etwas abgesichert zu sein. Das ungewöhnlich breite Zürcher Presseecho und die Vielfalt publizistischer Genres (Theaterkritik, Diskussionsbericht, Umfrage) belegen, wie gespannt Frischs Stück erwartet worden war und wieweit sich die Zürcher Presse um ein tadelloses Verhalten bemühte, freilich auch die Aufnahme und Wirkung durch die Auswahl des Gebotenen wie die Tendenz von Urteil und Bericht lenkte. So zeichnen sich, in Erfolg und Versagen, in dieser Rezeption von *Don Juan oder Die Liebe zur Geometrie* geradezu die Umrisse des intellektuellen Zürich von 1953 ab.[8]

»Auch eine Dame war dabei«, notiert der noch immer boshafte Stiller nach einer »Apéritif-Konfrontation mit den führenden Kritikern des Städtchens« Zürich:

[...] eine reife Persönlichkeit, jemand wie eine Tempelhüterin, dabei von einer menschlichen Bescheidenheit, die man auf den ersten Blick sehen kann. [...] Stiller muß sich dieser Dame gegenüber ganz unflätig benommen haben [...] Ich begreife ihren Entschluß, nie wieder über Stiller zu schreiben [...]

Elisabeth Brock-Sulzer, die verdiente Interpretin von Dürrenmatts Werk und Stammkritikerin bei dem von Max Rychner geleiteten Feuilleton der *Tat,* hat ihrer ablehnenden Besprechung des *Graf Öderland* keine Stellungnahme zum *Don Juan* folgen lassen, während Felix Stössinger in dieser Zeitung nun ostentativ sorgfältig die Pflichten des Berichterstatters erfüllt. Daneben meldet sich Traugott Vogel, im meinungsführenden Blatt des Zürcher Freisinns, der *Neuen Zürcher Zeitung*[9], zu Wort; er hatte in den dreißiger Jahren zu einem Kreis junger Autoren gehört, die wir heute dem ›Schweizer Expressionismus‹ zurechnen, während sie damals – etwa bei dem einflußreichen Feuilletonchef der *NZZ* und Förderer Frischs, Eduard Korrodi – als etwas forcierte Talente und »unschweizerisch« galten, – und wir können so im Lauf der Kriegs- und Nachkriegszeit eine merkwürdige, gegenläufige Entwicklung im Schweizer Kulturleben beobachten: Während sich nämlich der besonnene und auch begabte Vogel, ohne von seiner Parteinahme für Albin Zollinger nun abzurücken, allmählich dem realistisch-bodenständigen Stilideal der Gottfried-Keller-Stadt annähert und so die allgemeine Anerkennung erringt, hat sich Frisch während der vierziger Jahre von seinen epigonalen Anfängen gelöst, sich von der offiziösen Kultur ab- und den »Dichtern im Abseits« [10] zugewandt, sowohl dem verehrten Albin Zollinger als auch dem anarchischen Bohemien Ludwig Hohl; von jenem hat er sich in dem leidenschaftlichen Engagement für die Idee der Schweiz anstelle ihrer Praxis bestärken lassen, von diesem aber in seiner Bereitschaft, aus enttäuschenden Einsichten radikale Konsequenzen zu ziehen. Schon nach dem ersten Zeitstück kommt es zu Spannungen, nach der Polenreise 1947 dann zum endgültigen Bruch mit Korrodi und, im Streit mit Ernst Bieri, mit der *NZZ*.[11] In diesen Affären hatte sich auch Rudolf Jakob Humm, der uns ebenfalls als Kritiker der Don Juan-Uraufführung begegnet, dem Nihilismusverdacht gegen Frisch angeschlossen und ihn kollegial vor »trüber Hoffnungslosigkeit und Trübsalblaserei« gewarnt. Humm war während der dreißiger Jahre als Gastgeber im »Rabenhaus« der Doyen der Zürcher »Linken« und Vermittler zur Emigrantenszene gewesen, und wenn sich auch die damalige Liberalität noch in seiner, in der gleichfalls als liberal geltenden *Weltwoche* erschienenen Kritik spiegelt, so war die Kluft, die Frisch von seinen Zürcher Kollegen trennte, früher doch offenbar geworden.[12] Da inzwischen überdies Frischs Zusammenarbeit mit dem »ausländischen« Verleger Peter Suhrkamp begonnen hatte, gelang es ihm um so weniger, seinen Heimatanspruch in der Schweiz durch Zugehörigkeit zum Schweizer Kulturleben zu legitimieren, und das Phänomen seines gespaltenen Erfolges beginnt.

Die Werke der fünfziger Jahre wollen, bis hin zu *Andorra*, den Beweis antreten, daß die Schweizer Literatur zum schweizerischen Selbstverständnis beizutragen wisse und als Gewissen dieser Gesellschaft amten könne. Wer die beredte Sprachlosigkeit der Andorraner, das Kunstverständnis des Herrn Biedermann aus »Seldwyla« oder – auf der Gegenseite – auch die impotente Hektik des Intellektuellen Philip Hotz betrachtet, wird Zeuge, wie das Pro-

gramm in der Durchführung sich allmählich widerlegt – und damit die heimatlich wirkungslose ›Wirkungsgeschichte‹ des Schweizer Autors Frisch spiegelt. Noch nicht völlig desillusioniert kreiste eben auch die Erstfassung des *Don Juan* um die gesellschaftskritischen Thesen wie um das Recht des aufbegehrenden Intellektuellen zur Gesellschaftskritik: Frisch führt vor
- die geistige Situation einer/der Nachkriegszeit
- den Kontrast zwischen ›Ideal‹ und ›Geld‹, öffentlich gepredigter Moral und privater (Geschäfts-)Praxis
- die Lüge, welche den Kontrast verschleiert
- die Verhinderung des Neuen durch diese etablierte Phraseologie (so ist in Don Juans, des Naturwissenschaftlers, Scheitern bereits das Scheitern des Städteplaners und Architekten Frisch in der Debatte um eine neue Stadt für eine neue Schweiz präfiguriert [13])
- schließlich, als Sonderfall, die »offen artistische« Selbstinszenierung Don Juans als Provokation gängiger Belletristik und ihres markthörigen Publikums.

Dieses sein Zürcher Publikum nun will sich der Autor Max Frisch, indem er einige der schärfsten Attacken streicht, noch als Partner des öffentlichen Dialogs erhalten; der Schock soll zum Nachdenken und Erkennen provozieren, anstatt Widerstand zu formieren.

Die Analyse der Rezeption zeigt freilich, daß die vorweg etablierten Meinungskonstellationen sich gegen die Intention des Dramatikers behaupteten; obschon Frisch sich tatsächlich eng an Brecht angeschlossen, mit illusionsstörenden Verfremdungseffekten (wie der impliziten Zuschaueranrede) gearbeitet und das »ideologische« Selbstbild der Sevillaner Gesellschaft für deren ökonomische Interessen transparent gemacht hatte, waren so die Vorurteile seines Publikums aktiviert, aber kaum verändert worden.[14] Solche Erfahrungen bestimmen die Dramaturgie und die Thematik der folgenden Stücke. Die Wirkungslosigkeit des *Don Juan*, wie des *Grafen Öderland*, dann die Radikalisierung in den Neufassungen der *Chinesischen Mauer* und des *Grafen Öderland* markieren Stationen auf dem Weg zu Max Frischs Bewußtseinsdramaturgie des Vorurteils, wie sie einer demokratisch verfaßten Gesellschaft, die sich in einer im Selbstverständnis freien Öffentlichkeit reflektiert, eher angemessen ist als das Brechtsche Lehrtheater.

Der, auf Eigenständigkeit bedachte, Wettstreit mit Brecht schien beendet, *Don Juan oder Die Liebe zur Geometrie* ein abgetanes Projekt; »ein paar Striche und sprachliche Verbesserungen« nahm Frisch noch für einen Abdruck in *Spectaculum* vor.[15] Im Mai 1961 erst, als eine neue Einzelausgabe seiner Stücke geplant wird, will er den *Don Juan* überarbeiten – »als letzten der Kegel, die ich nochmals aufstellen will, was eigentlich gegen die Spielregel ist«,[16] resigniert ein Vierteljahr später und möchte das Stück am liebsten unterdrücken und meldet seinem Verleger Siegfried Unseld, nachdem inzwischen die zweibändige Ausgabe der *Stücke* konzipiert war:

Ich habe jetzt den Don Juan nochmals überarbeitet, Sie erhalten das Manuskript in den nächsten Tagen. (Brief v. 1. 12. 1961)

Wir wollen nun noch zwei Streichungen der Zürcher Uraufführung, die Frisch wie die meisten oben dokumentierten zwar nicht im Erstdruck, jedoch in der Endfassung von 1961 ausführte, genauer betrachten, um Absicht und Erfolg dieser letzten Bearbeitung zu erkennen:

[DON GONZALO Sind Sie der Satan?
⟨DON JUAN Natürlich. Und so wie Sie in jenem Harem standen, so mögen Sie auf Ihrem Denkmal stehen in Ewigkeit: so bleich und splitternackt, unser Komtur mit seinen dünnen Beinchen, umringt von den blühenden Mädchen des Sultans, und siehe da, der Eroberer von Cordoba, Kreuzritter der Ehe, er kann der Versuchung nicht widerstehen – seine Hände zitterten wie jetzt – aber er kann der Versuchung auch nicht Folge leisten, Gott weiss es, Gott und ich, der Satan: er konnte einfach nicht!
(Don Gonzalo lässt den Degen fallen.)
//Das kommt wohl von der langen Ehe?//
(Don Juan steckt die Klinge ein.)
Und dafür, dass unser Komtur nicht leben kann, hat man sieben maurische Mädchen bei lebendigem Leibe verbrannt, das ist es, Pater Diego, warum mir der spanische Weihrauch nicht schmeckt.⟩] (Zu E 53; vgl. S 122 f.)

DON JUAN Schwarz wie der Tod, Herzogin, sind Sie in meinen Spiegel getreten, ⟨es hätte solcher Schwärze nicht bedurft:⟩ das Weib erinnert mich an Tod, je blühender es erscheint. [⟨Vielleicht ist es dies, warum ich das Weib nicht mag. Um nicht zu sagen: ich hasse es.⟩]
DIE DAME Ich bin schwarz, weil ich Witwe bin. (Zu E 93; S 144)

Frisch setzt bei der Genauigkeit im ›Handwerk des Schreibens‹ an. Hierher gehört der Verzicht auf ›Bühnensprache‹[17]; weiter die Auflösung längerer Monologe in Repliken und die Kürzung einiger Dialoge.[18] Auch für die vor der Uraufführung viel debattierten Intermezzi findet sich jetzt eine ökonomische Lösung: Der hervorgehobene Auftritt des Don Balthasar Lopez vor dem IV. Akt wird gestrichen und dafür ein kurzer Hinweis im Intermezzo vor Akt III eingefügt. Dichter wird das Netz thematischer Verweise: Gleich auf S. 8 wird ein Herz, »kalt wie Eis«, nun der Kälte eines Steins verglichen und damit eine Vorausdeutung auf den ›steinernen Gast‹ geschaffen. Was emotionale oder (sprach)logische Stichworte nur weiter ausführt, streicht Max Frisch nun durchweg – z. B.:

TENORIO   Macht sich nichts aus Frauen! [Wenn ich bloß daran denke – ein Tenorio: kein Mann! Don Juan: ein – ein – ein] (E 9; S 98)

DON GONZALO   Im Gegenteil, sagte er, wir könnten viel von den Heiden lernen. [Und überhaupt dieses Lächeln um seine Mundwinkel!] Wie ich ihn das nächste Mal traf, lag er unter einer Korkeiche und las ein Buch.
[TENORIO   Junge, Junge!]
DON GONZALO   Ein arabisches.
TENORIO   Geometrie, ich weiß, der Teufel hole die Geometrie!
DON GONZALO   Ich fragte ihn, wozu er das lese.
TENORIO   Was antwortete er?
DON GONZALO   Er lächelte bloß! Ich leugne nicht, Vater Tenorio, daß seine zersetzende Art mich oft ergrimmte – [seine Art, Fragen zu stellen, wo jeder Dummkopf die einzig möglich Antwort weiß] – und daß ich mich zu einem ungeheuerlichen Befehl habe hinreißen lassen, indem ich Ihren jungen Sohn nach Cordoba schickte, die Länge der feindlichen Festung zu messen. [Bei meiner Ehre,] ich dachte ja nicht, daß er es wagen würde. [So mutterseelenallein und mitten unter diese Barbaren!] (E 11; S 99)

DONNA ELVIRA   [Es ist ja entsetzlich mit dir! Seit du rund und fett geworden bist, immer fühlst du dich gekränkt. Erst warst du eifersüchtig auf meinen alten Herrn, jetzt bist du empört, daß auch du kein Jüngling mehr bist. Wie kommst du eigentlich dazu!] Ich habe nie geschworen, daß ich meine Untreue halte, [wenn du ein dreifaches Doppelkinn hast,] und überhaupt scheinst du gänzlich zu vergessen, daß ich verheiratet bin. [Jawohl!] Und wenn ich mich je, was der Himmel verhüte, in einen schlanken Jüngling verliebe, so betrüge ich einzig und allein meinen Gemahl, nicht dich! (E 15; S 101)

DON JUAN   Wenn du mein Freund bist, Roderigo, ich bitte dich um einen Dienst, nicht der Rede wert, für dich ist's eine Kleinigkeit, und doch, mein Freund, für mich hängt alles dran, [mein ganzes Leben.] Ich fühle es, [ich weiß es, ich sehe es] so klar [wie diese Sterne]: Jetzt und hier, in dieser Nacht, wird sich entscheiden, wohin mein Leben rollt, unaufhaltsam. Ich weiß es seit einer Stunde, Roderigo, und kann nichts dazu tun. Ich nicht! [Es ist lächerlich, was man so Schicksal nennt,] plötzlich hängt es an einem dummen Schimmel, Entscheidung über unser ganzes Dasein – Willst du mir helfen, Roderigo? (E 19; S 103)

DON JUAN Ich [war so heiter diesen ganzen Tag. Reiten, weißt du, querfeldein!] Ich hatte Sehnsucht nach ihr. [Und jetzt?] Es war ein Morgen wie noch nie in meinem Leben, so schien es mir, die gelben und violetten Felder, das spröde Laub auf der Erde, Andalusien im Herbst, ich pfiff, ich saß auf meinem guten Schimmel und trabte, und der Ginster, der verblühte, hatte die Farbe ihres Haares ... Ich tränkte den Schimmel an einem Tümpel voll schnatternder Enten, aber das Wasser hatte den braunen Glanz ihrer Augen. Ich sah sie überall! Sogar in der blauen Leere der Luft. Ich traf einen Leichenzug und dachte an sie, ich weiß nicht warum, ich pflückte Feigen, ohne von meinem Schimmel zu steigen, und fühlte das Weiche ihrer feuchten Lippen ... Und die roten Beeren, wenn ich durch die Büsche ritt, sahen aus wie der Schmuck um ihren schlanken Hals. Die ganze Welt war sie! Der zärtliche Wind in meinem Haar, die Sonne um Mittag, die labende Kühle der Schatten, der murmelnde Leichenzug mit seiner schwarzen Kiste. Ich lachte und sagte mir selbst: Warum pfeifst du nicht weiter, Juan? Und doch –] (E 21; S 104)

DON JUAN Sie hat dich nicht vergessen, Roderigo, nicht einen Augenblick, im Gegenteil, wir sprachen viel von dir, unserem Freund, und genossen die Süße der Niedertracht, bis die Hähne krähten. (E 75; S. 135)

Ganze Episoden, die die Handlung nicht weitertragen, werden gestrichen – die folgende Begegnung zwischen Rodrigo und Miranda wohl auch wegen der allzu großen Ähnlichkeit mit den ›Erkenntnis‹-Szenen in der *Chinesischen Mauer*:

SIE Ich habe gelacht, weil du mehr [weißt] (ahnst) als alle Männer von Sevilla zusammen, [denn du hast die Ahnung, was eine Frau ist, und habe ich nicht dein Gesicht gelesen, als es schlief? Dein geschwisterliches Gesicht, dein Gesicht ohne Larve, das ich nie vergesse – du mit deiner großen Scham!

ER Bei meiner Ehre –

SIE Ich fordere ja nichts von dir. Bei deiner Ehre! Warum narrst du mich mit dieser öden Redensart aller andern? Du hast sie nicht nötig. Nimm deine Larve weg!

ER Ich bin in eurem Freudenhaus gewesen, bei meiner Ehre, aber ich spiele nicht Schach, ich schwöre es!

SIE Schach ist keine Schande. O du! Ich habe dich geliebt, bevor ich deine grauen, deine wachen, deine scheuen Augen sah; du bist] (Ich sah dich: vertieft in dein Schach,) der erste Mann [...] (E 17; S 102)

Sorgfältig komponierte Leitwortreihen, die dem weniger erfahrenen Autor noch zur Entfaltung und Verdeutlichung seines Themas nötig schienen, hält er 1961 für überflüssig; so ja schon an der oben zitierten Stelle (E 75), wo ein weiterer Hinweis auf die doppelsinnig christliche Lesart von Don Juans satanischer Rolle (vgl. E 65/S 128; E 72/S 133) entfällt, nämlich die Anspielung auf den Verrat an Christus, als »die Hähne krähen«; die Bindung an Anna, als Symbol der Bindung an eine »tote« Erfahrung bestimmt noch Don Juans »Bildnis« von der Frau in den Schlußakten (vgl. Nr. 2), und das Schisma von »Göttlichem« und »Tierischem« in der Liebe ist ja, im Stück wie in Frischs Gesamtwerk, ein zentrales Thema:

DON JUAN Gott weiß, wenn es ihn gibt: Ich habe gekniet, in Reue gekniet, und sie hat mich erhoben, meine Braut, die ich erkannt habe mit der Gewißheit meines Herzens, erkannt als die einzige, die ich liebe – Das ist nicht wahr!
PATER DIEGO Dann trage diese Leiche. (E 80; S 138 – durch Geste ersetzt)

[...] ich habe sie erkannt. [Mit ihr werde ich gehen, meinen Schwur zu erfüllen. Habe ich nicht die himmlische Gnade erfahren, noch einmal leben zu dürfen? Und wenn euer Himmel meinen Schwur mißbraucht, um mich einer Wasserleiche zu vermählen, verlaßt euch drauf, daß ich in diesem Leben nicht einen Schwur mehr achten werde, nicht einen! – wenn sie nicht meine Braut ist.] (E 82; S 139)

SIE Ein Irrtum! – wie kannst du so reden? Dann wäre alles ein Irrtum, was es gibt zwischen Mann und Frau, [dann wären wir wert, auf allen vieren zu gehen wie Tiere, die nicht unterscheiden können, nicht erinnern. Ein Irrtum!] Du meinst, mit einer Larve kannst du täuschen, [die dich liebt, und ich finde dich nicht, den einzigen, den ich suche wie mich selbst? Ich habe dich gefunden!] Muß ich meine Larve lösen, damit du es zugibst, mich zu kennen? Sie werden mich auf die Gasse werfen, wenn ich ohne Larve bin – (E 16; S 102 – erw.)
MIRANDA O Himmel, womit habe ich das verdient? Celestina hat recht, keiner konnte mich demütigen. Und jetzt, o Himmel, warum läßt du mich kriechen wie ein Tier, da ich liebe, zum erstenmal liebe wie ein Mensch – kriechen wie ein Tier ...] (E 32; S 111)

DIE GESTALT Alles dies – Juan, mein Juan! Woher weißt du, daß es nicht ein Irrtum ist?

DON JUAN Irrtum?
DIE GESTALT Eine Täuschung deiner Sinne.
DON JUAN Was?
DIE GESTALT Daß ich es bin, die du liebst.
DON JUAN Irrtum! – Wie kannst du so reden? Dann wäre alles ein Irrtum, was es gibt zwischen Mann und Frau, dann wären wir wert, auf allen vieren zu gehen wie Tiere, die nicht unterscheiden können, nicht erinnern. Irrtum? Du meinst, mit einem Schleier könntest du mich täuschen, der dich liebt, und ich erkenne dich nicht, die einzige, die ich suche wie mich selbst? Ich habe dich erkannt.
DIE GESTALT Juan –?] (E 76 f.; S 136)

Und schließlich wird das vordem aktuelle Thema ›Krieg‹ ebenso zurückgedrängt, wie die, auch im *Graf Öderland* belegte und allzu stark an Brecht gemahnende, Aufrechnung von ›Wort‹ gegen ›Münze‹, Geld und Ideologie; das Kennwort »Inhaber«, das auch ›Besitz‹ und ›Ehe/Sexualität‹ verkuppelt, muß ebenso entfallen:

DON JUAN Wenn das euer Ernst ist . . . [Ich dachte, wir wären Freunde. Drum habe ich die Wahrheit gesprochen, soweit ich sie selber weiß. Wozu diese Klingen? Ich habe über zwanzig Mauren erstochen bloß für diesen Unsinn, was ihr Kreuzzug nennt; meint ihr, ich könne nicht fechten für mein wirkliches Heil?
PATER DIEGO Was sagt er von unserem Kreuzzug?
DON JUAN Leider die Wahrheit, Pater Diego –]
[. . .]
DON JUAN Nennen Sie es Gott, ich nenne es Geometrie. Jeder Mann hat etwas Höheres als das Weib, wenn er wieder nüchtern ist. [Bei Gott! Ich kenne ihn doch aus der Nähe, den Gott unseres spanischen Heeres, und mit diesem Gott, meine Herren, werden Sie mich nicht hinters Licht führen. Wozu diese feierliche Miene, dieser Ernst, diese Pose der Entrüstung? Sie meinen doch nicht, daß ich als einziger den ganzen Schwindel nicht gemerkt habe. Gold und Silber für die spanische Bank, meinetwegen, aber daß wir einen heiligen Kreuzzug führen, um den Mauren eine höhere Sitte zu bringen, beispielsweise unsere spanische Ehe – ich bedaure, meine Herren, daß ich als einziger lache. Wir alle wissen, daß die Ehe nicht geht.
TENORIO Mein Sohn!
DON JUAN Von deiner ganz zu schweigen, Papa –
TENORIO Mein Sohn!
DON JUAN Habe ich nicht recht, Pater Diego? Sie kennen doch die täglichen Beichten im Lande, abgesehen von Ihren eigenen Erfahrungen –]
PATER DIEGO Was soll das heißen?
DON JUAN Eine kecke Frage, Pater Diego, in diesem gediegenen Kreis. Ich weiß nicht, ob der Komtur es weiß.

[DON GONZALO Was?
DON JUAN Mich geht es nichts an, was hier geheuchelt wird –]
[...] [DON JUAN Ich rate euch, ihr Helden des Hinterlands, steckt eure Klingen zurück, ich bin kein wehrloser Jud, den ihr meuchlings erstechen könnt, weil ihr ihm Geld schuldet ... Donna Elvira, ich habe Sie unterbrochen.] (E 48–51; S 120f.)

[Wer aber über meine Schwelle tritt, der weiß: Hier gibt es keinen Kitsch, hier gibt es keine Hoffnung auf Treue, hier kostet es nur Geld. Irgendwo muß der Mensch ja wohl seine Ruhe haben, mein Schätzchen, Urlaub von allen Gefühlen, die einer haben sollte und nicht hat. Wieso sind die Kerle so fröhlich hier? Wenigstens ein einziges Haus in der Welt, wo der Schöpfer sie läßt, wie er sie geschaffen hat ... Du aber, du mit deiner Sehnsucht nach einem Einzigen, du mit deiner Persönlichkeit, ich sage dir, was du zu verkaufen hast, du triefende Seele, das bekommen unsere Herren auch ohne Geld – überall!] (E 31; S 110)

[MIRANDA Eine Dame sein, Celestina, es wird mich so verlegen machen: wenn die Krüppel aus meinem Weg rutschen und sich entschuldigen, daß sie keine Beine mehr haben. Und die Bettler werden mich nicht anpöbeln: He da, gib einen Peso, Hure, wo hast du dein Geld schon her! Sondern sie werden mich für eine Dame halten und sich fürchten vor meinem Geiz und nicht wagen, ihre schmutzigen Hände auszustrecken vor meinen verwöhnten Augen, ach Gott, und niemand auf dem ganzen Platz, niemand wird wissen, daß ich trotz allem eine Dirne bin.
CELESTINA Sie werden es vermuten.
MIRANDA Wieso?
CELESTINA Meinst du, daß du die erste Dame bist, die davon lebt, was sie ohne Schleier ist? Ihr seid mir noch Kinder; mit eurem Glauben an die Leute, die euch verachten! Ich sage ja: wären nicht die Dirnen, die wenigstens davon träumen – wo gäbe es noch einen ehrlichen Glauben an die Tugend?] (E 60f.; S 126 – vgl. weiter E 86 u. 90 die Thematik von Schein und dem Sein als Geldeswert)

PATER DIEGO [Das ist es ja, was uns die Heiden nicht glauben wollen. Sie sagen, wir überfallen Cordoba, bloß um sie auszurauben, und wollen nicht erkennen, daß wir ihnen dafür sittliche Werte liefern, Werte wie die Ehe ... Sie erschrecken mich wirklich, Don Gonzalo,] [Sie sind der Inhaber der] (Ihre Ehe ist die) einzige[n] vollkommenen Ehe, die wir den Heiden da drüben zeigen können, die Heiden mit ihrem Harem haben es natürlich leicht, Witze zu reißen über unsere Skandale in Sevilla! Ich sage immer: Wenn unser christliches Spanien nicht einen Helden hätte wie Sie, Don Gonzalo, einen Mann, der uns die Möglichkeit der Ehe bewiesen hat, unerschütterlich wie Stein – Doch sprechen Sie weiter! (E 39; S 114)

Frisch hat also
1. die spiel- und schaubaren Implikationen des Gesagten und die denkbaren Folgerungen nicht mehr zur Formulierung zugelassen;
2. die satirischen, aktuellen Anspielungen, einschließlich der Appelle an das Publikum, weitgehend gestrichen;
– und dieses zweite Resultat der Umarbeitung muß sich einer genaueren Betrachtung zuletzt als ein Spezialfall des ersten enthüllen, da die konkrete Satire nun aus dem abstrakt gewordnen Text je zu folgern und nicht mehr vorgeschrieben ist. Mochten sich die gestrichenen Passagen der Erstfassung auch plausibel aus ihrem Kontext erklären, so waren sie doch nicht vollständig von diesem Kontext determiniert und können daher inhaltlich nicht rekonstruiert werden. Frisch gibt die Formel der Kritik, während der Zuschauer deren Material beisteuert. Die Zweitfassung also läßt dem Rezipienten einen Spielraum und schließt nur falsche Folgerungen aus, ohne die richtigen aufzudrängen. Daher soll es dann dem Leser oder Zuschauer freistehen, ob er dem Textformular[19] seine je eigenen, lebenspraktisch inspirierten Schlußfolgerungen substituieren oder deren kleinsten gemeinsamen, im Stück fixierten Nenner in abstrakter Präzision begreifen will: Das Rollendiktat unter gesellschaftlich verstärktem Traditionsdruck.

> Henrik Ibsen sagte:
> »Zu fragen bin ich da, nicht zu antworten.«
> Als Stückschreiber hielte ich meine Aufgabe für durchaus erfüllt, wenn es einem Stück jemals gelänge, eine Frage dermaßen zu stellen, daß die Zuschauer von dieser Stunde an ohne eine Antwort nicht mehr leben könnten – ohne ihre Antwort, ihre eigene, die sie nur mit dem Leben selber geben können. (GW II, S. 467)

Indem er seine Fragen nicht mehr auf ein Zürcher Publikum hin formuliert, weist sich Frisch als der inzwischen weltberühmte Autor aus, für den die Schweiz »kein Thema« mehr ist.[20]
Die lokal gebundene Kritik wird verallgemeinert zu einer Gesellschaftskritik schlechthin, und die Satire wandelt sich in die Modell-Dramaturgie menschlichen Rollenverhaltens, die in *Andorra* weniger konsequent und mit zeitgeschichtlichen Anspielungen belastet erprobt worden war. Die abstrakte Frage- und Appellstruktur sichert diesem, stets als brillant gewürdigten Theaterstück seinen zeitlosen Rang, wie es dem Anlaß, der Schaffenssumme am Ende einer literatur- und werkgeschichtlichen Epoche, ja gebühr-

te. Freilich sollen sich Frischs Aufforderung an seine Schweizer Mitbürger nun alle Leser und Theaterzuschauer zu Herzen nehmen: »Machen Sie Gebrauch von der Freiheit.«

Originalbeitrag.

Anmerkungen

1 Vgl. Dieter Bänsch (Hg.), *Die fünfziger Jahre*, Tübingen: Narr 1984.
2 Die genauen Angaben in der Bibliographie. Aus dem Regiebuch wird mit dem Hinweis auf die entsprechende Stelle in der Druckfassung zitiert, also: »zu E (Seitenzahl)«. Die nur im Regiebuch gestrichenen Passagen erscheinen in spitzen Klammern 〈 〉, die endgültig getilgten in doppelter Virgel //, erst in S gestrichene Passagen in Kastenklammern []; sofern es zum besseren Verständnis erforderlich ist, werden Ergänzungen aus dem Text von S in runden Klammern () nach der Streichung gegeben. Die Fülle der Änderungen ließe sich in einem lemmatisierten Apparat kaum erfassen, und da hier überdies der beschränkte Raum zur Auswahl zwingt, können unsere Beispiele keine philologischen Ansprüche erheben und wollen nur als Aufforderung zu weiteren Vergleichen verstanden sein.
3 Vgl. *Tagebuch 1946–1949*, GW II, S. 403. – Zum impliziten Publikumsbezug vgl. Nr. 7; dazu gehört auch der penetrante Brunst-Ruf des Pfaus – fand die Uraufführung doch vor einem wegen sexueller Heuchelei attackierten Publikum in einem Theater statt, das dem Ortskundigen als die »Pfauenbühne« bekannt ist.
4 Zum prekären Verhältnis zwischen Max Frisch und seiner Heimat vgl. mein Nachwort in: Max Frisch, *Forderungen des Tages*, Frankfurt: Suhrkamp 1983 (st 957), S. 364 ff.; R. Viehoffs empirische Rezeptionsstudie i. d. B. bietet wichtiges, ergänzendes Material. Vgl. auch Walter Marti: *Max Frischs »Don Juan« und das religiös ästhetische Empfinden*, in: *Neue Zürcher Nachrichten*, 15. 7. 53, sowie ebd., 26. 5. 53; weitere Besprechungen in: *Winterthurer Tagblatt*, 7. 5. 53; *Tages-Anzeiger*, 7. 5. u. 21. 5. 1953; *Zürcher-Woche*, 8. 5. 53; *Der Landbote* (Winterthur), 11. 5. u. 21. 5. 1953; *Zürcher Unterländer*, 15. 5. 53.
5 GW III, S. 429; folgendes Zitat aus *Gespräch mit einem jungen Autor* (zu: *Jürg Reinhart*), in: *Neue Zürcher Zeitung*, 14. 10. 1934 (vgl. S. 24 meiner Anm. 6 gen. Mon.).
6 Vgl. dazu meine Monographie *Max Frisch: Das Werk (1931–1961)*, Bern: Lang 1985, S. 284 f. Zu Frischs Teilnahme an der Zürcher Essaykultur, vgl. ebd. (passim, bes. Teil B).

7 Dies, wie die folgenden Zitate aus Max Frischs unveröffentlichtem *Kleinen Memorandum zu »Graf Öderland«*, das im Zürcher Max-Frisch-Archiv verwahrt wird.
8 Vgl. i. d. B. den Beitrag von Viehoff, sowie meine Mon. (s. Anm. 6). Folgendes Zitat: GW III, S. 585.
9 Die verdienstvollen Hinweise von Hans Bänziger, *Zwischen Protest und Traditionsbewußtsein*, Bern: Francke 1975, S. 102 ff. regen eine genauere Untersuchung von Frischs Verhältnis zur *NZZ* an.
10 So der Titel von Dieter Fringelis 1974 vorgelegten (Zürich: Artemis) Porträtessays dieser Autoren.
11 Die entsprechenden Briefdokumente verwahrt das Max-Frisch-Archiv; vgl. auch GW II, S. 768. Folgende Zitate (in: *Unsere Meinung. Freie literarische Monatsschrift*, hg. v. R. J. Humm, Juni 1948) aus Humms *Ergänzung* zu Frischs Erwiderung auf eine frühere Kritik.
12 Vgl. das erst 1958 veröffentlichte, nach dem Zeugnis des Verlegers Friedrich Witz freilich allgemein als schockierend empfundene Tagebuch Hermann Hiltbrunners *Alles Gelingen ist Gnade*, Zürich: Artemis, S. 127 ff. In der 2. Fassung der *Chinesischen Mauer* von 1955 streicht Frisch den, von dem Zürcher Lyriker P. A. Brenner stammenden, Song des Min Ko.
13 Vgl. Thorbjürn Lengborn, *Schriftsteller und Gesellschaft in der Schweiz*, Frankfurt: Athenäum 1972, S. 179–193.
14 Auch vor dieser Folie muß die i. d. B. S. 308 zitierte Stellungnahme Don Juans aus der 2. Fassung der *Chinesischen Mauer* bewertet werden – zu Brechts Molière-Bearbeitung und Frischs Verhältnis dazu s. u. S. 241.
15 Brief an Peter Suhrkamp v. 20. 6. 1957.
16 Brief an Siegfried Unseld v. 26. 5.; Frischs Sorge, über der Verbesserung des früheren sein gegenwärtiges Werk zu versäumen, klingt in der Anspielung auf Rip van Winkles fatales Kegelspiel (vgl. GW III, S. 425 f.) mit. Zum Folgenden vgl. den Brief an Helene Ritzerfeld u. Walter Boehlich v. 13. 7. 1961.
17 Vgl. z. B. S. 11 oder S. 18 die Ersetzung von »röcheln« durch »schweigen« (S 102). – In einem Brief v. 25. 12. 1961 an Philippe Pilliod, den Übersetzer des *Homo faber* ins Französische, charakterisiert Frisch die Neufassung seines Stückes: »[...] jetzt aber, gesäubert von blöden Witzen und vor allem von Feuilletonpoesie, macht es mir wieder Spaß, es ist trocken, glaube ich, scharf und zierlich, ein Degenstück, wir halten es unter dem Mantel.«
18 Vgl. jeweils E 56/S 124; E 81/S 138; E 86/S 140; E 100/S 148; u. das stark veränderte Intermezzo Celestina–Elvira E 120 ff./S 159 f. (dazu Nr. 6).
19 Hier bewährt sich das Modell der sog. »Rezeptionsästhetik«, wie sie von H. R. Jauß und W. Iser entwickelt wurde; vgl. den gleichnamigen Sammelband von R. Warning, München: Fink 1975.

20 Vgl. Lengborn (s. Anm. 13), S. 130; dazu Frischs Formulierungen im Gespräch mit Gerardo Zanetti, in: *Die Woche* (Olten), 19. 8. 1964, u. Paul Ignaz Vogel, Neutralität 2, H. 5, 1964, S. 2–6. Schlußzitat: GW IV, S. 225.

II
Die Rezeptionsgeschichte

1. Ärgernis *Don Juan* –
Die Rezeption
der ersten Fassung 1953

Traugott Vogel

Max Frisch:
Don Juan oder Die Liebe zur Geometrie
Uraufführung im Schauspielhaus Zürich

Der junge Don Juan soll für eine kühne Kriegstat, die ihm zugeschrieben wird, mit der Hand der lieblichen Donna Anna, der Tochter des Komturs von Sevilla, belohnt werden, schreckt jedoch vor der ehelichen Bindung zurück, obschon oder weil er soeben eine heimliche Liebesnacht im Schloßpark mit ihr verbracht hat – ohne zu ahnen, daß er seine Künftige in Armen hält. Am Traualtar kann er nicht Treue schwören; denn »jeder Mann hat etwas Höheres als das Weib, wenn er wieder nüchtern ist«. Und: »Nur der Nüchterne ahnt das Heilige, alles andere ist Geflunker.« Dieses Höhere, Untrügliche, Beständige nennt er Liebe zur Geometrie, »das nüchterne Staunen vor dem Wissen, das stimmt«, und so wirft er dem Priester zum gehauchten Ja der Braut sein trotziges Nein hin, macht sich davon und genießt auf der Flucht so nebenbei in derselben Nacht gleich zwei unzüchtige Bettrasten: die eine bei der lüsternen Mutter der verschmähten Braut, die andere bei der Verlobten seines einzigen Freundes Roderigo. Ob dem Betragen seines verworfenen Sohnes hat Don Juans Vater »seinen Herzschlag«, der ruchlos und aus purer Neugierde hintergangene Freund verübt Selbstmord, die sitzengebliebene Donna Anna ertränkt sich im Weiher, deren Vater ersticht er sozusagen zuvorkommend, die Hure Miranda hingegen, zur Herzogin von Ronda erhoben, fängt ihn schließlich mit »mörderischer Noblesse« ein und wirft ihm im fünften Akt »die letzte Schlinge um den Hals«, indem sie ihn zum Vater macht – und damit bedarf es eigentlich keiner von der triumphierenden Kirche beglaubigten legendären Höllenfahrt eines Lüstlings mehr, sitzt er doch sanft gefangen in der »Hölle der Ehe«. – So sinkt Max Frischs Don Juan, seine eigene

Legende armselig überlebend, völlig in Daseinsekel ab, und sein Fall wird klinisch, für uns.

Mit wem haben wir es in dieser Komödie zu tun, die in einem »theatralischen Sevilla« und in einer Zeit der »guten Kostüme« spielt? Mit einem Moralisten ohne Moral oder zumindest ohne Moralsätze? Ist dieser herausfordernde Don Juan ein andrer, schwächlicher Herakles, der den andalusisch-abendländischen Augiasstall ungehemmten Sexualbetriebs auszumisten hat, dann aber im gesäuberten Schweinekoben wie in einer nackten Strafzelle gefangen hockt und seiner edlen Geometrie doch nicht froh zu werden vermag? Könnte er denn nicht froh werden, fragen wir schüchtern, gerade eben durch die vielverkannte, verlästerte Liebe, im Dienste eines Eros freilich, dessen Gabe nicht als flüchtige Lust ans »Weib« vergeudet wird (wo's sogar schön sein kann, »wenn es einmal stimmt«!), sondern als Tribut und Lösegeld des Vergänglichen ans Dauernde, des körperlich Flüchtigen ans Ewige? – Bewahre, so leichthin ist hier nichts zu lösen, keiner zu erlösen; denn der Frevler Don Juan wird nie weder an der sinnlichen Liebe (zum Weibe) noch an der sinnenhaften Liebe (zur Geometrie) genesen, da ihm großartig aufgetragen ist, gegen die Grundgesetze des Lebens anzurennen. In einem Auftritte, der für die Uraufführung gekürzt worden ist, klagt er dem Bischof Diego: »Im Ernst, mein Unwille gegen die Schöpfung, die uns gespalten hat in Mann und Weib, ist lebhafter als je.« Und: »Welch' Ungeheuerlichkeit, daß der Mensch allein nicht das Ganze ist...!«

Vor solchem »Unwillen« erkennen wir sein Elend: Don Juan ist nichts anderes als jene männliche Hälfte des gespaltenen Hermaphroditen, von dem Aristophanes in Platons *Gastmahl* berichtet: »Wir waren einst ein einziges Wesen, und weil wir gefrevelt haben, sind wir vom Gotte gespalten worden. Und die Gefahr besteht fort, daß wir noch *einmal* gespalten werden, wenn wir nicht fromm gegen die Götter sind, und daß wir dann umhergehen wie die Reliefs auf den Grabsteinen mit zersägten Nasen« (nach der Übersetzung von Rudolf Kaßner). An Frischs Don Juan vollzieht sich diese zweite Spaltung: sein leiblich-sündiger Teil ist für die Gläubigen in die Hölle gefahren (im schaurigen vierten Akt), und sein geometrischer Geist spukt als andere Hälfte und vierte Dimension (mit zersägter Nase, gewissermaßen) durch die vierundvierzig Zimmer und über die Loggia auf Schloß Ronda.

Vor dem ohnmächtigen »Unwillen«, »Erzfeind eines Himmels zu

sein, den es nicht gibt« (eines Himmels, der immerhin die Geschlechter getrennt und deren zeitweilige Vereinigung als Naturgebot gesetzt hat), versagt unsere anfängliche Bereitschaft zu kritischer Betrachtung der dramatischen Prämissen dieser Komödie, und wir müssen erkennen, daß der selbstgerechte Don Juan, der gegen die physischen Gegebenheiten der Schöpfung rebelliert, von seiner Natur selbst genarrt wird und von uns weder als tragischer noch als tragikomischer Held ernst genommen werden kann. Der ernüchterte, düpierte Lüstling, der zwischen Weibesliebe und Geometrie als Halbling eingeklemmt in der Falle der Ehe winselt und zu seinem Scheinleben »Mahlzeit« sagt, ist eben das Opfer einer seelischen Verkümmerung. Man bedauert seinen sittlich-unsittlichen Fall und wünscht ihm und seinesgleichen einen tüchtigen FMH-Hausarzt zum Tischgenossen.

Es versteht sich von selbst, daß wir es dem Autor des Stückes, dessen Gestalten er in die Prunkkostüme einer zauberhaften Sprache kleidet, keineswegs übelnehmen, wenn er uns knurrig-launig an seinem Vergnügen teilhaben läßt, welches ihm das Aufweisen der sittlichen Verderbnis und das Feststellen allgemeiner moralischer Anfälligkeit seiner (spanischen!) Umgebung offensichtlich bereitet. Mit geradezu durchtriebener Geschicklichkeit und verschwenderischem Aufwand an Geist ist der Dramatiker am Werk, und wir sehen ihn einen sausenden Abend lang mit den glühenden Kugeln der Sündhaftigkeit spielen, als seien es harmlose Gummibälle. Sengen sie ihm nicht die Haut seiner geschickten Finger? Er muß entweder die feurigen Kugeln zuvor abgekühlt haben, d. h. die Entrüstung des Moralisten nur zum Vorwand nehmen – oder er ist ein Meisterfakir und zieht schmerzliche Lust aus der Selbstkasteiung.

Zur Aufführung: sie war wahrhaft betörend. Direktor Wälterlin als Regisseur schlägt mit dem Moses-Stab an den Felsen am Horeb in der Wüste, und siehe, es strömt hervor, und das Volk hat zu trinken, freilich bitteres Wasser.

Die Schauspieler: man kann mit Kräften nur so prunken! Will Quadflieg (Don Juan): Ein reiner, leidenschaftlicher Frevler, wie aus einem jener Reliefs gestiegen. Die Kupplerin Celestina: Therese Giehse auf den Leib geschrieben? Umgekehrt – diese Gestalt wirkt wie ein vollendetes Plagiat nach der Giehse. Die Dirne Miranda (Irmgard Först): Eine blutvoll Blaublütige, der man das Unglaubwürdigste glaubt. Donna Elvira (Elisabeth Höbarth): Die

Ehebrecherin mit der Innigkeit einer Nonne, schön in lüsterner Verzücktheit und verzückter Lüsternheit. Donna Anna (Beatrice Föhr-Waldeck) und Donna Inez (Liselotte Pulver): Duftende Blüten in der Wüstenei der Irrungen. Pater Diego (Carl Kuhlmann): Sündhaft herrlicher Satyr in Purpur. Die übrigen, Spieler und Helfer mit Licht, Farbe und Musik, vermochten die Verzauberung, über alle innere Anfechtung hinweg, aufrechtzuerhalten.

Neue Zürcher Zeitung, 6. 5. 1953.

Rudolf Jakob Humm
Max Frisch
Don Juan oder Die Liebe zur Geometrie
Premiere 5. Mai 1953 im Schauspielhaus Zürich

Daß das Stück gut sein würde, merkte man schon beim Heben des Vorhanges, am Bühnenbild. Dieses wäre Teo Otto nicht so zauberhaft schön gelungen, wenn Max Frisch sich nach seinem *Graf Öderland* nicht so prächtig wieder aufgefangen hätte, wie er es mit diesem Don Juan getan hat. Das Stück ist vorzüglich, geistreich und geistvoll. Und es ist wahr! Nicht nur ist es gut gebaut (auch der fünfte Akt, den man beim Weggehen von einigen bekritteln hörte – aber man suche doch nach Stücken, die nach dem Höhepunkt des vierten Aktes den notwendig abfallenden Abschluß so glücklich durchführen, wie Frisch es getan hat. Dieser fünfte Akt ist nur und kann auch nur eine Art Korollar sein, mit seinem famosen Witz vom verheirateten Don Juan!) – – es ist nicht nur szenisch gut und lebendig gebaut, sondern auch seiner Idee nach gut gefaßt und kräftig durchgeführt: dieser neue, den alten persiflierende Don Juan ist überzeugend und eine lebenswahre, wenn auch extreme Figur. Sie ist die Verdichtung einer Lebenserfahrung, die wir alle machen, aber die auszusprechen wir die Jungenhaftigkeit nicht haben. Es ergeht einem mit diesem Stück, wie Frauen mit gewissen Romanen, wenn sie sagen, der Verfasser sei einer von den seltenen, die Frauen verstehen. In diesem Stück fühlt man sich als Mann endlich kapiert! Oder ist es nicht so, daß wir die Geometrie viel interessanter finden, als das ganze Gefunkel und Geflunker der Eva? In diesem Don Juan erkennen wir uns; der Unterschied ist, daß er als Bühnenfigur die ganze Konsequenz des Verhältnisses als Verhängnis erlebt, wozu wir andern meist keine Zeit haben. Das Stück ist in sich logisch und richtig, und nicht eigentlich lustig, wohl aber fidel, und zwar bis in das »Mahlzeit« hinein. Es ist von einer herrlichen Unverschämtheit. Und die einzige Einschränkung ist diese: wäre Max Frisch nur ein klein wenig mehr von der Weiberfeindlichkeit der Sekundarzeit entfernt, er hätte seinen Don Juan ein bißchen weniger kalt gemacht. Aber das nimmt man gern in Kauf, denn eines ist vor allem wichtig an diesem Stück: es ist, nach recht vielen Imago-Weinerlichkeiten, eines der ersten wirklich männlichen Werke der Schweizer Literatur. Es gibt in der Bordellszene eine kurze, aber sehr treffende Abrechnung mit dieser Romantik, die immer noch die ritterliche ist, und die das Bürgertum übernommen hat. Weshalb man auch sagen kann, dieser Don Juan sei der erste Proletarier auf der Bühne. Und seine Waffe ist auch die des Proletariats: der Streik. Er macht den Zauber nicht mit, seine Seele gibt kein fixierendes Bild her; er versteht nichts von der »Frau«, er versteht nur das Weib, und auch das ist ihm lästig. Und daß er als Philister endet, liegt nicht an seiner Liebe zur Geometrie; es liegt in der Logik des Witzes begründet, daß er den Ehestand zu tragen gezwungen ist. Diesen kann er nur als Philister durchstehen.

Das Stück ist eine großartige Persiflage einer ganzen Epoche. Nach der Diskussion zwischen Max Frisch und Friedrich Dürrenmatt, die nächstens auf dem Zürcher Podium über das Stück stattfinden wird, werden wir auf dieses zurückkommen. [s. u.]

Die Aufführung war der Güte des Stückes adäquat. Teo Otto scheint sich ganz in seinem Element gefunden zu haben, er war selten mit solcher Lust dahinter, in ihrer Poesie und Melodik waren seine Bühnenbilder Spitzenleistungen. Will Quadflieg verkörperte die Figur des Don Juan bis in die Nuancen richtig, angefangen vom leichten spanischen sich Wiegen, bis zur leisen schülerhaften Note und dem Anflug von Pedanterie, den dieser Märtyrer hat, und er gab ihr auch den Schuß Goldmund und Narziß, den Frisch haben wollte. Daß Therese Giehse als Bordellmutter stupend war, versteht sich am Rande.

Das Publikum dankte mit lang anhaltendem Beifall.

Die Weltwoche (Zürich), 8. 5. 1953.

Wilhelm Zimmermann
Don Juan oder Die Liebe zur Geometrie
Komödie von Max Frisch (Uraufführung)

An diesem neuesten Werk des Schweizer Dramatikers scheiden sich die Geister. Frisch hat nun alle Brücken hinter sich abgebrochen und ist ins Ödland gewichen, ins Niemandsland völliger Unsicherheit und geistiger Heimatlosigkeit. Und was beinahe noch schlimmer ist: Dieser Absprung vollzieht sich mit einer spielerischen Leichtfertigkeit; nicht jenes Ringen mit Gott und Chaos ist zu spüren, das einem Sartre wenigstens noch den Zwang zum hybrischen Aufstand wider das Göttliche zubilligen mag. Frisch versetzt das Weltanschauliche mit literarisch geschliffenem Firlefanz und einem Stil des Pamphletären, der unbekümmert um die Würde geistiger Auseinandersetzung das Gespräch über die Unterwäsche neben die blasphemische Parodie einer Beichtszene oder einer kirchlichen Hochzeitszeremonie zu plazieren vermag.

Für die Demontagearbeit an den ethischen, gesellschaftlichen und religiösen Grundpfeilern verpflichtete sich der Autor die Gestalt des Frauenjägers Don Juan, der sich unter seinen Händen die Verwandlung in einen Frauenhasser gefallen lassen muß. Auf der Suche nach »Wahrheit« und in der Verwerfung festgefügter Normen läßt er ein Heer der von ihm oberflächlich Geliebten und rücksichtslos Verlassenen als irrelevanten Flugsand seiner Lebensfahrt weit hinter sich, verzweifelt über den eingeborenen Trieb zum Weiblichen, der ihm die männliche Halbheit, die schöpferisch bestimmte Gespaltenheit des Menschen zur untragbaren Last werden läßt. In seiner nahe an den Grenzen der Perversität vorbeistreichenden Lust zur männlichen Ganzheit, angeekelt vom »Schwindel der Sitte und der Ehe«, von gefügter Ordnung menschlichen Zusammenseins, läßt Frisch seinen Helden wie einen Seiltänzer die schmale Fährte in die geistige Wüste suchen. Man muß es mit seinen eigenen Worten untermauern, um diesen Weg ins Nichts begrifflich werden zu lassen: »Nennen Sie es Gott, ich nenne es Geometrie. Jeder Mann hat etwas Höheres als das Weib, wenn er wieder nüchtern ist. Bei Gott! ich kenne ihn doch aus der Nähe, den Gott unseres spanischen Heeres, und mit diesem Gott, meine Herren, werden Sie mich nicht hinters Licht führen.« Und an einer andern Stelle umschreibt er das ferne Ziel seiner »Wahrheit«: »Ich liebe das Spröde ... nenne es Kunde der Erde, Spiel der Erkenntnis, Messung, wie du willst, das nüchterne Staunen vor dem Wissen, das stimmt. Hast du es denn schon einmal erlebt? Zum Beispiel was ein Kreis ist, das Lautere eines geometrischen Ortes?« Auf diesen etwas einfachen Generalnenner baut Frisch das Gebäude seiner Don Juan-Komödie auf. Mit Hunden wird sein Held zur Ehe gehetzt (und ganz zum Schluß von einer zur Herzogin gewandelten Dirne zur Strecke gebracht); es fallen die Zutreiber, die erbosten Väter wie Halme von der schwirrenden Klinge des Ruhelosen, die Geliebten als ewig Verwechselte und in Eins Verschwimmende gehen, wenn sie nicht das Wasser suchen, im schnatternden Chor der Enttäuschten unter; die hellsten Lichter des Spottes aber liegen auf den Dienern der Kirche, über die Frisch, von den antikatholischen Komplexen einer kurzen Spanienreise befeuert, die Schalen unverschämtester Laugen ausgießt. Mit ihnen will sich schließlich dieser »männliche« Held verbinden, um mit dem Mittel einer mit Feuer und Schwefel inszenierten Theater-Höllenfahrt, müde des Frevels und der Frauen, endlich sich selber Ruhe zu verschaffen und der Kirche eine Legende und »einen Schlager ohnegleichen, einen offenkundigen und frischen(!) Beweis von der Gerechtigkeit des Himmels ...«. »Verblüffung ist die Mutter des Wunders« und: »Der Bischof ist zwar kein Gläubiger, ich meine: ich schulde ihm nichts« – mit solch billigen Witzen wattiert Frisch seine Abrechnung mit der Kirche; zur Kontrastierung ihrer Welt und jener staatlicher und gesellschaftlicher Normen hat er sich für die Zwischenspiele Szenen aus einem Freudenhaus gedacht, dessen Dialoge kühn sein möchten, wenn sie die äußersten Grenzen nicht so bedenklich anvisierten wie etwa dort, wo er eine Bordellszene unmittelbar ins Bild eines Frauenklosters verwandelt!

Daß sich auf einem solchen geistigen Unterbau nicht auch noch eine bühnenfeste Handlung auftürmen läßt, ist durchaus begreiflich. Wo alle Fundamente wackeln, kann auch ein Dramenarchitekt nur ins Leere bauen; selbst den erschütternden Ausblick auf das Riesenmaß einer geistigen Vereinsamung verbaut sich dieser Dichter durch die verlegenen Kapriolen seines Nihilismus, durch dessen krampfhafte Blasphemien und Anzüglichkeiten. Man kann einen solchen Ausverkauf geistiger Standorte auf dem Gebiete des schweizerischen Theaters nur beklagen.

Aus einem solchen Stoff den zündenden Funken zu schlagen, aus sparsam verteilten lyrischen Einschiebseln poetischen Glanz zu lösen, mit Don Juan, dem spröden Einsamen, in der mit den kläglichen Resten menschlicher Gefühle bedeckten Wüste Theaterstaat zu machen, das war ein beinahe aussichtsloses Unterfangen. Man möchte meinen, daß dies dem Gestalter dieser merkwürdigen Kulissenwelt mit den dicken schwülstigen Farben auf flachen Gründen und mit den Wackelsäulen am zutreffendsten gelang und daß Teo Otto damit den Nagel auf den Kopf getroffen hat. Dieses Pseudo-Barock hatte den improvisierten Zuschnitt, dem auch die Regie Direktor Wälterlins Reverenz zu erweisen hatte, um im übrigen – allzu Kraftmeierisches dämpfend und mit guten Schauspielern am Steuer – das Schiff bei anhaltender Flaute, im Kielwasser Sartres segelnd, zum unguten Ende in den Hafen (der verlästerten Ehe) zu steuern. Will Quadflieg ließ den Katarakt der Lästerzunge Don Juans mit behendester Zunge ablaufen, so daß manches Wort verkrümelte und anderes leichteres Gewicht erhielt, als ihm vorausbestimmt sein mochte; dieser Don Juan, ständig auf der Flucht vor seinem eigenen Ich, konnte freilich auch von diesem unerhört feinnervigen Künstler nicht aus dem Konstruierten seiner Unnatur gelöst werden. Ein Beispiel wohltuender Dämpfung gab auch der Hamburger Gast Carl Kuhlmann, dessen Pater Diego freilich der Autor so viel Ballast aufgepackt hat, daß auch die behutsame Darstellung noch genug übrigließ, an diesem Abgesandten der spanischen Kirche den Höhenflug der Komödie abzumessen; und es hätte dazu nicht einmal der blutroten Handschuhe des weißgewandeten Dominikaners bedurft. Unter den Frauen verschwimmen vor unsern und des Don Juans Augen alle in jenes Weibchen, das immer wieder (nach Frisch) den Mann in den vorbeihuschenden Rausch der Liebe zwingt; das ganze Aufgebot des Weiblichen auf der Bühne (mit Gästen wie Irmgard Först, Beatrice Föhr-Waldeck, ferner mit Elisabeth Höbarth und Liselotte Pulver) ist dieser gleichmacherischen These unterworfen, und einzig Therese Giehse hat als Bordellmutter wichtigste dramaturgische Funktionen inne und trägt munter krähend die Fahne der Unmoral voran... Ich denke, wir begnügen uns mit diesen Andeutungen, ohne noch näher des alten Komturs zu gedenken, oder des alten Vaters, der mit dem Seufzer »Junge, Junge!« auf den Lippen, sich gründlich wundernd das Zeitliche zu segnen hat. Was zurückbleibt, ist ein Schlachtfeld mit abgeräumten Erinnerungen, und ein soupierendes Ehepaar, das sich langweilt. Und die Betretenheit über einen so hoffnungsvoll angetretenen Dichter, den es lockte, auf schwankenden Bohlen und mit zu leichtem Gepäck den Weg nach dem Unmöglichen einzuschlagen.

Neue Zürcher Nachrichten, 8. 5. 1953 [die von dem langjährigen Redakteur der NZN stammende Kritik war nur mit Sigle gezeichnet].

Felix Stössinger
Max Frisch:
Don Juan oder Die Liebe zur Geometrie

Das Recht des Künstlers, Typen, Archetypen und ausgeprägte Konflikte aus Sage und Dichtung ohne Scheu vor seinen Vorgängern immer wieder neu zu gestalten, ist an eine Bedingung geknüpft: der innere Anstoß, der diese Gestalten einstmals schuf, muß sich im neuen Werk wiederholen. Nur dann wird es keine Wiederholung sein, sondern echte Schöpfung, die immer zu dem, was war und was ist, ein unverwechselbares Plus hinzufügt.

Vom Recht auf dauernde Erneuerung haben in unserer Zeit den Atriden, Orpheus, Faustus gegenüber Deutsche und Franzosen Gebrauch gemacht. Und ohne Scheu vor Molière, Gluck und Mozart, vor Byron, Grabbe, Hoffmann, Lenau haben Trakl und Shaw und manche andere zu einem neuen Don Juan angesetzt oder ihn in eigene Gestaltung andern Namens aufgenommen. Max Frisch hat das gleiche Recht auf einen eigenen Don Juan, und daß ihn das Inkommensurable einer ewigen Gestalt lockt, daß er sie in heutiger Zeit, im Ringen um andere Interessen als die vorgezeichneten, erleben möchte, beweist Neigung zur Größe; so kommt nun alles darauf an, ob sein Don Juan auch neu ist, ob sich das Neue zusammen mit dem Überlieferten als selbständiges Leben von der Vergangenheit absetzt und doch mit ihr, wie der John Tanner in Shaws *Mensch und Übermensch,* kommuniziert.

Nach dem Titel zu schließen, ist dieser Don Juan neu; nach dem Personenverzeichnis alt. Die alten Untertitel vom bestraften Bösewicht oder dem Festin de Pierre sind gestrichen, statt ihrer erscheint *Die Liebe zur Geometrie.* Mißverständlich könnte man glauben, es handelt sich um die bekannte Vorliebe der Don Juane zu »dreieckigen« Verhältnissen, die auch der Don Juan Frischs nur so vom Baum des Lebens schüttelt oder die ihm wie ein unerwünschter Segen auf den Kopf fallen. Max Frisch meint aber die Liebe zur wirklichen, euklidischen Geometrie, denn Don Juan versucht ja nur alle Frauen, weil keine Wiederholung möglich ist, der Mensch sich aus flüchtigen Larven und Launen zusammensetzt, das Unsichere Angst erregt, jedes Erlebnis täuschend ist, das Bewußtsein der Gespaltenheit das Dasein bis in den Grund verbittert; es dagegen das Stimmende, das Launenlose, das Wiederholbare, die Gewißheit des Unfaßbaren, das Abbild des Göttlichen im Wunderbaren der Zahlen und Figuren gibt, dort im Gedanklichen dem Rausch keine Ernüchterung folgen kann, sondern nur Steigerung ins Unendliche. Kein Zweifel, daß Frisch damit das Don-Juan-Motiv in seinem Fruchtkern ergreift und, als moderner Mensch, ohne Sühne- und Wunderglauben, statt mit dem Kinderschreck des Komturs mit dem Zauber des in der Mathematik kristallisierten Weltraums als Alternative zum desillusionierenden Sexualrationalismus die Antworten sucht. Der neue Don Juan hat diesen Komtur nicht mehr nötig, weil er selbst metaphysische Fragen stellt, bevor er von den Sternenmächten die Antwort erhält, die wir schon aus Mozarts Orchester kennen.

Dramaturgisch ist aber diese Alternative ungenügend, weil sie nicht bühnenmäßig darstellbar ist. Don Juans Hang zur Geometrie kommt im Verlauf des Abends einigemal zur Sprache, und der Architekt Frisch gibt dem Dichter Frisch in einigen Sätzen mit Fluidum eine Ahnung vom Unendlichkeitsrausch geometrischen Denkens und Forschens. Da aber kein Dramatiker die Liebe eines Helden zu einer abstrakten Wissenschaft bühnenwirksam machen kann, erreicht das Oder des Titels (im Gegensatz zu den beiden Oder des Bestraften Bösewichts oder des Steinernen Gastes) keine theatergemäße Realität, die Szene bleibt in bezug auf die Geometrie leer, und wenn wir zuletzt, wieder nebenbei, erfahren, daß der begabte junge Mann schon die Vierte Dimension spekulativ erdacht hat, so fröstelt die Zuschauer vielleicht vor diesem Gauß, Minkowski, Einstein avant la lettre, aber er glaubt es diesem Don Juan nicht, daß er ein durch Erfolge bei Weibern verhinderter Faust oder ein durch faustischen Drang gehemmter Don Juan sei. Dagegen hat die Alternative, mit der Frisch im geistvollen Nachwort seines Dramas spielt (Buchausgabe bei Suhrkamp, Frankfurt a. M.) einen modernen Faust-Don-Juan zu einem Kernphysiker zu machen, ganz anderes Format als dieser Geometer. Ein großartiger Don Juan unserer Zeit lag in Handbreite vor seinem Manuskript und wurde von ihm versäumt! Denn der Atom-Don-Juan hat Bühnenmöglichkeiten, die Transzendenz, die er beim Weib nicht findet, über den Sternen zu entziffern. Also nicht, daß Frisch einen »neuen« Don Juan schrieb, ist ihm vorzuwerfen, sondern daß er sich nicht so entschlossen von der alten Vorlage entfernte wie Byron, oder wie Shaw, der dies in seinen Vorreden (Artemis-Verlag) so gut begründet hat.

Vom Theaterzettel darf man sich freilich nicht irreführen lassen, wenn man von ihm ein Wiedersehen mit den geliebten Personen erwartet. Mögen uns die Namen des gestrigen Theaterzettels an die Oper aller Opern erinnern, die am Abend vorher in einer hinreißenden italienischen Aufführung in Monte Carlo von Paris ausgestrahlt wurde. Frisch hat diese teuren Wesen in Spiegelschriften umgeschrieben, uns ihre Janusseelen von den Kehrseiten gezeigt. Donna Anna verlangt nicht den Tod des Verführers, der sie im Dunkel geschändet hat, sondern traf sich mit ihm dazu; Donna Elvira ist die untreueste Ehefrau, die Schwiegermutter Don Juans, erhebt sich aber zuletzt zu einem Elviraglauben an diesen Mann. (Ein sehr schöner Einfall.) Zerline ist die Hure Miranda, hat hundert Masettos und fängt im letzten Akt, wie die Anna von Shaw, Juan in die Ehe ein. So ist diese Komödie gegen den Strom Mozarts geschrieben, vielleicht, damit man von ihm nicht abgelenkt wird.

Dennoch verkleidet Frisch geschickt die Faustisierung Juans in Kostüm und Spiel italienischer Karnevalspossen. In einer Stil- und Affektmischung von commedia dell'arte, fêtes galantes und Zürcher Künstlerball schießen die ersten drei Akte mit einer Rapidität vorbei, die das Sprach- und Bühnentalent Frischs mit Grazie bestätigt. In der Liebesschwüle dieser Akte ist alles erlaubt und nichts wirklich geschehen. Da die Figuren nur Figurinen sind, ist auch zu Entrüstung kein Anlaß. Das Tempo und die Mannigfaltigkeit der don-juanesken Liebeserfolge wirkt ebenso belustigend, wie die stürmische Entwicklung des unschuldigen Jungen zum Zyniker und Dandy komödienhaft ist. Vier Hauptpersonen sterben einen Marionettentod, und doch leuchtet die einzige seelenhafte Glaubwürdigkeit gleichzeitig auf, wenn die Braut, Donna Anna, wie die Schilf-Leiche einer Ophelia auf die Bühne gebracht wird, Don Juan entsetzt von der Donna Anna, die er eben umarmt zu haben glaubte, den Schleier abzieht und die Hure Miranda erkennt.

Rachsüchtig schnellt er die Klinge gegen den Himmel, der erlaubt, daß im Allerreinsten das Gefühl zum leeren Wahne wird, Stimmen und Hände zum Trug, ja, der gar nicht vorgesehen hat, die Liebe rein zu erhalten.

Das ist der Höhepunkt des Abends. Nach der Pause sind Don Juan und Frisch mit ihrem Latein zu Ende, nur die Geometrie liegt noch irgendwo herum. Die herrlichen Gestalten, die einen ganzen Mozartabend unsterblich durch die Zeiten tragen, sind in der Exposition dieser drei Akte vorzeitig verbraucht, für die beiden letzten ist nichts mehr übrig als eine geschmacklose Parodie auf den Steinernen Gast, abgrundtief unter der von Shaw. Don Juan ist in der Pause zwischen dem 3. und 4. Akt der legendäre Wüstling geworden, ein Ahasver der Wollust, der er im Schweiße seines Angesichtes dient. Nein, dieser neue Don Juan ist nicht vom Stamme Byrons, von dessen tausend Versen zwei besonders unersättlich wünschen: »That womankind had but one rosy mouth / to kiss them all at once from North to South.« Max Frisch hat aber Byron und Shaw einen ausgesprochen englischen Zug entlehnt: Don Juan ist der schüchterne, verführte Engländer, der sich der heirats- und gebärsüchtigen Weiber gar nicht erwehren kann. Dieser entdonjuanisierte Don Juan wird mit noch so vielen faustischen, anarchistischen, zeitkritischen Nebenzügen übermalt, daß das Gesicht des Weltumarmers darunter verschwindet. »'s ist nur sein Kleid, Barmherzigkeit«, singt der Leporello von Mozart. 's ist nur sein Nam, Barmherzigkeit, sagt man sich in den beiden letzten Akten.

Im Schauspielhaus hat Oskar Wälterlin mit einem nicht gewöhnlichen Glanz des Bühnenbildes von Teo Otto die szenische Vorschrift Frischs »Ort: ein theatralisches Sevilla – Zeit: eine Zeit guter Kostüme« visuell und rhythmisch erfüllt. Für humoristische Intermezzi zwischen den Akten brachten Damen dieses Sevilla Paravents in schiefen Schüben hinaus, vor denen, als Vorderbühne, Therese Giehse mit ihrem raumschaffenden Humor die pessimistischen Bordellerfahrungen mit den Ehemännern und Pfaffen Sevillas zum besten gab, deren stumpfe Wollust zwar die von Don Juan verachtet, aber ihren bittern Kern nicht ahnt. Eine Nuance mehr, uns zu verraten, daß diesen schweizerischen Don Juan ein Puritaner schrieb. Um so dankbarer durfte er Will Quadflieg sein, der, schlank wie ein Torero, mit einem Schimmer von byroneskem Weltschmerz die beschwingte Prosa der ersten Szenen so tänzerisch sprach, daß sie zuweilen nach Büchner roch. Die weibliche

Überraschung des Abend war die Miranda von Irmgard Först, die der dankbaren Tripelrolle der romantischen Dirne, der verkleideten keuschen Donna Anna, der listigen Besiegerin Don Juans, in jeder Gestalt eine andere Anmut gab. Als Elvira zog Elisabeth Höbarth mit einem Rausch von Liebe den begehrten Schwiegersohn in ihre Kammer, deren Tür sie vor dem toten Vater verschließt. Erwin Kalser und Herman Wlach, zwei Kartenkönige im Marionettenspiel, machten uns ihr Sterben leicht und komisch, sie hatten von Anfang an ihre Rollen recht puppenhaft koloriert. Die Donna Anna von Beatrice Föhr-Waldeck und Donna Inez von Liselotte Pulver klangen lieblich zusammen, wenn auch die Pulver keine Möglichkeit hatte, ihrer Rolle so viel Eigenart zu geben wie ihrer tragischen Therese der Sechsten Etage. Es war die Schuld des Autors, nicht von Woester und Karl Kuhlmann, daß beide mit ihren plumpen Rollen aus dem Stil der Commedia herausfielen; sie haben nur Funktionen in der Handlung zu erfüllen, aber das Lachen meist auf ihrer Seite. Viele Finessen des Dialogs lösten Heiterkeit aus, auch Beifall bei unziemlichen Stellen, und zum Schluß dankte das Haus der verschwenderischen Aufführung und dem Autor mit zahlreichen Vorhängen.

Die Tat (Zürich), 8. 5. 1953.

Max Frischs *Don Juan* in der Diskussion

Eine der mannigfachen Aufgaben der Tageszeitung besteht darin, Zeitspiegel zu sein. Als Spiegel fängt sie das Leben dort mit der größten Bereitwilligkeit ein, wo es sich am lebendigsten, sprühendsten und intensivsten darbietet. Deshalb wohl ist die Zeitung auch als sachlich informatives Organ in der Auseinandersetzung, im Konflikt, im Kampf, in der kraftvollen, angeregten Diskussion wichtiger, lebensnaher Fragen auch am ehesten in ihrem eigensten Element.

Das literarische Zürich diskutiert. Es geht um das neueste Stück von Max Frisch, *Don Juan oder die Liebe zur Geometrie.* Die Meinungen sind geteilt. Nach der Ansicht eines gut informierten Mitglieds der Theaterkommission waren an der Premiere vom 5. Mai etwa ein Drittel der Zuschauer völlig gegen das Stück, ein Drittel höchst begeistert für das Stück und ein Drittel unsicher im Urteil, das aber eine Tendenz zur Verwerfung zeigte. Da sich selbst die bedeutendsten Literaturgelehrten Zürichs in Gesprächen erregt und entschieden über das Stück äußerten, steht es einer kulturell und litararisch interessierten Tageszeitung gewiß an, über die bereits erschienene Premierenkritik hinaus einen größeren Raum für die Diskussion über den *Don Juan* bereit zu halten.

Der von Felix Stössinger, dem Verfasser der *Tat*-Premierenkritik, geschriebene Bericht über die Podiumsdiskussion vom 16. Mai, mehr als ein halbes Dutzend Meinungen, die auf persönliche Anfrage hin (meist in Interviews) abgegeben wurden und ein paar schriftliche Äußerungen mögen einen Beitrag zur allgemeinen Diskussion darstellen und einen ungefähren Aufschluß über die zur Zeit waltenden Anschauungen verschaffen.

Was sagen Sie zu Max Frischs *Don Juan oder Die Liebe zur Geometrie?*

Ein Student der Universität Zürich:

Finden Sie nicht, der *Don Juan* ist eine höchst unraffinierte Übersetzung eines mehr als mittelmäßigen französischen Stückes? Mir tut leid, daß so viele witzige und geistreiche Einfälle auf eine Arbeit ohne jede geistige Substanz verwendet wurden. Schade für den Aufwand, schriftstellerisch und bühnenmäßig. Das Stück enthält zuviel Zynismus und Perfidie und überhaupt keinen Humor. Deshalb ist es keine Komödie. Keine wirkliche Komödie. Alles, was übrigens darin das Religiöse streift, ist urgeschmacklos und unerträglich.

Eine junge Röntgenassistentin:

Der *Don Juan* macht auf mich den Eindruck von etwas Halbbatzigem. Doch finde ich dieses Stück besser als den *Graf Öderland* und *Nun singen sie wieder*. Man bleibt nicht teilnahmslos dabei. Denn die vielen unerwarteten Einfälle entzücken doch sehr. Trotzdem wurde ich nicht wirklich in irgendeiner Weise davon ergriffen. Die Tagebücher Frischs, die ich seinen Bühnenstücken vorziehe, fesseln mich im Gegensatz dazu viel mehr. Der *Don Juan*, Stück und Titelgestalt, sagen mir als Frau gar nichts. Auch menschlich nichts. Das Stück sagt nichts von großem Wert aus. Es ist offenbar nur aus der Freude am Schreiben und am geistreichen Spiel entstanden. Aber auch formal finde ich es nicht befriedigend. Doch hat das Stück schon darum einen Wert, weil es Anregung bietet und Diskussion verursacht.

Eine Sekretärin aus St. Gallen, 28jährig:

Das Stück *Don Juan* ist ungemein geistreich geschrieben. Das Sprühende der Einfälle und die poetischen Bilder faszinieren. Aber als Frau finde ich diese Don-Juan-Gestalt schwächlich. Ein solcher Don Juan fasziniert mich wahrhaftig nicht. Und ich spreche dabei von Frischs Don Juan, nicht von Quadflieg. Frischs Don Juan ist, verglichen mit dem alten legendären, »historischen« Don Juan, keine Persönlichkeit, sondern ein konstruiertes Zwitterding, das sich zwischen einer trübsinnigen »Liebe zur Geometrie« und seiner Freude an den Frauen nicht entscheiden kann. Ich verstehe gar nicht, warum dem Publikum eine solche, fast krankhafte Erscheinung vorgesetzt wird. Das Stück ist nicht aus einem gesunden Denken heraus geschrieben wie etwa die großen klassischen Stücke. Weder in der Form noch im Inhalt ist Maß gehalten. Die auffallende Unausgewogenheit der Teile mißfällt mir. Viele Szenen sind zu breit geraten. Eine klare Linie und ein klarer Sinn fehlen im Stück. Vieles ist im bloßen Ansatz geblieben. Das Stück wurde offenbar auf der Suche nach spezieller Originalität geschrieben.

Ein bekannter Verleger:

Der *Don Juan*-Theaterabend war nicht langweilig und nicht unamüsant für mich. Dieses Stück ist eine »Windbäckerei«. Es muß als Farce und ja nicht ernst genommen werden. Es ist nicht unwitzig. Aber die Philosophie darin ist ein farcenhafter Galimathias. Die geistige Konzeption des Stückes darf man nicht näher analysieren, sonst fällt das Ganze wie ein Kartenhaus zusammen. Die philosophischen Aperçus sind gewissermaßen Bühnengags. Etwas Wesentliches wird darin nicht ausgesagt. Es ist begreiflich, daß sich katholische Kritiker am Stück stoßen. Frisch ist wirklich etwas unwählerisch und geschmacklos in der Auswahl der Effekte, aber man muß nicht alle provozierenden Dinge gleich als persönliches Bekenntnis unterschreiben. Gewiß ist das Stück anderseits nicht ohne eine Art von Selbstpersiflage der intellektuell-literatenhaften

Existenz geschrieben. Der Schluß ist enttäuschend. Schade übrigens, daß Frisch mehr in Brecht als in Giraudoux sein Vorbild gesehen hat. Doch ist er auf jeden Fall für seinen großen Fortschritt im Bühnenhandwerk sehr zu loben.

Dr. -n, Direktor:

Das Stück von Frisch ist witzig und geistvoll. Man darf es nicht als die Darstellung irgendeiner Wirklichkeit betrachten. Es besitzt vielmehr den Charakter eines modernen Bildes. Es ist interessant, wie Frisch im Rahmen eines solchen Bildes in den Ameisenhaufen von Ehe- und Liebesproblemen hineingestochen hat.

Ein Zürcher Dichter:

Wenn ich Max Frisch anträfe, würde ich ihn ungescheut fragen: Weshalb haben Sie uns zu diesem Ausverkauf aller höheren Werte eingeladen? Ich verstehe Sie nicht mehr, und ich bin doch einer Ihrer treuesten Leser. Vielleicht würde er dann einwenden: Was sind denn unsere höheren Werte? Alles ist Trug, Schein, Dummheit. Aber ich würde antworten: Sie mögen weitgehend recht haben, solange Sie alles Geschehen, alle Liebe und alle Sehnsucht nur vom Menschen aus betrachten. Aber gibt es nicht noch einen Blick Gottes auf uns, eine Kraft der Liebe, die nicht von uns ausgeht? Sie entblößen die große Verlogenheit menschlicher Moral mit geradezu schamloser Härte und Einseitigkeit. Aber haben Sie nicht mit dieser fast problemlosen Konsequenz Ihrer geometrischen Kälte unzählige unverlogene Keime entblößt und in den Frost gestellt? Ihr Stück entbehrt des Humors, weil es sich selbst zu ernst nimmt, und es entbehrt der Tragik, weil der Held die Zwiespältigkeit seiner Seele konsequent verleugnet. Er selber ist der größte Lügner. Sie, Max Frisch, reißen nieder ins Nichts, ausweglos, sinnlos.

Ein Zürcher Möbelhändler:

Don Juan ist formal das beste Stück von Frisch. Es ist kurzweilig, dramatisch gekonnt, voller Pointen. Es ist echtes Theater. Die glanzvolle Aufführung durch Oskar Wälterlin unterschlägt keinen Effekt, der aus dem Stück herauszuholen ist. Hinter dessen Brillanz lächelt allerdings kein versöhnender Humor wie etwa bei Molière, Marivaux oder Goldsmith. Es ist als ob der Dichter vor uns ein Netz glänzender Einfälle aufgespannt habe; wir lassen uns gleich am Anfang von ihm in den Bann seiner Kapriolen ziehen. Aber wir werden von Minute zu Minute unzufriedener. Gegen die Aussichtslosigkeit des »Don Juan« lehnen wir uns auf, und wir hassen die Frivolität eines Mannes, der nur »Mahlzeit« zu sagen weiß, wenn ihm die Geliebte oder seine Gattin verrät, daß sie ein Kind von ihm unter dem Herzen trage. Das Leben selbst erscheint uns in diesem zynischen Worte »Mahlzeit« verhöhnt. Es ist der Wille und die Lust zu leben, es ist der ungetrübte Strom der Liebe, der uns zu einem hoffnungsvoll begonnenen Werk nein sagen heißt, weil dieses Werk zuwenig Kunstwerk und zuviel Pamphlet ist.

Ein Dramatiker:

In seinem neuesten Werk zeigt sich Max Frisch viel weniger brav als je in seinen früheren Werken. Dennoch ist nicht einzusehen, weshalb der übrigens schon recht abgestandene Begriff vom Theater als einer »moralischen Anstalt« nicht auch auf dieses Werk anwendbar wäre, besteht doch dessen angeblicher Nihilismus vor allem darin, uns, in künstlerisch übertragenem Sinne natürlich, zu zeigen, wie wir und diese Zustände anders sein sollten, ohne es überhaupt zu können. Diese Einsicht aber ist es, die den Spießer in uns selbst gar furchtbar aufbringt. Und da wir das nur ungern zugeben – wer schon möchte als Spießer unter Spießern gelten! – entrüsten wir uns über Nebendinge, die nur etwas bedeuten, wenn sie nicht getrennt vom Ganzen betrachtet werden und damit erst ihren wahren und positiven Sinn bekommen.

Daß der »Held«, wie es nun einmal Pflicht und Anstand gebieten, an sich selbst und dieser Welt zugrunde geht und uns dadurch das Gefühl der Erniedrigung über unser Versagen in gleicher Lage abnötigt, indem er nur noch im fürchterlichen Zwange einer Ehe dahindämmert, deren einziger Zweck als Ehe eben gerade diesem Resultat im tiefsten Sinne ja auch entsprechen soll, ergreift uns als Symbolik menschlicher Nichtigkeit auf die Dauer mehr als der gewalttätig lärmende, prachtvoll theatralische Untergang des Helden bei Tirso de Molina, Da Ponte, Mozart.

Wenn aber dazu noch die unerhört zerstörerische Leidenschaft der geistigen Konzeption an den Grundsätzen unserer Geruhsamkeit rüttelt, sich indessen, statt über uns hereinzubrechen und uns zu verschlingen, in modernstem Farbenzauber und mit spielerischer Eleganz unserm betörten Auge darbietet, da empfinden wir uns in unsern heiligsten Gefühlen entheiligt, und einmal mehr im erneut gewonnenen Oberwasser crawlt der Philister seelenvergnügt zum nächsten Stamm- oder Redaktionstisch, um sich dort seine Entrüstung herunterzuspülen oder herunterzuschreiben.

Nichts aber ändert es daran, daß Max Frisch mit seinem *Don Juan* – bei allen dramaturgischen Einwänden, und nur solchen, die man allenfalls zu erheben sich versucht fühlen könnte – sein erstes bedeutendes, wirklich bedeutendes Werk geschaffen hat. Und darüber sollten wir uns endlich einmal vorbehaltlos freuen, selbst als Landsleute des Dichters, wenn wir dazu überhaupt noch imstande sind, bevor uns der allfällige finanzielle Erfolg von der Bedeutung des Werkes überzeugt. *Max Gertsch*

Ein Politiker – nicht ohne literarische hobbies:

Allem voran: Frisch hat mit dem *Don Juan* ein Bühnenstück geschaffen, das unterhält, das Tempo hat, das voll ist von echten Bühneneinfällen, das vom Theater Brechts ebenso gelernt hat wie etwa von Lope de Vega. Er nimmt den Zuschauer mit, weil er bis an die Grenze und über sie hinaus zum Beichtiger der offenen und verschwiegenen Sünden aller wird. Dazu kommt, daß ein Zürcher, der es nicht unter dem »Don Juan« macht, mir schon sympathisch genug ist.

Die Vorzüge des Theaterstücks sollen die Mängel der Dichtung nicht allzu schwer wiegen lassen. Ein »Don Juan«, der – wie es auch anderen Autoren schon nahe gelegen hat – in der Ehe endet, muß in seiner Anlage auf dieses Ende hin gedacht bleiben. Der »Don Juan« Frischs ist es nicht. Dem Stück fehlt die einheitliche Tonart. Die Diskrepanz zwischen dem Burlesken und dem Hamletesken ist bei Frisch zu groß, als daß sie mit Ehe oder Nihilismus geschlossen werden könnte. Der Nihilismus als solcher schließt die Kunst schon aus. Giraudoux hätte die Tonart gefunden, die es möglich macht, die echten Fragestellungen dieses Don Juan (mit Ausnahme der unechten der Geometrie, die nichts als ein künstlerisch nicht bewältigter Rest von Philosophasterei darstellt) mit der Gesellschaftskritik, ihrer Komödie und Burleske zusammenzuschließen. Etwas Herzton hätte not getan.

Das gute Bühnenstück auch als Dichtung auf der Bühne zu retten wäre leicht, wenn Quadflieg nicht – offenbar nach dem Willen des Dichters – einen Hamlet mit untiefen Tiefen, Zynismus und tragischen Verstrickungen und Bedenken auf die Bretter zaubern würde. Würde Quadflieg seine Rolle den burlesken Gestalten nähern, indem er sie ironisieren, leichter, französischer gestalten würde, so würde die Diskrepanz des Stückes nicht so spürbar und der letzte Akt folgerichtiger erreicht.

Frisch hat seine Auffassung des *Don Juan* zu ernst genommen, den Don Juan schlechthin also zu wenig ernst. Der Schauspieler möge den Autor also nicht allzu ernst nehmen, damit das Stück noch glückhafter über die Bühne zu gehen vermag.

Über die Fragen des sittlich Zulässigen und des billigen Publikumserfolges äußere sich einer, der bärbeißiger als ich gewohnt ist, sich ihrer anzunehmen.

Urteile von Premierenkritikern in ihren Zeitungen

Mit vollem Bedacht seien hier nur die drei folgenden Kritiker zitiert: ein Schriftsteller, ein katholischer Kritiker und eine Frau. Für den Schriftsteller ist Frisch literarischer Schicksalsgenosse, der katholische Beurteiler hatte sich mit der besonders stark hervortretenden ironisch eingekleideten Angriffslust Frischs gegenüber der katholischen Kirche und dem christlichen Wertsystem auseinanderzusetzen, und das Urteil einer intelligenten, gefühlsklaren Frau ist uns wertvoll dem Worte Goethes entsprechend: »Und willst du wissen, was sich ziemt, so frage nur bei edlen Frauen an.«

Aus der Kritik Traugott Vogels in der NZZ

»So sinkt Max Frischs Don Juan, seine eigene Legende überlebend, völlig in Daseins-Ekel ab, und sein Fall wird klinisch für uns.
... der Frevler Don Juan wird nie weder an der sinnlichen Liebe (zum Weibe) noch an der sinnenhaften Liebe (zur Geometrie) genesen, da ihm großartig aufgetragen ist, gegen die Grundgesetze des Lebens anzurennen.
... Wir müssen erkennen, daß der selbstgerechte Don Juan, der gegen die physischen Gegebenheiten der Schöpfung rebelliert, von seiner Natur selbst genarrt wird, und von uns weder als tragischer

noch als tragikomischer Held ernstgenommen werden kann.
... Mit geradezu durchtriebener Geschicklichkeit und verschwenderischem Aufwand an Geist ist der Dramatiker am Werk ... Zur Aufführung: sie war wahrhaft betörend.«

Aus der Kritik von -nn [s. o.] in den
Zürcher Nachrichten:

»An diesem neuesten Werk des Schweizer Dramatikers scheiden sich die Geister. Frisch hat nun alle Brücken hinter sich abgebrochen und ist ins Ödland gewichen, ins Niemandsland völliger Unsicherheit und geistiger Heimatlosigkeit.
Frisch versetzt das Weltanschauliche mit literarisch geschliffenem Firlefanz und einem Stil des Pamphletären, der unbekümmert um die Würde geistiger Auseinandersetzung das Gespräch über die Unterwäsche neben die blasphemische Parodie einer Beichtszene oder einer kirchlichen Hochzeitszeremonie zu placieren vermag.
In seiner nahe an den Grenzen der Perversität vorbeistreichenden Lust zur männlichen Ganzheit, angeekelt vom ›Schwindel der Sitte‹, von gefügter Ordnung menschlichen Zusammenseins, läßt Frisch seinen Helden wie einen Seiltänzer die schmale Fährte in die geistige Wüste suchen.
Man kann einen solchen Ausverkauf geistiger Standorte auf dem Gebiete des schweizerischen Theaters nur beklagen.«

Aus der Kritik von C. v. D.
[d. i.: Charlotte von Dach] im Bund [Bern]:

»So ist eigentlich die Schöpfung selbst Don Juans Widersacher und Stachel. Diese Auffassung hat zweifellos ihre Größe und läßt interessante, ja mächtige Entwicklungen zu. Frisch hat sie nicht ihren Möglichkeiten nach ausgewertet. Sehr scharf ausgedrückt möchte man sagen, daß die Idee szenisch unter die Räder kommt.
... wir gehen nicht mit Frisch einig, daß Don Juans Liebesepisoden an sich komisch seien ... Nein, komisch ist Don Juan nicht. Alles andere, nur das nicht. Er ist zynisch, unverschämt, lästernd, frevelhaft, ätzend in seiner Ironie ... Eine Dämpfung hätte hie und da nicht geschadet. Max Frisch hat im ganzen merkwürdig stark mit der Überzeugungskraft des Massiven gerechnet.
Es ist uns unerfindlich, warum Frisch nicht ohne freche Anzüg-

lichkeiten auszukommen glaubte, die zudem mit dem Kern der Handlung nichts zu tun haben, also geradewegs den billigen Effekt wollen. Noch unerfindlicher aber ist uns, daß ein Premierenpublikum, das sich auch bei flüchtigem Blick nicht als das erste beste erwies, solche Geistlosigkeiten mit offensichtlichem Vergnügen quittieren konnte.«

Frisch-Diskussion im Podium

Ein Diskussionsnachmittag über die neue Komödie von Max Frisch hatte am Samstag trotz Sommerhitze den Saal am Neumarkt bis zum letzten Platz gefüllt. Stadtpräsident Emil Landolt begrüßte die Anwesenden, gab seiner Genugtuung über das erfolgreich abgelaufene Podium-Jahr Ausdruck und seiner Hoffnung auf das kommende. Hierauf übernahm Dr. Kurt Hirschfeld, Vizedirektor des Schauspielhauses, den Vorsitz, am Tisch des Präsidiums saßen Max Frisch und Friedrich Dürrenmatt, aber nun ging es nicht so weiter, wie vielleicht auch andere außer mir gedacht hatten. Ich glaubte, Dürrenmatt werde die Rolle des öffentlichen Anklägers der beleidigten Moral humoristisch übernehmen, Frisch die Verteidigungsrede halten, und dann werde die Diskussion beginnen. In Wirklichkeit verlief es umgekehrt, es begann nämlich mit der Diskussion aus dem Saal heraus und endigte mit den Voten beider Dramatiker. Eine Diskussion aus der Anonymität der Besucher – es meldeten sich bekannte Namen – ist immer gewagt, sie war aber nicht vergebens. Man erfuhr, worüber sich vor der Komödie von Frisch Männer und Frauen gefreut, geärgert oder gewundert hatten. Vor allem natürlich über die Ehe – es waren Einwände von Besuchern, die Shaws Don Juan, Mensch und Übermensch, im Schauspielhaus nicht gesehen hatten; auch sonst gab es Ehen, Schein- und Fast-Ehen in der immensen Don-Juan-Literatur. Auf den Einwand, ein Don Juan »könne« nicht in der Ehe enden, antwortete Humm schlagfertig, Faust endige doch auch im Himmel. Gewiß, mit beiden Lösungen ist Faust nicht mehr Faust und Don Juan nicht mehr Don Juan, und das ist eben das Ende. Die zynische Zurückweisung seiner Braut erregte mehrfach Anstoß, der Protest dagegen Applaus, denn Don Juan hat ja gerade eine glückliche Liebesnacht mit ihr hinter sich. Verwunderlich wirkt diese brüske Wendung nur, weil sie nicht dichterisch überzeugend begründet wird. Frisch erwiderte einer Gruppe von Sprechern, es ginge ihm nicht um die Männer und Frauen des Stücks, sondern um das Männliche und Weibliche an sich, dieses Weibliche, das Don Juan in sich fürchtet, und der schließlich heiratet, weil das Männliche allein nicht leben kann. Sein Don-Juan-Ende ist eine der vielen Lösungen, die der Dichter für eine Gestalt suchen muß, die kein Du besitzt.

Dürrenmatt wandte sich gegen die Subjektivierung der Gestalt in der Diskussion. Eine Komödie deklariert keine Weltanschauung. Bemerkenswert ist, daß Don Juan nicht die komödienhaften Züge der Umwelt hat, die ihn durch ihr Verhalten rechtfertigt, und gegen die er ankämpft. Frisch anerkennt in seinem Schlußwort, daß die Geometrie in seinem Stück bloß proklamiert, nicht dargestellt ist, was die Kritik der *Tat* ihm vorgeworfen hatte, ungesagt blieb aber alles über die Loslösung Don Juans aus der traditionellen Umwelt und die Frage des modernen Don Juans überhaupt. Es ist noch zu früh, es wäre noch lästerlich, aber einmal könnte man eine Komödie mit edlem Ausgang schreiben: Don Juan oder die Liebe zu den Duineser Elegien – die Geschichte des letzten Don Juans unserer Zeit, der alle Frauen wegschickte, weil sie ihn in der zehnjährigen Wartezeit auf die Elegien störten. Das Thema ist also keineswegs erschöpft, und eben hat Micheline Sauvage in einem Buch *Le Cas Don Juan* (Editions du Seuil, Paris) ein paar hundert Don-Juan-Auffassungen analysiert ... es ist der Deutung kein Ende, das fesselte das protestierende und das zustimmende Publikum und machte diesen Nachmittag unterhaltend.

Die Tat (Zürich), 18. 5. 1953 [Diskussionsbericht: Felix Stössinger].

Rudolf Jakob Humm
Max Frisch steht Rede

Das seit zwei Jahren bestehende Zürcher Podium (das sei mehr für auswärtige Leser angemerkt, denn in Zürich weiß es jedes Kind) ist eine gute Einrichtung. Unter den Auspizien von Stadtpräsident Dr. Landolt finden sich jeden Samstagnachmittag im Haus zur Eintracht am Neumarkt an die drei- bis vierhundert Zürcher ein und hören sich einen kleinen Vortrag von ortsansässigen oder ortszugewandten Künstlern an, Literaten und Musikern; dann rücken sie die Stühle an die Wand, stehen herum, trinken Tee und plaudern. Als letzte Darbietung dieser Saison war eine Diskussion über das neue Stück von Max Frisch *Don Juan oder die Liebe zur Geometrie* angesetzt. Der längliche Saal, in dem zwischen Bühne und Tribüne die Stühle fächerförmig im Viertelkreis standen, war voll, als hinter Dr. Hirschfeld, dem Vizedirektor unseres Schauspielhauses, Max Frisch und Friedrich Dürrenmatt hereinschritten und mit ihren dampfenden Zigarren ein Aroma der Gemütlichkeit verbreiteten. Sie setzten sich an einen kleinen Tisch in den Niederungen, bei einem der Fenster, sogen an ihren Zigarren und schauten herum. Bald ging es los.

Nachdem ein erster Eisbrecher festgestellt hatte, daß man für Max Frisch eine neue Kategorie der Dramatik einführen müsse, das subjektive Drama, erhob sich eine Dame und trug den erwarteten Angriff der Frauenwelt vor: das Stück zeuge von einem Mangel an Achtung für die Würde der Frau. Eine zweite sekundierte mit dem sehr guten Einwand, daß die Geometrie des Stückes insofern nicht gewahrt sei, als nicht wenigstens eine positive Liebesbeziehung (etwa wie bei Molière die zwischen Charlotte und Pierrot) gezeigt werde. Ein Herr fragte: Warum nennt sich ein Drama Don Juan, wenn Don Juan heiratet? Das sei eine Verfälschung des Mythos. Ihm antwortete die Gegenfrage: Warum nennt sich ein Stück Faust, wenn Faust in den Himmel kommt? Dann ereignete sich eine kleine Katastrophe. Ein Abgrund tat sich auf, als ein temperamentvoller Südländer aufsprang, die Einrichtung der Bordelle leidenschaftlich verteidigte, sie als den besten Schutz gegen die Scheidung hinstellte und uns Nordländer Zimperliesen nannte, weil wir mit unseren Frauen viel zu umständlich umgingen, denn ja nur »dazu« seien sie da. Ihm antwortete nordische Betretenheit und Einfallsarmut. Nach diesem einleitenden Geplänkel ergriffen Frisch und Dürrenmatt das Wort. Doch bevor wir zusammenfassen, was sie vorbrachten, möchten wir noch die weiteren Diskussionsbeiträge erwähnen.

Es sei bei diesem Frischschen Don Juan das Problem der Suche nach dem Du angeschnitten, und dieses Du werde zwar auf burleske Weise, aber eben doch zuletzt gefunden, weshalb auch das schlußendliche »Mahlzeit!« in diesem Zusammenhang erfreulich sei. (Diese Du-Suche nannte Dürrenmatt dann typisch züricherisch.) Dadurch, daß er statt der Braut eine Hure vorfinde, sagte ein anderer, sei dem jungen Don Juan ein Idealbild in Trümmer gegangen; so erkläre sich sein zerstörtes Leben. Zerstört, warf einer auf der Bühne ein, gewiß, aber nur weil es damals noch keine Psychoanalyse gab! Das Stück, hörte man von der Tribüne her, sei überhaupt keine Komödie: dieser Don Juan wälze metaphysische Probleme, die jenseits von denen um den Komplex »Mann–Weib« stünden; dieser Don Juan könne ebensogut durch Selbstmord enden, und sei darum eher als eine Art Hamlet anzusprechen. Das Stück sei eine verkappte Tragödie. Nun meldete sich der Südländer wieder zum Wort und stellte die ganz gescheite Frage: inwiefern die Inszenierung den Intentionen des Dichters entsprochen hätte.

Max Frisch sprach folgendes: es gehe gar nicht um das Problem Mann und Frau, sondern um das des Männlichen und des Weiblichen in der Brust des Einzelnen, hier des Don Juan; es sei eine Auseinandersetzung mit dem Vegetativen. Das Weibliche sei in verschiedenen Stufen, vom ewig-Weiblichen bis zum ewig-Weibischen dargestellt. Die Dirne helfe Don Juan seine Hybris überwinden und bringe ihn zu einer Kapitulation, die das Melancholische und Komische jeder Kapitulation habe. Eine Degradation der Frau sei nicht entfernt beabsichtigt und aus dem Stück herauszulesen auch nicht möglich. Vielmehr werde hier gezeigt, wie ein Mensch mit etwas fertig werde; Don Juan habe das nur-Männliche leben wollen, dies müsse er aufgeben. Durch die Heirat gebe und hebe er sich als Don Juan auf. Die Inszenierung habe er sich um eine Spur abstrakter vorgestellt; doch sei der Regisseur den Intentionen des Dichters so weit entgegengekommen, als praktisch realisierbar war, und zweifellos besser als sein Berliner Kollege, der das Stück als romantisches Ritterschauspiel gab. Ideal sei Will Quadfliegs Interpretation der Figur. Diese sei auch darum nicht realistisch aufzufassen, weil schließlich dieser Don Juan als eine Parodierung des alten angesehen werden könne, und ein wirklicher Don Juan – wie schon Kierkegaard sagte – nur mit den Mitteln der Musik zu erfassen sei.

Friedrich Dürrenmatt schloß sich der Ansicht an, daß dieser Zürcher Don Juan die Parodierung des lateinischen sei. Das sei sogar die Springfeder dieser Komödie, und insofern bleibe alles innerhalb der Literatur und wolle so grimmig ernst gar nicht genommen werden. Parodistisch sei auch der Zug, daß dieser Don Juan ja kein Verführer, sondern ein Verführter sei. Freilich setze die Komödie nicht eben bei dieser Figur ein; diese habe keine Züge des Komödiantischen. Und insofern gehe durch das Stück ein Bruch. Don

Juan habe es mit einem ernsten Problem zu tun: er möchte in der Welt der Gefühle die gleiche Exaktheit wie in der Geometrie wiederfinden. Das könne er nicht, weil das unmöglich sei; so sehe er die Welt verzerrt, und so wie er sie sehe, so sei sie gezeichnet: komödiantenhaft. Komödiantenhaft sei auch seine Auseinandersetzung mit der Umwelt; aus seinen Morden spreche keine tragische, sondern nur eine burleske Auffassung der Lage. Wie dieser Bruch zwischen dem ernsten Problem und seiner komödiantenhaften Behandlung zu heilen sei, wisse er nicht. Die von diesem Stück aufgeworfene Frage sei in erster Linie eine stilistische. Die lyrischen Partien seien die Schwäche des Stückes. Großartig sei hingegen der sprachliche Humor; oder ob das »Junge! Junge!« nicht ein grandioser Einfall sei? Er schätze das Stück als sprachliche Komödie, und die Frage, ob dieser Don Juan eher als ein Faust oder ein Hamlet anzusprechen sei, finde er sekundär.

Dr. Hirschfeld (er wurde unterbrochen durch einen jungen Mann, der auf sympathische Weise Max Frisch dafür dankte, daß er den Mut habe, Probleme zu stellen und eine eigene Meinung zu bekunden) schloß die Diskussion mit der Feststellung, daß Max Frisch ein literarisches Faktum sei und mit der Bitte an das Publikum, doch auch Gehör zu zeigen für die Stilfragen, die ein dichterisches Werk stelle, und nicht gleich mit der Tür ins Haus zu fallen durch Bekundung von Sorgen hinsichtlich seiner moralischen Anwendung auf das reale Leben.

Und hieran möchte der Rezensent anschließen und jenen Damen antworten, die sich in ihrer Frauenwürde durch das Stück verletzt fanden und deren Einwände sicherlich zu wenig überzeugend widerlegt wurden. Dieses Stück wirft eine analoge Frage hinsichtlich der Verletzung der Gefühle von Katholiken auf. Es wird mit vielen Anliegen des katholischen Kultus recht viel Mummenschanz getrieben. Mummenschanz ist überhaupt ein Wort, das in dem Stück öfters wiederkehrt. Aber es hat wohl keiner gefühlt, daß irgendwelche Meinung oder Überzeugung des Autors wider den Katholizismus in diesem Mummenschanz engagiert sei. Es ist reine Fastnacht. Und so ist auch manches Despektierliche wider die Frauen rein fastnächtlich zu sehen. Kein gescheiter Katholik (es saßen solche im Saal) hat das Wort ergriffen, wahrscheinlich weil er sich klugerweise sagte, daß so viel Maskenscherz bei diesem protestantischen Autor auf eine latente Anfechtung durch den Katholizismus hinweise. Genauso steht es mit Max Frisch und den Frauen: er unterliegt dem latenten, und vielleicht sogar manifesten Wunsch, sie alle anzubeten. Und davon befreit er sich für einmal durch einen Sprung in die Fastnacht. Dazu können die Frauen nur eine Einstellung finden: die mütterliche. Dann werden sie Max Frisch als enfant terrible mit Verdacht entlassen. Es ist der Verdacht innerlicher Lumpereien bei sonst nahezu anbetendem Verhalten. Da aber der Verdacht sich nicht singulär gegen Max Frisch richtet, sondern generell gegen uns Männer alle, werden sie vielleicht, als solche, die Kummer gewohnt sind, Max Frisch totaliter freisprechen...

Gegen Friedrich Dürrenmatt hegt der Rezensent freilich den Verdacht der Mystifizierung, wenn er »Junge! Junge!« so grandios findet. Es gibt in diesem Don Juan zweifellos einige nicht ganz zulängliche Witze. Sie werden durch die lyrischen Partien aufgewogen, die zum Stil eines subjektiven Dramas eben gehören.

Die Weltwoche (Zürich), 22. 5. 1953.

Paula Rüf

Zu Max Frischs
Don Juan oder die Liebe zur Geometrie
Schauspielhaus Zürich

Die Uraufführung von Max Frischs Komödie *Don Juan oder die Liebe zur Geometrie* war ein eindeutiger Bühnenerfolg – paradoxerweise, denn das Stück wurde hinterher von Kritik und Zuschauern zerrissen. Die Aufführung unter der Regie von Oskar Wälterlin war glanzvoll. Will Quadflieg war der ideale Don Juan, wie ihn Max Frisch sich in seinen *Notizen* vorstellt: »Ein Intellektueller – schlank wie ein Torero – hätte Tänzer werden können – seine Männlichkeit bewegt sich auf der Grenze – ist etwas Gefährdetes – ein Narziß« usw. Neben ihm braucht nur noch Therese Giehse als Bordellmutter erwähnt zu werden und die Tatsache, daß die andern Schauspieler, etwa Walch und Kalser, als marionettenhafte, schwergeprüfte Väter und Schwiegerväter sich auf der Höhe der Hauptdarsteller hielten. Bühnenbild und Kostüme von Teo Otto entsprachen der präziösen [!] Vorschrift des Autors: »ein theatralisches Sevilla, eine Zeit guter Kostüme«.

Die Sprache der Komödie, teils dichterisch, teils penetrant von neudeutschem Jargon durchsetzt, war uneinheitlich. Es funkelte von Geist und Witz von der bösartigen, gemütlosen, männlichen »luziferischen« Sorte, was die Intellektuellen entzückte. Überdies war das Stück unanständig bis an die Grenzen des Gemeinen, was ebenfalls eine Menge Leute zum Lachen reizt. Wie sich der Erfolg auf die beiden Komponenten verteilte, wagen wir nicht zu entscheiden.

Don Juan ist immer ein dankbares Thema, psychologisch gesehen ein Archetyp. Für die Frauen stellt er eine Animusfigur dar, er repräsentiert sozusagen den Geist, der da weht wo er will, der sich nicht domestizieren läßt, und der gerade darum jeder das Verlangen eingibt: »Vielleicht gelingt es mir, ihn zu bändigen, ihn zu veranlassen, Wohnung in mir zu nehmen.« Die enorme Konkurrenz steigert noch den Erfolg des Verführers, was eine lawinenartige Progression ergibt.

Für die Männer verkörpert Don Juan einen infantilen Wunschtraum. Man möchte ein Kerl sein, also archaischerweise ein Mann, der viele Frauen, alle Frauen, besitzt. Ein großer Sieger und Held – ohne eigene Anstrengung. Natürlich ist die Männlichkeit des Don Juan gefährdet; er kann nicht lieben, denn sonst vermöchte er die Liebe in einer einzigen Frau zu verwirklichen. Er ist ein Unreifer und ein Neurotiker.

Die früheren Variationen über das Thema hatten den Zusatz »oder der steinerne Gast«. Dieser, der Geist des ermordeten Komtur, erscheint, um den Frevler, dessen Maß an Schandtaten und Provokationen voll ist, in die Hölle zu ziehen. Er ist ein Vertreter der jenseitigen Mächte, moderner ausgedrückt, eine Verkörperung der inhärenten Ordnung der Welt, deren Gesetze man nur eine kurze Zeit ungestraft verletzt. Max Frisch erklärt in seinen Notizen, er könne das Absolute nicht mehr als steinernen Gast auftreten lassen, nicht einmal als Parodie, denn diese setze voraus, daß der Zuschauer im Grunde seines Herzens an die parodierte Sache glaube. Darum setzt er seinen Don Juan mit der abstrakten »Liebe zur Geometrie« in Beziehung.

Die Umwelt des Helden ist gegenüber dem Don Juan der Barockzeit grundlegend verändert. Der ursprüngliche Don Juan lebt in einer Welt, die in Ordnung ist. Er allein begibt sich außerhalb dieser Ordnung und bezahlt dies mit seinem Höllensturz. Für den

Menschen des Barocks waren die Gesetze von Liebe und Ehre, von Frömmigkeit und Würde, Kirche und Ehe gültig. Er verletzte sie zwar oft und mit Lust, aber er blieb überzeugt von ihrer Existenz. Darum nahm er das böse Ende Don Juans, nachdem er sich zunächst gerne mit diesem identifiziert hatte, mit Schaudern, aber mit innerem Einverständnis zur Kenntnis. Er fühlte und wußte, so verlockend es war: so ging es nicht.

Bei Max Frisch geht es so ebenfalls nicht. Aber – dies ist das neue Element – es geht auch auf keine andere Weise. Es stehen Don Juan keine objektiven Werte gegenüber, es sei denn die Geometrie, die außerhalb der Menschenwelt steht, das einzige, das seiner Ansicht nach »stimmt«. Hier findet er die anbetungswürdige Ordnung, das Reine und Jenseitige. So verabsolutiert er sie und verlagert seine Sehnsucht, sein Streben, seine Liebesfähigkeit in sie.

Leider aber will diese Geometrie durchaus nicht bühnenwirksam werden. Es ist wohl viel von ihr die Rede, aber sie beschäftigt das Publikum weit weniger als die zahlreichen Frauengeschichten. Das Theater ist ein Ort, in dem die Gesetzmäßigkeiten, welche die Welt regieren, nur in den Charakteren, Handlungen und Schicksalen der Menschen zum Ausdruck kommen können. Der Fremdkörper Geometrie läßt sich auf der Bühne nicht ansiedeln. Es erscheint auch an sich abwegig, die Gesetze der Geometrie von den Gesetzen, die menschliches Sein und Tun beherrschen, abzutrennen, da doch zu vermuten ist, daß beide gleichen Ursprungs sind. Doch gelingt es Don Juan offenbar nicht, die gemeinsame Quelle zu finden. Er lebt in einer Welt der totalen Unordnung und Auflösung, der totalen Subjektivität. Die Welt ist nur mit den Augen des krankhaft Introvertierten gesehen, der kein Gegenüber wahrnimmt, kein Du kennt. Man hat den Eindruck, daß außer Don Juan alle Personen auf der Bühne keine wirklichen Menschen sind, sondern Projektionen aus dem Innern des Helden. Mit einer sozialkritischen, antibürgerlichen Note, die im heutigen Atomzeitalter eigentümlich unaktuell wirkt, wird etwa verkündet: eheliches Glück ist unmöglich, Treue gibt es nicht, Freudenhäuser sind eine notwendige Funktion der Ehe, Priester – der kirchenfeindliche Affekt ist besonders stark – sind Heuchler und Wüstlinge, Ehrenmänner sind Schwachköpfe, Frauen sind lüstern, hörig und hirnlos.

Es ist ja nicht zu leugnen, daß es dies alles in Wirklichkeit *auch* gibt; die neurotische Blickverengung Don Juans besteht darin, daß er die Welt *nur* unter diesem Aspekt sieht. Und, zu Recht oder Unrecht, bringt es der Zuschauer nicht fertig, im Stück Don Juan von seinem Autor zu trennen.

Das klägliche Ende des neuen Don Juan besteht in Ehe – ähnlich wie bei Shaw – und in Vaterschaft. Auf einen Don Juan muß dies allerdings trivial wirken. Aber das Fatale ist, daß man, wiederum zu Recht oder Unrecht, unter dem Eindruck steht, auch in den Augen des Autors sei dies überhaupt die größte Blamage, die einem Mann zustoßen könne. Der frei schweifende Geist wird durch das verachtete weibliche Prinzip eingefangen und gezähmt. Nun könnte man dies auch anders betrachten, als eine Chance, um zur persönlichen Reife zu gelangen. Der Mann könnte erlöst werden, wenn er aufhörte, sich selbst kindisch absolut zu setzen. Wenn er das Weibliche, statt es als feindlich und minderwertig zu betrachten, als notwendige, befreiende Ergänzung erkennen wollte. Hat Max Frisch auf diese Möglichkeit hinweisen wollen, zum Schluß im Gespräch zwischen Don Juan und Pater Diego, der sich gegen Ende des Stückes merkwürdig geklärt und vermenschlicht hat? Das ist möglich, aber dieser Ton, leise angeschlagen, dringt nicht durch, zu Don Juan würde er ja auch nicht passen.

In allen seinen Abarten ist Don Juan ein verhinderter Sucher nach dem Absoluten. Seltsamerweise verweilt er auf seiner Suche im falschen Bereich, nicht im Bereich des Geistes, dem er als Mann zugeordnet wäre und den er angeblich allein liebt, sondern im Bereich des Eros, wo die Frau herrscht, die von hier aus relativ leicht zum Absoluten vordringen kann. Aus einer Dirne kann – mit Umkehrung nur des Vorzeichens, nicht des Wesens – eine büßende Magdalena werden. Aus einem Don Juan ist noch nie etwas geworden.

Es bleibt nur noch die Frage: wenn Don Juan nicht die Frauen liebt, sondern die Geometrie, nicht das Sinnliche, sondern das Übersinnliche, warum verschwendet er seine ganze Zeit mit Frauen? Er setzt sie als Episode, aber warum mit solcher Ausdauer, daß »die Episode seine ganze Existenz verschlingt«? Die Antwort ist bei Frisch eindeutig: aus Langeweile. Aus metaphysischer Langeweile. Aus einer Unruhe, ähnlich der des Augustinus, dem Ungenügen eines Kierkegaard, der Schwermut nach der Definition Guardinis. Frisch sagt es am deutlichsten selbst: die Langeweile des Geistes, der nach dem Absoluten dürstet und glaubt erfahren zu haben, daß er es nie zu finden vermag. Geometrie allein macht anscheinend auch nicht glücklich. Don Juan ist ein Bruder des

Grafen Öderland; der eine mordet aus Langeweile und der andere hurt aus Langeweile. Bei einem so bewußten, modernen Autor wie Max Frisch kann keine Tragödie daraus entstehen. Seine Komödie ist zynisch, blasphemisch, destruktiv – die sich in Witz versprühende Verzweiflung – gemischt vielleicht mit einem Tropfen Erleichterung – eines scheiternden Gottsuchers.

Schweizer Rundschau 53, 1953, S. 186–187.

Erich Kuby
Don Juans Liebe zur Geometrie ist zu klein

Von Max Frisch, dem Zürcher Architekten, der mit zunehmender Entschlossenheit sich ausschließlich dem Schreiben zuwendet und das Häuserbauen anderen überläßt, gibt es ein neues Stück *Don Juan oder die Liebe zur Geometrie;* es ist bis jetzt in Zürich, in Berlin und in München aufgeführt worden, und weitere Aufführungen in einer Reihe anderer Städte hat es vor sich: In Zürich war eine mittelmäßige Aufführung zu sehen, aus der Quadflieg als Don Juan ein schau-spielerisches Ereignis machte; in Berlin – diese Aufführung habe ich nicht gesehen – soll die intelligente Komödie in ein pomphaftes Ritterstück verändert und somit durchaus verfehlt worden sein; in München wurde das Stück so ausgezeichnet von Leonard Steckel inszeniert, daß, wenn dort Quadflieg der Don Juan gewesen wäre, durch ihn im Verein mit Domin in der Rolle des Mönches Diego, der Nicklisch als Miranda, der Hesterberg als Kupplerin Celestina, die Absichten des Autors in vollkommener Weise verwirklicht worden wären. Aber leider war Wolfgang Kieling als Don Juan zwar gut und selbst an Stellen, die textlich gefährdet sind, geschmackvoll, aber weder in seiner geistigen noch in seiner körperlichen Erscheinung das Florett, das er sein müßte, sondern eher ein Fahrtenmesser.

Es ist nicht ganz leicht, herauszufinden, welche Absichten Frisch bewogen haben, dieses Stück zu schreiben –, es sei denn, allein die Lust, überhaupt ein Theaterstück zu machen, die er in einem dem Textbuch beigegebenen Essay als einzigen Grund nennt. Die Lust des Zuschauers an dieser Komödie, in sich Elemente der Tragödie, der Oper, des Kammerspiels, des Kabaretts mischen, mag gleichfalls, wenn ihm das Ganze so elegant wie in München serviert wird, groß sein – so groß ist sie nicht, daß er, der Zuschauer, einer geistigen Motivierung für das Stück ganz entraten könnte. Es kommt hinzu, daß Frisch uns bereits im Titel versprochen hat, Position zu beziehen, und er läßt im Stück selbst keinen Zweifel daran, daß er weit mehr will als nur amüsieren.

Im Stück selbst ... Don Juan ist gerade vom Träumer, der die Frauen flieht und die Anfangsgründe der Geometrie beherrscht, zum Helden avanciert durch einen Erkundungsgang ins muselmanische Lager, den er jedoch nur scheinbar unternommen hat, während er die zu erkundenden Maße der feindlichen Festung mit Hilfe eben jener Geometrie von sicherem Punkt aus errechnete. Jung, schön und nun auch berühmt, soll er heiraten, Anna, ein Mädchen, für das es Zeit ist. Der erste Akt geht damit hin, daß Frauen, darunter die künftige Schwiegermutter, und Männer Don Juans Charme auf dem Polterabend – einem Maskenfest – zu definieren suchen. Der zweite Akt soll die Hochzeit bringen, jedoch nur Anna sagt ja, Don Juan nein, Pater Diego will über das Nein hinweg, als habe er es nicht gehört, den Lebensbund doch zuwege bringen, aber der Bräutigam ist obstinat. Skandal, doppelter Skandal, weil herauskommt, daß Don Juan und Anna, einander nur als Liebende, nicht als Individualitäten erkennend, in der Vorhochzeitsnacht im Park am Teich selig beisammen waren. Logisch und psychologisch richtig meint Don Juan: warum soll ich heiraten, wenn mir noch eine so gut gefiel, von der ich nicht wußte, daß sie meine Braut sei? Von Don Gonzalo, dem Komtur, Annas Vater, und seinen Mannen bedrängt, rettet sich Don Juan in das Bett seiner ob dieser Wendung glücklichen Nicht-Schwiegermutter, und im Verlauf der gleichen Nacht, vom Bellen der Bluthunde im Park stimuliert, noch in ein paar andere Betten, darunter jenes der Braut seines Freundes, der sich darob umbringt. Don Juan wird »Don Juan« und treibt es toll, um so toller, als sich ihm im dritten Akt die Hure Miranda, die Don Juan liebt, in der Verkleidung Annas nähert und der (falsche) Anna-Zauber noch einmal wirkt, bis von der anderen Seite der Bühne, spiegelbildlich, Pater Diego erscheint, die richtige Anna auf den Armen, die sich im Teich des Parkes mittlerweile ertränkt hat. Und auch der Komtur fällt, mehr aus Schwäche als vom Degenstich, und bekommt sein Denkmal, auf dem die Worte stehen: Der Himmel zerschmettere den Frevler.

Hier nun beginnt mit einem vierten Akt endlich das Stück. Der

Himmel hat zwölf Jahre lang den Frevler nicht zerschmettert. Dieser ist der Frauen und der ewigen Duelle mit Ehemännern, die immer das schwarze Los ziehen, längst überdrüssig, er möchte mit Hilfe der Kirche die Legende von der Erscheinung des toten Komturs und von seiner eigenen Höllenfahrt in die Welt setzen. Er hat zu diesem Zweck eine erkleckliche Anzahl seiner Freundinnen versammelt, das Denkmal hinter einem Vorhang errichtet (der steinerne Gast wird von der Kupplerin Celestine gespielt) und unter dem karg besetzten Tisch ein Feuerwerk vorbereitet. Aber der gleichfalls eingeladene Bischof ist nur ein verkleideter betrogener Ehemann und will sich nun rächen, indem er Don Juans Absichten vor den Frauen entlarvt. Er zeigt ihnen das vorbereitete Denkmal hinter dem Vorhang, die Apparatur unter dem Tisch – aber es nützt nichts, die Sehnsucht nach der Legende ist stärker als alle Vernunft, die Höllenfahrt findet nach Ansicht der Damen statt; sie werden die Urheber des Mythos, der Spanien und die Welt überwuchert – und Don Juans Ende.

Es wird im fünften Akt dargestellt, ergibt sich jedoch nicht aus einer konsequenten Entwicklung der Gestalt; müßte Don Juan nicht durch die Welt irren als ein Wüstling ohne Glanz, ein ganz gewöhnlicher Verbrecher, und also auch eines ganz gewöhnlichen Verbrechers Ende finden? Es wurde von Frisch eine Lösung bevorzugt, die weder auf der Höhe des Stoffes noch auf der Höhe seines Stückes sich bewegt: Einfahrt in den Hafen der Ehe, geschlossen mit der zur Herzogin-Witwe emporgekommenen Miranda, die ihm infolgedessen ein Schloß, weite Gärten, ein diskretes Verhalten, aber nichtsdestoweniger schließlich auch ein Kindlein zu bieten hat, dessen Vater eben jener gebändigte Don Juan ist, der nun, da er Zeit für Geometrie hätte, über dieselbe doch kaum etwas zu sagen weiß.

Wenn man sich als Dramatiker in den Vorteil eines Themas setzt, welches zum Bestand der Weltliteratur gehört, so bezahlt man diesen Vorteil, der unschätzbar ist, mit der Einengung der Bewegungsfreiheit. Man muß in der Größenordnung bleiben. Der Dramatiker Max Frisch ist schon in früheren Stücken zuweilen der Gefahr, die ihm von seiner Intelligenz droht, erlegen, Bühne und Buch zu verwechseln; er ist es am meisten in *Don Juan*. Intelligenz, die einen großen Stoff umspielt, tritt gar leicht als Witz in Erscheinung, als Witz des Schreibers, während sie doch auf der Bühne nur als Witz der einen oder anderen Figur vorkommen dürfte. Frisch hat zuviel über sein Thema nachgedacht, zuwenig über seine Figuren – sofern es überhaupt ein Denkprozeß ist, Figuren zu erfinden. Dramatiker, die des Denkens im frischschen Sinne durchaus unfähig waren wie Gerhart Hauptmann oder, etliche Etagen tiefer, Zuckmayer, haben die Bühne um Figuren bereichert, von denen man zu sagen pflegt, sie seien unvergeßlich und sie lebten. Frisch wäre überdies ganz von selbst daraufgekommen, daß sein neues Stück aus drei oder vier unausgeführten Stücken besteht, wenn er Don Juan von vornherein als ein Geschöpf und nicht als eine Idee gesehen hätte.

Dies macht die Grundschwäche des Stückes aus, aus der sich die anderen Schwächen ergeben, so diejenige, daß, was klug gesagt ist und in einem Essay auch für klug gehalten würde, von der Bühne herunter als bloßer Gag ankommt. Gags in Verbindung mit »Don Juan«, einer Figur, deren geistige Kontur aus dem Widerspruch zu einigen verbindlichen Idealen des Abendlandes diesem zur Beunruhigung entwickelt worden ist, sind ein ungenügendes Mittel, den Widerspruch zwischen der zeitgenössischen Praxis und diesen Idealen bloßzulegen. Das aber hat Frisch doch wohl gewollt, deshalb hat er das Stück geschrieben. Ach, wenn es mit dem vierten Akt begänne, wenn der Bischof darin ein Bischof und nicht ein gehörnter Ehemann wäre und die Geometrie zu ihrem Recht käme, es wäre uns von einem von den zwei oder drei original deutsch schreibenden Dramatikern, die es heute gibt, ein wichtiges Stück geboten worden und nicht nur ein amüsantes – ein zu amüsantes Stück über ein zu großes Thema.

NB. Der Berichterstatter, der in München die Premiere gesehen hatte und daraufhin sowie nach dem Besuch einer Vorstellung in Zürich diese Kritik geschrieben hat, sieht sich veranlaßt hinzuzufügen, daß er inzwischen noch einmal eine Vorstellung in München (die fünfte oder sechste) gesehen hat. In dieser Vorstellung hatten die Schauspieler die Premieren-Nervosität durchaus überwunden und offenbar aus der Spielerfahrung heraus auch die eine oder andere Unsicherheit der Sprache und der Gestik. So kam ein reinerer Eindruck zustande, der insbesondere den Anfang ins rechte Bühnenlicht gerückt hat, in dem er bei der Münchner Premiere nicht stand, von Zürich ganz zu schweigen. Der Berichterstatter muß bekennen, daß er nach diesem Eindruck den Satz nicht geschrieben hätte: »Hier nun beginnt mit einem vierten Akt das Stück . . .«, und er hofft, daß dieses Postscriptum noch rechtzeitig ankommt, mit dem klargestellt werden soll, daß das Stück mit dem ersten Akt beginnt, dann allerdings eine dramatische Pause bis zum vierten nach wie vor macht.

Frankfurter Hefte 7, 1953, S. 569–571.

2. Der rehabilitierte *Don Juan* – Die Rezeption der Neufassung (1961)

Elisabeth Brock-Sulzer

Max Frisch:
Don Juan oder die Liebe zur Geometrie

Man rühmt der jetzigen Landesausstellung ganz besonders Eleganz nach. So mag es denn nur stilecht sein, wenn das Zürcher Schauspielhaus als seinen Beitrag zu der Ausstellung Frischs *Don Juan oder die Liebe zur Geometrie* vorbereitet hat, eine Inszenierung, die zugleich die Festwochen unserer Sprechbühne eröffnet. Frischs *Don Juan* ist ein wahrhaft elegantes Stück. Es streift manchmal die Unverfrorenheit des Boulevardtheaters, ohne diesem wirklich zu verfallen; der tiefere Sinn macht sich darin so leicht wie möglich, die Verbindungen mit der Tradition des Stoffs sichern gleichsam die Arena ab, sie sind das rettende Netz für den Akrobaten. Ohne Akrobatik geht es hier nicht, ohne Brillanz gibt es hier kein Licht, ohne Festlichkeit kein Stück. Nicht als ob das Werk zu jenen gehörte, die man nur durch eine brillante Darstellung »retten« kann – es braucht durchaus nicht gerettet zu werden, es steht, klug gedacht, klug gebaut, es wirkt auch beim Lesen. Unter einer ungemäßen Darstellung hingegen würde es wohl sterben. Frisch hat hier eines seiner Grundthemen ironisch abgewandelt: das Thema der Spaltung in Mann und Weib, die Verfälschung des Ich durch die Liebe und der Liebe durch das Ich. Nichts ist in dem Stück erhellender als das erste »Intermezzo« – nichts anderes ist vielleicht auch so schlagkräftig dichterisch darin: da macht die »Hurenmutter« Celestina ihrem begabtesten und schönsten »Mädchen« den Prozeß, weil es sich unterstanden hat, sich zu verlieben, Gefühle zu haben. Nur das Bordell sei eine saubere Welt, nämlich eine gefühlsfreie Welt, darum erhole sich der Mann auch im Bordell und zeige sich da von seiner besten Seite. »Heul nicht, wir sind ein Freudenhaus...« Die heulende Miranda hat sich ausgerechnet in Don Juan verliebt, was sie freilich nicht daran hindert, einen ganz anderen Mann, wenn er eine Maske trägt, für Don Juan zu halten – so wenig wie Juan sich etwas später daran verhindern kann, in der maskierten Miranda seine Braut Anna zu vermuten.

Und verliebt hat sich Miranda in Don Juan, weil er ins Bordell kam, um dort Schach zu spielen, also der Liebe zur Geometrie in aller Ungestörtheit zu frönen. Frischs Don Juan ist ganz gegen seinen Willen zu seinem Ruf gekommen. Wir erleben ihn zunächst als sehr jungen Menschen, der heiraten soll, sich ängstigt, ob er seine Braut unter den vielen anderen Frauen wiedererkennen werde, sich im dunkeln Park trifft mit einem unbekannten Mädchen, es liebt und vor dem Altar erkennt, die Geliebte sei seine Braut. Da versagt er ihr das Jawort: Wenn Täuschung einmal möglich war, warum nicht immer wieder? Und wie ihn nun der Vater und die Vettern des Mädchens verfolgen, flieht er von Zimmer zu Zimmer, erliegt einer Verführung nach der anderen: alle sind sie verführbar, von der Mutter der Braut bis zur Braut des Freundes. In einer einzigen Nacht durchtobt Don Juan seine Jugend und verliert seinen ganzen Glauben an die Möglichkeit der Liebe. Nur die Liebe zur Geometrie bleibt ihm noch, und um sich dieser ganz ergeben zu können, macht er sich daran, seine Legende zu verwirklichen und seine Höllenfahrt zu *spielen,* die Kirche soll ihm dazu helfen, für das leibhaftige Wunder, das er inszeniert, soll sie ihm dann aber eine stille Klause in einem Kloster einräumen. Wirklich glaubt man ihm denn auch den tollen Spuk, der vor einer Schar seiner Anbeterinnen vor sich geht, und wenn später die Mitwisser des Spuks die Wahrheit sagen, zeiht man sie der Lüge. Eine Klause bekommt Don Juan freilich nicht, sein Versteck fern von der Welt ist das Schloß der reich gewordenen Miranda, die sich den Geliebten kauft, indem sie ihm ein Leben nach seinem Sinn verspricht: in einem Schloß mit vierundvierzig Zimmern sollte männlich sachliche Einsamkeit »loin de la presse familière« immerhin möglich sein. Aber schließlich hat auch Montaigne, den ich eben zitiere, das Entstehen eines Familientrubels nicht verhindern können – am Ende von Frischs *Don Juan* wird denn auch das glückliche Ereignis angekündigt, er ist endgültig gefangen. Die weibliche List hat mit der mächtigen Helfershelferin Natur gesiegt über die Liebe zur Geometrie.

Todernst genommen wäre das Stück wohl brüchig; daß es dem tödlichen – oder auch tierischen – Ernst aus dem Wege geht, ist nicht das kleinste Gelingen Frischs. Es ist nur versteckt bösartig, sein Knirschen wird vom Lachen übertönt, es wird wirkliche Komödie, die, weil sie Spiel ist, die Wahrheit auch »geometrischer« aussagen darf, als es das Leben darf. Der Bezüge zu dem übrigen

Werk Frischs sind hier sehr viele, sie aufzudecken hieße aber vielleicht es so fangen, wie Miranda Don Juan fängt – und das wäre bitterschade, denn komödiantische Leichtigkeit ist ja immerhin etwas vom Letzten, was einem Schweizer zu gelingen pflegt. Immerhin – ein Publikum sollte vor diesem *Don Juan* immer auch spüren, daß hier der Boulevardton nur eine Maske ist. Wenn einem *etwas* das Vergnügen an dieser wohlgelungenen Première vergällen konnte, so waren es gewisse höchst vordergründige Reaktionen der Zuhörer.

Der Regisseur, Direktor *Kurt Hirschfeld*, hat wohl schlimme Zeiten hinter sich, wurde ihm doch relativ kurze Zeit vor der Première der Hauptdarsteller krank und mußte ersetzt werden: statt Rolf Henniger spielt *Helmut Lohner* jetzt den Don Juan. Das ist weiß Gott kein schlechter Tausch. Lohner bringt sehr vieles von dem mit, was Frisch sich für seinen Verführer wider Willen wünscht – man lese nur die Notizen zu dem Stück nach, die in der Suhrkampschen Gesamtausgabe abgedruckt sind. Lohner ist ein sehr anmutiger, sehr junger Don Juan, er hat die narzißtische Grazie, er hat das Ineinander von männlichen und weiblichen Zügen, das Frisch auf dem Grunde seines Don Juan erkennen will, eine Artung, die denn auch Don Juans Empfindung, er bedürfe keiner Ergänzung durch das andere Geschlecht, begreiflich macht. Die »torerohafte« Eleganz liegt durchaus in Lohners Möglichkeiten, und daß er um seelische Nuancierung nicht verlegen ist, das hat der Künstler ja in der Horvath-Aufführung großartig bewiesen. Lohner vermag also das Stück durchaus zu tragen, die Figur wird von ihm wirklich erfüllt und durchgearbeitet, und wenn ihm nach der Pause mehrmals die Stimme nicht gehorcht hat an der Première, so wird sich das wohl bei größerer Sicherheit und Selbstsicherheit durchaus vermeiden lassen.

Eine Freude ist es auch, wie viele schöne und elegante Frauen diesmal auf der Bühne stehen, das versteht sich ja in Zürich durchaus nicht von selbst. Sie lassen sich von den spanischen Kostümen *Teo Ottos* wahrhaft inspirieren, sie sind so schön und so glücklich, schön zu sein, daß man beinahe vergißt zu fragen, ob sie gut spielen. Sie haben volle Präsenz, und das ist ja wohl doch das Erste und Letzte, was man von einem Darsteller fordern kann. *Anne-Marie Blanc* bezaubert restlos als Brautmutter, man nimmt ihr keinen Augenblick übel, das erste allerdings recht bereitwillige Opfer der bewußten Verführungskraft Don Juans geworden zu sein. *Petra*

Fahrnländer ist Juans Braut, sie wirkt echt und jung, obwohl ihr vielleicht »modernere« Rollen besser zusagen könnten. Auch *Inge Bahr* steht überzeugend im spanischen Kolorit, und *Anneliese Betschart* überzeugt sowohl als auf den Abweg der Innerlichkeit geratene Dirne wie als behaglich listige große Dame. Die Mischung aus Schönheit und Phlegma, die sie kennzeichnet, ist hier vielleicht gerade das Richtige. Nur spricht sie manchmal recht undeutlich, ist allerdings darin nicht die einzige Schuldige. Ein durchaus tolles Weib stellt dann *Therese Giehse* auf die Bühne – natürlich mit ganz besonderem Applaus begrüßt – schon als staatlich gebilligte Bordellbesitzerin ist sie unvergleichlich, geschweige denn als Komtur auf dem Roß. Das könnte zirkushaft übermütig sein, wird aber durch die Giehse durchaus annehmbar.

Die Männer haben es bei Frisch etwas schwer neben Don Juan. Die beiden Väter sind vorwiegend feierliche Trottel, der betrogene Ehemann Lopez ist nicht viel besser – *Schlageter, Kiesler* und *Spallart* stehen hier auf recht totem Geleise. *Peter Ehrlich*, der den betrogenen Freund Roderigo spielt, kann mehr geben, er hat eine schöne, etwas schwere Treuherzigkeit. *Windhorst* ist der auf Molières Spuren wandelnde Leporello, recht eindrücklich und zum Glück das französische Zitat in Übersetzung sprechend. *Klaus Steiger* soll einen Pater darstellen, den Frisch im Originaltext rundlich fordert. Steiger macht in Ermangelung solcher Fülle beinahe einen Greco aus der Rolle, einen von Greco gemalten Tartuffe, möchte man sagen. Das ist nicht ohne Reiz, aber doch eine recht willkürliche Umdeutung, genau wie seinerzeit beim Patriarchen Lessings. Aber wir haben eben in Zürich keine unbeschränkten Besetzungsmöglichkeiten.

Daß unsere Bühne beschränkt ist, spürte man dann wieder einmal im Bühnenbild. Es ist schön und praktikabel, aber zu zulänglichen Verstecken gibt es kaum Raum. So mußte Don Juan im ersten Bild kunstvolle Tänze um einen knapp seine Schlankheit deckenden Pfeiler herum erfinden. Ein Glück, daß Otto sich diesmal in den Kostümen so phantasievoll ausleben durfte. Sie ersetzen das Fehlende, gemahnen am ehesten an Goya, dann und wann sinnt man nach, in welchem Museum man denn diese und jene Figur schon in einem Bilderrahmen gesehen habe. Doch bleibt das Ganze durchaus ein spanischer *Traum*, Historie wäre das Letzte, was Otto anstreben könnte. Er hat Frischs Zeitangabe voll erfüllt, sie heißt nämlich »eine Zeit guter Kostüme«.

Der Beifall war sehr stark, Hirschfeld hat also das Stück, das ja ihm gewidmet ist, an die Zuschauer heranzutragen vermocht. Man spürt die innere Beziehung, die ihn mit Frischs Kunst verbindet.

Die Tat (Zürich), 2. 6. 1964.

Dieter Bachmann
Der Unentschiedene

Zur Aufführung von
»Don Juan oder Die Liebe zur Geometrie«
von Max Frisch im Zürcher Schauspielhaus

Als der Vorhang sich nach dem letzten Akt von Max Frischs *Don Juan oder die Liebe zur Geometrie* senkte, war etwas Erstaunliches geschehen. Man erblickte das Idyll einer reifen Liebe statt eines Endes in ätzender Resignation. Was war aus dem aufbegehrenden Don Juan geworden, von dem es einmal heißt, »sein Widersacher ist die Schöpfung selbst«? Was aus seiner angeblichen Jugendgeliebten, der Geometrie, die nun in geregelten Arbeitsstunden ein Rentnerdasein führte? Was aus einem intellektuellen Helden, der nun als kläglicher Egoist dastand? Don Juan war am Ende des vierten Aktes wirklich aus den Kulissen gefahren.

Lag das an der Inszenierung von Kurt Hirschfeld? Hätten die Akzente schon im zweiten und dritten Akt anders gesetzt werden müssen? Hätte man Don Juan mehr als Mathematiker und weniger als Frauenhelden zeigen müssen? Das hätte sich am Schluß ausgezahlt: das endgültige Bekenntnis zur Geometrie wäre ein Entschluß geworden und nicht nur ein Spektakel, um sich der Gerichtsbarkeit zu entziehen.

Aber das lag nur zum Teil an der Inszenierung. Zum andern und größern liegt es am Stück. *Don Juan* ist ein Stück über einen Mann, der in der Mitte steht zwischen zwei gleichstarken Geliebten: der Frau einerseits und der Geometrie andererseits. Bei der einen findet er Befriedigung, aber nicht die Wahrheit, bei der andern bleibt er in der Wahrheit ohne Befriedigung. Don Juan bleibt ohne Ruhe, bis er sich für die eine Geliebte, die Geometrie, entschieden hat. Aber auch dann bleibt die Frau als ständige Beunruhigung noch im

Hintergrund. Es ist in reiner Form jenes Thema, das Max Frisch durch alle seine Romane und Stücke abgewandelt hat: ein Mensch wird gezeigt, »der nicht ist, sondern sich selbst sucht«. »Es reißt ihn nicht von Wollust zu Wollust, aber es stößt ihn ab, was nicht stimmt. Und nicht weil er die Frauen liebt, sondern weil er etwas anderes (beispielsweise die Geometrie) mehr liebt als die Frau, muß er sie immer wieder verlassen. Seine Untreue ist nicht übergroße Triebhaftigkeit, sondern Angst, sich selbst zu täuschen, sich selbst zu verlieren.« Das ist die vorzügliche Exposition des Stükkes, wie sie Max Frisch im Nachwort zum Stück aufgezeichnet hat. Dieses Nachwort gibt interessanten Aufschluß über eine der reinsten Theaterkonzeptionen, die Frisch je entworfen hat. Es liegt an der dramatischen Umsetzung, wenn diese Exposition nicht zum geglückten Stück geworden ist.

Die Geometrie findet in *Don Juan oder die Liebe zur Geometrie* nicht statt. Don Juan spricht von ihr, wie sein Vater, der sie verflucht, weil sie seinen Sohn zum Herumtreiber macht. Der Bischof verwickelt Don Juan am Schluß des Stückes in ein Gespräch über die Dimensionen. Aber bezeichnenderweise winkt Don Juan ab: das Schemen wird nochmals außerhalb der Kommunikation gehalten. Denn ein Schemen bleibt diese Geliebte durch das ganze Stück: Don Juan spielt nie Schach, zieht nie einen Strich, liest nie ein mathematisches Buch. Die Geometrie wird dramatisch nie konkretisiert. Das macht, daß die andern Geliebten um so stärker in Erscheinung treten. Auf der Bühne triumphieren die Frauen über ihre Nebenbuhlerin Geometrie. Don Juan wird dadurch in seiner Problematik unglaubhaft.

Helmut Lohner versuchte, als Don Juan das Beste aus seiner Rolle zu machen. Obwohl man ihn schon beweglicher gesehen hat, kam ihm auch hier seine Agilität zu Hilfe. Als Figur entsprach er dem, was Max Frisch vorschreibt: »Er ist schlank wie ein Torero, fast knabenhaft. Man wird sich immer wieder fragen: ist er ein Mann? Er hätte Tänzer werden können.« Als Liebhaber hätte er hinreißender sein können. Aber wie müßte auf der Bühne ein Mann aussehen, der die Frauen reihenweise kassiert? Und zudem darf dieser Don Juan kein Beau sein – wo bliebe sonst die Geometrie? Man muß Helmut Lohner in dieser schwierigen Rolle zugute halten: wenn er auch anfänglich etwas unsicher erschien, vermochte er doch im vierten Akt etwas von der Überlegenheit des geistigen Menschen zu zeigen, die dem Autor mit dieser Rolle eigentlich vorschwebte. Der Applaus gab seinen Bemühungen recht.

Überraschungen gab es bei den Damen. Petra Fahrnländer gab eine hübsche Donna Anna, etwas weich, aber richtig. Ihre Mutter (Anne-Marie Blanc) war die überlegene Dame an diesem Hof. Ihre Souveränität war klar getroffen. Viel zu wenig auf der Pfauenbühne zu sehen ist Anneliese Betschart, die unter der Hand eine Schauspielerin von Format zu werden beginnt. Als Hure Miranda vielleicht etwas zu weinerlich, holte sie in den letzten zwei Akten als Herzogin von Ronda alles wieder auf; die Verwandlung vom Straßenmädchen zur Dame gelang ihr glänzend. Über Therese Giehse, Kupplerin Celestina, ist nichts weiter zu sagen: tritt diese Schauspielerin auf, gehört die Bühne ihr.

Die Herren standen im Schatten des Don Juan und seiner Frauen und hatten sich mit dramatischen Handreichungen zu begnügen. Einzig die Rolle des Paters Diego hatte Profil. Das lag sowohl an ihrer Anlage wie auch an der Interpretation durch Klaus Steiger. Da war eine große schauspielerische Sicherheit zu sehen und eine kluge Verteilung des Gewichts.

Max Frisch wünscht sich ein »theatralisches Sevilla« in einer »Zeit guter Kostüme«. Teo Otto reduzierte diesen Wunsch auf ein durch schimmernde Metallplatten stilisiertes Bühnenbild, es hätte diesmal ruhig spanisch-festlicher sein können. *Don Juan oder die Liebe zur Geometrie* ist ein Stück, das Atmosphäre brauchen kann. Da kann ein Bühnenbild mithelfen, den absenten Konflikt dieses Don Juan sichtbar zu machen

Die Weltwoche, 5. 6. 1964.

Werner Wollenberger
Hölle, wo ist Dein Sieg?
Max Frisch, »Don Juan oder Die Liebe zur Geometrie«

Von allen Stückeschreibern dieser Tage ist der Autor der Komödie *Don Juan oder Die Liebe zur Geometrie* der hinterhältigste, denn das Gescheiteste, was sich zu diesem Stück des Max Frisch sagen läßt, hat ohne Zweifel Max Frisch selber gesagt. Was er unter dem tiefstapelnden Titel *Nachträgliches* seiner Arbeit als geistige Wegzehrung mitgibt, ist so schlechthin brillant, so überaus klug und so restlos stimmig, daß es jede andere Interpretation verbietet. Jeder Versuch, Frischs Auslegung eine andere, eigene beizustellen, bringt den Kritiker in die Gefahr fahrlässigen Rufmordes an sich selbst. Fundierteres wird er nicht finden, Subtileres wird ihm nicht zufallen. So senkt er denn mit Vorteil den Degen seiner Feder, wenig begierig darauf, im Duell mit dem überlegenen Gegner zu fallen; so streicht er denn die kritischen Segel und nimmt ein Stück, das er ohne dieses teuflisch brillante Nachwort bedeutend weniger willig akzeptierte, aus reinem Selbsterhaltungstrieb nahezu widerspruchslos an. Sogar auf die kleine Boshaftigkeit, daß er – vor die Wahl zwischen Stück und sein Nachwort gestellt – das Nachwort wählte, muß er verzichten, denn wenn er dieses Nachwort erst einmal kennt, ist es ihm unmöglich geworden, das Stück anders zu sehen, als Frisch es ihm vor- beziehungsweise nachschreibt.

Wirklich ein hinterhältiger Autor!

Die Frage ist: Wie stelle ich Frischs Komödie in Frage, ohne mich allzu erheblich zu desavouieren? Seine Möglichkeiten zu geometrischer Genauigkeit übersteigen die meinen; im Denkspiel, das er mit mir anstellt, habe ich keine Chance. Er schlägt mich da zu jeder Stunde.

Bleibt mir die Mühe, die ich mit seinem Stück schon 1953 hatte (und die 1964 nicht wesentlich geringer wurde), zu umschreiben, nur ein Rückzug auf die schwankende Basis unzuverlässiger Vermutung, Frisch den festeren geometrischen Punkt überlassend. Diese Vermutung wäre: sein ausgeklügeltes Denkspiel setzt sich nicht so recht in Theaterspiel um. Präziser: an die Genauigkeit des Bühnendenkers reicht die Möglichkeit des Bühnendichters Frisch in diesem Falle nicht ganz.

Wohlverstanden: ich spreche da nicht von den kleinen Fischen dramaturgischer Mängelchen. Die sind, obgleich nachweisbar vorhanden, unerheblich. Ich spreche auch nicht von den paar unglücklichen Lyrismen. Die nimmt man hin – was man erwartet, ängstigt zumindest weniger. Ich spreche auch nicht von den paar Witzchen, die in einem Stück, das so viel grundsätzlichen Witz hat, nur stören, aber nicht zerstören können. Ja, ich will nicht einmal nachprüfen, ob der hintergründige Witz, der aus dem legendären Feinmechaniker der Liebe einen modernen Kybernetiker, aus dem klassischen Verführer einen widerwillig Verführten, aus dem Weiberhelden einen Pantoffelhelden, aus dem Höllenfahrer einen Wanderer in die qualvolle Unterwelt der Ehe macht, ob dieser am

Reißbrett ausgeheckte Witz seinen superben Witz auch noch in der Darstellung auf der Bühne hält, ob da nicht eine Wertverminderung eintritt, ein Niveauverlust vielleicht.

Nein, was mich beunruhigt, ist dieses: *Don Juan oder Die Liebe zur Geometrie* kommt – und das ist meine Mühe mit diesem Stück – nie so ganz zum Leben. Gewiß, da ist viel Lebendiges, da ist Anmut, Brillanz, Reichtum an Einfall, da ist vieles, das Frisch keiner nachmacht, da ist manches, was dieser Komödie einmaligen Rang unter den Komödien dieser Tage zuweist. Nur: das lebt nicht so richtig, das spielt sich ab, aber das spielt sich nicht so ganz, wie es sich spielen sollte. Das ist genau gedacht, genau beobachtet, genau formuliert – und das trifft mich nicht genau. Es ist nicht die Nüchternheit, die mich da so kühl anweht, es ist nicht das Ausgerechnete, Konstruierte, Abgezirkelte, denn das nehme ich ja als beabsichtigt an. Es ist die Tatsache, daß das alles so fern und fremd bleibt. Daß es nichts mit dem Leben zu tun hat, schreckt mich nicht. Daß es indessen auch nichts mit Bühnenleben gemein hat, stört mich. Und mich stört auch, daß so schließlich Wirkung und Wirksamkeit des Stückes hinter der vorstellbaren Wirkung und der denkbaren Wirksamkeit zurückbleiben. Genauer: daß mich einer mit einem solchen Fund nicht wirklich im Theater findet!

Allerdings: vielleicht werfe ich da Max Frisch etwas vor, was ich richtiger seinem Regisseur vorwerfen müßte. Kurt Hirschfeld hat zustande gebracht, was man gemeinhin eine »werkgetreue« Aufführung nennen mag. Er hat den Text, den Frisch ihm gab (den übrigens revidierten, oft zum Vorteil gestrafften) genauso weitergegeben, wie er ihn erhielt. Er war – wie immer – ein äußerst gewissenhafter Treuhänder des Wortes, das bei ihm genauso gesprochen wird, wie es der Stückeschreiber gehört haben mag – oder zumindest in möglichster Nähe dieser Vorstellung. Dafür ist Hirschfeld zu danken. Was an Brillanz, an Eleganz, an Grazie, an Klarheit in Frischs Dialogen steckt, kam brillant, elegant, graziös und klar.

Ich wünschte, der Lebendigkeit der Dialogregie hätte auch die Lebendigkeit der Inszenierung in der Geste, der Bewegung und der Bühnenbewegung entsprochen. Sie tat es nicht. Da war – im gesamten – in keiner Weise das, was dieses Stück zu dem ihm noch möglichen Bühnenleben hätte bringen können. Der Präzision des Wortes entsprach keine Akkuratesse der Bewegung, der Grazie der Sätze, keine Grazie der Gestik. Es wurde mit Worten trefflich, mit den Degen erbärmlich gefochten. Die Zungen tanzten, die

Füße blieben in Schuhen aus Blei.

Ein Indiz für Hirschfelds Absicht, es so und nicht anders zu machen, ist Teo Ottos Bühnenbild. Frisch schreibt vor: »Ein theatralisches Sevilla« und »Eine Zeit guter Kostüme«. Von diesen beiden Forderungen hat Otto nur eine halbwegs erfüllt: er hat den Männern wirklich gute Kostüme geschneidert. Den Damen nicht unbedingt. Und statt eines theatralischen Sevillas hat er ein Bühnen-Niemandsland gebaut, keine bestimmte Stadt, nur noch eine Stätte, in der sich neben »Don Juan« auch sonst allerlei begeben könnte. Die Stätte ist, ich gebe es zu, attraktiv. Aber sie ist unverbindlich, und sie hilft keinem – dem Zuschauer nicht, dem Stück nicht und dem Schauspieler auch nicht.

Von den rund zwanzig Damen und Herren, die sich um das Stück nach bestem Wissen und Gewissen bemühten, nenne ich in der Folge nur vier mit Namen. Das ist vielleicht ungerecht, aber ich habe so ein Gefühl, als sei es die kleinere Ungerechtigkeit. Frisch und sein Stück verdienen einen Respekt, den ich auf alle, die mitgeholfen haben, ausdehnen möchte. Indessen wäre es mir kaum möglich, diesen Respekt auch dann zu wahren, wenn ich zu detaillieren anfinge.

(Ein Beispiel: wenn die von Juan verführten Damen so aussehen, wie sie sich im vierten Akt präsentieren, dann läge der Schlüssel zu einer Aversion gegen Frauen vermutlich nicht nur in seiner übermächtigen Liebe zur Geometrie.)

Zwei Damen und zwei Herren tragen das Stück.

Zunächst einmal die Hure Miranda. Anneliese Betschart – plötzlich auf horizontale Mädchen spezialisiert – gab sie schön, und – vielleicht – nur um eine Spur zu schön, zu ergeben, zu edel auch, als daß Juans Höllensturz in die eheliche Gemeinschaft mit ihr noch schrecklich genug wäre.

Therese Giehse war die Kupplerin Celestina, und sie war schlechthin überragend, die Wonne des Abends. Da war, in wenig Worten, ein Mensch auf der Bühne, da war – mehr noch – der Geist des Dichters Person geworden, da hatte seine Vorstellung einen Körper gewonnen, der gar nicht anders hätte sein können.

Ganz hervorragend Klaus Steiger als Pater Diego (auch er zum anderen Male in dieser Spielzeit ein unguter Pfaffe). Frisch verlangt da zwar einen dicken, wahrscheinlich molluskenhaften Wüstling – aber viel besser als Steiger es tat, stellt ihm wohl kaum einer diesen finster-begehrlichen Geistlichen auf die Bühne. Zumindest tut es keiner zu Anfang des Stückes. Mit dem letzten Akt hatte Steiger etwas mehr Mühe – aber das konnte, so wie er sich die Sache zurechtgelegt hatte, auch nicht anders sein.

Schließlich Helmut Lohner, der in zwei Wochen oder drei schaffen mußte, was eigentlich Rolf Henniger zugedacht war – die Rolle des Don Juan. Es gibt zwei Möglichkeiten, von ihm zu sprechen: sehr lang oder sehr kurz. Ich wähle die letztere, auf die Gefahr hin, in ein paar Sätzen allzu viele Superlative unterbringen zu müssen. Nun, wenn dieser Abend nichts gebracht hätte als die Begegnung mit Lohner in dieser Rolle – es wäre schon damit übergenug gewesen. Lohner, das bestätigt sich jetzt, ist der mit Abstand wichtigste Mann, den das Schauspielhaus seit Jahren zugezogen hat und dessen fernere Dienste es sich notfalls mit Brachialgewalt sichern müßte. Abgesehen davon, ist er schlechthin Idealbesetzung für den »Don Juan« des Max Frisch, alles mitbringend, was sich der Autor für die Rolle wünschen mochte, und sie überdies noch durch das, was er an Persönlichkeit besitzt, glanzvoll aufwertend.

Zürcher Woche, 5. 6. 1964.

Reinhold Viehoff
Don Juan in der Theaterkritik
Anmerkungen zur Verarbeitungsgeschichte der Komödie Max Frischs

o

Zürich, 1953: ».... spendeten herzlichen, wenn auch schwyzerisch gemessenen Applaus«;[1] ».... ein vielbewunderter, von ungewöhnlich herzlichem Beifall begleiteter Abend«;[2] ».... lang anhaltender Beifall...«;[3] ».... starker Schlußapplaus«;[4] ».... stürmisch gefeiert«.[5]

Berlin, 1953: »Der Beifall am Ende war merklich matt«;[6] »Der Beifall war anerkennend, nicht mehr«;[7] »So setzte der Beifall... nur zögernd ein«;[8] ».... nur ›anstandshalber‹ klatschte man deshalb Beifall«.[9]

Darmstadt, 1953: ».... zum Schluß langen und starken Applaus: ein Erfolg«;[10] ».... der echte und unwidersprochene Beifall am Schluß...«[11] ».... und applaudierte zuletzt... lang und heftig«.[12]

München, 1953: »Das Publikum, anfangs zwischen Staunen, Erschrecken und Begeisterung hin- und hergerissen, entschloß sich am Ende zu langen, starken Ovationen für Regisseur, Darsteller und den anwesenden Autor«;[13] »Am Schluß: Premierenbeifall«.[14]

Basel, 1953: ».... am Schluß dieser Premiere herzlichen Beifall und Blumen en masse«.[15]

Heilbronn, 1953: ».... bedachte die Darsteller am Schluß mit reichem Beifall...«.[16]

Schleswig, 1953: ».... zum Schluß Premierenbeifall und viele Vorhänge für Darsteller und Regisseur.«[17]

Uraufführungen, Erstaufführungen, Premieren – und fast überall ein Theaterpublikum, das begeistert applaudierte. Ein Publikumserfolg. Da konnte der Autor, der ›nur ein Theaterstück‹ schreiben wollte, zufrieden sein; er hatte eines geschrieben, das so schnell nicht wieder von den Spielplänen und Bühnen im deutschsprachigen Raum verschwinden sollte.

Kann man aber tatsächlich heute anhand der zitierten Ausschnitte aus zeitgenössischen Theaterkritiken sagen, das Stück sei ein voller Erfolg gewesen? Welche Aussagen sind überhaupt zur Verarbeitungsgeschichte eines Theaterstückes möglich, wenn zeitgenössische Theaterkritiken die einzige Quelle sind? Und vor allem: was ist die Verarbeitung eines Theaterstückes? Was seine Geschichte?

I

In der Literaturwissenschaft wird heute unter Rezeption jener kognitive Prozeß verstanden, in dem und durch den ein Leser zu einem ›Text‹ einen literarischen Sinn konstruiert, ja, in dem er eigentlich erst den Text selbst anhand der materialen sprachlichen Vorlage (des Textformulars) herstellt. Dieser Vorgang, der vor allem vor und während des Lesens stattfindet, ist völlig intern. Er könnte als die innere Inszenierung des Textes im Kopf eines Lesers bezeichnet werden. Weil dieser Vorgang so intern ist und im Kopf eines jeden Lesers eingeschlossen bleibt, ist seine wissenschaftliche Erforschung sehr schwierig.[18]

Äußert sich nun ein Leser zu dem Text (und das heißt immer: zu der inneren Inszenierung des Textformulars in seinem Kopf, und nur zu dieser kann er sich literarisch äußern), dann spricht man heute in Anlehnung an einen frühen Vorschlag von Wienold (1971)[19] von Verarbeitung. Äußerungen von Lehrern und Schülern im Sinne einer Gedichtinterpretation sind ebenso Verarbeitungen (der inneren Inszenierung, in vorgegebenen sprachlichen Formen) wie Party-Gespräche über Literatur oder Literaturkritiken in der überregionalen Presse.[20]

Im Hinblick auf das Theater und die Aufführungsgeschichte bestimmter Theaterstücke ist diese Unterscheidung von Rezeption und Verarbeitung ebenfalls nützlich, weil sie die komplexen Beziehungen und aufeinanderfolgenden Stufen literarischen Handelns im sozialen Kontext des Theaters systematisch erhellt.

Das vom Autor produzierte Stück kann im Rahmen einer Dramenlektüre Ausgangspunkt für Rezeptionshandlungen und Verarbeitungen eines Lesers sein. Nimmt nun ein Leser seine Rezeption des Stückes zur Grundlage einer ›öffentlichen‹ Verarbeitung, wie etwa 1953 die Regisseure Oskar Wälterlin in Zürich, Hans Schalla in Berlin, Rolf Müller in Darmstadt, Leonard Steckel in München, Wolfgang von Stas in Basel, Erich Schudde in Heilbronn und Horst Gnekow in Schleswig, dann fungieren solche ›öffentlichen‹ Verarbeitungen (die Inszenierung und Aufführung des *Don Juan* von Max Frisch auf der Bühne) als neuer Ausgangspunkt für neue, selbständige Rezeptionsakte von Theaterbesuchern. Die Ausgangslage des Theaterbesuchers ist also eine andere als die des Lesers.

Vergleichbar dem Textformular für den Leser ist die materiale Vorgabe für die Rezeption des Theaterbesuchers alles das, was er von der Inszenierung des Theaterstückes auf der Bühne wahrnimmt und zur Grundlage seiner ästhetischen Sinnkonstruktion macht.

Da der Theaterbesucher nicht die inszenierte Verarbeitung des Regisseurs wahrnehmen kann, sondern nur das Rollenhandeln der Schauspielerinnen und Schauspieler, die wiederum in ihrem Spiel nicht nur von den Ideen des Regisseurs, sondern auch von ihrer eigenen Rezeption des Stückes beeinflußt sind, ist diese ›materiale Textvorlage‹ für *jeden* Theaterbesucher in einem radikalen Sinne transitorisch, vergänglich und eben so nicht wiederholbar. Unterscheidet sich in dieser Verfügbarkeit über das Textformular die Rezeption des Theaterbesuchers von der des Lesers, so ist ein weiterer bemerkenswerter Unterschied in der jeweils aktuellen Rezeptionssituation zu sehen. Der Theaterbesucher sitzt ja nicht allein im Theater, sondern ist in eine Art ›Gemeinschaftshandlung‹ eingebunden, und die vielen parallelen Rezeptionshandlungen anderer Theaterbesucher beeinflussen und brechen permanent seine eigene Wahrnehmung des Geschehens auf der Bühne.[21]

Alles das, was *ein* Theaterbesucher von der Inszenierung und Aufführung *wahrnimmt*, unterscheidet sich deshalb immer und notwendig von dem, was *ein anderer* Besucher *wahrnimmt*. Entsprechend unterschiedlich fallen die Rezeptionshandlungen von Theaterbesuchern aus, auch wenn sie eine und dieselbe Aufführung gesehen haben. Kann bei der Rezeption eines Stückes qua Dramenlektüre noch eine linguistische Analyse des Textformulars zu einer weithin anerkannten intersubjektiven Beschreibung dieser ›materialen‹ Rezeptionsvoraussetzung führen, so ist eine vergleichbare intersubjektiv akzeptable Beschreibung des Bühnenereignisses so gut wie ausgeschlossen.

Nun ist es natürlich so, daß wegen der kulturell meist relativ einheitlichen Sozialisationsgeschichte der Theaterbesucher die vielen einzelnen Rezeptionen nicht willkürlich voneinander abweichen werden. Außerdem sind heute die meisten Schauspielhäuser dazu übergegangen, durch entsprechende historische oder thematische ›Verständnismarkierungen‹ in Form begleitender Theater- oder Programmhefte die Theaterbesucher eines Abends auf ein paralleles Verständnis hin zu orientieren.[22]

Genauso wie es eine Rezeption des Theaterereignisses gibt, so gibt es eine Verarbeitung dieser Rezeption. Um die Problemlage einer solchen Verarbeitung beurteilen zu können, muß man sehen, worauf sich die Äußerungen beziehen können. Es ist möglich, daß ein Theaterbesucher *vor* der Theateraufführung den Text des Stückes gelesen hat und deshalb in der Lage ist, seine innere Inszenierung nun mit der ›öffentlichen‹ Verarbeitung durch Regisseur und Schauspieler zu vergleichen. Außerdem handelt ein Theaterbesucher, der in einer beruflichen Rolle zum Beispiel als Theaterkritiker das Theater besucht, anders – nämlich etwa als ästhetischer Schiedsrichter oder literaturdidaktischer Berater, je nach seinem Rollenverständnis – als ein ›normaler‹ Besucher, der private Bedürfnisse befriedigt.

Unter Berücksichtigung dieser Randbedingungen kann sich seine Verarbeitung beziehen auf die Produktion des Textformulars durch den Dramatiker (als Stückkritik), sie kann sich auf die Rezeption und Verarbeitung des Regisseurs beziehen (als Aufführungs- oder Inszenierungskritik), sie kann sich auf die schauspielerische Umsetzung und Präsentation des Stückes beziehen (als Spielkritik), auf die wahrgenommenen Rezeptions- und Verarbeitungshandlungen der anderen Besucher (als Publikumskritik), und sie kann sich schließlich beziehen auf die Interdependenzen aller dieser Kritikpunkte.[23] Wie nun sind nach alledem die Aussagen zu bewerten: »spendeten herzlichen, aber schwyzerisch gemessenen Applaus«[24], oder, zu der gleichen Inszenierung am selben Abend, die Aussage: »stürmisch gefeiert«[25], wenn sie in zeitgenössischen Theaterkritiken zur Uraufführung des *Don Juan* von Max Frisch am 5. Mai 1953 im Schauspielhaus Zürich vorkommen?

Für historische Forschungen gibt es keine Möglichkeit, die tatsächliche Rezeption zeitgenössischer Leser beziehungsweise Theaterbesucher zu rekonstruieren, da es keine Möglichkeit gibt, dafür empirische Daten zu gewinnen. Die Quellenlage erlaubt also nur, auf die öffentlich verfügbaren Verarbeitungen der zeitgenössischen Theaterkritiker zurückzugreifen und durch diese ›hindurch‹ Aussagen über die Rezeption der zeitgenössischen Theaterbesucher zu gewinnen und plausibel zu machen. Im Sinne etwa des Prinzips vom ›kleinsten gemeinsamen Vielfachen‹ bedeutet dies: in Zürich, Darmstadt, München, Basel, Heilbronn und Schleswig scheint das Publikum überwiegend positiv auf den Theaterabend reagiert zu haben, in Berlin dagegen überwiegend negativ. Über die genauen Ursachen der positiven Reaktion, also ob sie dem Stück, der Aufführung oder der Leistung der Schauspieler galt, ist eine solche gesicherte Aussage schon nicht mehr möglich; denn Aussagen des Theaterkritikers darüber sind notwendig so sehr mit seiner eigenen Wahrnehmung des Bühnenereignisses verknüpft, daß sie sinnvoll und plausibel nur auf diese Wahrnehmung zurückgeführt werden können. Sie können nicht als verallgemeinerte oder verallgemeinerbare Verarbeitung gelten und Aussagen über das Publikum begründen.

Wenn zum Beispiel der Kritiker E. F. in den *Luzerner Nachrichten* (vom 7. Mai 1953) im letzten Satz seiner Theaterkritik bemerkt:

Autor, Spielleiter und Darsteller empfingen im dicht besetzten Haus den Beifall derer, die vom Stück zwiespältig berührt, von der Aufführung aber zweifellos mitgerissen wurden,[26]

dann kann der Hauptsatz über den allgemeinen Beifall angesichts vergleichbarer Berichte anderer Kritiker als plausible Beschreibung der Publikumsreaktion akzeptiert werden. Die Aussage über die ›zwiespältige Berührtheit‹ des Publikums kann jedoch lediglich als Zeugnis der zwiespältigen Berührtheit des Kritikers E. F. bewertet werden, da weder die allgemeine Praxis der Theaterkritik noch der spezielle Einzelfall annehmen lassen, daß der Kritiker E. F. das gesamte Premierenpublikum oder repräsentative Teile davon nach der Zürcher Uraufführung zu ihrer ›Berührtheit‹ befragt hat.[27]

Anhand zeitgenössischer Theaterkritiken, wie sie in Zeitungen und gelegentlich in Zeitschriften veröffentlicht wurden, läßt sich daher nur ein kleiner Ausschnitt aus der Rezeptions- und Verarbeitungsgeschichte des *Don Juan* von Max Frisch rekonstruieren, jener Ausschnitt nämlich, der durch die Verarbeitungen von Theaterkritikern in Form schriftlich veröffentlichter Kritiken heute noch zugänglich ist. Im Grunde handelt es sich bei dem hier vorliegenden Versuch um Anmerkungen zur historischen Abfolge einzelner Verarbeitungen einer speziellen Rezipientengruppe, wobei der eigentliche Gegenstand der Rezeption jedesmal ein anderer ist.

Erken und Koebner (1971)[28] haben nun von dieser historischen Abfolge behauptet, daß sie »wie nur wenige andere Sparten des literarischen Lebens dessen historische Tiefenschichtung und Traditionsbindungen sichtbar« mache (1971, 96). Daran ist so viel wahr, daß – im Gegensatz zur Literaturkritik als Buchkritik – Theaterkritik immer wieder stattfindet, solange neue Inszenierungen eines Stückes von anderen Schauspielern an anderen Orten dargestellt und von anderen Theaterbesuchern gesehen werden. Und da jede neue Inszenierung und Aufführung in den je gegebenen historischen, sozialen und speziellen kulturellen Kontext eingefügt ist, reflektiert die Abfolge der Theaterkritiken zu einem Stück jeweils historische Verarbeitungsstufen und deren Randbedingungen. Diese an sich plausible Hypothese ist jedoch aus methodischen Gründen schwer zu bestätigen; denn um Veränderungen feststellen und beschreiben zu können, müßte der analysierende Literatur- und Theaterwissenschaftler zumindest *eine* feste Größe angeben können, relativ zu der sich die beobachtbaren Unterschiede der einzelnen Verarbeitungsstufen als Veränderungen erklären und auf je gegebene Zusammenhänge ihrer speziellen Entstehungssituation zurückführen lassen. Das aber ist wegen der grundsätzlichen transitorischen Ereignishaftigkeit des ›Textformulars‹ Theateraufführung nur annäherungsweise möglich.

Hinzu kommt bei der wissenschaftlichen Analyse einer historischen Abfolge von Theaterkritiken (zum *Don Juan*), daß nicht mehr mit dem Gesetz der großen Zahl gearbeitet werden kann und methodische Absicherungen – etwa durch statistische Verfahren – deshalb kaum eingesetzt werden können, um Beobachtungen, Beschreibungen und Schlußfolgerungen über Plausibilität und Evidenz hinaus zu rechtfertigen; denn bis auf wenige Aufführungen (etwa hier die Uraufführungen des *Don Juan* in Zürich und Berlin) liegen in der Regel nur eine Handvoll unterschiedlicher Theaterkritiken zu einer Inszenierung vor.

Angesichts solcher Schwierigkeiten beim Umgang mit zeitgenössischen Theaterkritiken als theatergeschichtlichen Quellen ist die folgende Darstellung an der Methode des ›event sampling‹ orientiert, d. h. es wird lediglich der Versuch gemacht, im Sinne der Theaterkritiken zum *Don Juan* vorfindliche ›besondere Ereignisse‹ zum Leitfaden zu machen, an dem entlang die Geschichte der Verarbeitung dieses Stückes konstruiert wird. Damit werden dann Perspektive, Dimension und historische Konstellation der Quellen selbst zum literatur- und theatergeschichtlichen Datum.

2

Der *Don Juan* ist nicht das erfolgreichste Stück von Max Frisch. Nach der Statistik des Deutschen Bühnenvereins (vgl. Tabelle 1, S. 7) rangiert es, zumindest im Zeitraum bis 1975, hinter *Andorra, Biedermann und die Brandstifter, Biografie: Ein Spiel* und *Die Chinesische Mauer* erst an fünfter Stelle. Allerdings ist die Statistik des Bühnenvereins nicht vollständig.[29] So hat nach eigenen Archivunterlagen der Suhrkamp Verlag allein an westdeutsche Bühnen und Landestheatern bis 1975 32mal die Rechte zur Aufführung vergeben, insgesamt wurde der *Don Juan* danach bis 1983/84 an 54 deutschsprachigen Bühnen (in der BRD, der DDR, Österreich und der Schweiz) inszeniert. Auf der Basis der Aufführungsstatistik des Bühnenvereins kann man entsprechend die Zahl der *Don-Juan*-Aufführungen auf etwa 820 bis heute schätzen.

Ein Blick auf die Aufführungschronologie zeigt, daß es insgesamt drei historische Schwerpunkte gibt, Zeitpunkte, zu denen es zu einer weit über dem üblichen Durchschnitt liegenden Häufung von Neuinszenierungen und Aufführungen kam.

Der erste Schwerpunkt liegt im Jahr 1953, dem Jahr der Uraufführungen in Zürich und Berlin, mit insgesamt 7 Inszenierungen. Zum Vergleich: *Andorra* wurde im Jahr der Uraufführung 1961/62 an 21 Bühnen inszeniert, *Graf Öderland* dagegen nur an zwei Bühnen in der Schweiz 1951.

Der zweite Schwerpunkt liegt – wie zu erwarten – in den Jahren nach 1961. Nachdem Max Frisch 1961 die Komödie leicht umgearbeitet hatte,[30] war es 1962 zu einer ›Ur-Aufführung‹ der neuen Fassung durch das Hamburger Schauspielhaus gekommen, dem 1964 das Schauspielhaus Zürich folgte, das mit der von Kurt Hirschfeld verantworteten Inszenierung auch bei den Ruhrfestspielen im selben Jahr gastierte. Ein Jahr später – 1965 – zeigte das ARD-Fernsehen den *Don Juan* von Frisch. Dieser Popularitäts-

Frisch	Auff.	Inszen.	
Andorra	1791	69	1961/62 an 21 Bühnen, im Jahr darauf an 38 (28 Neuinszenierungen), später vereinzelt
Biedermann und die Brandstifter	1569	72	ebenfalls mit starkem Start 1958–1961, danach vereinzelt, U des Nachspiels 1959 in Frankfurt
Biografie: Ein Spiel	596	26	vor allem 1968/69 (an 14 Bühnen)
Die Chinesische Mauer	428	24	zwischen 1955 und 1967 nachgewiesen
Don Juan oder die Liebe zur Geometrie	334	22	ab 1952/53, sehr verstreut
Die große Wut des Philipp Hotz	328	13	zwischen 1958 und 1965, danach eine Tournee
Santa Cruz	81	3	
Graf Öderland	36	2	
Als der Krieg zu Ende war	25	2	

(Nach: Hadamczik, Dieter, Schmidt, Jochen und Werner Schulze Reimpell, *Was spielen die Theater? Bilanz der Spielpläne in der Bundesrepublik Deutschland 1947–1974*, Remagen-Rolandseck: Rommerskirchen 1978, S. 62)

schub führte in den Jahren 1966/67 zu insgesamt 13 Neuinszenierungen an deutschsprachigen Bühnen.

Der dritte Schwerpunkt liegt in der Spielzeit 1977/78 mit acht Inszenierungen, die vermutlich deshalb in den Spielplan gelangt sind, weil 1976 Max Frisch durch die stark beachtete Herausgabe der *Gesammelten Werke in zeitlicher Folge* und wegen seines 65. Geburtstages in den Medien ›auffällig‹ geworden war.[31]

3

Die Rezeptionssituation für die schweizerische Uraufführung des *Don Juan* im Schauspielhaus Zürich am 5. Mai 1953 war geprägt durch Ereignisse, die zwei Jahre zuvor stattgefunden und am 10. Februar 1951 mit der Uraufführung des Frisch-Stückes *Graf Öderland* in Zürich begonnen hatten.

Max Frisch redet jetzt eine andere Sprache als wir. Er sagt Spießer, wo wir den auf die Sitte hinlebenden Menschen zu erkennen meinen. Ich möchte noch weiter gehen und sagen, Max Frisch redet auch eine andere Sprache, als es die seine wäre, nicht nur geistig, sondern ebenso formal. [...] Frisch hat mit seinem »Öderland« Kunst gespielt; ein Dichter von so großartigem Können wird dabei schlimmer zu Fall kommen als ein kleiner Schreiber. Jedenfalls ist der »Öderland« eine Grenze, und ich halte sie als solche fest: Frisch hört hier auf – oder er beginnt wieder. Und wenn er begänne? Dann sei ihm aus einer teilnehmenden Generation das Wort des ewigen Goethe mitgegeben: »Was wir ausdenken, was wir vornehmen, sollte schon vollkommen so rein und schön sein, daß die Welt nur daran zu verderben hätte; wir blieben dadurch in dem Vorteil, das Verschobene zurechtzurücken, das Zerstörte wieder herzustellen. (wti)³²

So und ähnlich hatten sich die großen Zürcher Feuilletons entrüstet gezeigt und voller Unverständnis für das neue Frisch-Stück *Graf Öderland*.³³ Von diesen Kritiken aus dem Jahre 1951 zieht sich das ästhetische Mißverständnis, wenn man es so nennen will, zwischen einem großen Teil der Zürcher Theaterkritiker und Max Frisch hin bis zu jener Rede am 17. Dezember 1967, in der Emil Staiger in Zürich sich zum Sprecher »der breitesten Öffentlichkeit«³⁴ machte, um gegen die »neueren Romane und Bühnenstücke«³⁵ zu wettern. Einige davon hatte bis dahin Max Frisch schon geschrieben.

Man gehe die Gegenstände der neueren Romane und Bühnenstücke durch. Sie wimmeln von Psychopathen, von gemeingefährlichen Existenzen, von Scheußlichkeiten großen Stils und ausgeklügelten Perfidien. Sie spielen in lichtscheuen Räumen und beweisen in allem, was niederträchtig ist, blühende Einbildungskraft.³⁶

Dagegen setzt Staiger Gegenstände anderer Art:

Wenn solche Dichter behaupten, die Kloake sei ein Bild der wahren Welt, Zuhälter, Dirnen und Säufer Repräsentanten der wahren, ungeschminkten Menschheit, so frage ich: In welchen Kreisen verkehren sie? Gibt es denn heute etwa keine Würde und keinen Anstand mehr, nicht mehr den Hochsinn eines selbstlos tätigen Mannes, einer Mutter, die Tag für Tag im stillen wirkt, das Wagnis einer großen Liebe oder die stumme Treue von Freunden?³⁷

Und Staiger begründet dies alles, was dann zum Anlaß des Zürcher Literaturstreits wurde, ebenso wie jene Kritiker des *Grafen Öderland* es schon über ein Jahrzehnt zuvor getan hatten und danach wieder, beim *Don Juan*, taten. Er rekurriert auf Schiller (»die aller Dienstbarkeit enthobene Souveränität des Schönen mit ihrem für die Menschheit als solche unentbehrlichen Sinn in Einklang zu bringen«)[38] und Goethe (»den ›edlen Seelen vorzufühlen‹, das heißt, in auserwählten Herzen die Wege des Gefühls zu bahnen und so dem bisher Unaussprechlichen zum Bewußtsein zu verhelfen«),[39] und besonders wieder Schiller (»die ›Ausstellung‹ seiner unersetzlichen Individualität. Er fügte jedoch hinzu, gerade deshalb sei jeder Autor verpflichtet, seine Individualität zu der ›reinsten herrlichsten Menschheit emporzuläutern‹, und verlangte von einem Gedicht den ›reinen vollendeten Abdruck eines interessanten vollendeten Geistes‹«).[40] Und zum Ende erklärt Staiger dann:

> Verzichten wir also nicht auf Forderungen an die Literatur. Versagen wir es uns nicht zu wünschen, daß sie sich wieder auf ihre Pflicht gegenüber der Öffentlichkeit besinne, daß sie das Bild des Lebens sich nicht von sogenannten wissenschaftlichen Theorien, auch nicht von den heute herrschenden Zuständen vorgeben lasse, sondern selber, aus der Machtvollkommenheit des Schöpferischen, entscheide, wie der Mensch beschaffen und wie er nicht beschaffen sein soll. Ziehen wir den schlichten und gediegenen Grundriß wieder nach, auf dem das Gebäude jeder großen Kultur errichtet worden ist.[41]

Nicht zufällig war es Max Frisch, der zum Gegenredner Staigers wurde. In seiner ironischen Kritik[42] an dessen Rede rechnete Max Frisch dann zugleich auch mit eben jenem ›geistigen Zusammenhang‹ ab, der die Zürcher Feuilletons prägte, die seit mehr als einem Jahrzehnt die Uraufführungen seiner Stücke kritisch begleitet hatten.

Es ist heute vermutlich erst verständlich, wie die Zürcher Theaterkritik – nach dem *Grafen Öderland* – auf den *Don Juan oder die Liebe zur Geometrie* reagierte, wenn man sich vor Augen hält, daß diese Kritik bei aller individuellen Einfärbung gemeinsam und sicher vom Wahren, Guten und Schönen einer ahistorisch gedeuteten und fraglos akzeptierten klassischen Ästhetik her urteilte. In dieser ästhetischen ›Geisteshaltung‹ liegt denn auch der Grund für das zum Teil weitschweifig entwickelte völlige Unverständnis, mit dem die Kritiker einem Werk begegnen, das *seinen* Ursprung und *seine* Berechtigung durch eine *neue* Ästhetik und eine *neue* Gegenwart legitimiert.

Derselbe *-nn* [W. Zimmermann], der zwei Jahre zuvor beim Stück *Graf Öderland* bemerkt hatte, daß »dem Schauspieler [...] die Reste solchen dramatischen Bemühens als Fragmente eines dramatischen Gerüstes wie Gräten im Halse stecken [bleiben]«[43], sieht in seiner Kritik der *Don-Juan*-Aufführung keine Besserung, sondern im Gegenteil nun die endgültige »Demontagearbeit an den ethischen, gesellschaftlichen und religiösen Grundpfeilern«[44], die »Verwerfung festgefügter Normen«.[45] Seine Kritik zielt dann auf die ethischen Grundpfeiler (»Fährte in die geistige Wüste«)[46], besonders aber auf die religiösen Grundpfeiler. »Die hellsten Lichter des Spottes aber liegen auf den Dienern der Kirche, über die Frisch, von den antikatholischen Komplexen einer kurzen Spanienreise befeuert, die Schalen unverschämtester Laugen ausgießt.«[47] Diese Kritik am Stück ist für -nn auch hinreichender Grund, eine absolut ablehnende Aufführungskritik abzuleiten – »Daß sich auf einem solchen geistigen Unterbau nicht auch noch eine bühnenfeste Handlung auftürmen läßt, ist durchaus begreiflich. Wo alle Fundamente wackeln, kann auch ein Dramenarchitekt nur ins Leere bauen, selbst den erschütternden Ausblick auf das Riesenmaß seiner geistigen Vereinsamung verbaut sich dieser Dichter durch die verlegenen Kapriolen seines Nihilismus, durch dessen krampfhafte Blasphemien und Anzüglichkeiten«.[48]

In dieser Zürcher Kritik wird jener oben bis hin zum späteren Zürcher Literaturstreit geschlagene ›geistige Zusammenhang‹ exemplarisch vorgeführt: ausgehend von einem außer-ästhetischen Wertsystem, in dem ein konservativ religiöses Weltverständnis einhergeht mit der Vorstellung einer Geborgenheit in festgefügter geistiger Heimat, wird der *Don Juan* mit besonderer Vehemenz kritisiert, weil er bloßer »geistiger Heimatlosigkeit«[49] das Wort rede, was noch gefährlicher wohl zu sein scheint als die einfache Negation, weil sie die Vorstellung von der fraglosen geistigen Heimat überhaupt in Frage stellt. Gegen diesen Vorwurf des Nihilismus und der geistigen Heimatlosigkeit, wie er genauso später auch von Staiger erneuert wird (»Es sind – nicht ausnahmslos, aber meistens – Zeiten des Wohlstands und der Ruhe, in denen der démon ennui, die dämonische Langeweile, die Verzweiflung an allem Leben gedeiht. Der Nihilismus ist, in erstaunlich vielen Fällen, ein Luxusartikel«),[50] hat Max Frisch eingewandt: »Ebenso unmißverständlich lehrt uns die Geschichte, daß immer, wenn Faschismen im Anzug sind, die Literatur als ›nihilistisch‹ bezeichnet wird, die eine Kloake als Kloake darstellt, und daß die Literatur nur zu dulden ist als Salon für Adel und Würde und Hochsinn und Treue, und noch etwas: daß sich dafür immer arglos-gelehrte Anwälte mißbrauchen lassen.«[51]

Natürlich waren nicht alle Kritiker der Zürcher Feuilletons solche arglos-gelehrte Anwälte, oder sie ließen sich nicht dazu mißbrauchen, es zu sein. Aber in den Zürcher Theaterkritiken zum *Don Juan* von 1953 sind viele Argumente nur vor dem ›geistigen Zusammenhang‹ plausibel verstehbar und historisch einzuordnen, der auch -nn stützt.

Wenn etwa Traugott Vogel in seiner Kritik vom 12. 5. 1953 in der *Neuen Zürcher Zeitung* schreibt, daß für ihn Max Frischs *Don Jaun* »klinisch« werde, zu einem klinischen Fall, und offenbar deshalb, weil »Don Juan, seine eigene Legende armselig überlebend, völlig in Daseinsekel ab[sinke]«, dann ist auch hier diese Stückkritik legitimiert von einer Ästhetik, nach der das Wahre, Gute und Schöne sich nicht mit Ekel verträgt: weder beim Helden noch beim Zuschauer. Auch hier läuft die Argumentation und Auseinandersetzung mit dem Stück, wenn auch moderater, auf die Frage zu: Wo bleibt das Positive, Herr Frisch? (»Könnte er denn nicht froh werden, fragen wir schüchtern, gerade eben durch die vielverkannte, vielgelästerte Liebe . . .«). Und weil eben das Positive fehlt, »müssen [wir] erkennen, daß der selbstgerechte Don Juan, der gegen die physischen Gegebenheiten der Schöpfung rebelliert, von seiner Natur selbst genarrt wird und von uns weder als tragischer noch als tragikomischer Held ernst genommen werden kann«. Wenn der Theaterkritiker all diese Erwägungen, die er immerhin öffentlich und im pluralis majestatis verkündet, als »innere Anfechtung« bezeichnet, so soll dies vermutlich nicht als Hinweis auf die Subjektivität seiner Werturteile verstanden werden, sondern nur als Floskel, die ihm erlaubt, seine Aufführungskritik von der Stückkritik abzuheben. Aber sein Lob ist auch hier zweischneidig: »Zur Aufführung: sie war wahrhaft betörend«. Darauf muß zurückgeführt werden, daß das Publikum den Theaterabend ›stürmisch gefeiert‹ hat, wie wir allerdings nur von anderen Teilnehmern der Szene wissen, nicht von Traugott Vogel.

Da gibt Felix Stössinger in der *Tat* (vom 8. Mai 1953) schon genauer Auskunft – »und zum Schluß dankte das Haus der verschwenderischen Aufführung und dem Autor mit zahlreichen Vorhängen«. Wie denn seine Theaterkritik überhaupt versucht, genauer hinzusehen, zu vergleichen und zu beurteilen. Aber auch hier steht die Quintessenz der bei Vogel nichts nach: weil nach Stössinger das »– oder Die Liebe zur Geometrie« des Don Juan nicht darstellbar sei und, jedenfalls im Stück von Frisch, nicht als

Darstellungsproblem gelöst worden sei, deshalb kritisiert er Frisch und sein Stück. Und er versucht sogar, diese am Stück entwickelte Kritik auf die Aufführung zu übertragen, mit dem voraussehbaren Ergebnis, daß die mißlungene Aufführung nach der Pause eben jenem dramat(urg)ischen Fehler zu verdanken sei, der im 4. und 5. Akt des Stücks dazu führe, daß statt Handlung nur noch Idee vorhanden sei. »Nach der Pause sind Don Juan und Frisch mit ihrem Latein zu Ende, nur die Geometrie liegt noch irgendwo herum.«

Stössingers Ansatz für seine Kritik lautet: Wenn Frisch sich den Don-Juan-Stoff vornehme, dann müsse sich »der innere Anstoß, der diese Gestalten einstmals schuf, [...] im neuen Werk wiederholen. Nur dann wird es keine Wiederholung sein, sondern echte Schöpfung«. Da aber Max Frisch das Problem der Geometrie dramaturgisch nicht bewältige, wiederhole sich auch nicht der ›innere Anstoß‹, und der *Don Juan* bleibe bloße Wiederholung, schlechte sogar. »Barmherzigkeit, sagt man sich in den beiden letzten Akten«. Und hätte nicht Stössinger immer wieder in seiner Theaterkritik an den *Don Giovanni* von Mozart erinnert (»Die Oper aller Opern«), dann wäre bei seiner vorsichtigen Sprache, bei ›innerem Anstoß‹ und ›echter Schöpfung‹ beinahe heute nicht mehr zu erkennen, welchem ästhetischen Grundkonsens er sich verpflichtet fühlt. Es ist der nämliche.

Emil Staiger hat Jahre später seine Zürcher Manifestation mit dem Satz beendet: »Wir kehren damit zu Mozart zurück, von dem wir ausgegangen sind, und überlassen uns getrost und ohne schlechtes Gewissen dem unverweslichen Zauber seiner Musik.«[52]

Darauf Frisch:

»Möge es dir wirklich gelungen sein, die Geister zu scheiden! Schließlich hast du uns ja auch den Weg gewiesen: ›zu Mozart zurück‹.
Ja.
O ja.
Jaja...«[53]

Über den eigen-artigen Charakter und die besondere Beziehung des Zürcher Theaterfeuilletons jener Jahre zu dem Nachwuchsdramatiker Max Frisch informieren auch jene Kritiken, die gerade nicht in Zürich erscheinen, und die deshalb dem dortigen ›geistigen Zusammenhang‹ nicht so lokalpatriotisch verpflichtet sind.

In Schweizer Nachbarschaft, in der *National Zeitung Basel*, hätten die Zürcher Kritiker schon am 7. Mai 1953 in der Kritik von »L.« zur Zürcher Aufführung lesen können, daß »diese Komödie unter den bisherigen Bühnenwerken Frischs das schönste und reifste bedeutet« und daß dem *Don Juan* »als Tragkonstruktion eine klare, spielechte dramatische Konzeption unterstellt« sei.

Und eben dieser Kritiker L. kritisiert – vielleicht wegen der schützenden Entfernung Zürich–Basel – für den auch nach seiner Meinung nicht glücklichen Schluß des Theaterabends eben den Verantwortlichen, wenn das Stück ›an sich‹ gut ist: den für die Inszenierung verantwortlichen Oskar Wälterlin und den Bühnenbildner Teo Otto.

Das Stück, das man beim Lesen durchaus bühnenmäßig vor sich sehen kann, suggeriert eine Atmosphäre schneidender Wachheit, scharfer Konturen, klarer Helle (selbst in den Nachtszenen); denn immer steht ja dieser Don Juan im Zentrum. Die Aufführung aber brachte ein Bild mit viel diffusen Schatten, und der Ablauf wurde oft mit einer recht hausbackenen Gemütlichkeit genommen, gleichsam mit der zähen Gangart eines Gauls, der einen Karren zieht, statt mit der nervösen eines Pferdes, das einen Reiter trägt.

Andere Schweizer Beispiele für Nicht-Zürcher Kritiken, die euphorisch und positiv vor allem auf die Stückvorlage eingehen, ließen sich anführen.[54] Noch deutlicher aber wird der spezifische Zusammenhang der Zürcher Kritiken in ihrer Ablehnung des Stücks *Don Juan*, wenn man zum Beispiel die in der BRD zur Uraufführung in Zürich erschienenen Kritiken betrachtet. So spricht Hans Elsner (im *Mittag*, Düsseldorf) von einem alten Thema in einem reizvollen neuen Gewande, und »begeisterter Applaus überschüttete den Autor zum Schluß«, rundum eben »ein großer Abend im Zürcher Schauspielhaus«.[55] Walter Fabian (in der *Frankfurter Rundschau*) berichtet, daß sich »Max Frisch von neuem als ein interessanter, ja faszinierender Theaterdichter von bedeutendem Können erweist – in einem Stück, das allen Vergnügen bereiten wird, die Freude haben am funkelnden Gedanken und am funkelnden Wort«.[56] Erich Franzen würdigt (in der *Frankfurter Allgemeinen Zeitung*) das Zürcher Ereignis ebenfalls ganz anders als die Zürcher selbst. So schreibt er, daß es Frisch besonders im letzten Akt (!) gelinge, »die ironische Dialektik seiner Don-Juan-Figur mit leichten Strichen festzuhalten« und daß man insgesamt hier »eine echt schweizerische Mischung von französischem Esprit und deutscher Reflexion« vor sich habe, »gewinnend vor allem durch eine auf unseren Bühnen nicht mehr gewohnte Freiheit des Ausdrucks und fesselnd durch die theaterwirksame Gestaltung der tragikomischen Grundidee«.[57]

In Berlin wurde bei der gleichzeitigen Uraufführung der Komödie fast übereinstimmend von der Kritik bemängelt, daß die Aufführung »im falschen Hause stattfand. Die gewaltige Bühne des Schillertheaters ist dem Kammerspiel nicht zuträglich«.[58] Zusätzlich belasteten offenbar Besetzungs- und Regieschwächen die Inszenierung, so daß auch davon fast übereinstimmend die Theaterkritik berichtet und ebenso vom geringen Applaus an diesem Abend.[59]

In München probte ein Teil des Theaterpublikums den Aufstand, nicht am Abend der Aufführung des *Don Juan* selbst – hier wurde begeistert applaudiert[60] –, sondern einige Zeit später in der *Münchener Katholischen Kirchenzeitung*.

›Was da an Zynismus und Zweideutigkeit und Bespöttelung aufgeboten wird, übertrifft wohl alles, was in den letzten Jahren über die Bühne oder über die Leinwand ging. Ehe, Jungfräulichkeit, Sittlichkeit und Mönchtum sind in diesem Stück heuchlerische Begriffe, Himmel und Hölle dumme Illusionen.‹ Max Frisch und den Kammerspielen wird ›mit allem Ernst‹ Verletzung der religiösen Toleranz ›gegen uns Katholiken und katholische Institutionen‹ vorgeworfen. Das Stück und sein Autor seien von einer ›alles zersetzenden Spottsucht‹, die in *Don Juan oder Die Liebe zur Geometrie* hauptsächlich katholische Einrichtungen treffe. Man gehe von der Aufführung mit Trauer nach Hause, daß eine so grobe Verletzung der Toleranz [...] heute schon wieder geschehen könne.[61]

Natürlich nahm sich auch der kulturpolitische Ausschuß der Münchener CSU dieser verletzten religiösen Gefühle an und setzte sie in kulturpolitische um,[62] aber es blieb in München mehr ein abseitiges Skandälchen als ein Theaterskandal.

In Darmstadt versuchte dann einen Monat später der ›Katholische Frauenbund‹ gegen das Stück zu protestieren, weil »das christliche Empfinden vieler [...] auf das tiefste verletzt [wird] und die katholische Kirche [...] in der Person des Dominikanerpaters buchstäblich in den Schmutz gezogen [wird]«.[63] Aber auch hier waren die veröffentlichte Theaterkritik und das Theaterpublikum selbst mehrheitlich anderer Meinung, so daß der Protest folgenlos blieb.[64]

Aber nicht die Ereignisse in diesen Städten oder in den anderen Aufführungsorten des Jahres 1953 werden hier als *das* verarbeitungsgeschichtliche Datum bewertet, sondern die *gegen* das positiv eingestimmte Zürcher Theaterpublikum durchgesetzte theaterkritische Abwertung des *Don Juan* in Zürich selbst, der ›Heimatstadt‹[65] von Max Frisch; denn dieser ›Fall‹ macht eben die problematische quellenkritische Situation solcher verarbeitungsgeschichtlicher Studien besonders deutlich und zeigt zudem die Verteilung von Macht, und sei es auch nur publizistischer, und deren Auswirkungen im Literatursystem. Max Frisch hat ja später – 1961 – nicht zuletzt wegen dieser Zürcher Kritik des Jahres 1953 das Stück überarbeitet.

4

Inzwischen, 1962, ist Max Frisch kein Nachwuchsdramatiker mehr. Nach der Hörspielfassung von 1955 ist auf Anregung des Freundes Kurt Hirschfeld die Dramatisierung von *Biedermann und die Brandstifter* entstanden und am 29. März 1958 wiederum in Zürich uraufgeführt worden. *Andorra* hat dort ebenfalls wenige Jahre später, am 2. November 1961, seine Uraufführung erlebt. Max Frisch ist zusätzlich als Romancier hervorgetreten durch den Roman *Stiller* (1954) und den Bericht *Homo Faber* (1957). Er hat 1955 den Wilhelm-Raabe-Preis und den Schiller-Preis erhalten, ist 1958 mit dem Georg-Büchner-Preis ausgezeichnet worden und wird 1962 Ehrendoktor der Philipps-Universität Marburg. Er ist längst kein Architekt mehr, der nebenbei literarisch tätig ist. Er ist Max Frisch.

Die erste Aufführung der Neufassung des Stückes, die sich doch sehr von der ursprünglichen Vorlage unterscheidet, findet in Hamburg am Deutschen Schauspielhaus statt, an dem Gustaf Gründgens Intendant ist. Hamburg ist also gewiß keine schlechte Adresse für die neue Ur-Aufführung. Dennoch kann diese Aufführung nur als eine Art Zwischenspiel auf dem Weg zur Zürcher Wiederaufführung von 1964 gelten.

Ähnlich wie neun Jahre zuvor bei der Inszenierung des *Don Juan* durch den Bochumer Intendanten Schalla am Schiller-Theater in Berlin läßt sich auch für die Hamburger Inszenierung unter Ulrich Erfurth in einigen Punkten eine relative Übereinstimmung der Kritik beobachten: hier in Hamburg wie damals in Berlin ist die Kritik übereinstimmend der Auffassung, daß der mißlungene Teil der schlechten Inszenierung und schweren Besetzungsfehlern zuzuschreiben sei. Willy Haas als Theaterkritiker der Hamburger Zeitung *Die Welt* bringt diesen kritischen Einwand in einer Weise vor, der für die gesamte Argumentationsstruktur der Kritik an dieser Inszenierung typisch ist:

> Es fällt den meisten neueren Bühnenautoren begreiflicherweise schwer, einen geistreichen Standpunkt zu finden, von dem man ausgehen und zu dem man am Ende zurückkehren kann. Der Autor Max Frisch hat diesen Punkt spielend gefunden, was auf echten Geist hinzuweisen scheint: es ist das Motiv selbst. Don Juan fühlt sich zur abstrakten Reinheit der Geometrie hingezogen, die Vektorrechnung und die Relativitätstheorie erwecken erotischere Gefühle in ihm als Dutzende Weiber, die sich mit ihrer allzu körperlichen Gegenwart an ihn immerfort herandrängen. Das ist ausgedacht wie von Kierkegaard: das Feinste vom Feinen. Und ausgeführt – so schien uns – wie vom Possenschreiber Kotzebue. Rein nichts von dem geistreichen Motiv kam über die Rampe.[66]

An diesem Vorwurf von Haas ist zweierlei wichtig: 1962 sind sich die Theaterkritiker inzwischen einig, daß der *Don Juan* von Max Frisch »das Feinste vom Feinen« sei. Ob in der Frankfurter *Abendpost* (»Das Stück ist weit besser als die uninspirierte, auf theatralische Oberflächenwirkungen eingestimmte Hamburger Aufführung je vermuten läßt«)[67] oder im Hamburger *Abendblatt* (»Man hätte sehr gern eine vollkommene Aufführung dieses geistreich philosophierenden, in sehr achtbare Poesie gekleideten [...] Stücks gesehen. Aber das Schauspielhaus bietet vorwiegend die spektakuläre Ansicht des Stückes«),[68] in diesem Punkt gibt es keinen Zweifel unter den Theaterkritikern. Lediglich ein Kritiker erinnert – unter ausdrücklichem Bezug auf die neun Jahre zuvor in Zürich erhobenen Vorwürfe gegen die erste Fassung des Stückes – daran, daß auch die neue Fassung »in den letzten beiden Bildern – es gibt deren acht –, dramaturgisch zu zerfallen droht«.[69] Also: eine überwiegende, fast einstimmige Laudatio auf Max Frisch, den Wilhelm-Raabe-Preisträger, den Schiller-Preisträger, den Büchner-Preisträger, den Autor von *Stiller* und *Homo faber*, den Schöpfer von *Andorra* und *Biedermann und die Brandstifter*. (Worüber die Kritiker in Seitenbemerkungen ihre Leser nicht im unklaren lassen.)

Der zweite Teil des Vorwurfs von Willy Haas, dieses ›Rein nichts kam über die Rampe‹, wird nun ebenfalls von der überwiegenden Zahl der teilnehmenden Beobachter bestätigt. Die Gründe für diese harte Aufführungs- und Spielkritik seien hier beispielhaft durch ein Zitat aus dem *Weser-Kurier* (Bremen) belegt. Hans Berndt schreibt dort:

Ulrich Erfurth hat sich jetzt im Hamburger Theater am Besenbinderhof bei der Wahl der Mittel arg vergriffen. Unter seinen Händen wird aus dem intellektuellen Jux ein derber Fastnachtsspaß. Übertrieben bunte Kostüme (Rochus Gliese) und groteske Masken rücken schon die parodierten spanischen Edelleute in die Nähe der Hanswurste. Daß der vergeistigte Don Juan stets mit halbnackter Brust und im Papageiengewand auftritt, verstößt ohne Zweifel erst recht gegen die Absichten des Autors.

Bereits die Rollenbesetzung zeugt für Erfurths Mißverstehen. Ulrich Haupt ist ein vielseitiger temperamentvoller Komödiant – aber betont intellektuell wirkt er kaum. [...] Vera Tschechowa bietet eine ganze Skala eingelernter Gesten, auf Wirkung berechneter Ausbrüche mit viel körperlichem und stimmlichem Aufwand. Über das Format einer redlich bemühten Schauspielschülerin kommt sie nie hinaus. Man glaubt ihr weder das beste Stück des Bordells noch die lichterloh liebende Miranda, schon gar nicht die gereifte Herzogin.[70]

Nach diesem »Frisch verkehrt« [71] am Hamburger Schauspielhaus ist die Situation so: ein allseits gerühmtes Stück sucht eine Bühne, die es ›werkgerecht‹ ins Bild setzen und spielen kann.

Zwei Jahre später nimmt das Zürcher Schauspielhaus, diesmal unter der Regie von Kurt Hirschfeld, das Stück *Don Juan* erneut in den Spielplan auf. Es wird am 31. Mai 1964 aufgeführt. Am 2. Juni erscheinen die Theaterkritiken in den Zürcher Feuilletons.

Die Tat, Zürich:
Frischs *Don Juan* ist ein wahrhaft elegantes Stück. [...]
Nicht als ob das Werk zu jenen gehörte, die man nur durch eine brillante Darstellung ›retten‹ kann – es braucht durchaus nicht gerettet zu werden, es steht, klug gedacht, klug gebaut, es wirkt auch beim Lesen. [...]
Der Beifall war sehr stark. Hirschfeld hat also das Stück, das ja ihm gewidmet ist, an die Zuschauer heranzutragen vermocht. Man spürt die innere Beziehung, die ihn mit Frischs Kunst verbindet.[72]

Tages-Anzeiger, Zürich:
Welches deutschsprachige Theaterstück der Nachkriegszeit würde die Probe der Wiederaufführung bestehen? Frischs Komödie jedenfalls bestand sie, überzeugend und den hohen Rang des Werks bestätigend. Das Publikum nahm die Wiederbegegnung mit Frischs Don Juan, der nur die Geometrie und nicht die Frauen liebt, beifallsfreudig auf (mit Szenenapplaus sogar) und dankte herzlich für den ersten Beitrag des Schauspielhauses im Rahmen der Junifestwochen.[73]

Neue Zürcher Zeitung, Zürich:
Im ganzen genommen ist die Reprise von Max Frischs Komödie, die vor mehr denn zehn Jahren hier eine umstrittene Uraufführung erlebt hat, sehr zu begrüßen. Das Werk hat an Wirkungskraft eher gewonnen.[74]

Das alles hört sich an und liest sich so, als sei nun 1964 das Stück *Don Juan oder Die Liebe zur Geometrie* von Max Frisch in Zürich rehabilitiert worden. Das stimmt und stimmt zugleich doch wieder nicht. Zwar schließen sich die Feuilletons der oben zitierten Tageszeitungen diesmal grosso modo dem Beifall des Publikums an, aber Vorbehalte bleiben auch jetzt noch. »Todernst genommen wäre das Stück wohl brüchig«[75], »Sollte man mit sezierender Kritik an diese Komödie herangehen, dramaturgische Mängel herausschälen, die Problematik zerzausen? Es hat nicht viel Sinn. Denn dieser Komödie ist keine gleichwertige im deutschsprachigen Theater der Gegenwart entgegenzusetzen«[76], oder »Dramaturgische Schwächen im ersten Teil sind nicht zu verleugnen, wären aber mit einer Steigerung des Spieltempos einigermaßen aufzuheben«[77] – solche eingestreuten Sätze in den oben zitierten Zürcher Feuilletons signalisieren allemal, wie schwer es den Theaterkritikern gefallen ist, zum publizistischen Gelingen dieser Neuaufführung der zweiten Fassung in Zürich beizutragen. Einige verzichten denn auch bewußt darauf, solche moderaten kritischen Töne anzuschlagen, sondern fahren ebenso schweres Geschütz auf wie elf Jahre zuvor:

Neue Zürcher Nachrichten, Zürich:
Aber je näher dieser Don Juan seinem Ziele kommt, um so mehr entfernt er sich dem Lebensgrund, und das bedeutet auf der Bühne, daß er an Substanz, an Lebensfülle verliert. Er bleibt ein Schemen, aber ein unglaubwürdiges, weil keine Welt hinter ihm sichtbar wird, sondern nur Negationen, nichts, weniger noch als Nihilistisches. [...] Aber das Thema ist Frisch dabei entschlüpft, ohne daß die Zerstörung der Don-Juan-Legende oder ihre Ersetzung durch eine glaubwürdigere geglückt wäre. [...]

Wir wollen mit Frisch nicht darüber rechten, daß die Kleriker in diesem Stück allenfalls Witzblattfiguren entsprechen; ihre geistige Armut entspricht in diesem Fall der ihres Autors. [...]

Man hilft sich mit szenischen Einfällen weiter. Wo diese nicht ausreichen, wird der Zwischenvorhang für die Intermezzi bemüht, in dessen Schutz man mit Frivolitäten aufheizt. Andernfalls würde das Interesse rasch nachlassen.[78]

Diese Behauptungen und Wertungen der *Neuen Zürcher Nachrichten* zum *Don Juan* sind schon bekannt, sie unterscheiden sich nicht von denen, die elf Jahre zuvor aufgestellt und vertreten wurden. Durch die veränderten Bedingungen, zumal durch die fehlende Resonanz in den anderen Zürcher Feuilletons, wirken sie aber nun noch bizarrer und hilfloser als früher. Bemerkenswert ist nebenbei, daß 1964 – im Gegensatz zu 1953 – von den meisten Zürcher Kritikern bemängelt wird, daß *vor* der Pause dramaturgische Mängel das Stück und seine Aufführung bedrängen, nach der Pause aber das Stück zu seiner vollen Entfaltung gelange. Eine Meinungsänderung, die wohl nicht auf die Neufassung zurückgeführt werden kann und die deshalb entweder der Inszenierung zugeschrieben werden muß oder als ungeklärter Widerspruch bleibt.

Die Neuaufführung an der Zürcher Schauspielhausbühne bleibt auch in den übrigen Schweizer Feuilletons und den überregionalen der Bundesrepublik nicht unkommentiert.[79] Besondere Resonanz aber hat die Hirschfeld-Inszenierung, als sie – keinen Monat später – als Gastspiel des Schauspielhauses bei den Ruhrfestspielen in Recklinghausen gebracht wird. – Am 8. Juni 1964 schreibt die *Recklinghäuser Zeitung* dazu:

Das Schauspielhaus Zürich erzielte einen Bombenerfolg mit seinem Gastspiel bei den Ruhrfestspielen. Die reizende Komödie *Don Juan oder Die Liebe zur Geometrie* von Max Frisch erwies in Kurt Hirschfelds Inszenierung all ihre Brillanz und riß das Publikum zu Beifallsstürmen hin.[80]

Und zwei Wochen später befindet auch die ehrwürdige *Frankfurter Allgemeine Zeitung* unter dem Titel »Helvetisches an der Ruhr«:

Es gibt Mißverständnisse, welche sich grundlos, aber zäh über die Jahre schleppen. Aus einem solchen gilt die Komödie von Max Frisch *Don Juan oder Die Liebe zur Geometrie* (geschrieben vor zwölf Jahren in New York) als mühsam konstruiert, ja schlechthin als papieren. Vielleicht ist der etwas angestrengte Titel schuld. – Wie dem auch sei, das Schauspielhaus Zürich (in der Regie von Kurt Hirschfeld) zeigte jetzt dem Publikum der Ruhrfestspiele, wie unbegründet das Vorurteil sei – und wieviel Witz sich aus dem Text holen läßt, sobald man für kluge Besetzung sorgt.[81]

So gerät erst der phänomenale Erfolg der Hirschfeld-Inszenierung in Recklinghausen zu jener Zürcher Rehabilitation, die in Zürich selbst nicht so recht gelingen wollte.

Der Hinweis auf die Besetzung, für die Hirschfeld so klug gesorgt habe, leitet über zu einem Aspekt der Verarbeitungsgeschichte des *Don Juan*, der hier zumindest angedeutet werden soll.

Nach allgemeinem Urteil der Theaterkritiken nicht nur zu den hier bisher ausführlicher dargestellten Inszenierungen und Aufführungen ›steht und fällt‹ die Komödie mit dem Hauptdarsteller. Frisch hat dazu selbst einiges in seinen nachträglichen Bemerkungen zum *Don Juan* gesagt.

Don Juan ist ein Intellektueller, wenn auch von gutem Wuchs und ohne alles Brillenhafte. Was ihn unwiderstehlich macht für die Damen von Sevilla, ist durchaus seine Geistigkeit, die ein Affront ist, indem sie ganz andere Ziele kennt als die Frau und die Frau von vornherein als Episode einsetzt – mit dem bekannten Ergebnis freilich, daß die Episode schließlich sein ganzes Leben verschlingt. [...]
Don Juan ist schön durch seinen Mut zur Erfahrung. Kein Beau! Und auch kein Herkules; er ist schlank wie ein Torero, fast knabenhaft. Wie ein Torero: er bekämpft den Stier, er ist nicht der Stier. Seine Hände sind nervig, aber grazil; aber nicht weichlich. Man wird sich immer fragen: Ist er ein Mann? Er hätte Tänzer werden können. Seine Männlichkeit bewegt sich auf der Grenze und ist ihm nichts Selbstverständliches, sondern etwas Kostbares, was er besitzt, also nicht ersetzen muß durch soldatische Pose beispielsweise, aber er muß sie verteidigen; seine Männlichkeit ist etwas Gefährdetes. Sein Gesicht, wie immer es sonst sei, hat die wachen Augen eines Gefährdeten.
Der Gefährdete neigt zum Radikalen. [...]
Seine Untreue ist nicht übergroße Triebhaftigkeit, sondern Angst, sich selbst zu täuschen, sich selbst zu verlieren – seine wache Angst vor dem Weiblichen in sich selbst. [...]
Wichtig scheint mir die Scham. Don Juan ist unverschämt, nie schamlos, und unter Männern wäre er vermutlich der einzige, der über eine Zote nicht lacht, nicht lachen kann; er hat die Schamhaftigkeit nach innen, nicht nach außen, nicht Prüderie, aber Sensibilität, wozu dann meistens auch das Spielerische gehört, das Bedürfnis, sich zu verstellen, das Schauspielerische bis zur Selbstverleugnung. ›Don Juan‹ ist seine Rolle.[82]

Diese und weitere Anmerkungen Frischs stellen eine schwierige Spielrolle vor, die immer gefährdet erscheinen muß, da ihre Präsentation mehr noch als im Sprachlichen im Gestischen und Mimischen liegt. Ist schon die *Wahrnehmung* von Gestik und Mimik – als Signal und Ausdruck etwa für nach innen gerichtete Schamhaftigkeit – sehr schwierig, weil es dafür kaum konventionalisierte und gar im Rahmen einer Ästhetik eindeutig bewertete Schemata gibt, so ist die an solche Wahrnehmung geknüpfte *Bedeutungszuordnung und Interpretation* fast notwendig von nur individueller Verbindlichkeit und Überzeugungskraft. Deshalb sind die aufs Allgemeine zielenden theaterkritischen Aussagen und Bewertungen zur spielerischen Leistung des Hauptdarstellers im *Don Juan* methodisch besonders vorsichtig zu gewichten.

Dennoch scheint es, daß – durch einen Zufall – in der Kurt-Hirschfeld-Inszenierung von 1964 ein Hauptdarsteller agiert, der in seiner Zeichnung und Darstellung des Don Juan die vorherigen Schauspieler dieser Rolle übertrifft und zugleich für die nachfolgenden zum verbindlichen Vorbild wird. Der Zufall will es, daß der Hauptdarsteller des Zürcher Schauspielhauses für die Rolle des Don Juan, Rolf Henniger, plötzlich erkrankt und sein Ersatzmann, ein junger Nachwuchsschauspieler, Helmut Lohner, den Part in Zürich wie in Recklinghausen übernimmt. Wenn auch der eine Kritiker seinen österreichischen Akzent bemängelt,[83] während ein anderer gerade diesen Akzent als Tüpfelchen auf dem i goutiert,[84] so gibt es Urteile zu seinem Don-Juan-Spiel, die in Zürich wie auch in Recklinghausen deckungsgleich sind und die deshalb für uns heute hohe Plausibilität gewinnen.

Lohner ist ein sehr anmutiger, sehr junger Don Juan, er hat die narzißtische Grazie, er hat das Ineinander von männlichen und weiblichen Zügen, das Frisch auf dem Grunde seines Don Juan erkennen will, eine Artung, die dann auch Don Juans Empfindung, er bedürfe keiner Ergänzung durch das andere Geschlecht, begreiflich macht. *(Die Tat, Zürich)* [85]

Helmut Lohner war diesmal der Don Juan. Sein Spiel stimmte in der Figur, in jeder Gebärde, in der Sprache mit der Forderung überein, die Frisch in einem Aufsatz zur ersten Fassung des Stückes niederschrieb. *(Tages-Anzeiger, Zürich)* [86]

Helmut Lohner ist vom Typ her ein prädestinierter Don Juan, der als zynischer Melancholiker unter der Gespaltenheit seines Seins leidet. *(Göppinger Kreisnachrichten, Göppingen)* [87]

Helmut Lohner gibt dem Don Juan einen Hamletcharakter. Seine Welt – diese Welt der Geometrie – ist aus dem Geleise, weh ihm, daß er geboren ist, sie wieder einzurenken. Nicht er richtet die Unordnung an, sie wird angerichtet von denen, die für Ordnung halten, was nichts als unkontrollierbare Gefühle sind. *(Recklinghäuser Zeitung, Recklinghausen)* [88]

Immerhin hat 1953 bei der Zürcher Uraufführung Will Quadflieg die Rolle des Don Juan gespielt, in Berlin Peter Mosbacher, in der Orangerie in Darmstadt Siegfried Wischnewski, in München Wolfgang Kieling, 1962 in Hamburg dann Ulrich Haupt, um nur einige Namen zu nennen.

In den Kritiken bis hin zur Neuinszenierung in Zürich hat sich – ausgehend vom *Nachträglichen* Max Frischs – bei den Theaterkritikern eine spezifische Erwartungshaltung aufgebaut, die dann durch Lohner positiv bestätigt wurde.

Für Lohner ist dies insofern von Bedeutung, als er aufgrund dieses Erfolgs auch die Rolle des Don Juan in der ein Jahr später von der ARD gesendeten Fernsehinszenierung spielen kann. Damit wird seine Interpretation des Don Juan noch populärer und zugleich für die Erwartungshaltung des Publikums in den folgenden neuen *Don-Juan*-Aufführungen prägend.

Am 21. Oktober 1965 präsentiert abends ab 21.00 Uhr die ARD in einer Produktion des Bayerischen Rundfunks den *Don Juan* von Max Frisch. Das Schweizer Fernsehen hat sich der Übertragung angeschlossen. Man kann davon ausgehen, daß an diesem Abend mehr Menschen *Don Juan oder Die Liebe zur Geometrie* gesehen haben als zuvor in allen Aufführungsorten bei allen Vorstellungen zusammengenommen.[89] Unter diesem Gesichtspunkt ist es ein übliches,[90] aber dennoch völlig unverständliches Gebaren der großen Feuilletons und der bekannten Theaterkritiker, daß sie bis auf ganz wenige Ausnahmen die Kritik dieser *Don-Juan*-Inszenierung der Sparte ›Gehört – Gesehen‹ (oder ähnlichem) überlassen.

Mit den spezifischen Mitteln der Programmzeitschriften für Funk und Fernsehen ist *vor* der Sendung ›Werbung‹ für die Fernsehinszenierung unter Michael Kehlmann gemacht worden, wobei das Stück auf handliche und aktionistische Formeln zusammengestrichen wird.[91] Besonders deutlich wird in den Voranzeigen herausgestellt, daß Theo Lingen (als Darsteller des Bischofs von Cordoba/Pater Diego) an der Aufführung mitwirkt.

Eigenständige Kritiken zu dieser Fernsehinszenierung gibt es z. B. im Feuilleton der *Neuen Zürcher Zeitung*[92], in den *Kieler Nachrichten*[93], der *Westfälischen Rundschau*[94], in den anderen Tageszeitungen erscheinen die kritischen Stellungnahmen dazu unter Rubriken wie »Vor dem Bildschirm notiert«, »Kritik am Bildschirm«, »Gestern«, »Das meinen wir«, die alle schon im Layout (als Kasten) den Seriencharakter des täglichen Fernsehprogramms wiederholen und dem einzelnen Ereignis nur geringen publizistischen Stellenwert einräumen.

Die *NZZ*, nun wieder befreit von dem spezifischen Rehabilitationsgestus der Hirschfeld-Inszenierung, bleibt distanziert. Lob für Lohner gerät unter der Hand wieder zur Kritik an Frisch:

Michael Kehlmann dürfte gemerkt haben, daß Lohner das Beste war, was seine Inszenierung zu bieten hatte. Er konzentrierte denn auch, wenn immer möglich, das ganze Interesse auf die Figur, was dann zum Teil zu auffällig harten Bildschnitten führte, wenn sich der Regisseur wohl oder übel von Lohner trennen mußte. Das ist nicht nur ein Fehler des Regisseurs allein; er betonte bloß formal, was bereits im Stück vorhanden ist. [...]

Eine Fernsehinszenierung läßt oft mehr als eine Theaterinszenierung die Schwächen eines Stückes in Erscheinung treten. Auch wenn die Besetzung besser gewesen wäre, das Dekor raffinierter und der Regisseur etwas umsichtiger, hätte man die gleiche Beobachtung machen können: daß nämlich Frischs *Don Juan* nur gerade dann überzeugend ist, wenn die Hauptfigur in ihren Gedanken in jene intimsten Regionen des Tagebuches vorstößt, die am Grunde des ganzen Schaffens des Autors liegen. Aber an diesen Stellen ist für das Theater, für das Auge sozusagen nichts mehr vorhanden.[95]

Dort, wo für das Auge der Zürcher Theaterkritikerin ›nichts mehr vorhanden‹ ist, beobachten andere ein Fernsehereignis von herausragender Qualität und Bedeutung, was man an der geradezu euphorischen Kritik der *Westfälischen Rundschau* belegen kann:

Selten hat sich der Rezensent mit solcher Freude ein Fernsehspiel angesehen, wie die Michael-Kehlmann-Inszenierung des *Don Juan oder Die Liebe zur Geometrie* von Max Frisch. Es war ein Fest der Schauspielkunst. [...]

Es würde uns nicht erstaunen, wenn wir hörten, daß diese Produktion für höchste Preise vorgeschlagen wird.[96]

In den knappen Formulierungen der Serien-Kritiken wird diese Tonlage durchgehalten: da ist von einer »an Bezugspunkten reichen, bestechend geistreichen, verzwickt ausgezirkelten, provokant moralisierenden, abwechselnd burlesken und poetischen Komödie«[97] die Rede, davon, daß »die doppelbödige Moral der spanischen Kirche glänzend herausgespielt«[98] sei, Frisch wird ob seiner Komödie »feinsinnig und ausdrucksstark«[99] genannt, und

›Da darf man doch mit Ehren lachen‹, um mit Ludwig Börne zu reden. Ein wenig Posse, ein Stückchen von einer Degen-und-Mantel-Komödie und sehr viel ironischen Witz hat der bühnengewandte Autor nahtlos zu einer wahrhaft liebenswürdigen Unterhaltung verschweißt.[100]

Und schließlich sogar: »Max Frisch könnte man nach seinem *Don Juan oder Die Liebe zur Geometrie* einen Shakespeare des 20. Jahrhunderts nennen.«[101] An diese kritischen Reaktionen auf das Stück im Oktober 1965 sind mit aller Vorsicht einige Schlußfolgerungen zu knüpfen.

1965 ist das Stück von Max Frisch, dessen *Gantenbein*-Roman inzwischen erschienen ist, als Repertoire-Stück etabliert, allerdings mit dem Vorbehalt, daß dem aufführenden Ensemble ein geeigneter Don-Juan-Spieler zur Verfügung steht. Das Bewußtsein über die Möglichkeiten und Schwierigkeiten dieser Hauptrolle ist nun durch Anschauung allgemein geworden. Zum anderen ist zu beobachten, daß in der gesamten veröffentlichten Kritik zur Fernsehinszenierung *keine* moralinsaure Kritik, kein Vorwurf wegen Frivolität und Unterwanderung, wegen Nihilismus und Kirchenschändung zu hören ist. Bedeutet dies, daß sich ein allgemeiner Wertewandel seit 1953 durchgesetzt hat, der Kritik an überkommener Prüderie und Doppelmoral ohne Aufhebens zuläßt, gar verlangt? Daß wegen der Distanz zu Amtsträgern, und seien es solche kirchlicher Institutionen, öffentliche Kritik und Bloßstellung solcher Figuren auf dem Theater vom Publikum eher erwartet als verärgert abgelehnt wird? Oder weist diese Entwicklung eher darauf hin, daß der Theaterkritiker in einem Schauspielhaus, z. B. in Zürich, sich genauer mit den speziellen Werten und Normen des ihm ›bekannten‹ Publikums identifizieren kann (und muß), daß Theaterkritik in diesem Sinne immer zugleich auch die Selbstdarstellung und ästhetische Offenbarung einer bestimmten, sozial eingrenzbaren Bevölkerungsgruppe ist?

5

Wieder elf Jahre später, 1976, hat Max Frisch Publizität in allen großen Feuilletons der Tages- und Wochenpresse und des Fernsehens. Inzwischen ist sein Werk ›in zeitlicher Reihenfolge gesammelt‹ herausgegeben worden, terminiert auf seinen 65. Geburtstag am 15. Mai 1976. Inzwischen hat er weitere Literaturpreise erhalten, hat Weiteres veröffentlicht – *Biografie: Ein Spiel, Wilhelm Tell für die Schule, Tagebuch 1966–1971, Dienstbüchlein, Montauk* – und erhält 1976 den Friedenspreis des Deutschen Buchhandels. *Don Juan oder Die Liebe zur Geometrie* ist inzwischen 42mal auf deutschsprachigen Bühnen neu inszeniert worden. Die Kritik scheut nicht das Bonmot »Frisch gewagt ist halb gewonnen«, wenn das Stück im Spielplan erscheint.

Offenbar angeregt durch die hohe Publizität des Autors greifen in den folgenden Spielzeiten 76/77 und 77/78 insgesamt acht Bühnen den *Don Juan* wieder auf. In Krefeld, Trier, Lübeck, Linz, Wien, Klagenfurt, Heilbronn und wieder Wien kommt es zu zahlreichen Aufführungen auf Bühnen, die – verglichen etwa mit Hamburg und Zürich – mit kleinerem Etat, beschränkterem Ensemble und geringerer Publizität arbeiten müssen. *Don Juan* also in der Provinz, zum Beispiel Linz.

Von einem »gelungenen Start des Linzer Landestheaters«[102], von einem »gelungenen Saisonbeginn«[103], »gelungenen Auftakt«[104] schreiben die Theaterkritiker der Region und berichten vom Publikum, es habe »die Darstellung mit langem Schlußapplaus«[105] gefeiert oder:

Wir haben eher den Eindruck, ein Teil des Publikums konnte mit dem Stück nichts anfangen: störte sich an der Entzauberung des Don Juan und vertrug das von Regisseur Ulrich Hoffmann, getreu dem Regiekonzept von Max Frisch nach ›Auffällig-aus-der-Szene-Treten-der-Schauspieler‹, die immer zeigen sollen, daß sie schauspielen und das ›Über-die-Rampe-Sprechen‹ nicht, das vor allem Edith Hieronimus in ihrem Monolog herrlich praktizierte.[106]

Alles in allem gibt wohl die Kritik der Linzer *Kronenzeitung* das angemessene Stichwort: »Es wurde ein beachtenswertes Theaterereignis, nicht mehr und auch nicht weniger.«[107]

Zum Stück selbst, das »also endlich auch einmal nach Linz gekommen«[108] sei, fällt den Theaterkritikern, dem ›öffentlichen Publikum‹, nur Gutes ein:

Diese hervorragende Komödie hat wirklich alles, was man sich von einem guten Stück erwartet: theatralische Effekte, großartige Dialoge und einen zum Nachdenken anregenden Gehalt.[109]

Oder:

Die 1952 entstandene und 1961 revidierte Komödie ergötzt mit ihrem intellektuellen Witz unabhängig von Zeitströmungen das Publikum.[110]

Oder:

Eines in seiner ganzen ›Schwärze‹ (immerhin sterben die Menschen geradezu reihenweise von fremder Hand) humorvollsten und geistreichen Stücke diente dem Linzer Landestheater als Eröffnungspremiere der Saison 1977/78: *Don Juan oder Die Liebe zur Geometrie.*[111]

Oder:

Mit dem Stück des Schweizer Dramatikers hält eine Bühne das Risiko relativ gering, vor seinem Publikum damit zu scheitern. Dazu ist dieses Werk zu sehr pures Theater, mit seiner optischen Üppigkeit, seiner – bis auf die Überfrachtung des dritten Aktes – temporeichen dramaturgischen Entwicklung, seinem sprachlichen Witz, seinen brillanten Dialogen und seiner gedanklichen Tiefe, die das Spiel mit Illusionen desillusioniert. Ein günstiges Werk also, um eine neue Spielzeit erfolgreich einläuten zu können.[112]

Andererseits betonen sie durchaus, daß das Stück hohe Anforderungen an Regisseur und Schauspieler stelle, zumal die Figur des Don Juan und ihre Darstellung von entscheidender Bedeutung für das Gelingen der Inszenierung sei. Deshalb gehen auch alle Theaterkritiker ausdrücklich auf die Präsentation dieser schwierigen Rolle durch den Schauspieler Klaus von Pervulesko ein, wieder einmal und natürlich mit sehr unterschiedlichen Wahrnehmungen und Bewertungen dieser Wahrnehmungen.

Auch die Titelrolle ist nicht leicht zu besetzen, weil dieser Don Juan nicht als Fertiger auf der Bühne steht, sondern sich erst im Verlaufe des Stückes immer wieder neu wandeln, verändern und entwickeln muß: von dem der Wissenschaft treu ergebenen Helden von Cordoba zum skrupellosen Frauenhelden bis hin zum müde gewordenen Rebellen. Klaus von Pervulesko, bemüht, die verschiedenen Entwicklungsstufen des Don Juan deutlich zu machen, fehlte zeitweise die ›große Geste‹ für diese Rolle. Am überzeugendsten war er im vierten Akt als der am Zenit stehende Frauenheld – am wenigsten glaubhaft für mich, als der der Wissenschaft ergebene Verstandesmensch.[113]
Oder:
Klaus von Pervulesko hat als Don Juan die Herausforderung dieser großen wie schönen Rolle voll angenommen. Er macht die Wandlung vom an der scheinbaren Wirklichkeit Zweifelnden und Verzweifelnden über die Eleganz und den Witz des Zynikers bis hin zum duldsam-liebenden Ehemann glaubhaft. Eine Idealbesetzung, zu Recht mit Beifall überschüttet.[114]

Es ist offensichtlich, daß die Kritik die Schwierigkeiten der Rolle in vergleichbarer Weise sieht, nicht jedoch deren Ausführung durch den Linzer Titelhelden.

Ähnlich ergeht es dem Bühnenbild, ähnlich der Regiearbeit insgesamt: vorwiegend Zustimmung und Lob, kleine kritische Einschübe zur Dramaturgie des 3. Aktes, eben

ein beachtenswertes Theaterereignis, nicht mehr und auch nicht weniger.[115]

Don Juan oder Die Liebe zur Geometrie – 1977 in Linz.
Keiner der Theaterkritiker aber berichtet von aufgebrachten Zuschauern oder von eigener Indigniertheit ob der Sprüche der Celestina (der in den Linzer Kritiken überhaupt kaum Beachtung geschenkt wird),[116] keiner berichtet von Protesten gegen die Figur des Pater Diego oder bringt selbst Einwände gegen soviel ›Anti-

klerikalismus‹ vor, keiner sieht den blanken Nihilismus, keiner befürchtet die Umwertung aller Werte, keiner ruft Goethe und Schiller und Mozart zu Hilfe gegen Max Frisch.

6

Der Weg der Komödie *Don Juan oder Die Liebe zur Geometrie* von der berühmtesten Schauspielbühne der Schweiz,[117] von den großen Theatern in der Bundesrepublik bis in die Theaterprovinz der Gegenwart ist in den dreißig Jahren begleitet von einer Theaterkritik, die Abbild und zugleich selbst dynamisches Moment der Verarbeitungsgeschichte ist. In den ersten Aufführungsjahren – der Zweite Weltkrieg ist gerade acht Jahre vorbei, Max Frisch noch Architekt – beschäftigt sich die Kritik vor allem mit dem *Stück* und versucht – besonders in Zürich –, durch abwertende, an der klassischen Ästhetik der Weimarer orientierte Urteile die Verarbeitungsgeschichte des *Don Juan* negativ zu beeinflussen, vielleicht gar schon zu beenden. Das Kritikerverdikt gegen den *Grafen Öderland* lag gerade erst zwei Jahre zurück.

Während in den ersten und den folgenden Jahren eine negative Stückkritik meist einhergeht mit einer (ausgleichenden) positiven Aufführungskritik, verschieben sich im Laufe der Verarbeitungsgeschichte und ihrer Abspiegelung in der Theaterkritik die Gewichte. Spätestens nach der als ›kongenial‹ eingestuften Kurt-Hirschfeld-Inszenierung von 1964 ist es für die Theaterkritiker unproblematisch, das Stück und seinen Autor zu loben. Inzwischen ist Max Frisch kein Architekt mehr, wie jeder weiß. Mit der zunehmenden Bereitschaft, das Stück und seinen berühmten Autor zu loben, geht die Kritik dazu über, nun den Aufführungsbedingungen und dem ›angemessenen‹ Spiel der Schauspieler mehr Aufmerksamkeit und Kritik zuzuwenden. Nach der Fernsehinszenierung von 1965 herrscht diese Tendenz immer stärker vor. Indem die Kritik des *Stückes* sich in den Augen der beruflichen Beobachter des Theatergeschehens erübrigt, signalisieren sie zugleich, daß hier der literar-ästhetische Kanonisierungsprozeß abgeschlossen ist.

Parallel zu dieser Umorientierung und Änderung der Theaterkritik ist die Komödie beim Publikum (bis auf ganz wenige Ausnahmen) beständig und von Anfang an ein Erfolg. Zu Beginn in den fünfziger Jahren gibt es zwar noch in einzelnen Aufführungsstädten Gruppierungen, die sich öffentlich erbost zeigen wegen angeblicher Frivolitäten und antireligiöser, nihilistischer Darstellungen, aber diese Provokation des Stückes geht im Laufe der Jahre völlig verloren. Spätestens seit der Fernsehinszenierung, die in die Schweiz und in die Bundesrepublik ausgestrahlt wird, ist eine solche außerästhetische Sicht auf das Stück nach allgemeinem Verständnis inadäquat geworden. Die Prosperität in Mitteleuropa hat inzwischen nach einer ›Freßwelle‹ eine ›Sexwelle‹ ausgelöst und so unter anderem auch die Schwelle höher gelegt, nach der ein Theaterereignis frivol ist oder nicht. Heute scheint jedenfalls nur noch die rein ästhetische Rezeption und Verarbeitung der Komödie allgemein verbindlich und anerkannt zu sein.

Vielleicht sollte das Schauspielhaus Zürich heute, 1984/85, zwanzig Jahre nach der letzten Aufführung von Frischs *Don Juan oder Die Liebe zur Geometrie* vor Zürcher Publikum und Kritik, das Stück noch einmal in den Spielplan nehmen. Vielleicht ließe sich dann auch in Zürich ein altes Mißverständnis endgültig klären und beseitigen.

Aber vielleicht wäre es heute in Zürich auch ganz anders.

Originalbeitrag.

Anmerkungen

1 Susanne Ulrici (= SUZ), *Don-Juanesker Erfolg für Max Frisch*, in: *Badische Neueste Nachrichten*, Karlsruhe, 15. 5. 1953.
2 Willy H. Thiem, *Frischs Don Juan lebte dem Zweifel und liebte die Geometrie*, in: *Abendpost*, Frankfurt/Main, 7. 5. 1953.
3 Rudolf Jakob Humm (= rjh.), *Max Frisch »Don Juan oder Die Liebe zur Geometrie«*, in: *Die Weltwoche*, 8. 5. 1953.
4 Klaus Colberg, *Max Frisch oder die Liebe zum Absoluten*, in: *Kasseler Post*, Kassel, 13. 5. 1953.
5 Margot Schwarz, *Max Frischs »Don Juan«*, in: *Baseler Nachrichten*, Basel, 8. 5. 1953.
6 Friedrich Luft, *Ein neuer Max Frisch*, in: *Neue Zeitung*, Mainz, 7. 5. 1953.
7 Wolfgang Schimming, *Uraufführung in Berlin. Max Frischs »Don Juan«*, in: *Süddeutsche Zeitung*, München, 7. 5. 1953.

8 W. Kaul, *Ein Mythos wird abmontiert. Komödie gegen die Legendenfabrikation*, in: *Neue Ruhr-Zeitung*, Essen, 9. 5. 1953.
9 H. U. K., *Der erste Herr Spaniens bei Barlog...*, in: *Münchener Merkur*, München, 12. 5. 1953.
10 Georg Hensel, *Die Liebe zur Geometrie genügt nicht*, in: *Darmstädter Echo*, Darmstadt, 30. 6. 1953.
11 Kurt Heyd, *Don Juan oder die Liebe zur Legende*, in: *Frankfurter Neue Presse*, Frankfurt/Main, 24. 6. 1953.
12 Fritz Hammes, *»Don Juan oder Die Liebe zur Geometrie«*, in: *Die Rheinpfalz*, Ludwigshafen, 3. 6. 1953.
13 -dt., *In Schweikarts Kammerspielen: Wolfgang Kieling als Max Frischs ›Don Juan‹*, in: *Abendpost*, Frankfurt/Main, 23. 5. 1953.
14 Wolfgang Drews, *Der intellektuelle Don Juan*, in: *Neue Zeitung*, Mainz, 23. 5. 1953.
15 L., *Don Juan oder Die Liebe zur Geometrie*, in: *Baseler National Zeitung*, Basel, 10. 10. 1953.
16 Dr. J. P., *Grüblerischer Don Juan endet als Familienvater*, in: *Heilbronner Stimme*, Heilbronn, 23. 11. 1953.
17 -m., *Don Juan oder Die Liebe zur Geometrie*, in: *Lübecker Nachrichten*, Lübeck, 24. 10. 1953.
18 Siehe dazu ausführlicher: Reinhold Viehoff, *Rezeption und Verarbeitung. Anmerkungen zu methodischen Fragen einer empirischen Literaturwissenschaft*, in: *SPIEL. Siegener Periodicum zur Internationalen Empirischen Literaturwissenschaft* 2 (1983), H. 2, S. 101–121; Dietrich Meutsch, *Wie ›entsteht‹ ein verständlicher Text? Einflüsse literarischer und nichtliterarischer Kontexte auf zielspezifische Verstehensprozesse*, in: *Lili. Zeitschrift für Literaturwissenschaft und Linguistik* 1985, H. 5, S. 86–112.
19 Götz Wienold, *Formulierungstheorie, Poetik, Strukturelle Literaturgeschichte. Am Beispiel der altenglischen Dichtung*, Frankfurt/Main: Athenäum 1971, besonders S. 163 f.
20 Siehe dazu ausführlicher: Siegfried J. Schmidt, *Grundriß der empirischen Literaturwissenschaft*, Bd. 1, Braunschweig-Wiesbaden: Vieweg 1980, S. 274–315.
21 Vgl. dazu Julius Bab, *Das Theater im Lichte der Soziologie*, Stuttgart: Enke 1974 (zuerst Leipzig: Hirschfeld 1931).
22 Zur Vorgeschichte solcher Programmhefte siehe: Ruth Eder, *Theaterzettel*, Dortmund: Harenberg 1980. Die zahlreichen Theater- und Programmhefte zu den einzelnen *Don-Juan*-Inszenierungen bringen sehr häufig einen kurzen dokumentarischen Überblick über wesentliche Bearbeitungen dieses Stoffes in der Weltliteratur, um so dem Zuschauer den neuen Ideengehalt des Stückes von Max Frisch kontrastiv zu verdeutlichen (vgl. etwa Nordmark-Landestheater. Spielzeit 1953/54, Stadttheater Schleswig (Hg.), *Blätter des Nordmark-Lan-*

destheaters Schleswig 1953/54, H. 5, wo über zwei Seiten eine Synopse von Max Frischs *Don Juan* und der Tirso de Molina zugeschriebenen Bearbeitung von 1634 abgedruckt ist). Neben solchen theater- und stoffgeschichtlichen Dokumentationen bieten die Theater- und Programmhefte zum *Don Juan* auch regelmäßig Raum für längere essayistische Stellungnahmen zum Stück (vgl. etwa Hannes Schmidt, *Der Geist als Widersacher der Sinne*, in: *Stadttheater Aachen. Paul Mundorf*, 1966/67; Walter Hilsbecher, *Max Frisch – Architekt und Dichter*, in: *Berner Theaterblätter* 7, hg. von der Direktion des Stadttheaters Bern, Bern 1961; Anton Krättli, *Don Juan oder Die Liebe zur Geometrie*, in: *Vereinigte Bühnen Graz-Steiermark*, 1967–68; Manfred Jurgensen, *Liebe zur Geometrie als Vorwand*, in: *Stadttheater Ingolstadt*, Spielzeit 1973/74, Heft 2; Hiltrud Gnüg, *Das Ende eines Mythos*, in: *Landestheater Linz Großes Haus*, Linz 1977 u. a. m.). Solche Essays sind im Sinne der von Cees van Rees vorgeschlagenen internen literaturkritischen Differenzierung als ein wichtiger Schritt der Kanonisierung des Stückes zu betrachten, vgl. Cees J. van Rees, *Wie aus einem literarischen Werk ein Meisterwerk wird. Über die dreifache Selektion der Literaturkritik*, in: Peter Finke und Siegfried J. Schmidt (Hg.), *Analytische Literaturwissenschaft*, Braunschweig-Wiesbaden: Vieweg 1984, S. 175–202.

23 Vgl. zu diesen Überlegungen auch: Günther Rühle, *Ein bißchen wesenloser Radau? Was soll, kann und darf die Theaterkritik?*, in: *Theater heute*, Heft 11 (November, 1977).

24 Susanne Ulrici (siehe Anm. 1).

25 Margot Schwarz (siehe Anm. 5).

26 E. F., *Eine schweizerische Don Juan-Uraufführung in Zürich*, in: *Luzerner Neueste Nachrichten*, Luzern, 7. 5. 1953.

27 Mit welchen Schwierigkeiten eine entsprechende Untersuchung zu rechnen hätte, läßt sich nach dem Versuch von S. Berger abschätzen. Vgl. Susanne Berger, *Das Interesse am Theater. Entwicklung, Durchführung und Auswertung einer Repräsentativerhebung in Fellbach bei Stuttgart, durchgeführt im Oktober 1974*, Fellbach: Conradi 1977 (= Münchener Beiträge zur Theaterwissenschaft, Bd. 8).

28 G. Erken und Thomas Koebner, *Gattungstheoretische Überlegungen zur Theaterkritik*, in: *Jahrbuch für Internationale Germanistik* III, Heft 1, 1971, S. 96–105.

29 Eine ausführliche und gut begründete Quellenkritik findet sich dazu in: Wull-Duk Yu, *Max Frischs ›Andorra‹ – Studien zur Rezeption eines Erfolgsstücks*, Stuttgart: Heinz 1982, S. 15 ff.

30 Vgl. dazu in diesem Band: Walter Schmitz, *Fassungsvarianten von Max Frischs »Don Juan«-Komödie*.

31 Siehe dazu: Reinhold Viehoff, *Max Frischs »Homo faber« in der zeitgenössischen Literaturkritik der ausgehenden fünfziger Jahre. Analyse*

und Dokumentation, in: Walter Schmitz (Hg.), *Frischs ›Homo faber‹*, Frankfurt/Main: Suhrkamp 1983, S. 285, Anm. 12, wo die damals erschienenen überregionalen Feuilletons genannt sind.

32 wti., *Max Frischs ›Graf Öderland‹. Uraufführung im Schauspielhaus*, in: *Neue Zürcher Zeitung*, Zürich, 17. 3. 1951.

33 Unter anderem: -oe-. *›Graf Öderland‹. Uraufführung im Schauspielhaus*, in: *Tagesanzeiger*, Zürich, 12. 2. 1951; -nn., *Schauspielhaus Graf Öderland*, in: *Neue Zürcher Nachrichten*, Zürich, 14. 2. 1951; S., *›Graf Öderland‹*, in: *Die Wochen-Zeitung*, Zürich, 15. 2. 1951; g., *›Graf Öderland‹. Uraufführung von Max Frischs ›Moritat‹ im Schauspielhaus*, in: *Zürcher Woche*, Zürich, 16. 2. 1951; Friedrich Dürrenmatt, *Eine Vision und ihr dramatisches Schicksal*, in: *Die Weltwoche*, Zürich, 16. 2. 1951; -tt., *Graf Öderland mit der Axt in der Hand*, in: *Volksrecht*, Zürich, 8. 3. 1951; ebs. (= Elisabeth-Brock-Sulzer), *Max Frisch: Der Graf von Öderland*, in: *Die Tat*, Zürich, 15. 2. 1951; Klaus Colberg, *Zürcher Schauspielhaus, Max Frisch: ›Graf Öderland‹*, in: *Schweizer Monatshefte*, Zürich, März 1951.

34 Emil Staiger, *Literatur und Öffentlichkeit* (Rede, gehalten am 17. Dezember in Zürich, zuerst gedruckt in der *Neuen Zürcher Zeitung* vom 20. Dezember 1966), in: *Sprache im technischen Zeitalter* 21/1967, S. 90–97, hier S. 90. Vgl. auch: Erwin Jaeckle, *Der Zürcher Literaturschock*, München-Wien: Langen-Müller 1968.

35 Emil Staiger (siehe Anm. 34), S. 93.
36 Emil Staiger (siehe Anm. 34), S. 93.
37 Emil Staiger (siehe Anm. 34), S. 95.
38 Emil Staiger (siehe Anm. 34), S. 92.
39 Emil Staiger (siehe Anm. 34), S. 92.
40 Emil Staiger (siehe Anm. 34), S. 92.
41 Emil Staiger (siehe Anm. 34), S. 96.
42 Max Frisch, *Endlich darf man es wieder sagen. Zur Rede von Emil Staiger anläßlich der Verleihung des Literaturpreises der Stadt Zürich am 17. 12. 1966* (Weltwoche, 24. Dezember 1966), in: *Sprache im technischen Zeitalter* 21/1967, S. 104–109 [u. GW V, S. 455–462].

43 -nn., *Schauspielhaus Graf Öderland*, in: *Neue Zürcher Nachrichten*, Zürich, 14. 2. 1951.

44 -nn., *Schauspielhaus Don Juan oder die Liebe zur Geometrie. Komödie von Max Frisch*, in: *Neue Zürcher Nachrichten*, Zürich, 8. 5. 1953.

45 -nn. (siehe Anm. 44).
46 -nn. (siehe Anm. 44).
47 -nn. (siehe Anm. 44).
48 -nn. (siehe Anm. 44).
49 -nn. (siehe Anm. 44).
50 Emil Staiger (siehe Anm. 34), S. 95.
51 Max Frisch, »– *nicht immer, aber oft* «–. *Nachtrag zum Gespräch über*

Emil Staigers Rede ›Literatur und Öffentlichkeit‹ (Neue Zürcher Zeitung, 6. Januar 1967), in: *Sprache im technischen Zeitalter* 21/1967, S. 121–125, hier S. 124f. [u. GW V, S. 463f.].
52 Emil Staiger (siehe Anm. 34), S. 97.
53 Max Frisch (siehe Anm. 42), S. 109.
54 Vgl. etwa Edwin Hubacher, *Don Juan oder Die Liebe zur Geometrie,* in: *Oltener Tagblatt,* Olten, 16. 6. 1953.
55 Hans Elsner, *Don Juan oder die Liebe zur Geometrie,* in: *Der Mittag,* Düsseldorf, 8. 5. 1953.
56 Walter Fabian, *»Nicht weil er die Frauen liebt . . .«. Zu Max Frischs Komödie ›Don Juan oder Die Liebe zur Geometrie‹,* in: *Frankfurter Rundschau,* Frankfurt/Main, 21. 5. 1953.
57 Erich Franzen, *Don Juan in der Schlinge. Max Frischs Don-Juan-Drama in Zürich uraufgeführt,* in: *Frankfurter Allgemeine Zeitung,* Frankfurt/Main, 9. 5. 1953.
58 Friedrich Luft, *Ein neuer Max Frisch. »Don Juan oder: Die Liebe zur Geometrie«,* in: *Neue Zeitung,* Mainz, 7. 5. 1953.
59 So unter anderem: Wolfgang Schimming, *Uraufführung in Berlin. Max Frischs ›Don Juan‹,* in: *Süddeutsche Zeitung,* München, 7. 5. 1953; Felix Henseleit, *Don Juan – des Frevels müde . . ., Uraufführung im Schiller-Theater,* in: *Der Kurier,* Berlin, 6. 5. 1953; M. V., *Der Don Juan des Weder-Noch,* in: *Badische Zeitung,* Freiburg, 16. 5. 1953; Wolfgang Goetz, *Ein neuer Don Juan. Im Schiller-Theater,* in: *Berliner Morgenpost,* Berlin, 7. 5. 1953; W. Kaul, *Ein Mythos wird abmontiert. Komödie gegen die Legendenfabrikation,* in: *Neue Ruhr-Zeitung,* Essen, 9. 5. 1953; Herbert Pfeiffer, *Max Frisch: Don Juan. Im Schiller-Theater,* in: *Der Tagesspiegel,* Berlin. 7. 5. 1953; Josef Grunner, *Das Laster der Geometrie. Das Don-Juan-Thema seltsam abgewandelt auf der Bühne des Schiller-Theaters,* in: *Nacht-Depesche,* Berlin, 6. 5. 1953; Friedrich Luft, *Don Juan oder Die Liebe zur Geometrie. Uraufführung der Komödie von Max Frisch im Schiller-Theater,* in: *Neue Zeitung,* Berliner Ausgabe, Berlin, 7. 5. 1953; H. U. K., *Der erste Herr Spaniens bei Barlog . . .,* in: *Münchener Merkur,* München, 12. 5. 1953.
60 Dies berichten unter anderem: -dt., *In Schweikarts Kammerspielen: Wolfgang Kieling als Max Frischs ›Don Juan‹,* in: *Abendpost,* Frankfurt/Main, 23. 5. 1953; Hanns Braun, *In den Kammerspielen: Don Juan oder Die Liebe zur Geometrie,* in: *Süddeutsche Zeitung,* 23. 5. 1953; Wolfgang Drews, *Der intellektuelle Don Juan. Max Frischs Komödie in den Kammerspielen,* in: *Neue Zeitung,* Mainz, 24. 5. 1953; Max Christian Feiler, *›Don Juan‹ oder ›Die Liebe zur Trivialität‹,* in: *Münchener Merkur,* München, 23. 5. 1953; George Salomny, *Don Juan oder Die Liebe zur Geometrie,* in: *Die Abendzeitung,* München, 23. 5. 1953.

61 Zitiert nach: Georg Thumser, *Don Juan oder Die Liebe zur Moral. Ist Frischs Komödie anstößig?/Man will keinen zweiten Fall ›Abraxas‹ schaffen*, in: *Die Abendzeitung*, München, 26. 6. 1953.
62 Siehe zum Beispiel den Bericht: *Münchener Kontroverse um Autor Max Frisch. ›Don Juan‹ soll ›anstößig‹ sein*, in: *Abendpost*, Frankfurt/Main, 27. 6. 1953.
63 Grete Schaller und Daisy-Maria von Kunowski, *Protest gegen ›Don Juan‹*, in: *Darmstädter Echo*, Darmstadt, 15. 7. 1953; vgl. auch: Ernst Meckel, *›Don Juan‹ in der Diskussion*, in: *Darmstädter Echo*, Darmstadt, 13. 8. 1953.
64 Siehe dazu unter anderem: Georg Hensel, *Die Liebe zur Geometrie genügt nicht. Zu Max Frischs Komödie ›Don Juan oder die Liebe zur Geometrie‹ in der Orangerie*, in: *Darmstädter Echo*, Darmstadt, 30. 6. 1953; Kurt Heyd, *Don Juan oder die Liebe zur Legende*, in: *Frankfurter Neue Presse*, Frankfurt/Main, 24. 6. 1953; Nt., *Max Frischs ›Don Juan‹. Im Darmstädter Landestheater*, in: *Frankfurter Allgemeine Zeitung*, Frankfurt/Main, 2. 7. 1953; -th., *Don Juan auf der Flucht vor der Frau*, in: *Südhessische Post*, Heppenheim, 8. 7. 1953; Fritz Hammes, *›Don Juan oder die Liebe zur Geometrie‹*, in: *Die Rheinpfalz*, Ludwigshafen, 3. 7. 1953; Alfred Happ, *Episoden, die ein ganzes Leben verschlingen. Max Frischs ›Don Juan oder Die Liebe zur Geometrie‹ in Darmstadt*, in: *Frankfurter Rundschau*, Frankfurt/Main, 2. 7. 1953.
65 Max Frisch ist zwar in Zürich geboren, aber ob Zürich auch seine Heimatstadt ist, darf offen bleiben. Vgl. Volker Hage, *Max Frisch*, Reinbek bei Hamburg: Rowohlt 1983, S. 98 ff.
66 Willy Haas, *Don Juan oder die Liebe zur Geometrie. Eine Max-Frisch-Inszenierung des Deutschen Schauspielhauses*, in: *Die Welt*, Hamburg, 14. 9. 1962.
67 Jürgen Althoff, *Frisch Premiere bei Gründgens. Don Juans Ehe stand unter keinem guten Stern*, in: *Die Abendpost*, Frankfurt/Main, 22. 9. 1962.
68 Walter M. Herrmann, *Gestern am Besenbinderhof: Der Liebesheld ist müde. Schauspielhaus: Max Frischs Neufassung ›Don Juan oder Die Liebe zur Geometrie*, in: *Hamburger Abendblatt*, Hamburg, 13. 9. 1962.
69 Jan Herchenröder, *Don Juans schlimmste Strafe: die Ehe*, in: *Lübecker Nachrichten*, Lübeck, 14. 9. 1962.
70 -dt. (d. i. Hans Berndt), *Frisch-Komödie als Fastnachtsspaß. Don Juans Liebe zur Geometrie mißlang in Hamburg. Suhrkamp druckt des Schweizers gesammelte Stücke*, in: *Weser Kurier*, Bremen, 14. 9. 1962.
71 Erich Emigholz, *Frisch verkehrt. ›Don Juan‹ in Hamburg*, in: *Bremer Nachrichten*, Bremen, 14. 9. 1962.

72 ebs. (d. i. Elisabeth Brock-Sulzer), *Max Frisch: Don Juan oder die Liebe zur Geometrie*, in: *Die Tat*, Zürich. 2. 6. 1964.

73 l., *Paraphrase über den Versuch des Intellektuellen, sich den Bindungen ans Weibliche zu entziehen. Max Frischs Komödie ›Don Juan oder die Liebe zur Geometrie‹ im Schauspielhaus*, in: *Tages-Anzeiger*, Zürich, 2. 6. 1964.

74 T. V. (d. i. Traugott Vogel), *»Don Juan oder Die Liebe zur Geometrie«. Premiere im Schauspielhaus*, in: *Neue Zürcher Zeitung*, Zürich, 2. 6. 1964.

75 ebs. (siehe Anm. 72).

76 l. (siehe Anm. 73).

77 T. V. (siehe Anm. 74).

78 E. M. L., *Max Frisch: Don Juan oder die Liebe zur Geometrie. Festwochen-Premiere im Schauspielhaus*, in: *Neue Zürcher Nachrichten*, Zürich, 2. 6. 1964.

79 Siehe zum Beispiel: (a. k.), *›Don Juan oder die Liebe zur Geometrie‹*, in: *Badener Tageblatt*, Baden, 10. 6. 1964; OH., *Don Juan oder die Liebe zur Geometrie*, in: *Aargauer Volksblatt*, Baden, 10. 6. 1964; Eleonore Thun, *Höllenfahrt in eigener Regie*, in: *Wochen-Presse*, Wien, 6. 6. 1964; W. Manggold, *Liebe – von Geometrie umzingelt*, in: *Südkurier*, Konstanz, 6. 6. 1964; Th. T., *Zürcher Juni-Festwochen eröffnet*, in: *Stuttgarter Zeitung*, Stuttgart, 4. 6. 1964.

80 Bernhard Boie, *»Ich meinte es nie persönlich«*, in: *Recklinghäuser Zeitung*, Recklinghausen, 8. 6. 1964.

81 ASV., *Helvetisches an der Ruhr. Gastspiele aus der Schweiz bei den Festspielen*, in: *Frankfurter Allgemeine Zeitung*, Frankfurt/Main, 25. 6. 1964.

82 Abgedruckt in: Max Frisch, *Don Juan oder Die Liebe zur Geometrie. Komödie in fünf Akten*, 1. Aufl. Frankfurt/Main: Suhrkamp 1953, S. 93–102 [u. GW III, S. 168–175].

83 OH. (siehe Anm. 79).

84 Hans Rudolf Haller, *Don Juan oder Die Liebe zur Geometrie*, in: *Theaterkritik*, Zürich, vom Juli 1964.

85 ebs. (siehe Anm. 72).

86 l. (siehe Anm. 73).

87 Herbert Leisegang, *Zweite Premiere der Ruhrfestspiele*, in: *Göppinger Kreisnachrichten*, Göppingen, 12. 6. 1964.

88 Bernhard Boie (siehe Anm. 80).

89 Zur Stützung dieser Vermutung vgl. Helmut Schanze, *Das Theater nützt dem Fernsehen. Nützt das Fernsehen dem Theater? Zur bisherigen Adaption der Dramen- und Theatertradition im Fernsehen der Bundesrepublik*, in: Helmut Kreuzer und Karl Prümm (Hg.), *Fernsehsendungen und ihre Formen. Typologie, Geschichte und Kritik des Programms in der Bundesrepublik Deutschland*, Stuttgart: Reclam

61 Zitiert nach: Georg Thumser, *Don Juan oder Die Liebe zur Moral. Ist Frischs Komödie anstößig?/Man will keinen zweiten Fall ›Abraxas‹ schaffen*, in: *Die Abendzeitung*, München, 26. 6. 1953.
62 Siehe zum Beispiel den Bericht: *Münchener Kontroverse um Autor Max Frisch. ›Don Juan‹ soll ›anstößig‹ sein*, in: *Abendpost*, Frankfurt/Main, 27. 6. 1953.
63 Grete Schaller und Daisy-Maria von Kunowski, *Protest gegen ›Don Juan‹*, in: *Darmstädter Echo*, Darmstadt, 15. 7. 1953; vgl. auch: Ernst Meckel, *›Don Juan‹ in der Diskussion*, in: *Darmstädter Echo*, Darmstadt, 13. 8. 1953.
64 Siehe dazu unter anderem: Georg Hensel, *Die Liebe zur Geometrie genügt nicht. Zu Max Frischs Komödie ›Don Juan oder die Liebe zur Geometrie‹ in der Orangerie*, in: *Darmstädter Echo*, Darmstadt, 30. 6. 1953; Kurt Heyd, *Don Juan oder die Liebe zur Legende*, in: *Frankfurter Neue Presse*, Frankfurt/Main, 24. 6. 1953; Nt., *Max Frischs ›Don Juan‹. Im Darmstädter Landestheater*, in: *Frankfurter Allgemeine Zeitung*, Frankfurt/Main, 2. 7. 1953; -th., *Don Juan auf der Flucht vor der Frau*, in: *Südhessische Post*, Heppenheim, 8. 7. 1953; Fritz Hammes, *›Don Juan oder die Liebe zur Geometrie‹*, in: *Die Rheinpfalz*, Ludwigshafen, 3. 7. 1953; Alfred Happ, *Episoden, die ein ganzes Leben verschlingen. Max Frischs ›Don Juan oder Die Liebe zur Geometrie‹ in Darmstadt*, in: *Frankfurter Rundschau*, Frankfurt/Main, 2. 7. 1953.
65 Max Frisch ist zwar in Zürich geboren, aber ob Zürich auch seine Heimatstadt ist, darf offen bleiben. Vgl. Volker Hage, *Max Frisch*, Reinbek bei Hamburg: Rowohlt 1983, S. 98 ff.
66 Willy Haas, *Don Juan oder die Liebe zur Geometrie. Eine Max-Frisch-Inszenierung des Deutschen Schauspielhauses*, in: *Die Welt*, Hamburg, 14. 9. 1962.
67 Jürgen Althoff, *Frisch Premiere bei Gründgens. Don Juans Ehe stand unter keinem guten Stern*, in: *Die Abendpost*, Frankfurt/Main, 22. 9. 1962.
68 Walter M. Herrmann, *Gestern am Besenbinderhof: Der Liebesheld ist müde. Schauspielhaus: Max Frischs Neufassung ›Don Juan oder Die Liebe zur Geometrie*, in: *Hamburger Abendblatt*, Hamburg, 13. 9. 1962.
69 Jan Herchenröder, *Don Juans schlimmste Strafe: die Ehe*, in: *Lübecker Nachrichten*, Lübeck, 14. 9. 1962.
70 -dt. (d. i. Hans Berndt), *Frisch-Komödie als Fastnachtsspaß. Don Juans Liebe zur Geometrie mißlang in Hamburg. Suhrkamp druckt des Schweizers gesammelte Stücke*, in: *Weser Kurier*, Bremen, 14. 9. 1962.
71 Erich Emigholz, *Frisch verkehrt. ›Don Juan‹ in Hamburg*, in: *Bremer Nachrichten*, Bremen, 14. 9. 1962.

72 ebs. (d. i. Elisabeth Brock-Sulzer), *Max Frisch: Don Juan oder die Liebe zur Geometrie*, in: *Die Tat*, Zürich. 2. 6. 1964.
73 l., *Paraphrase über den Versuch des Intellektuellen, sich den Bindungen ans Weibliche zu entziehen. Max Frischs Komödie ›Don Juan oder die Liebe zur Geometrie‹ im Schauspielhaus*, in: *Tages-Anzeiger*, Zürich, 2. 6. 1964.
74 T. V. (d. i. Traugott Vogel), *»Don Juan oder Die Liebe zur Geometrie«. Premiere im Schauspielhaus*, in: *Neue Zürcher Zeitung*, Zürich, 2. 6. 1964.
75 ebs. (siehe Anm. 72).
76 l. (siehe Anm. 73).
77 T. V. (siehe Anm. 74).
78 E. M. L., *Max Frisch: Don Juan oder die Liebe zur Geometrie. Festwochen-Premiere im Schauspielhaus*, in: *Neue Zürcher Nachrichten*, Zürich, 2. 6. 1964.
79 Siehe zum Beispiel: (a. k.), *›Don Juan oder die Liebe zur Geometrie‹*, in: *Badener Tageblatt*, Baden, 10. 6. 1964; OH., *Don Juan oder die Liebe zur Geometrie*, in: *Aargauer Volksblatt*, Baden, 10. 6. 1964; Eleonore Thun, *Höllenfahrt in eigener Regie*, in: *Wochen-Presse*, Wien, 6. 6. 1964; W. Manggold, *Liebe – von Geometrie umzingelt*, in:*Südkurier*, Konstanz, 6. 6. 1964; Th. T., *Zürcher Juni-Festwochen eröffnet*, in: *Stuttgarter Zeitung*, Stuttgart, 4. 6. 1964.
80 Bernhard Boie, *»Ich meinte es nie persönlich«*, in: *Recklinghäuser Zeitung*, Recklinghausen, 8. 6. 1964.
81 ASV., *Helvetisches an der Ruhr. Gastspiele aus der Schweiz bei den Festspielen*, in: *Frankfurter Allgemeine Zeitung*, Frankfurt/Main, 25. 6. 1964.
82 Abgedruckt in: Max Frisch, *Don Juan oder Die Liebe zur Geometrie. Komödie in fünf Akten*, 1. Aufl. Frankfurt/Main: Suhrkamp 1953, S. 93–102 [u. GW III, S. 168–175].
83 OH. (siehe Anm. 79).
84 Hans Rudolf Haller, *Don Juan oder Die Liebe zur Geometrie*, in: *Theaterkritik*, Zürich, vom Juli 1964.
85 ebs. (siehe Anm. 72).
86 l. (siehe Anm. 73).
87 Herbert Leisegang, Zweite Premiere der Ruhrfestspiele, in: *Göppinger Kreisnachrichten*, Göppingen, 12. 6. 1964.
88 Bernhard Boie (siehe Anm. 80).
89 Zur Stützung dieser Vermutung vgl. Helmut Schanze, *Das Theater nützt dem Fernsehen. Nützt das Fernsehen dem Theater? Zur bisherigen Adaption der Dramen- und Theatertradition im Fernsehen der Bundesrepublik*, in: Helmut Kreuzer und Karl Prümm (Hg.), *Fernsehsendungen und ihre Formen. Typologie, Geschichte und Kritik des Programms in der Bundesrepublik Deutschland*, Stuttgart: Reclam

1979, S. 115–125.
90 Siehe dazu: Karl Prümm, *Fernsehkritik. Hinweise auf eine Misere*, in: Jörg Drews (Hg.), *Literaturkritik – Medienkritik,* Heidelberg: Quelle & Meyer 1977, S. 84–102.
91 Don Juan sagt »vor dem Altar nein zu seiner Braut, weil er Angst hat vor dem Unberechenbaren und redlich sein will. Im Duell mit dem rachedürstenden Vater gründet er die erste Legende um seine Person, die ihm schließlich die Rolle des großen Verführers aufzwingt. Fortan umgibt er sich bewußt mit der Gloriole des Frevlers, um endlich seine Ruhe zu haben und nur seiner Geometrie leben zu können. Dennoch wird er – wider Willen – in die Bande des Familienvaters geschlagen und landet, statt in der Säulenhalle der Wissenschaft zu wandeln, in der Gartenlaube: Das Schicksal des Intellektuellen!« – so faßt den Stoff zusammen: *Bild und Funk,* Offenburg, 16. 10. 1965. Siehe auch: *Funkuhr,* Dortmund, 17. 10. 1965; *Funk und Familie,* Hamburg, 17. 10. 1965.
92 ebs., *Blick auf den Bildschirm. Max Frischs Don Juan,* in: *Neue Zürcher Zeitung,* Zürich, 23. 10. 1965.
93 (ut)., *Don Juan oder Die Liebe zur Geometrie,* in: *Kieler Nachrichten,* Kiel, 23. 10. 1965.
94 J. W., *Die Inszenierung ist preiswürdig. Der ›Don Juan‹ von Max Frisch war ein Fest der Schauspielkunst,* in: *Westfälische Rundschau,* Dortmund, 23. 10. 1965.
95 ebs. (siehe Anm. 92).
96 J. W. (siehe Anm. 94).
97 Hellmut A. Lange, *Vor dem Fernsehschirm,* in: *Neue Tagespost,* Osnabrück, 23. 10. 1965.
98 Teleteam, *Vor dem Bildschirm. Kritische Fernsehnotizen,* in: *Heilbronner Stimme,* Heilbronn, 23. 10. 1965.
99 A. Bösenberg, *Don Juan inszeniert seine Legende,* in: *Schwäbische Zeitung,* Leutkirch, 28. 10. 1965.
100 Anonym, *Vor dem Bildschirm: Don Juan oder Die Liebe zur Geometrie. Bemerkungen zu den Fernseh- und Hörfunkprogrammen,* in: *Südkurier,* Konstanz, 25. 10. 1965.
101 mouche, *Donnerstag im Fernsehen: Don Juan mit Vaterfreuden,* in: *Stuttgarter Nachrichten,* Stuttgart, 23. 10. 1965.
102 Reinhard Ablinger, *Geometrie blieb Theorie,* in: *Kronen-Zeitung,* Linz, 26. 9. 1977.
103 Ursula Kammesberger, *Der entmythisierte ›Don Juan‹,* in: *Neues Volksblatt,* Linz, 26. 9. 1977.
104 Franz Schwabeneder, *Wüstling in Leideform,* in: *Linzer Nachrichten,* Linz, 26. 9. 1977.
105 Ursula Kammesberger (siehe Anm. 103).
106 Werner Sonvico, *Die Story vom unglücklichen Don Juan,* in: *Linzer*

       Tagblatt, Linz, 26. 9. 1977.
107 Reinhard Ablinger (siehe Anm. 102).
108 Eduard Barth, *Verspätete Erstaufführung*, in: *Neues Volksblatt*, Linz, 24. 9. 1977.
109 Ursula Kammesberger (siehe Anm. 103).
110 Ferdinand Sokolicek, *Liebe verwirrt, Mathematik klärt. ›Don Juan oder die Liebe zur Geometrie‹ von Frisch in Linz*, in: *Salzburger Nachrichten*, Salzburg, 26. 9. 1977.
111 Werner Sonvico (siehe Anm. 10).
112 Franz Schwabeneder (siehe Anm. 104).
113 Ursula Kammesberger (siehe Anm. 103).
114 Franz Schwabeneder (siehe Anm. 104).
115 Reinhard Ablinger (siehe Anm. 102).
116 Hier in Linz 1977 wird sogar gesagt, daß Celestina »nur durchaus ordinärer hätte sein dürfen«, vgl. Ursula Kammesberger (siehe Anm. 103).
117 Zum Zürcher Schauspielhaus siehe: Werner Mittenzwei, *Das Zürcher Schauspielhaus 1933–1945 oder Die letzte Chance*, Berlin (DDR): Henschel 1979.

III
Don Juans Geschichtlichkeit

1. Zur Vorgeschichte
von Max Frischs Komödie

Sören Kierkegaard
[Aus:] Entweder – Oder (1843)

Darin äußert sich unter anderem die ungeheure poetische Kraft der Volksliteratur, daß sie die Stärke hat, wirklich zu begehren. Im Vergleich dazu ist das Begehren unserer Zeit zugleich sündhaft und langweilig, weil sie begehrt, was des Nächsten ist. Jene ist sich sehr wohl bewußt, daß der Nächste ebensowenig besitzt, was sie sucht, wie sie selbst. Und wenn sie denn sündhaft begehren soll, so ist sie so himmelschreiend, daß sie den Menschen erschüttern muß. Sie läßt sich von den kalten Wahrscheinlichkeitsberechnungen eines nüchternen Verstandes nichts abdingen. Noch schreitet Don Juan mit seinen 1003 Geliebten über die Bühne. Niemand wagt es zu lächeln, aus Ehrfurcht vor der Ehrwürdigkeit der Tradition. Hätte ein Dichter es heute gewagt, man hätte ihn ausgelacht.

Die unmittelbaren erotischen Stadien
oder das Musikalisch-Erotische

Nichtssagende Einleitung

[...]
   Mit Mozart verhält es sich nun [...] so, daß es nur ein einziges Werk von ihm ist, welches ihn zu einem klassischen Komponisten und absolut unsterblich macht. Dieses Werk ist der Don Juan. Was er sonst geschaffen hat, mag erfreuen und entzücken, unsere Bewunderung erregen, die Seele bereichern, das Ohr sättigen, das Herz erfreuen; doch tut man ihm und seiner Unsterblichkeit keinen Dienst damit, daß man alles durcheinanderwirft und alles gleich groß macht. Der Don Juan ist sein Rezeptionsstück. Mit dem Don Juan tritt er in jene Ewigkeit ein, die nicht außerhalb der Zeit liegt, sondern mitten in ihr, die sich durch keinen Vorhang vor den Augen der Menschen verbirgt, in welche die Unsterblichen nicht ein für allemal aufgenommen sind, sondern immer wieder

aufgenommen werden, indem das Geschlecht vorübergeht und den Blick auf sie richtet, glücklich ist in ihrer Beschauung, ins Grab sinkt, und das folgende Geschlecht wandert wiederum an ihnen vorüber und verklärt sich in ihrer Beschauung; mit seinem Don Juan tritt er ein in die Reihe jener Unsterblichen, jener sichtbar Verklärten, die keine Wolke vor den Augen der Menschen hinwegnimmt; mit dem Don Juan steht er an oberster Stelle unter ihnen. Dies letzte war es, was ich, wie oben gesagt, zu beweisen suchen wollte.

[...]

Die abstrakteste Idee, die sich denken läßt, ist die sinnliche Genialität. Durch welches Medium aber läßt sie sich darstellen? einzig und allein – durch Musik. In der Skulptur läßt sie sich nicht darstellen, denn sie ist eine Art Bestimmung der Innerlichkeit an sich; sie läßt sich nicht malen, denn sie kann nicht in bestimmten Umrissen erfaßt werden, sie ist eine Kraft, ein Wetter, Ungeduld, Leidenschaft usw. in all ihrer Lyrischheit, so zwar, daß sie nicht in einem einzigen Moment ist, sondern in einer Sukzession von Momenten, so ließe sie sich abbilden oder malen. Die Tatsache, daß sie in einer Sukzession von Momenten ist, drückt zwar ihren epischen Charakter aus, in strengerem Sinne jedoch ist sie nicht episch, denn sie ist nicht so weit, daß sie schon zu Worte gekommen wäre, sie bewegt sich immer nur in einer Unmittelbarkeit. In der Poesie läßt sie sich somit auch nicht darstellen. Das einzige Medium, das sie darstellen kann, ist die Musik. Die Musik hat nämlich ein zeitliches Moment in sich, verläuft jedoch nicht in der Zeit außer in uneigentlichem Sinne. Das Geschichtliche in der Zeit kann sie nicht ausdrücken.

Die vollendete Einheit dieser Idee und der ihr entsprechenden Form haben wir nun in Mozarts Don Juan. Aber eben weil die Idee so ungeheuer abstrakt und das Medium ebenfalls abstrakt ist, so besteht keinerlei Wahrscheinlichkeit, daß Mozart jemals einen Konkurrenten bekommen wird. Das Glückliche für Mozart ist, daß er einen Stoff erhalten hat, der in sich selbst absolut musikalisch ist, und falls irgendein anderer Komponist mit Mozart wetteifern wollte, so bliebe ihm nichts anderes zu tun übrig, als den Don Juan noch einmal zu komponieren. Homer hat einen vollendeten epischen Stoff erhalten, aber es lassen sich sehr viel mehr epische Dichtungen denken, weil die Geschichte noch mehr epischen Stoff bietet. Nicht so ist es mit Don Juan. Was ich eigentlich meine, wird man vielleicht am besten verstehen, wenn ich den Unterschied in bezug auf eine verwandte Idee aufzeige. Goethes Faust ist recht eigentlich ein klassisches Werk; aber es ist eine geschichtliche Idee, und daher wird jede bemerkenswerte Zeit in der Geschichte ihren Faust haben. Faust hat zum Medium die Sprache, und da dies ein weit konkreteres Medium ist, so lassen sich auch aus diesem Grunde mehrere Werke von gleicher Art denken. Don Juan hingegen ist und bleibt das einzige in seiner Art, in gleichem Sinne wie die klassischen Werke der griechischen Skulptur. Da aber die Idee des Don Juan noch viel abstrakter ist als die, welche der Skulptur zugrunde liegt, so ist nicht schwer zu erkennen, daß im Gegensatz zu der Skulptur, in der es mehrere Werke nebeneinander gibt, in der Musik nur ein einziges existiert. Zwar lassen sich in der Musik viel mehr klassische Werke denken, ein Werk aber nur bleibt, von dem man sagen kann, seine Idee sei absolut musikalisch, dergestalt daß die Musik nicht als Begleitung hinzutritt, sondern in der Offenbarung der Idee zugleich ihr eigenes innerstes Wesen offenbart. Daher steht Mozart mit seinem Don Juan unter jenen Unsterblichen an oberster Stelle.

[...]

Die Behauptung, das Christentum habe die Sinnlichkeit in die Welt gebracht, scheint recht kühn und frisch gewagt. Doch wie es heißt: frisch gewagt ist halb gewonnen, so gilt es auch hier, das wird man einsehen, wenn man überlegt, daß man, indem man etwas indirekt setzt, das andere setzt, das man ausschließt. Da das Sinnliche überhaupt das ist, was negiert werden soll, so kommt es erst recht zum Vorschein, wird erst gesetzt durch den Akt, der es ausschließt dadurch, daß er das entgegengesetzte Positive setzt. Als Prinzip, als Kraft, als System an sich ist die Sinnlichkeit erst durch das Christentum gesetzt, und insofern hat das Christentum die Sinnlichkeit in die Welt gebracht. Wenn man aber den Satz, das Christentum habe die Sinnlichkeit in die Welt gebracht, recht verstehen will, so muß er als identisch mit seinem Gegensatz aufgefaßt werden, daß das Christentum gerade die Sinnlichkeit aus der Welt hinausgetrieben, die Sinnlichkeit aus der Welt ausgeschlossen habe. Als Prinzip, als Kraft, als System an sich ist die Sinnlichkeit erst durch das Christentum gesetzt; ich könnte noch eine Bestimmung hinzufügen, die vielleicht am nachdrücklichsten zeigt, was ich meine: unter der Bestimmung von Geist ist die Sinnlichkeit erst durch das Christentum gesetzt worden. Das ist ganz natürlich, denn das Christentum ist Geist, und der Geist ist das positive Prinzip, das von ihm in die Welt gebracht worden ist. Indem aber die Sinnlichkeit unter der Bestimmung des Geistes gesehen wird, so wird ihre Bedeutung darin gesehen, daß sie ausgeschlossen werden soll; eben dadurch aber, daß sie ausgeschlossen werden soll, ist sie als Prinzip, als Macht bestimmt; denn was der Geist, der selbst Prinzip ist, ausschließen soll, muß etwas sein, was sich als Prinzip erweist, und erweise es sich als solches auch erst in dem Augenblick, da es ausgeschlossen wird.

Die Sinnlichkeit ist zwar schon früher in der Welt gewesen, jedoch nicht geistig bestimmt.

[...]

Die Sinnlichkeit als Prinzip ist also durch das Christentum gesetzt, desgleichen das sinnliche Erotische als Prinzip; die Idee der Repräsentation ist durch das Christentum in die Welt gebracht. Denke ich mir nun das Sinnlich-Erotische als Prinzip, als Kraft, als Reich, bestimmt vom Geist, das heißt, so bestimmt, daß der Geist es ausschließt, denke ich es mir in einem einzigen Individuum konzentriert, so habe ich den Begriff sinnlich-erotischer Genialität. Das ist eine Idee, welche die Gräzität noch nicht besaß, sondern die, wenn auch nur in indirektem Sinne, erst das Christentum in die Welt gebracht hat.

Verlangt nun diese sinnlich-erotische Genialität in all ihrer Unmittelbarkeit nach einem Ausdruck, so fragt es sich, welches Medium sich dazu eigne. Was hier vor allem festgehalten werden muß, ist, daß sie in ihrer Unmittelbarkeit ausgedrückt und dargestellt zu werden verlangt. In ihrer Mittelbarkeit und Reflektiertheit in einem anderen fällt sie in den Bereich der Sprache und kommt unter ethische Bestimmungen zu stehen. In ihrer Unmittelbarkeit kann sie nur in Musik ausgedrückt werden. Damit zeigt sich die Bedeutung der Musik in ihrer vollen Gültigkeit, und zwar erweist sie sich in strengerem Sinne als eine christliche Kunst, oder richtiger als diejenige Kunst, die das Christentum setzt, indem es sie von sich ausschließt, als Medium für das, was das Christentum von sich ausschließt und dadurch setzt. Mit anderen Worten, die Musik ist das Dämonische. In der erotischen sinnlichen Genialität hat die Musik ihren absoluten Gegenstand. Damit soll nun natürlich keineswegs gesagt sein, daß die Musik nichts anderes auszudrücken vermöchte, nur ist eben dies ihr eigentlicher Gegenstand.

[...]

Die Sprache hat ihr Element in der Zeit, alle übrigen Medien haben den Raum zum Element. Nur die Musik geht auch in der Zeit vor sich. Daß sie aber in der Zeit vor sich geht, ist wiederum eine Negation des Sinnlichen. Was die übrigen Künste hervorbringen, deutet ihre Sinnlichkeit eben dadurch an, daß es sein Bestehen im Raume hat. Nun gibt es wiederum vieles in der Natur, was in der Zeit vor sich geht. Wenn etwa ein Bach plätschert und fortfährt zu plätschern, so scheint darin eine zeitliche Bestimmung zu liegen. Dem ist indessen nicht so, und sofern man darauf besteht, daß hier die Bestimmung der Zeit vorhanden sei, so muß man sagen, das sei sie zwar, aber sie sei räumlich bestimmt. Die Musik existiert nicht außer in dem Augenblick, da sie vorgetragen wird; denn wenn man auch noch so gut Noten lesen könnte und eine noch so lebhafte Einbildungskraft hat, so kann man doch nicht leugnen, daß die Musik, indem sie gelesen wird, nur in uneigentlichem Sinne da ist. Eigentlich existiert sie nur, indem sie vorgetragen wird. Dies könnte als eine Unvollkommenheit dieser Kunst im Vergleich zu den anderen Künsten erscheinen, deren Hervorbringungen beständig bestehen, weil sie ihren Bestand im Sinnlichen haben. Doch dem ist nicht so. Es ist gerade ein Beweis dafür, daß sie eine höhere, eine geistigere Kunst ist.

Gehe ich nun von der Sprache aus, um durch eine Bewegung durch sie hindurch mir die Musik gleichsam zu erlauschen, so stellt sich die Sprache etwa folgendermaßen dar: Nehme ich an, Prosa sei die Sprachform, die der Musik am fernsten steht, so bemerke ich schon in dem oratorischen Vortrag, in dem sonoren Periodenbau einen Anklang des Musikalischen, der durch verschiedene Stufen in dem poetischen Vortrag, im Bau des Verses, im Reim immer stärker hervortritt, bis schließlich das Musikalische sich so stark entwickelt hat, daß die Sprache aufhört und alles Musik wird. Dies ist ja ein Lieblingsausdruck, dessen die Dichter sich bedienen, um zu bezeichnen, daß sie gleichsam der Idee entsagen, sie entschwindet ihnen, alles endet mit Musik. Demnach könnte es den Anschein haben, als ob die Musik ein noch vollkommeneres Medium sei als die Sprache. Indessen ist dies eines jener schmachtenden Mißverständnisse, wie sie nur in hohlen Köpfen aufkommen. Daß es ein Mißverständnis ist, soll späterhin dargetan werden; hier will ich nur auf den merkwürdigen Umstand aufmerksam machen, daß ich bei einer Bewegung in entgegengesetzter Richtung wiederum auf die Musik stoße, wenn ich nämlich von der vom Begriff durchdrungenen Prosa abwärts gehe, bis ich bei den Interjektionen lande, die wiederum musikalisch sind, so wie ja auch das erste Lallen des Kindes wiederum musikalisch ist. Hier kann doch wohl nicht die Rede davon sein, daß die Musik ein vollkommeneres Medium sei als die Sprache, oder daß die Musik ein reicheres Medium sei als die Sprache, es sei denn, man nehme an, »uh« zu machen sei mehr wert als ein ganzer Gedanke. Was aber folgt nun daraus: daß ich überall, wo die Sprache aufhört, dem Musikalischen begegne. Dies ist wohl der vollkommenste Ausdruck dafür, daß die Musik überall die Sprache begrenzt. Hieraus wird man zugleich ersehen, welche Bewandtnis es mit jenem Mißverständnis hat, daß die Musik ein reicheres Medium sei als die Sprache. Indem nämlich die Sprache aufhört und die Musik anfängt, indem, wie man so sagt, alles musikalisch ist, so geht man nicht vorwärts, sondern man geht zurück. Daher kommt es, daß ich, und darin werden vielleicht auch Kundige mir recht geben, noch nie Sympathie gehabt habe für die sublimierte Musik, die des Wortes nicht zu bedürfen meint. Sie meint nämlich in der Regel, höher zu sein als das Wort, obwohl sie doch niedriger ist. [...] Die Musik drückt stets das Unmittelbare in seiner Unmittelbarkeit aus; daher kommt es auch, daß die Musik im Verhältnis zur Sprache als das Erste und das Letzte erscheint, aber daraus ist auch zu ersehen, daß es ein Mißverständnis ist zu sagen, die Musik sei ein vollkommeneres Medium. In der Sprache liegt die Reflexion, und darum kann die Sprache das Unmittelbare nicht aussagen. Die Reflexion tötet das Unmittelbare, und darum ist es unmöglich, in der Sprache das Musikalische auszusagen, aber diese scheinbare Armut der Sprache ist gerade ihr Reichtum. Das Unmittelbare ist nämlich das Unbestimmbare, und darum kann die Sprache es nicht auffassen; daß es aber das Unbestimmbare ist, ist nicht seine Vollkommenheit, sondern ein Mangel an ihm. [...]

Ist nun das Unmittelbare, geistig bestimmt, das, was eigentlich im Musikalischen zum Ausdruck kommt, so kann man wiederum des näheren fragen, was für eine Art des Unmittelbaren es denn sei, die wesentlich Gegenstand der Musik ist. Das Unmittelbare, geistig bestimmt, kann entweder so bestimmt sein, daß es in den Bereich des Geistes fällt, oder so, daß es aus dem Bereich des Geistes herausfällt. Wenn das Unmittelbare, geistig bestimmt, so bestimmt wird, daß es in den Bereich des Geistes fällt, so kann es zwar im Musikalischen seinen Ausdruck finden, der absolute Gegenstand der Musik aber kann dieses Unmittelbare nicht sein; denn da es so bestimmt ist, daß es in den Bereich des Geistes fallen soll, so ist damit angedeutet, daß die Musik auf einem fremden Gebiet ist, sie bildet ein Vorspiel, das beständig aufgehoben wird. Ist das Unmittelbare, geistig bestimmt, dagegen so bestimmt, daß es aus dem Bereich des Geistes herausfällt, so hat die Musik hierin ihren absoluten Gegenstand. Für das erste Unmittelbare ist es ein Unwesentliches, daß es in Musik ausgedrückt wird, während es wesentlich dafür ist, daß es Geist wird und also in der Sprache ausgedrückt werde; für diese hingegen ist es ein Wesentliches, daß es in Musik ausgedrückt wird, darin allein kann es ausgedrückt werden, kann nicht in der Sprache ausgedrückt werden, da es geistig so bestimmt ist, daß es aus dem Bereich des Geistes und somit aus dem der Sprache herausfällt. Das Unmittelbare aber, das solchermaßen aus dem Geiste ausgeschlossen wird, ist die sinnliche Unmittelbarkeit. Diese gehört dem Christentum zu. Sie hat in der Musik ihr absolutes Medium, und daraus erklärt es sich auch, daß die Musik in der antiken Welt nicht eigentlich entwickelt worden ist, sondern der christlichen zugehört. Sie ist also das Medium für das Unmittelbare, das, geistig bestimmt, so bestimmt ist, daß es außerhalb des Geistes liegt. Natürlich kann die Musik noch vieles andere ausdrücken, aber dies ist ihr absoluter Gegenstand. Man erkennt auch leicht, daß die Musik ein sinnlicheres Medium als die Sprache ist, da in ihr ja viel mehr Gewicht auf den sinnlichen Klang gelegt wird als in der Sprache.

Sinnliche Genialität ist also der absolute Gegenstand der Musik. Sinnliche Genialität ist absolut lyrisch, und in der Musik kommt sie in ihrer ganzen lyrischen Ungeduld zum Ausbruch; sie ist nämlich geistig bestimmt und ist daher Kraft, Leben, Bewegung, beständige Unruhe, beständige Sukzession; aber diese Unruhe, diese Sukzession bereichert sie nicht, sie bleibt beständig die gleiche, sie entfaltet sich nicht, sondern stürmt unablässig vorwärts wie in einem Atemzug. Wenn ich nun diese Lyrischheit mit einem einzigen Prädikat bezeichnen soll, so müßte ich sagen: sie tönt; und damit bin ich denn wiederum auf die sinnliche Genialität als auf diejenige zurückgekommen, die sich unmittelbar musikalisch erweist.

[...]

Wenn ich übrigens den Ausdruck »Stadium«[1] [...] im folgen-

[1 Zu dem für Kierkegaard grundlegenden Begriff vgl.: Walter Schulz, *Johann Gottlieb Fichte/Sören Kierkegaard*, Pfullingen: Neske ²1977, S. 33–69].

den [...] gebrauchen werde, so darf er nicht urgiert werden, so als ob jedes einzelne Stadium selbständig existierte, das eine außerhalb des andern. Ich könnte vielleicht treffender den Ausdruck Metamorphose verwenden. Die verschiedenen Stadien zusammengenommen machen das unmittelbare Stadium aus, und daraus wird man erkennen, daß die einzelnen Stadien mehr die Offenbarung eines Prädikats sind, dergestalt, daß alle Prädikate in den Reichtum des letzten Stadiums hinabstürzen, da dies das eigentliche Stadium ist. Die andern Stadien haben keine selbständige Existenz; für sich sind sie nur für die Vorstellung, und daraus wird man auch ihre Zufälligkeit dem letzten Stadium gegenüber ersehen. Da sie in *Mozarts* Musik jedoch einen gesonderten Ausdruck gefunden haben, so werde ich auch gesondert von ihnen sprechen. Vor allem darf man indes nicht an verschiedene Stufen in Bewußtseinen denken, da selbst das letzte Stadium noch nicht zum Bewußtsein gekommen ist; ich habe immer nur mit dem Unmittelbaren in seiner vollkommenen Unmittelbarkeit zu tun.

[...]

Erstes Stadium
Das erste Stadium ist im *Pagen*
des *»Figaro«* angedeutet. [...]

Betrachtet man [...] den Pagen [...] als eine mythische Figur, so wird man in der Musik das Eigentümliche des ersten Stadiums ausgedrückt finden.

Das Sinnliche erwacht, jedoch nicht zu Bewegung, sondern zu stiller Quieszenz, nicht zu Freude und Wonne, sondern zu tiefer Melancholie. Die Begierde ist noch nicht erwacht, sie ist schwermütig geahnt. In der Begierde ist stets das Begehrte, es steigt aus ihr auf und erscheint in einem verwirrenden Dämmer. Dieser Zustand geht dem Sinnlichen vorauf, das in Schatten und Nebeln fortgetragen und durch Abspiegelung in diesen wieder nähergebracht wird. Was der Gegenstand der Begierde sein wird, besitzt die Begierde schon, besitzt es aber nur, ohne es begehrt zu haben, und besitzt es somit nicht. Dies ist der schmerzliche, durch seine Süße aber zugleich betörende und bezaubernde Widerspruch, der mit seiner Wehmut, seiner Schwermut dieses Stadium durchklingt. Sein Schmerz liegt nämlich nicht darin, daß da zuwenig, sondern eher darin, daß da zuviel ist. Die Begierde ist stille Begierde, die Sehnsucht stille Sehnsucht, die Schwärmerei stille Schwärmerei, darin der Gegenstand aufdämmert, ihr so nahe, daß er in ihr ist. Das Begehrte schwebt über der Begierde, sinkt in sie hinab, ohne daß diese Bewegung jedoch durch die eigene Anziehungskraft der Begierde geschähe oder weil begehrt wird. Das Begehrte entschwindet nicht, entwindet sich der Umarmung der Begierde nicht; denn dann würde die Begierde gerade erwachen; sondern es ist, ohne begehrt zu sein, für die Begierde, die eben deshalb schwermütig wird, weil sie nicht zum Begehren kommen kann. Sobald die Begierde erwacht, oder richtiger in und mit ihrem Erwachen scheiden die Begierde und der Gegenstand der Begierde sich voneinander, und nun atmet die Begierde frei und gesund, während sie vorher wegen des Begehrten nicht atmen konnte. Wenn die Begierde nicht erwacht ist, verzaubert und verstrickt das Begehrte, ja ängstigt fast. [...]

Die Begierde also, die in diesem Stadium nur in einer Ahnung ihrer selbst gegenwärtig ist, ist ohne Bewegung, ohne Unruhe, sanft gewiegt nur von einer unerklärlichen inneren Rührung; wie das Leben der Pflanze der Erde verhaftet ist, so ist sie versunken in stiller, präsentischer Sehnsucht, vertieft in Kontemplation, und kann doch ihren Gegenstand nicht erschöpfen, wesentlich deshalb, weil in tieferem Sinne gar kein Gegenstand das ist; und doch ist dieser Mangel an Gegenstand nicht ihr Gegenstand; denn dann wäre sie gleich in Bewegung, dann wäre sie determiniert, wenn nicht anders, so doch in Kummer und Schmerz; Kummer und Schmerz aber tragen nicht jenen Widerspruch in sich, welcher der Melancholie und Schwermut eignet, nicht jene Zweideutigkeit, die das Süße am Melancholischen ist. Obgleich die Begierde in diesem Stadium nicht als Begierde bestimmt, obgleich diese nur geahnte Begierde hinsichtlich ihres Gegenstandes gänzlich unbestimmt ist, so hat sie doch *eine* Bestimmung: sie ist nämlich unendlich tief.

[...]

Zweites Stadium
Dieses Stadium ist durch *Papageno* in
der *Zauberflöte* bezeichnet

[...]

Die Begierde erwacht, und wie man eigentlich immer erst im Augenblick des Erwachens merkt, daß man geträumt hat, so auch hier, der Traum ist vorüber. Diese Erweckung, durch welche die Begierde erwacht, diese Erschütterung scheidet die Begierde und den Gegenstand, gibt der Begierde einen Gegenstand. Dies ist eine dialektische Bestimmung, die scharf festgehalten werden muß: erst indem der Gegenstand ist, ist die Begierde, erst indem die Begierde ist, ist der Gegenstand; die Begierde und der Gegenstand sind ein Zwillingspaar, von dem das eine auch nicht den Bruchteil eines Augenblicks vor dem andern zur Welt kommt. Obwohl sie aber dergestalt absolut auf einmal zur Welt kommen, und nicht einmal jenes Spatium an Zeit zwischen ihnen liegt, wie sonst bei Zwillingen manchmal, so ist der Sinn dieses Entstehens nicht der einer Vereinigung, sondern im Gegenteil der einer Trennung. Diese Bewegung des Sinnlichen aber, diese Erderschütterung spaltet die Begierde und ihren Gegenstand für einen Augenblick unendlich weit auseinander; doch wie das bewegende Prinzip sich einen Augenblick lang als ein zersplitterndes erweist, so offenbart es sich auch wieder darin, daß es das Getrennte vereinen will. Die Folge der Trennung ist, daß die Begierde aus ihrem substantiellen In-sich-Ruhen herausgerissen wird und infolgedessen der Gegenstand nicht mehr unter die Bestimmung der Substantialität fällt, sondern sich in eine Mannigfaltigkeit zersplittert.

[...]

Die Begierde ist auf den Gegenstand gerichtet, sie ist zugleich in sich selber bewegt, das Herz schlägt gesund und fröhlich, rasch entschwinden und erscheinen die Gegenstände, aber doch vor jedem Entschwinden ein Moment des Genießens, ein Augenblick des Berührens, kurz aber selig, flimmernd wie ein Glühwürmchen, unstet und flüchtig wie die Berührung eines Schmetterlings, unschädlich wie diese; unzählige Küsse, doch so schnell genossen, daß es ist, als würde dem einen Gegenstand nur genommen, was dem nächsten gegeben wurde. Für Augenblicke nur ahnt man eine tiefere Begierde, doch dieses Ahnen wird vergessen. In Papageno geht die Begierde auf Entdeckungen aus. Diese Entdeckerlust ist das Pulsierende in ihr, ist ihre Heiterkeit. Den eigentlichen Gegenstand dieser Entdeckung findet sie nicht, aber sie entdeckt das Mannigfaltige, indem sie darin den Gegenstand sucht, den sie entdecken möchte. Die Begierde ist somit erwacht, ist aber nicht als Begierde bestimmt. Erinnert man sich daran, daß die Begierde in allen drei Stadien gegenwärtig ist, so darf man sagen, daß sie im ersten Stadium als *träumend*, im zweiten als *suchend*, im dritten als *begehrend* bestimmt sei. Die suchende Begierde ist nämlich noch nicht begehrend, sie sucht nur das, was sie begehren kann, begehrt es aber nicht. Daher wird am bezeichnendsten für sie vielleicht das Prädikat sein: sie entdeckt. Vergleichen wir also *Papageno* mit *Don Juan*, so ist dessen Reise durch die Welt etwas mehr als eine Entdeckungsreise, er genießt nicht nur die Reiseabenteuer der Entdeckung, sondern ist ein Ritter, der auf Siege ausgeht *(veni – vidi – vici)*. Entdeckung und Sieg sind hier identisch; ja, in gewissem Sinne darf man sagen, er vergesse die Entdeckung über dem Sieg, oder die Entdeckung liege hinter ihm und er überlasse sie daher seinem Diener und Sekretär *Leporello*, der in ganz anderem Sinne Liste führt, als wenn ich mir *Papageno* Buch führend dächte. *Papageno* späht aus. *Don Juan* genießt, *Leporello* prüft nach.

[...]

Drittes Stadium

Dieses Stadium ist mit *Don Juan* bezeichnet. Hier bin ich nun nicht wie im vorhergehenden in der Lage, einen einzelnen Teil aus einer Oper aussondern zu müssen; hier gilt es nicht zu scheiden, sondern zusammenzufassen, da die ganze Oper wesentlich Ausdruck der Idee ist und mit Ausnahme von ein paar einzelnen Nummern wesentlich in ihr ruht, mit dramatischer Notwendigkeit auf sie als auf ihr Zentrum hin gravitiert. Man wird hier daher wiederum Gelegenheit haben, zu erkennen, in welchem Sinne ich die vorhergehenden Stadien mit diesem Namen bezeichnen kann, wenn ich das dritte Stadium *Don Juan* nenne. Schon früher habe ich erwähnt, daß sie keine je eigene Existenz haben; und wenn man von diesem dritten Stadium, das eigentlich das ganze Stadium ist, ausgeht, so kann man sie nicht wohl als einseitige Abstraktionen oder vorläufige Antizipationen betrachten, sondern eher als Ahnungen von *Don Juan*, nur daß freilich immer noch die Tatsache bestehen bleibt, die mich einigermaßen berechtigt, den Ausdruck

Stadium zu gebrauchen, daß sie einseitige Ahnungen sind, daß sie nur je eine Seite ahnen.

Der Widerspruch im ersten Stadium lag darin, daß die Begierde keinen Gegenstand fand, sondern, ohne begehrt zu haben, schon im Besitz ihres Gegenstandes war und daher nicht zum Begehren kommen konnte. Im zweiten Stadium erscheint der Gegenstand in seiner Mannigfaltigkeit, indem aber die Begierde ihren Gegenstand in dieser Mannigfaltigkeit sucht, hat sie doch in tieferem Sinne keinen Gegenstand; sie ist noch nicht als Begierde bestimmt. Im *Don Juan* dagegen ist die Begierde absolut als Begierde bestimmt, ist sie in intensivem und extensivem Sinne die unmittelbare Einheit der beiden vorhergehenden Stadien. Das erste Stadium begehrt ideal, das Eine; das zweite begehrte das einzelne unter der Bestimmung des Mannigfaltigen, das dritte Stadium ist die Einheit hiervon. Die Begierde hat in dem einzelnen ihren absoluten Gegenstand, sie begehrt das einzelne absolut. Hierin liegt das Verführerische, wovon wir später sprechen werden. Die Begierde ist deshalb in diesem Stadium absolut gesund, sieghaft, triumphierend, unwiderstehlich und dämonisch. Man darf daher natürlich nicht übersehen, daß hier nicht von der Begierde in einem einzelnen Individuum die Rede ist, sondern von der Begierde als Prinzip, geistig bestimmt als das, was der Geist ausschließt. Dies ist die Idee der sinnlichen Genialität, so wie wir sie auch oben bereits angedeutet haben. Der Audruck für diese Idee ist *Don Juan*, und der Ausdruck für *Don Juan* wiederum ist einzig und allein Musik. Diese beiden Betrachtungen sind es zumal, die im folgenden immer wieder von verschiedenen Seiten her hervorgehoben werden, womit dann zugleich indirekt der Beweis für die klassische Bedeutung dieser Oper erbracht wird.

[...]

1. Sinnliche Genialität, als Verführung bestimmt

Wann die Idee des *Don Juan* entstanden ist, weiß man nicht; nur so viel ist gewiß, daß sie dem Christentum angehört und durch das Christentum wieder dem Mittelalter. [...] Das Mittelalter ist überhaupt die Idee der Repräsentation teils bewußt, teils unbewußt; das Totale wird in einem einzelnen Individuum repräsentiert, so zwar, daß es nur eine einzelne Seite ist, die, als Totalität bestimmt, nunmehr in einem einzelnen Individuum in Erscheinung tritt, das daher zugleich mehr und weniger ist als ein Individuum. Neben diesem steht also ein anderes Individuum, das ebenso total eine andere Seite des Lebensinhalts repräsentiert, wie etwa der Ritter und der Scholastiker, der Geistliche und der Laie. Die großartige Dialektik des Lebens wird hier beständig in repräsentierenden Individuen veranschaulicht, die sich meist paarweise gegenüberstehen; das Leben ist immer nur *sub una specie* vorhanden, und von der großen dialektischen Einheit, die in Einheit das Leben *sub utraque specie* besitzt, ahnt man nichts. Deshalb stehen die Gegensätze zumeist indifferent und beziehungslos nebeneinander. Doch davon weiß das Mittelalter nichts. So realisiert es selbst unbewußt die Idee der Repräsentation, während erst eine spätere Betrachtung die Idee darin erkennt. Setzt das Mittelalter für sein eigenes Bewußtsein ein Individuum als Repräsentanten der Idee, so setzt es daneben gern ein anderes Individuum in Beziehung dazu; und zwar ist diese Beziehung im allgemeinen eine komische Beziehung, indem das eine Individuum gleichsam die dem wirklichen Leben gegenüber unverhältnismäßige Größe des anderen ausgleicht. So hat der *König* den *Narren* neben sich, *Faust* den *Wagner*, *Don Quichotte* den *Sancho Pansa*, *Don Juan* den *Leporello*. Auch diese Formation gehört wesentlich dem Mittelalter an. Die Idee gehört also dem Mittelalter an, im Mittelalter gehört sie wiederum nicht einem einzelnen Dichter, vielmehr ist sie eine jener urkräftigen Ideen, die mit autochthoner Ursprünglichkeit aus der Bewußtseinswelt des volklichen Lebens hervorbrechen. Den Zwiespalt zwischen dem Fleisch und dem Geist, den das Christentum in die Welt gebracht hat, mußte das Mittelalter zum Gegenstand seiner Betrachtung und zu diesem Ende die streitenden Kräfte jede für sich zu einem Gegenstand der Anschauung machen. *Don Juan* ist nun, wenn ich so sagen darf, die Inkarnation des Fleisches oder die Begeistung des Fleisches aus des Fleisches eigenem Geist. [...] Zeitlich werden wir bis an den Punkt geführt, wo das Mittelalter sich aufzuheben im Begriff ist, wo wir denn auch einer verwandten Idee begegnen, nämlich *Faust*, nur daß *Don Juan* etwas früher angesetzt werden muß. Indem der Geist, einzig und allein als Geist bestimmt, auf diese Welt verzichtet und in dem Gefühl, daß sie nicht nur nicht seine Heimat, sondern nicht einmal sein Schauplatz sei, sich in die höheren Regionen zurückzieht, läßt er das Weltliche als Tummelplatz jener Macht zurück, mit der er stets in Streit gelebt hat und der er nun den Platz räumt. Indem der Geist sich also von der Erde löst, tritt die Sinnlichkeit mit ihrer ganzen Macht hervor; sie hat nichts gegen den Wechsel einzuwenden, sieht auch die Nützlichkeit der Scheidung ein und ist froh darüber, daß die Kirche sie nicht zum Zusammenbleiben veranlaßt, sondern das Band, das sie verbunden hat, zerschneidet. Stärker denn je zuvor erwacht nun die Sinnlichkeit in ihrem ganzen Reichtum, in ihrer ganzen Wonne, ihrem ganzen Jubel. [...] Das Mittelalter weiß viel von einem Berg zu erzählen, der noch auf keiner Karte gefunden ist, dem *Venus-Berg*. Dort hat die Sinnlichkeit ihr Heim, dort hat sie ihre wilden Freuden; denn sie ist ein Reich, ein Staat. In diesem Reiche ist die Sprache nicht zu Hause, nicht die Besonnenheit des Denkens, der Reflexion mühevolles Erringen, dort ertönt allein die elementarische Stimme der Leidenschaft, das Spiel der Lüste, der wilde Lärm des Rausches, dort genießt man nur in ewigem Taumel. Der Erstling dieses Reiches ist *Don Juan*. Daß es das Reich der Sünde sei, ist damit noch nicht gesagt; denn es muß in dem Augenblicke festgehalten werden, da es in ästhetischer Indifferenz sich zeigt. Erst indem die Reflexion hinzutritt, erweist es sich als Reich der Sünde; aber da ist *Don Juan* getötet, da verstummt die Musik, da sieht man nur noch den verzweifelten Trotz, der ohnmächtig aufbegehrt, aber keine Konsistenz finden kann, nicht einmal in Tönen. Indem die Sinnlichkeit sich als das erweist, was ausgeschlossen werden soll, als das, womit der Geist nichts zu schaffen haben will, ohne, daß er freilich schon ein Urteil darüber fällt oder es verdammt hätte, nimmt das Sinnliche diese Gestalt an, ist es das Dämonische in ästhetischer Indifferenz. Es ist nur Sache eines Augenblicks, bald ist alles verändert, dann ist auch die Musik vorbei. *Faust* und *Don Juan* sind die Titanen und Giganten des Mittelalters, die in der Großartigkeit ihrer Bestrebungen von jenen des Altertums sich nicht unterscheiden, wohl aber darin, daß sie isoliert dastehen, keine Vereinigung von Kräften bilden, die durch ihre Vereinigung erst himmelstürmend werden; sondern alle Kraft ist in diesem einen Individuum gesammelt.

Don Juan ist somit der Ausdruck des Dämonischen, das als das Sinnliche bestimmt ist, *Faust* ist der Ausdruck des Dämonischen, das bestimmt ist als jenes Geistige, welches der christliche Geist ausschließt. Diese Ideen stehen in einer wesentlichen Beziehung zueinander und haben viel Ähnlichkeit, man könnte also erwarten, daß sie auch das gemeinsam hätten, daß sie beide in einer Sage aufbewahrt worden seien. Bei *Faust* ist das bekanntlich der Fall. Es existiert ein Volksbuch, dessen Titel hinlänglich bekannt ist, wenn es selbst auch nur wenig benutzt wird, was besonders in unserer Zeit verwunderlich ist, wo man sich doch mit der Idee des Faust so viel zu schaffen macht. [. . .] [Aufmerksam machen will ich auf] die Tatsache, daß es über *Don Juan* eine solche Sage nicht gibt. Kein Volksbuch, kein Lied hat durch ein fortgesetztes Erscheinen »in diesem Jahr« ihn in der Erinnerung bewahrt. Vermutlich hat doch einmal eine Sage existiert, sie hat sich aber aller Wahrscheinlichkeit nach auf einen ganz einfachen Wink beschränkt, der vielleicht noch kürzer gewesen ist als die wenigen Strophen, die *Bürgers Lenore* zugrunde liegen. Vielleicht hat sie bloß eine Zahlenangabe enthalten; denn ich müßte mich sehr täuschen, wenn nicht die gegenwärtige Zahl 1003 einer Sage angehört. Eine Sage, die nichts anderes enthält, scheint etwas dürftig, und insofern läßt es sich leicht erklären, daß sie nicht schriftlich aufgezeichnet worden ist, und doch hat diese Zahl eine vortreffliche Eigenschaft, eine lyrische Tollkühnheit, die manche vielleicht gar nicht bemerken, weil sie so an sie gewöhnt sind. Obwohl diese Idee also in keiner Volkssage ihren Ausdruck gefunden hat, ist sie doch auf andere Weise aufbewahrt worden. Bekanntlich hat der *Don Juan* nämlich vor langer Zeit einmal als Schaubudenstück existiert, ja, das ist wohl eigentlich seine erste Existenz. Hier aber ist die Idee komisch aufgefaßt, wie es überhaupt merkwürdig ist, daß das Mittelalter, so tüchtig es im Ausrüsten von Idealen war, mit der gleichen Sicherheit auch das Komische erkannte, das in der übernatürlichen Größe des Ideals lag. *Don Juan* zu einem Prahlhans zu machen, der sich einbildet, alle Mädchen verführt zu haben, und *Leporello* seine Lügen glauben zu lassen, war wohl keine ganz schlechte komische Anlage. Und wäre dies auch nicht der Fall, wäre dies auch nicht die Auffassung gewesen, so konnte die komische Wendung doch niemals ausbleiben, da sie auf dem Widerspruch beruht zwischen dem Helden und dem Theater, auf dem er sich bewegt. So kann man das Mittelalter auch von Helden erzählen lassen, die so kraftvoll gebaut waren, daß ihre Augen eine halbe Elle auseinander lagen; wenn aber ein gewöhnlicher Mensch auf die Bühne träte und sich den Anschein gäbe, als lägen seine Augen eine halbe Elle auseinander, so wäre das Komische in vollem Gange.

Was hier zu der Sage von *Don Juan* gesagt worden ist, hätte hier nicht seinen Platz gefunden, wenn es nicht in näherer Beziehung zum Gegenstand dieser Untersuchung stünde, wenn es nicht dazu diente, die Gedanken auf das einmal gesteckte Ziel hinzulenken. Der Grund, weshalb diese Idee im Vergleich zum *Faust* eine so dürftige Vergangenheit hat, liegt wahrscheinlich darin, daß sie etwas Rätselhaftes an sich hatte, solange man nicht erkannte, daß ihr eigentliches Medium die Musik sei. *Faust* ist Idee, aber eine Idee, die zugleich wesentlich Individuum ist. Sich das Geistig-Dämonische in einem Individuum konzentriert zu denken, ist eine innere Konsequenz des Denkens selbst, wohingegen es nicht möglich ist, sich das Sinnliche in einem Individuum zu denken. *Don Juan* befindet sich in dem dauernden Schweben zwischen den beiden Möglichkeiten, Idee, das heißt Kraft, Leben zu sein – oder Individuum. Dieses Schweben aber ist das musikalische Zittern. Wenn das Meer ungestüm brandet, so erzeugen in diesem Aufruhr die schäumenden Wogen Bilder, Wesen gleichsam, und es ist, als ob eben diese Wesen die Wogen in Bewegung setzten, während doch umgekehrt der Wellengang es ist, der sie hervorbringt. So ist auch *Don Juan* ein Bild, das zwar immer wieder erscheint, aber niemals Gestalt und Konsistenz gewinnt, ein Individuum, das immerfort sich bildet, aber niemals fertig wird, von dessen Geschichte man nichts anderes erfährt, als wenn man dem Getöse der Wogen lauscht. Wird *Don Juan* so erfaßt, dann bekommt alles Sinn und tiefe Bedeutung. Denke ich ihn mir als einzelnes Individuum, sehe ich ihn oder höre ich ihn sprechen, dann wird es komisch, daß er ihrer 1003 verführt hat; denn sobald er ein einzelnes Individuum ist, fällt der Akzent auf eine ganz andere Stelle, und zwar wird dabei hervorgehoben, wen und wie er verführt hat. Der Naivität der Sage und des Volksglaubens mag es gelingen, dergleichen auszusagen, ohne das Komische zu ahnen; der Reflexion ist es unmöglich. Wird er dagegen musikalisch aufgefaßt, so habe ich nicht das einzelne Individuum, so habe ich die Naturmacht, das Dämonische, das ebensowenig des Verführens müde oder mit dem Verführen fertig wird, wie der Wind je damit fertig wird, zu stürmen, das Meer, zu wogen, oder ein Wasserfall, von seiner Höhe hinabzustürzen. Insofern kann die Zahl der Verführten ebensogut irgendeine andere, weit größere sein. Es ist oft keine leichte Aufgabe, wenn man den Text einer Oper zu übersetzen hat, dies so genau zu machen, daß die Übersetzung nicht allein sangbar wird, sondern im Sinn einigermaßen mit dem Text und also mit der Musik harmoniert. Als Beispiel dafür, daß es bisweilen auch ganz gleichgültig sein kann, möchte ich die Zahlengröße in der Liste im *Don Juan* anführen, ohne daß ich deshalb die Sache so leichtfertig nehme, wie die Leute wohl gemeinhin tun würden, und meinen, auf dergleichen komme es nicht an. Ich nehme die Sache vielmehr in hohem Grade ästhetisch ernst, und darum meine ich, daß es gleichgültig sei. Nur möchte ich eine Eigenschaft jener Zahl 1003 preisen, die nämlich, daß sie ungerade und zufällig ist, etwas keineswegs Unwichtiges; es erweckt nämlich den Eindruck, daß die Liste keineswegs abgeschlossen, sondern daß *Don Juan* vielmehr noch im besten Zuge ist; fast möchte man *Leporello* bedauern, der nicht nur, wie er selber sagt, vor der Türe Wache halten muß, sondern außerdem noch eine so weitläufige Buchführung zu erledigen hat, daß es einem routinierten Expeditionssekretär genug zu schaffen machen würde.

So wie die Sinnlichkeit in *Don Juan* aufgefaßt ist – als Prinzip –, so ist sie in der Welt noch nie zuvor aufgefaßt worden; daher wird auch das Erotische hier durch ein anderes Prädikat bestimmt, die Erotik ist hier Verführung. Merkwürdigerweise fehlt die Idee eines Verführers im Griechentum völlig. [...] Stellt man sich nämlich die griechische Liebe vor, so ist sie ihrem Begriff zufolge wesentlich treu, eben weil sie seelisch ist, und es ist das Zufällige an dem einzelnen Individuum, daß dieser einzelne mehrere liebt, und im Verhältnis zu den mehreren, die er liebt; ist es wiederum jedesmal etwas Zufälliges, wenn er eine Neue liebt; während er die eine liebt, denkt er nicht an die nächste. *Don Juan* hingegen ist von Grund aus ein Verführer. Seine Liebe ist nicht seelisch, sondern sinnlich, und sinnliche Liebe ist ihrem Begriffe nach nicht treu, sondern absolut treulos, sie liebt nicht eine, sondern alle, das heißt: sie verführt alle. Sie existiert nämlich nur im Moment, der Moment aber ist begrifflich gedacht eine Summe von Momenten, und damit haben wir den Verführer. [...] Diese ihre Treulosigkeit zeigt sich aber auch noch auf andere Weise: sie wird nämlich immer nur eine Wiederholung sein. Die seelische Liebe hat in doppeltem Sinne das Dialektische in sich. Teils hat sie nämlich den Zweifel und die Unruhe in sich, ob sie auch glücklich werden, ihren Wunsch erfüllt sehen und geliebt werden wird. Diese Sorge hat die sinnliche Liebe nicht. Selbst ein *Jupiter* ist seines Sieges nicht sicher, und das kann nicht anders sein, ja er selber kann es nicht anders wünschen. Mit *Don Juan* ist das nicht so; er macht kurzen Prozeß und muß stets als absolut siegreich gedacht werden. Dies könnte als ein Vorteil für ihn erscheinen, ist aber doch eigentlich eine Armut. Andererseits hat die seelische Liebe auch eine andere Dialektik, sie ist nämlich verschieden auch im Verhältnis zu jedem einzelnen Individuum, das Gegenstand der Liebe ist. Darin liegt ihr Reichtum, die Fülle ihres Inhalts. So verhält es sich mit *Don Juan* nicht. Dazu hat er nämlich keine Zeit, für ihn ist alles nur Sache des Moments. Sie sehen und sie lieben war eins, das kann man in gewissem Sinne von der seelischen Liebe sagen, aber darin ist auch nur ein Anfang angedeutet. In bezug auf *Don Juan* gilt es auf andere Weise. Sie sehen und lieben ist eins, so ist es im Moment, im selben Moment ist alles vorbei, und das gleiche wiederholt sich ins Unendliche. Denkt man das Seelische in *Don Juan* hinein, so wird es zu einer Lächerlichkeit und einem Widerspruch in sich selbst, der nicht einmal im Gefolge der Idee liegt, bei Spanien 1003 anzusetzen. Das wird zu einer Übertreibung, die störend wirkt, auch wenn man sich einbilden wollte, man denke ihn sich ideal. Hat man nun kein anderes Medium, diese Liebe zu beschreiben, als die Sprache, so ist man in Verlegenheit; denn sobald man die Naivität aufgegeben hat, die in aller Treuherzigkeit festzuhalten vermag, daß bei Spanien 1003 steht, so verlangt man etwas mehr, nämlich das seelische Individualisieren. Dem Ästhetischen ist damit keineswegs Genüge getan, daß man derart alles in einen Topf wirft und mit Zahlengrößen verblüffen will. Die seelische Liebe bewegt sich gerade in der reichen Mannigfaltigkeit des individuellen Lebens, wo die Nuancen das eigentlich Bedeutungsvolle sind. Die sinnliche Liebe dagegen kann alles in einen Topf werfen. Das Wesentliche für sie ist die Weiblichkeit ganz abstrakt und allenfalls die mehr sinnliche Differenz. Die seelische Liebe ist ein Bestehen in der Zeit, die sinnliche ein Verschwinden in der Zeit, das Medium aber, das dies ausdrückt, ist eben die Musik. Dies auszuführen, ist sie vorzüglich geeignet, da sie um vieles abstrakter ist als die Sprache und daher nicht das einzelne ausspricht, sondern das Allgemeine in seiner ganzen Allgemeinheit, und doch diese Allgemeinheit nicht ausspricht in der Abstraktion der Reflexion. Nur auf die Art kann *Don Juan* episch werden, daß er beständig fertig wird und beständig von vorne anfangen kann; denn sein Leben ist die Summe repellierender Momente, die keinerlei Zusammenhang haben, sein Leben ist als der Moment die Summe von Momenten, als die Summe von Momenten der Moment. In dieser Allgemeinheit, in diesem Schweben zwischen Individuum und Naturkraft liegt *Don Juan*; sobald er Individuum wird, bekommt das Ästhetische ganz andere Kategorien.

[...]

Don Juan ist [...] Verführer, seine Erotik Verführung. Damit ist nun freilich viel gesagt, wenn es recht verstanden, wenig, wenn es mit einer gewissen allgemeinen Unklarheit aufgefaßt wird. Wir haben bereits gesehen, daß der Begriff eines Verführers in bezug auf *Don Juan* wesentlich modifiziert ist, insofern der Gegenstand seines Begehrens das Sinnliche und dieses allein ist. [...] Von *Don Juan* muß man den Ausdruck Verführer mit großer Vorsicht gebrauchen, sofern einem mehr daran liegt, etwas Richtiges, als irgend etwas zu sagen; und zwar nicht deshalb, weil *Don Juan* zu gut ist, sondern weil er überhaupt nicht unter ethische Bestimmungen fällt. Ich möchte ihn daher lieber einen Betrüger nennen, weil darin doch immerhin etwas mehr Zweideutiges liegt. Um Verführer zu sein, bedarf es stets einer gewissen Reflexion und Bewußtheit, und sobald diese vorhanden ist, mag es angebracht sein, von Schlauheit und Ränken und listigen Anläufen zu sprechen. An dieser Bewußtheit fehlt es *Don Juan*. Er verführt daher nicht. Er begehrt, und diese Begierde wirkt verführend; insofern verführt er. Er genießt die Befriedigung der Begierde; sobald er sie genossen hat, sucht er einen neuen Gegenstand, und so fort ins Unendliche. Daher betrügt er zwar, aber doch nicht so, daß er seinen Betrug im voraus plante; es ist vielmehr die eigene Macht der Sinnlichkeit, welche die Verführten betrügt, also eher eine Art Nemesis. Er begehrt und fährt beständig fort zu begehren und genießt beständig die Befriedigung der Begierde. Zum Verführer fehlt ihm die Zeit davor, in der er seinen Plan faßt, und die Zeit danach, in der er sich seiner Handlung bewußt wird. Ein Verführer muß daher im Besitz einer Macht sein, die *Don Juan* nicht hat, so gut er im übrigen ausgerüstet sein mag – der Macht des Wortes. Sobald wir ihm die Macht des Wortes verleihen, hört er auf, musikalisch zu sein, und das ästhetische Interesse wird ein ganz anderes. [...] [Es richtet sich auf] das Wie, die Methode. Darum liegt etwas sehr Tiefsinniges darin, was der Aufmerksamkeit der meisten entgangen sein mag, daß *Faust*, der *Don Juan* reproduziert, nur ein Mädchen verführt, *Don Juan* dagegen hunderte; dieses eine Mädchen aber ist denn auch in intensivem Sinne ganz anders verführt und vernichtet als alle, die *Don Juan* betrogen hat; eben weil Faust als Reproduktion die Bestimmung des Geistes in sich trägt. Die Kraft eines solchen Verführers ist die Rede, das heißt die Lüge. [...] Ein solcher Verführer ist von ganz anderer Art als *Don Juan*, ist wesentlich von ihm verschieden, wie man auch daraus ersieht, daß er und sein

Wirken in hohem Maße unmusikalisch sind und in ästhetischer Hinsicht innerhalb der Bestimmung des Interessanten liegen. Daher ist auch der Gegenstand seiner Begierde, wenn man ihn ästhetisch richtig denkt, etwas mehr als das bloß Sinnliche.

Was für eine Kraft ist es denn aber, mit der *Don Juan* verführt? Es ist die der Begierde, die Energie der sinnlichen Begierde. Er begehrt in jedem Weibe die ganze Weiblichkeit, und darin liegt die sinnlich idealisierende Macht, mit der er seine Beute zugleich verschönt und besiegt. Der Reflex dieser gigantischen Leidenschaft verschönt und entwickelt das Begehrte, das von ihrem Widerschein in erhöhter Schönheit erglüht. Wie das Feuer des Begeisterten mit verführerischem Glanze selbst die Unbeteiligten beleuchtet, die zu ihm in Beziehung stehen, so verklärt er in einem weit tieferen Sinne jedes Mädchen, da sein Verhältnis zu ihr ein wesentliches ist. Daher schwinden für ihn alle endlichen Unterschiede gegenüber der einen Hauptsache: daß es ein Weib ist. Die Älteren verjüngt er in die schöne Mitte der Weiblichkeit hinein, Kinder bringt er fast im Nu zur Reife; alles, was Weib ist, ist seine Beute *(pur chè porti la gonella, voi sapete quel chè fà)*. Indessen muß man es nun keineswegs so verstehen, als ob seine Sinnlichkeit Blindheit wäre, instinktiv weiß er sehr wohl, Unterschiede zu machen, und vor allem: er idealisiert. [...] Nun macht *Don Juan* nicht nur sein Glück bei den Mädchen, sondern er macht die Mädchen glücklich und – unglücklich, aber seltsam, gerade so wollen sie es haben, und es wäre ein schlechtes Mädchen, das nicht unglücklich werden möchte, um einmal mit *Don Juan* glücklich gewesen zu sein. Mag ich darum *Don Juan* auch weiterhin einen Verführer nennen, so denke ich ihn mir doch keineswegs als einen Menschen, der heimtückisch seine Pläne entwirft und listig die Wirkung seiner Intrigen berechnet; das, wodurch er betrügt, ist die Genialität der Sinnlichkeit, deren Inkarnation er gleichsam ist. An kluger Besonnenheit mangelt es ihm; sein Leben schäumte wie der Wein, an dem er sich stärkt, sein Leben ist bewegt wie die Töne, die sein fröhliches Mahl begleiten, immer triumphiert er. Er bedarf keiner Vorbereitung, keines Planes, keiner Zeit; denn er ist immer fertig, weil nämlich die Kraft stets in ihm ist, wie die Begierde, und nur wenn er begehrt, ist er so recht in seinem Element. Er sitzt zu Tische, heiter wie ein Gott schwingt er den Pokal – er erhebt sich, die Serviette in der Hand, zum Angriff bereit. Und weckte *Leporello* ihn mitten in der Nacht, er wacht auf, stets seines Sieges sicher. Dieser Kraft aber, dieser Macht kann das Wort nicht Ausdruck verleihen, die Musik allein vermag uns eine Vorstellung davon zu geben; denn für die Reflexion und den Gedanken ist sie unaussprechlich. Die List eines ethisch bestimmten Verführers kann ich deutlich in Worten darstellen, und die Musik würde sich vergebens an die Lösung dieser Aufgabe wagen. Mit *Don Juan* verhält es sich umgekehrt. Was ist das für eine Macht? – Niemand kann es sagen, selbst wenn ich *Zerline*, bevor sie auf den Ball geht, danach fragte: Was ist das für eine Macht, mit der er dich fesselt? – so würde sie antworten: Man weiß es nicht; und ich würde sagen: Wohlgesprochen, mein Kind! Du sprichst weiser als die Weisen der Inder, richtig, das weiß man nicht; und das Unglück ist, daß auch ich dir's nicht sagen kann.

Dieser Kraft *Don Juans*, dieser Allmacht, diesem Leben kann nur die Musik Ausdruck verleihen, und ich weiß kein anderes Prädikat dafür als dieses: Es ist lebenschwellende Munterkeit. [...]

Durch das hier Entwickelte ist der Gedanke somit wieder auf das hingelenkt, was den eigentlichen Gegenstand der Untersuchung bildet, auf *Don Juans* absolute Musikalität. Er begehrt sinnlich, er verführt durch die dämonische Macht der Sinnlichkeit, er verführt alle. Das Wort, die Replik kommt ihm nicht zu; damit würde er sofort zu einem reflektierenden Individuum. Er hat somit überhaupt kein Bestehen, sondern hastet in ewigem Verschwinden dahin, geradeso wie die Musik, von der es gilt, daß sie vorbei ist, sobald sie aufgehört hat zu tönen, und nur wieder entsteht, indem sie abermals ertönt. Wenn ich darum hier auch die Frage aufwerfen wollte: wie sieht *Don Juan* aus, ist er hübsch, jung oder schon älter, wie alt wohl ungefähr, so ist das nur eine Akkomodation von meiner Seite, und was sich hierüber sagen läßt, kann hier nur in dem gleichen Sinne erwarten, einen Platz zu finden, wie eine geduldete Sekte innerhalb der Staatskirche. Schön ist er, nicht mehr ganz jung; sollte ich ein Alter vorschlagen, so würde ich 33 Jahre nennen, das Generationsalter nämlich. Das Bedenkliche, wenn man sich auf derartige Untersuchungen einläßt, liegt darin, daß einem leicht das Totale verlorengeht, indem man bei dem einzelnen verweilt, so als ob seine Schönheit es wäre oder was immer man sonst nennen möchte, wodurch *Don Juan* verführte; man sieht ihn zwar noch, aber man hört ihn nicht mehr, und damit ist er verloren. [Bild Don Juans ist unzulänglich:] Höre *Don Juan*, das heißt, kannst du durchs Hören keine Vorstellung von *Don Juan* bekommen, so kannst du's nie. Höre seines Lebens Beginn; wie der Blitz aus dem Dunkel der

Wetterwolke sich löst, so bricht er hervor aus der Tiefe des Ernstes, schneller als die Geschwindigkeit des Blitzes, unsteter als dieser und doch ebenso taktfest; höre, wie er sich in die Mannigfaltigkeit des Lebens hinabstürzt, wie er an dessen festem Damm sich bricht, höre diese leichten tanzenden Geigentöne, höre den Wink der Freude, höre den Jubel der Lust, höre des Genusses festliche Seligkeit; höre seine wilde Flucht, an sich selber eilt er vorüber, immer schneller, immer unaufhaltsamer, höre der Leidenschaft zügelloses Begehren, höre das Rauschen der Liebe, höre das Raunen der Versuchung, höre den Wirbel der Verführung, höre des Augenblicks Stille – höre, höre, höre *Mozarts Don Juan!*

2. Andere Bearbeitungen des Don Juan in bezug auf die musikalische Auffassung betrachtet

Die Idee zum *Faust* ist bekanntlich Gegenstand vieler verschiedener Auffassungen gewesen; mit *Don Juan* hingegen ist dies keineswegs der Fall. Das könnte sonderbar erscheinen, um so mehr, als diese letztere Idee einen viel universelleren Abschnitt in der Entwicklung des individuellen Lebens bezeichnet als die erstere. Indessen läßt sich dies leicht eben daraus erklären, daß das *Faustische* eine derartige geistige Reife voraussetzt, daß es weit natürlicher ist, sich eine Auffassung davon zu bilden. Hinzu kommt, woran ich bereits oben in bezug auf den Umstand, daß eine Don-Juan-Sage in eigentlichem Sinne nicht existiert, erinnert habe: daß man dunkel die Schwierigkeit hinsichtlich des Mediums empfunden hat, bis *Mozart* das Medium und die Idee entdeckte. Von diesem Augenblick an ist die Idee erst zu ihrer wahren Würde gekommen und hat nun wieder mehr denn je einen Zeitraum im individuellen Leben ausgefüllt, so satisfizierend jedoch, daß das Bedürfnis, das in der Phantasie Erlebte dichterisch auszusondern, nicht zu einer poetischen Notwendigkeit wurde. Das ist wiederum ein indirekter Beweis für den absoluten klassischen Wert der Mozartschen Oper. Das Ideale in dieser Richtung hatte bereits seinen derart vollendeten künstlerischen Ausdruck gefunden, daß es zwar verlockend wirken mochte, nicht aber verlockend zu dichterischer Produktivität.

[...] In [dem hier entwickelten] Sinne hat *Faust* noch niemals einen Ausdruck gefunden und kann, wie oben bemerkt, ihn auch niemals finden, weil die Idee bei weitem konkreter ist. Eine Auffassung des *Faust* mag es verdienen, als vollendet bezeichnet zu werden, und doch wird ein nachfolgendes Geschlecht einen neuen *Faust* hervorbringen, während *Don Juan* auf Grund des abstrakten Charakters der Idee ewig zu allen Zeiten lebt, und einen *Don Juan* nach *Mozart* schaffen, hieße immer eine *Ilias post Homerum* schreiben zu wollen, in noch viel tieferem Sinne, als es von *Homer* gilt.

Mag nun das hier Entwickelte auch wirklich zutreffen, so folgt daraus doch keineswegs, daß nicht einzelne begabte Naturen sich daran versucht haben sollten, *Don Juan* auch noch auf andere Weise aufzufassen. Daß dem so ist, weiß jeder, was aber vielleicht nicht ein jeder bemerkt hat, ist die Tatsache, daß der Typus für alle anderen Auffassungen im wesentlichen *Molières Don Juan* ist; dieser aber ist ja wiederum viel älter als der *Mozarts,* er ist überdies komisch und verhält sich zu *Mozarts Don Juan*, wie ein Märchen nach der Auffassung des Musäus sich zu der Bearbeitung eines Tieck verhält.

[...]

Der Wendepunkt in der Auffassung des *Don Juan* ist bereits oben folgendermaßen bezeichnet worden: Sobald er eine Replik erhält, ist alles verändert. Die Reflexion nämlich, welche die Replik motiviert, reflektiert ihn aus jener Dunkelheit heraus, in der er nur musikalisch hörbar ist. Insofern könnte es den Anschein haben, als ob *Don Juan* sich vielleicht am allerbesten als Ballett auffassen ließe. Es ist auch hinlänglich bekannt, daß er so aufgefaßt worden ist. Indessen muß man dieser Auffassung doch nachrühmen, daß sie ihre Kräfte richtig eingeschätzt und sich daher auf die letzte Szene beschränkt hat, in der die Leidenschaft *Don Juans* im pantomischen Muskelspiel am leichtesten sichtbar werden mußte. Die Folge davon ist wiederum, daß *Don Juan* nicht nach seiner wesentlichen Leidenschaft dargestellt wird, sondern nach dem Zufälligen, und das Plakat zu einer solchen Vorstellung enthält stets mehr als das Stück selbst; es enthält nämlich dies, daß es *Don Juan* ist, der Verführer *Don Juan*, wohingegen das Ballett eigentlich nur die Qualen der Verzweiflung darstellt, deren Ausdruck, sofern dieser nur pantomimisch sein soll, er mit vielen anderen Verzweifelten gemein hat. Das Wesentliche an *Don Juan* läßt sich im Ballett nicht darstellen, und jeder fühlt leicht, wie lächerlich es wäre zu sehen, wie *Don Juan* ein Mädchen mit seinen Tanzschritten und sinnreichen Gestikulationen umgarnt. *Don Juan* ist eine Bestimmung nach innen und kann auf diese Weise nicht sichtbar werden oder sich in den Formen des Körpers und deren Bewegungen oder in plastischer Harmonie offenbaren.

Auch wenn man *Don Juan* keine Replik gäbe, ließe sich eine Auffassung des *Don Juan* denken, die sich dessenungeachtet des Wortes als Medium bediente. Eine solche existiert wirklich, und zwar von *Byron*. Daß *Byron* in mancher Hinsicht gerade für die Gestaltung eines *Don Juan* das Zeug hatte, steht fest, und man kann daher sicher sein, daß, wenn dieses Unternehmen mißlungen ist, der Grund nicht in *Byron*, sondern viel tiefer liegt. *Byron* hat es gewagt, *Don Juan* vor uns entstehen zu lassen, uns das Leben seiner Kindheit und Jugend zu erzählen, ihn aus dem Kontext endlicher Lebensverhältnisse heraus zu konstruieren. Dadurch ist *Don Juan* zu einer reflektierten Persönlichkeit geworden, welche die Idealität verliert, die er in der traditionellen Vorstellung besitzt. Ich will hier gleich darlegen, welche Veränderung mit der Idee vorgeht. Wird *Don Juan* musikalisch aufgefaßt, so höre ich in ihm die ganze Unendlichkeit der Leidenschaft, zugleich aber ihre unendliche Macht, der nichts widerstehen kann; ich höre das wilde Verlangen der Begierde, zugleich aber dieser Begierde absolute Sieghaftigkeit, gegen die jeder Versuch eines Widerstandes vergeblich wäre. Verweilt der Gedanke gelegentlich einmal bei dem Hindernis, so erhält dieses eher die Bedeutung, die Leidenschaft bloß zu erregen, als sich wirklich zu widersetzen, der Genuß wird gesteigert, der Sieg ist gewiß und das Hindernis nur ein Anreiz. Ein solches elementarisch bewegtes Leben, dämonisch mächtig und unwiderstehlich, habe ich in *Don Juan*. Dies ist seine Idealität, und ihrer kann ich mich ungestört erfreuen, weil die Musik ihn mir nicht als Person oder Individuum darstellt, sondern als Macht. Wird *Don Juan* als Individuum aufgefaßt, so ist er *eo ipso* in Konflikt mit einer ihn umgebenden Welt; als Individuum fühlt er Druck und Fessel dieser Umgebung, als großes Individuum besiegt er sie vielleicht, aber man fühlt alsbald, daß die Schwierigkeiten der Hindernisse hier eine andere Rolle spielen. Sie sind es, mit denen das Interesse sich wesentlich beschäftigt. Damit aber ist *Don Juan* unter die Bestimmung des Interessanten getreten. Wollte man ihn hier mit Hilfe von Wortgepränge als absolut siegreich hinstellen, so fühlt man alsbald, daß das nicht befriedigt, da es einem Individuum als solchem nicht wesentlich zugehört, siegreich zu sein, und man fordert die Krisis des Konflikts.

Der Widerstand, den das Individuum zu bekämpfen hat, kann teils ein äußerer sein, der nicht so sehr im Gegenstand als in der umgebenden Welt liegt, teils kann er im Gegenstand selber liegen. Das erstere ist das, was eigentlich alle Auffassungen des *Don Juan* beschäftigt hat, weil man an jenem Moment der Idee festhielt, daß er als Erotiker siegreich sein müsse. Hebt man dagegen die andere Seite hervor, so eröffnet sich, wie ich glaube, erst die Aussicht auf eine bedeutungsvolle Auffassung des *Don Juan*, die ein Gegenbild zu dem musikalischen *Don Juan* bilden wird, während jeder Auffassung des *Don Juan*, die dazwischen liegt, immer Unvollkommenheiten anhaften werden. In dem musikalischen *Don Juan* hätte man dann den extensiven Verführer, in dem anderen den intensiven. Dieser letztere *Don Juan* wird nicht dargestellt als einer, der mit einem Schlage in den Besitz seines Gegenstandes kommt, er ist nicht der Verführer als unmittelbar bestimmt, er ist der reflektierte Verführer. Was uns hier beschäftigen wird, ist die Schlauheit, die Hinterlist, mit der er sich in das Herz eines Mädchens einzuschleichen weiß, die Herrschaft, die er sich darüber zu verschaffen weiß, die betörende, planmäßige, sukzessive Verführung. Dabei ist es dann gleichgültig, wie viele er verführt hat; was uns beschäftigt, ist die Kunst, die Gründlichkeit, die tiefsinnige Hinterlist, mit der er verführt. Schließlich wird der Genuß selber so reflektiert, daß er im Verhältnis zu dem Genuß des musikalischen *Don Juan* ein anderer wird. Der musikalische *Don Juan* genießt die Befriedigung, der reflektierte *Don Juan* genießt den Betrug, genießt die List. Der unmittelbare Genuß ist vorbei, und was genossen wird, ist mehr eine Reflexion über den Genuß. Sobald *Don Juan* als ein reflektiertes Individuum aufgefaßt wird, kann man eine der musikalischen entsprechende Idealität nur erreichen, wenn man die Sache auf das psychologische Gebiet überführt. Die Idealität, die man damit erreicht, ist die der Intensität. Daher muß *Byrons Don Juan* als verfehlt gelten, weil er sich episch ausbreitet. Der unmittelbare *Don Juan* muß 1003 verführen, der reflektierte braucht nur eine einzige zu verführen, und was uns beschäftigt, ist, wie er es macht. Die Verführung des reflektierten *Don Juan* ist ein Kunststück, in dem jeder einzelne kleine Zug seine besondere Bedeutung hat; die Verführung des musikalischen *Don Juan* ist ein Handumdrehen, die Sache eines Augenblicks, schneller getan als gesagt. [...]

Der musikalische *Don Juan* ist absolut sieghaft und daher natürlich auch im absoluten Besitz eines jeden Mittels, das zu diesem

Siege führen kann, oder besser: er ist in so absolutem Besitz des Mittels, daß er es gleichsam nicht nötig hat, es zu gebrauchen, das heißt, er gebraucht es nicht als Mittel. Sobald er zu einem reflektierten Individuum wird, zeigt es sich, daß es etwas gibt, was Mittel heißt. Gibt es ihm der Dichter nun, macht aber daneben den Widerstand und das Hindernis so bedenklich, daß der Sieg zweifelhaft wird, so fällt *Don Juan* unter die Bestimmung des Interessanten, und in dieser Hinsicht lassen sich mehrere Auffassungen des *Don Juan* denken, bis man zu dem gelangt, was wir an früherer Stelle die intensive Verführung genannt haben; verweigert der Dichter ihm das Mittel, so fällt die Auffassung unter die Bestimmung des Komischen. Eine vollendete Auffassung, die ihn dem Interessanten zugeordnet hätte, habe ich nicht gesehen; hingegen gilt von den meisten Auffassungen des *Don Juan*, daß sie sich dem Komischen nähern. [...] Eine tragische Wendung läßt sich nicht wohl hervorrufen, wo die Idee sich als durchaus unberechtigt erweist, und darum liegt das Komische so nahe. [...] lasse ich [, wie Molière es tut,] *Don Juan* in Geldverlegenheit sein, von Gläubigern bedrängt, so büßt er alsbald die Idealität ein, die er in der Oper besitzt, und die Wirkung wird komisch. Die berühmte komische Szene bei *Molière*, die als komische Szene großen Wert hat und dabei vorzüglich in seine Komödie hineinpaßt, hätte daher natürlich niemals in die Oper aufgenommen werden dürfen, wo sie durchaus störend wirkt.

Daß die *Molièresche* Auffassung auf die Komische hinstrebt, zeigt nicht allein die erwähnte komische Szene, die, wenn sie ganz isoliert dastünde, gar nichts beweisen würde, sondern die ganze Anlage hat das Gepräge davon. *Sganarels* erste und letzte Replik, Anfang und Ende des ganzen Stückes, bezeugen das mehr als zur Genüge. *Sganarel* beginnt mit einer Lobrede über eine Prise Tabak, woraus man unter anderem ersieht, daß er im Dienste dieses *Don Juan* doch wohl nicht allzu viel zu tun haben muß, und zuletzt beklagt er sich darüber, daß ihm als einzigen Unrecht geschehen sei. Bedenkt man nun, daß auch *Molière* die Statue kommen und *Don Juan* holen läßt und daß er, obwohl *Sganarel* gleichfalls Zeuge dieses Entsetzlichen gewesen ist, ihm dennoch jene Worte in den Mund legt, so als wollte er sagen, daß der Steinerne Gast, da er sich nun einmal damit befasse, Gerechtigkeit auf Erden zu üben und das Laster zu strafen, auch darauf hätte bedacht sein müssen, *Sganarel* den ihm zukommenden Lohn für lange und treue Dienste bei *Don*

Juan bezahlen zu können, den zu begleichen sein Herr seines plötzlichen Hinscheidens wegen sich nicht imstande gesehen hatte, – bedenkt man dies, so wird wohl ein jeder das Komische in *Molières Don Juan* empfinden. [...] Wenn *Molières Don Juan* wirklich ein Ritter ist, so versteht es der Dichter vorzüglich, es uns vergessen zu machen, und bemüht sich uns statt dessen einen Raufbold, einen ganz gewöhnlichen Wüstling vorzuführen, der vor einer regelrechten Prügelei nicht zurückscheut. [...] Soll *Sganarel* uns eine Vorstellung von der Leidenschaft geben, die in *Don Juan* tobt, so ist sein Ausdruck derart travestiert, daß man sich des Lachens unmöglich erwehren kann; so wenn *Sganarel* zu *Gusmann* sagt: *Don Juan* würde, um die zu bekommen, die er begehrt, gern ihren Hund und ihre Katze heiraten, ja, was schlimmer ist, dich selbst dazu; oder wenn er bemerkt, sein Herr sei ungläubig nicht allein in der Liebe, sondern auch in der Medizin.

Wenn nun die *Molièresche* Auffassung des *Don Juan*, als komische Bearbeitung betrachtet, korrekt wäre, so würde ich sie hier nicht weiter erwähnen, da ich es in dieser Untersuchung nur mit der idealen Auffassung und mit der Bedeutung der Musik für diese zu tun habe. [...] Das Fehlen einer idealen Auffassung im Medium des Wortes könnte demnach einen indirekten Beweis für die Richtigkeit meines Satzes abgeben. Hier kann ich jedoch mehr tun, eben weil *Molière* nicht korrekt ist, und zwar ist das, was ihn daran gehindert hat, die Tatsache, daß er etwas von dem Idealen in Don Juan bewahrt hat, so wie dies in der traditionellen Vorstellung begründet ist. Indem ich dies hervorhebe, wird es sich erneut erweisen, daß es sich wesentlich doch nur durch Musik ausdrücken läßt, und somit komme ich wieder auf meine eigentliche These zurück.

Gleich im ersten Akt von *Molières* Don Juan hat *Sganarel* eine sehr lange Replik, in der er uns eine Vorstellung von der grenzenlosen Leidenschaft seines Herrn und der Mannigfaltigkeit seiner Abenteuer geben will. Diese Replik entspricht ganz der zweiten Diener-Arie in der Oper. Sie ruft lediglich eine komische Wirkung hervor, [...]. [Molière] hingegen macht den Versuch, uns Don Juans Macht ahnen zu lassen, die Wirkung aber bleibt aus, nur die Musik kann es vereinigen, weil sie zu gleicher Zeit *Don Juans* Verhalten beschreibt und uns dazu bringt, die Macht der Verführung zu hören, während zu gleicher Zeit die Liste vor uns entrollt wird.

Bei *Molière* erscheint im letzten Akt die Statue, um *Don Juan* zu holen. Obgleich nun der Dichter das Auftreten des Steinernen Gastes zu motivieren gesucht hat, indem er eine Warnung vorausgehen läßt, so bleibt dieser Stein dramatisch doch immer ein Stein des Anstoßes. Ist *Don Juan* ideal aufgefaßt, als Kraft, als Leidenschaft, so muß der Himmel selbst sich in Bewegung setzen. Ist dies nicht der Fall, so bleibt es stets bedenklich, derart starke Mittel zu verwenden. Der Komtur braucht sich wahrlich nicht zu bemühen, da es ja viel näher liegt, daß [ein Gläubiger] *Don Juan* in den Schuldturm stecken läßt. Das wäre ganz im Geiste der modernen Komödie, die nicht so großer Mächte bedarf, um zu zerschmettern, eben weil die bewegenden Mächte selbst nicht so grandios sind. Es würde ihr durchaus ähnlich sehen, *Don Juan* die trivialen Schranken der Wirklichkeit kennen zu lehren. In der Oper ist es durchaus richtig, daß der Komtur wiederkommt, aber dort hat sein Auftreten auch eine ideale Wahrheit. Die Musik macht ihn gleich zu etwas mehr als einem einzelnen Individuum, seine Stimme weitet sich zu der Stimme eines Geistes. Wie *Don Juan* daher in der Oper mit ästhetischem Ernst aufgefaßt ist, so ist es auch der Komtur. Bei *Molière* kommt er mit einer ethischen Gravität und Schwere, die ihn beinahe lächerlich macht; in der Oper kommt er mit ästhetischer Leichtigkeit, metaphysischer Wahrheit. Keine Macht im Stück, keine Macht der Welt hat *Don Juan* zu bezwingen vermocht, ein Geist nur, ein Gespenst vermag es. Wenn man das richtig verstehen wird, so wird dies wieder die Auffassung des *Don Juan* beleuchten. Ein Geist, ein Gespenst ist Reproduktion, das ist das Geheimnis, das in der Tatsache des Wiederkommens liegt; *Don Juan* aber kann alles, kann allem widerstehen, mit Ausnahme der Reproduktion des Lebens, eben weil sich in ihm unmittelbar sinnliches Leben verkörpert, dessen Negation der Geist ist.

So wie *Sganarel* von *Molière* aufgefaßt ist, wird er zu einer unerklärlichen Person, deren Chrakter in hohem Grade verworren ist. Was hier störend wirkt, ist wiederum die Tatsache, daß *Molière* etwas vom Traditionellen bewahrt hat. Wie *Don Juan* überhaupt eine Macht darstellt, so zeigt sich dies auch in seinem Verhältnis zu *Leporello*. Dieser fühlt sich zu ihm hingezogen, von ihm überwältigt, sinkt in ihn ein und wird zu einem bloßen Organ des Willens seines Herrn. Eben diese dunkle, undurchsichtige Sympathie macht *Leporello* zu einer musikalischen Person, und man findet es ganz in der Ordnung, daß er sich nicht von *Don Juan* loszureißen vermag. Mit *Sganarel* ist es etwas ganz anderes. Bei *Molière* ist *Don Juan* ein einzelnes Individuum, und *Sganarel* tritt also in Beziehung zu ihm als zu einem Individuum. Fühlt *Sganarel* sich nun unauflöslich mit ihm verbunden, so ist es nicht mehr als eine billige ästhetische Forderung, eine Auskunft darüber zu verlangen, wie sich dies erklären lasse. Es nützt nichts, daß *Molière* ihn sagen läßt, er könne sich nicht von ihm losreißen, dafür sieht nämlich der Leser oder Zuschauer keinen vernünftigen Grund, und um einen vernünftigen Grund handelt es sich eben hier. Die Unstetigkeit in *Leporellos* Wesen ist in der Oper wohl motiviert, weil er im Verhältnis zu *Don Juan* dem individuellen Bewußtsein schon näher ist und das *Don Juansche* Leben sich daher verschieden in ihm reflektiert, ohne daß er doch eigentlich imstande wäre, es zu durchdringen. Auch bei *Molière* ist *Sganarel* bald schlechter, bald besser als *Don Juan*, unbegreiflich aber bleibt es, daß er ihn nicht verläßt, da er nicht einmal seinen Lohn bekommt. Soll man sich in *Sganarel* also eine Einheit vorstellen, die der sympathetischen musikalischen Dunkelheit entspricht, wie sie *Leporello* in der Oper hat, so bleibt nichts anderes übrig, als diese für einen partiellen Blödsinn zu halten. Man sieht hier also wieder ein Beispiel dafür, wie das Musikalische hervor muß, damit *Don Juan* in seiner wahren Idealität erfaßt werden kann. Der Fehler bei *Molière* ist nicht, daß er ihn komisch aufgefaßt hat, sondern daß er nicht korrekt gewesen ist.

Auch *Molières* Don Juan ist ein Verführer, aber davon, daß er es ist, gibt das Stück uns nur eine schwache Vorstellung. Daß *Elvira* bei *Molière* als *Don Juans* Gemahlin erscheint, ist im Hinblick auf die komische Wirkung unbestreitbar überaus richtig angelegt. Man erkennt sofort, daß man es mit einer gewöhnlichen Person zu tun hat, die ein Mädchen mit Eheversprechungen betrügt. Damit büßt *Elvira* die ganze ideale Haltung ein, die sie in der Oper hat, wo sie nur mit der einen Waffe der verletzten Weiblichkeit erscheint, während man sie sich hier mit Heiratsurkunden vorstellt; und *Don Juan* büßt die verführerische Zweideutigkeit ein, zugleich ein junger Mann und ein erfahrener Ehemann zu sein, das heißt, erfahren in allen außerehelichen Erfahrungen. Wie er *Elvira* betrogen, mit welchen Mitteln er sie aus dem Kloster gelockt hat, darüber sollen zwar einzelne Repliken *Sganarels* uns aufklären; da aber die Verführungsszene, die sich im Stück abspielt, uns keine Gelegenheit gibt, *Don Juans* Kunst zu bewundern, wird das Vertrauen in jene Nachrichten natürlich geschwächt. Insofern nun *Molières* Don Juan komisch ist, wäre es ja auch nicht notwendig; da uns Molière aber doch selbst zu verstehen geben will, daß sein *Don Juan* wirklich der Held Don Juan sei, der *Elvira* betört und den Komtur getötet hat, so erkennt man unschwer das Fehlerhafte bei ihm; zugleich aber wird man auf den Gedanken gebracht, ob es nicht eigentlich doch seinen Grund darin habe, daß *Don Juan* sich nun einmal nicht als Verführer darstellen läßt, außer mit Hilfe der Musik, es sei denn, daß man sich, wie oben bemerkt, in das Psychologische einlassen will, welches aber wieder nicht leicht ein dramatisches Interesse gewinnen kann. Bei *Molière* hört man ihn auch nicht die beiden jungen Mädchen, *Mathurine* und *Charlotte*, betören, die Betörung geht außerhalb der Szene vor sich, und da *Molière* uns hier wieder vermuten läßt, daß *Don Juan* ihnen die Ehe versprochen habe, bekommt man hier wieder nur eine geringe Meinung von seinem Talent. Ein Mädchen durch ein Eheversprechen zu betrügen, ist eine gar armselige Kunst, und wenn einer niedrig genug ist, es zu tun, so folgt daraus noch keineswegs, daß er hoch genug sei, ein *Don Juan* zu heißen. Die einzige Szene, die uns, wie es scheint, *Don Juan* in seiner verführenden, wenn auch wenig verführerischen Tätigkeit darstellen will, ist die Szene mit *Charlotte*. Aber einem jungen Bauernmädchen zu sagen, daß es hübsch sei, daß es strahlende Augen habe, es zu bitten, sich umzudrehen, damit man die Figur betrachten könne, das verrät nichts Ungewöhnliches an *Don Juan*, sondern nur einen liederlichen Burschen, der ein junges Mädchen betrachtet wie ein Händler ein Pferd. Eine komische Wirkung mag man der Szene immerhin zugestehen, und sofern sie nur die haben sollte, würde ich sie hier gar nicht erwähnen. Da aber dieser sein notorischer Versuch in keinem Verhältnis zu den vielen Geschichten steht, die er gehabt haben muß, so trägt auch diese Szene wieder direkt oder indirekt dazu bei, das Unvollkommene der Komödie darzutun. *Molière* hat, wie es scheint, etwas mehr aus ihm machen, hat, wie es scheint, das Ideale in ihm erhalten wollen, aber ihm fehlt das Medium, und darum fällt alles, was wirklich geschieht, etwas unbedeutend aus. Überhaupt kann man sagen, bei *Molière* erfahre man nur historisch, daß Don Juan ein Verführer ist; dramatisch sieht man es nicht. Die Szene, worin er sich in der stärksten Aktivität zeigt, ist die mit *Charlotte* und *Mathurine*, in der er beide mit schönen Worten hinhält und einer jeden immerfort weismacht, daß sie diejenige sei, der er die Ehe versprochen habe. Was aber hier unsere Aufmerksamkeit beschäftigt, ist nicht seine Kunst der Verführung, sondern eine ganz gewöhnliche Theaterintrige.

Was hier dargelegt worden ist, darf ich zum Schluß vielleicht noch dadurch beleuchten, daß ich auf eine Bemerkung Bezug nehme, die man häufig gemacht hat: daß *Molières* Don Juan moralischer sei als der *Mozarts*. Das ist indessen, wenn man es recht versteht, gerade ein Lob für die Oper. In der Oper wird nicht nur von einem Verführer geredet, sondern *Don Juan* ist ein Verführer, und man kann nicht leugnen, daß die Musik in ihren Einzelheiten oft recht verführerisch sein kann. So aber soll es sein, und zwar ist das gerade ihre Größe. Deshalb zu sagen, die Oper sei unmoralisch, ist eine Torheit, die auch nur von Leuten herrührt, die kein Ganzes zu erfassen verstehen, sondern sich von Einzelheiten gefangennehmen lassen. Das definitive Streben in der Oper ist in hohem Grade moralisch und ihr Eindruck absolut wohltuend, weil alles groß ist, alles echtes, ungeschminktes Pathos hat, die Leidenschaft der Lust nicht minder als die des Ernstes, die des Genusses nicht minder als die des Zorns.

3. Der innere musikalische Bau der Oper

In einem Drama konzentriert sich das Hauptinteresse ganz natürlich auf das, was man den Helden des Stückes nennt; die übrigen Personen beanspruchen im Verhältnis zu ihm nur eine untergeordnete und relative Bedeutung. Je mehr indes die innere Reflexion im Drama durchdringt mit ihrer trennenden Macht, um so mehr nehmen auch die Nebenpersonen, wenn ich so sagen darf, eine gewisse relative Absolutheit an. [...] *Don Juan* ist der Held der Oper, auf ihn konzentriert sich das Hauptinteresse; doch nicht nur das, sondern er ist es, der auch allen anderen Personen Interesse verleiht. Freilich darf dies nicht in irgendeinem äußerlichen Sinne verstanden werden, vielmehr ist es gerade das Geheimnis dieser Oper, daß ihr Held zugleich auch die Kraft darstellt, die in den übrigen Personen wirkt; *Don Juans* Leben ist das Lebensprinzip in ihnen. Seine Leidenschaft setzt die Leidenschaft der anderen in Bewegung, seine Leidenschaft hallt allenthalben wider, sie hallt darin wider und trägt den Ernst des *Komturs*, den Zorn *Elvirens*, *Annas* Haß, *Ottavios* Wichtigtuerei, *Zerlinens* Angst, *Mazettos* Erbitterung, *Leporellos* Verwirrung. Als Held der Oper ist *Don Juan* der Nenner des Stückes; er gibt ihm, wie der Held im allgemeinen, den Namen, aber er ist mehr, er ist, wenn ich so sagen darf, Generalnenner. Jede andere Existenz ist im Verhältnis zu der seinen nur eine derivierte. Verlangt man nun von einer Oper, daß ihre Einheit ein Grundton sei, so wird man leicht einsehen, daß eine vollkommenere Aufgabe für eine Oper sich nicht denken läßt als *Don Juan*. [...] Im Don Juan ist der Grundton nichts anderes als die Grundkraft der Oper selbst, diese ist *Don Juan*, er aber ist wiederum – eben weil er nicht Charakter, sondern wesentlich Leben ist – absolut musikalisch. Auch die übrigen Personen der Oper sind nicht Charaktere, sondern wesentlich Leidenschaften, die durch *Don Juan* gesetzt sind und insofern wiederum musikalisch werden. Wie nämlich *Don Juan* alle umschlingt, so schlingen sie sich wieder um *Don Juan*; sie sind die äußeren Konsequenzen, die sein Leben immer wieder selbst setzt. Diese absolute Zentralität, die das musikalische Leben *Don Juans* in ihr hat, bringt es mit sich, daß die Oper eine Macht der Illusion ausübt wie keine andere, daß ihr Leben uns mit hineinreißt in das Leben, das in dem Stücke ist. Dank der Allgegenwart des Musikalischen in dieser Musik kann man einen einzelnen kleinen Teil von ihr genießen und ist doch augenblicklich hingerissen; man komme mitten in der Aufführung, und augenblicklich ist man in dem Zentralen, weil dieses Zentrale, Don Juans Leben, überall ist. [...]

Da die in der Oper auftretenden Personen nicht so durchreflektiert zu sein brauchen, daß sie als Charaktere durchsichtig werden, folgt auch daraus, was bereits im vorhergehenden hervorgehoben wurde, daß die Situation nicht vollkommen entwickelt oder entfaltet sein kann, sondern bis zu einem gewissen Grade von einer Stimmung getragen wird. Das gleiche gilt von der Handlung einer Oper. Was man in strengerem Sinne Handlung nennt, die mit dem Bewußtsein eines Zweckes unternommene Tat, kann in der Musik seinen Ausdruck nicht finden, wohl aber das, was man unmittelbare Handlung nennen könnte. Beides ist nun im Don Juan der Fall. Die Handlung ist unmittelbare Handlung; in dieser Hinsicht darf ich auf das Vorhergehende verweisen, wo ich dargelegt habe, in welchem Sinne Don Juan Verführer ist. Weil die Handlung unmittelbare Handlung ist, darum ist es auch ganz in der Ordnung, daß die Ironie in diesem Stück derart vorherrscht; denn die Ironie ist und bleibt der Zuchtmeister des unmittelbaren Lebens. So ist, um nur ein Beispiel anzuführen, das Erscheinen des Komturs eine ungeheure Ironie; denn Don Juan mag zwar jedes Hindernis besiegen, aber ein Gespenst kann man bekanntlich nicht erschlagen. Die Situation ist ganz und gar von der Stimmung getragen; in dieser

Hinsicht darf ich an die Bedeutung Don Juans für das Ganze und die im Verhältnis zu ihm nur relative Existenz der übrigen Personen erinnern.

[...]

So wie in einem Sonnensystem die dunklen Körper, die ihr Licht von der zentralen Sonne empfangen, immer nur zur Hälfte hell sind, hell nämlich auf jener Seite, die der Sonne zugekehrt ist, ebenso verhält es sich auch mit den Personen dieses Stückes; nur der Lebensmoment, der *Don Juan* zugekehrt ist, die ihm zugekehrte Seite ist beleuchtet, im übrigen sind sie dunkel und undurchsichtig. Dies darf nicht in dem eingeschränkten Sinne verstanden werden, als ob jede dieser Personen irgendeine abstrakte Leidenschaft darstellte, *Anna* z. B. den Haß, *Zerline* den Leichtsinn. Derartige Geschmacklosigkeiten gehören am allerwenigsten hierher. Die Leidenschaft des einzelnen ist konkret, aber konkret in sich selbst, nicht konkret in der Persönlichkeit, oder, um mich bestimmter auszudrücken, das übrige der Persönlichkeit ist von dieser Leidenschaft verschlungen. Das ist nun absolut richtig, weil wir es eben mit einer Oper zu tun haben. Diese Dunkelheit, diese teils sympathetische, teils antipathetische geheimnisvolle Kommunikation mit Don Juan, macht sie sämtlich musikalisch und bewirkt, daß die ganze Oper in *Don Juan* zusammenklingt. Die einzige Figur des Stückes, die eine Ausnahme zu machen scheint, ist natürlich der *Komtur,* aber darum ist es auch wohlweislich so eingerichtet, daß er bis zu einem gewissen Grade außerhalb des Stückes steht oder es begrenzt; je mehr der Komtur vorgezogen würde, um so mehr würde die Oper aufhören, absolut musikalisch zu sein. Er ist daher beständig im Hintergrund gehalten und so nebelhaft wie möglich. Der Komtur ist der kraftvolle Vordersatz und der derbe Nachsatz, zwischen denen Don Juans Mittelsatz liegt; der reiche Inhalt dieses Mittelsatzes aber ist der Gehalt der Oper. Zweimal nur tritt der Komtur auf. Das erstemal ist es Nacht; es ist im Hintergrund des Theaters, man kann ihn nicht sehen, aber man hört ihn durch Don Juans Degen fallen. Schon hier ist sein Ernst, der durch Don Juans parodierenden Spott nur um so stärker hervortritt, etwas, das *Mozart* vortrefflich in der Musik ausgedrückt hat, schon hier ist sein Ernst zu tief, um einem Menschen anzugehören; er ist Geist, noch ehe er stirbt. Das zweitemal erscheint er als Geist, und die Donnerstimme des Himmels ertönt in seiner ernsten, feierlichen Stimme, doch wie er selbst verklärt ist, so ist auch seine Stimme verklärt zu mehr als Menschenstimme; er spricht nicht mehr, er richtet.

Die wichtigste Person des Stückes nächst Don Juan ist offenbar *Leporello*. Das Verhältnis zu seinem Herrn wird gerade durch die Musik erklärlich, unerklärlich bliebe es ohne sie. Ist Don Juan eine reflektierte Persönlichkeit, so wird Leporello fast zu einem noch größeren Schurken als er, und es ist unerklärlich, daß Don Juan eine solche Macht über ihn ausüben kann; das einzige Motiv, das übrigbleibt, ist, daß dieser ihn besser bezahlen kann als jeder andere, ein Motiv, das sogar *Molière* anscheinend nicht hat benutzen wollen, da er Don Juan in Geldverlegenheit sein läßt. Halten wir jedoch daran fest, daß Don Juan unmittelbares Leben ist, so ist leicht zu verstehen, daß er einen entscheidenden Einfluß auf Leporello ausüben kann, daß er ihn sich assimiliert, so daß er fast zu einem Organ Don Juans wird. Leporello ist in gewissem Sinne näher daran, ein persönliches Bewußtsein zu sein, als Don Juan; um es aber zu werden, mußte er sich über sein Verhältnis zu diesem klar werden, doch das vermag er nicht, er vermag den Zauber nicht zu heben. Hier gilt wiederum: sobald Leporello Replik bekommt, muß er uns durchsichtig werden. Auch in Leporellos Verhältnis zu Don Juan ist etwas Erotisches, durch irgendeine Macht ist er selbst gegen seinen Willen an ihn gefesselt; in dieser Zweideutigkeit aber ist er musikalisch, und Don Juan tönt beständig in ihm wieder; etwas, wofür ich später ein Beispiel anführen werde, um zu zeigen, daß es mehr als eine Phrase ist.

Mit Ausnahme des Komturs stehen alle Personen in einer Art erotischer Beziehung zu Don Juan. Über den Komtur kann er keine Macht ausüben, denn der ist Bewußtsein; die andern aber sind in seiner Macht. *Elvira* liebt ihn, dadurch ist sie in seiner Macht, *Anna* haßt ihn, dadurch ist sie in seiner Macht. *Zerline* fürchtet ihn, dadurch ist sie in seiner Macht, *Ottavio* und *Mazetto* machen mit um der Schwägerschaft willen, denn die Bande des Blutes sind zärtlich.

[...]

Aus: Sören Kierkegaard, Entweder – Oder, hg. v. Hermann Diem u. Walter Rest, übers. von Heinrich Fauteck, München: Deutscher Taschenbuch Verlag 1975, S. 31 u. 57–152

George Bernard Shaw
[Aus:] Vorwort [zu: *Mensch und Übermensch* (1903)]

[...]

Ich habe mich also zuerst fragen müssen: was ist ein Don Juan? Ist er in der vulgären Vorstellung: ein Wüstling? Aber Ihr Abscheu vor Vulgarität ist fast schon ein Mangel. Eine universelle Persönlichkeit ist ohne einen Anteil Vulgarität nicht denkbar; und selbst, wenn Sie Geschmack daran finden könnten, so fänden Sie Nahrung genug aus gewöhnlichen Quellen und müßten nicht mich bemühen. Ich habe also angenommen, daß Sie einen Don Juan im philosophischen Sinn erwarteten.

Philosophisch betrachtet ist Don Juan ein Mann, der, obgleich er begabt genug ist, um außergewöhnlich gut zwischen gut und böse zu unterscheiden, seinen eigenen Instinkten folgt, ohne sich um das allgemeine, geschriebene oder kanonische Recht zu kümmern; und der sich darum, während er die warme Sympathie unserer rebellischen Instinkte genießt, (denen Don Juan durch die Brillanz schmeichelt, mit der er sie verbindet) sich in einem tödlichen Konflikt mit existierenden Institutionen befindet, und er verteidigt sich mit List und Gewalt genauso bedenkenlos, wie der Bauer mit den gleichen Mitteln seine Ernte vor Ungeziefer zu schützen versucht. Der Vorläufer Don Juans, der im frühen sechzehnten Jahrhundert von einem spanischen Mönch erfunden wurde, wurde, entsprechend den Ideen jener Zeit, als der Feind Gottes dargestellt, dessen herannahende Rache, deren Drohung von Minute zu Minute wächst, man während des ganzen Dramas spürt. Kein anderer Gegner läßt den Zuschauer um Don Juan fürchten: mit Leichtigkeit entkommt er der Polizei, der weltlichen und geistlichen; und als ein empörter Vater mit dem Schwert private Wiedergutmachung sucht, tötet Don Juan ihn mühelos. Erst als der erschlagene Vater in Gestalt seiner eigenen Statue als Bote Gottes vom Himmel heruntersteigt, siegt er über seinen Mörder und stürzt ihn in die Hölle. Die Moral ist eine mönchische: bereue und bessere dich jetzt, denn morgen könnte es zu spät sein. Dies ist in Wirklichkeit der einzige Punkt, in dem Don Juan skeptisch ist; denn er glaubt fest an eine ewige Hölle, und er riskiert es verdammt zu werden, nur, weil die Hölle, da er jung ist, in so weiter Ferne zu liegen scheint, daß die Reue aufgeschoben werden kann, bis er sich nach

Herzenslust amüsiert hat.

Aber die Lehre, die der Autor beabsichtigt hat, ist nur selten die, die die Welt aus seinem Buch zieht. Was uns bei El Burlador de Sevilla anzieht und beeindruckt, ist nicht die Notwendigkeit einer augenblicklichen Reue, sondern die Kühnheit, die in dem Wagnis liegt, ein Widersacher Gottes zu sein. Von Prometheus bis zu meinem eigenen Teufelsjünger sind solche Widersacher immer populär gewesen. Don Juan wurde so beliebt, daß die Welt seine Verdammung nicht ertragen konnte. In einer zweiten Version versöhnte sie ihn auf eine sentimentale Weise mit Gott und verlangte ein ganzes Jahrhundert lang nach seiner Kanonisation; auf diese Weise wurde er ebenso behandelt, wie der englische Journalismus jenen komischen Widersacher der Götter, Punch, behandelt hat. Molières Don Juan hält sich im Punkt der Reuelosigkeit an das Original; aber in puncto Frömmigkeit entfernt er sich weit davon. Es ist wahr, auch er äußert die Absicht, zu bereuen. Aber in welchen Ausdrücken! »Qui, ma foi! il faut S'amender. Encore vingt ou trente ans de cette vie-ci, et puis nous songerons ànous.« Nach Molière kommt der Zauberkünstler, der selbst von Meistern geliebte Meister, Mozart, er enthüllt den Geist des Helden in zaubrischen Harmonien, in Elfentönen, in trunkenen, durchdringenden Rhythmen, wie Sommerblitze, die hörbar gemacht worden sind. Hier ist Freiheit in der Liebe und in der Moral, die sich auf geistvolle Weise über die Unterjochung durch diese beiden (Liebe Moral) lustig macht, sie zieht dich an, verlockt dich, zwingt dich auf unerklärliche Weise den Helden mit seinem Widersacher, der Statue, auf eine transzendente Ebene zu versetzen und die prüde Tochter und ihren selbstgefälligen Liebhaber auf einem Nippesbord darunter zu placieren, wo sie, wenn sie nicht gestorben sind, noch heute als fromme Leute leben.

Nach diesen perfekten Werken zählt Byrons Fragment philosophisch gesehen nicht viel. Unsere umherschweifenden Lüstlinge sind von diesem Standpunkt aus nicht interessanter als der Seemann, der in jedem Hafen eine Frau hat; und am Ende ist Byrons Held nichts anderes als ein umherschweifender Lüstling. Und er ist sprachlos: er diskutiert nicht nur sich selbst mit einem Sganarelle-Leporello oder mit den Vätern und Brüdern seiner Geliebten; er erzählt nicht einmal, wie Casanova, seine eigene Geschichte. Er ist überhaupt kein richtiger Don Juan; denn er ist ebensowenig ein Widersacher Gottes wie irgendein romantischer und abenteuerlustiger Junge, der über die Stränge schlägt. Wären Sie oder ich in seinem Alter an seiner Stelle gewesen, wer weiß, ob wir uns nicht so verhalten hätten wie er, wenn ich auch glaube, daß Ihre Pingeligkeit Sie vor der Kaiserin Katharina bewahrt hätte. Byron war so wenig ein Philosoph wie Peter der Große; beide waren Beispiele jener seltenen und nützlichen, aber wenig erbaulichen Species: kraftvolle Genies, die ohne die Vorurteile und den Aberglauben ihrer Zeitgenossen geboren sind. Die daraus entstehende skrupellose Freiheit des Gedankens machte Byron zu einem kühneren Dichter als Wordsworth, so wie sie Peter zu einem kühneren Herrscher als Georg III. machte [...] [Heutzutage sind] selbst die abstrakteren Teile des Don Juan Dramas [...] unbrauchbar geworden. Zum Beispiel: Don Juans übernatürlicher Gegner, warf diejenigen, die sich weigerten zu bereuen, in einen Pfuhl von kochendem Schwefel, wo sie von Teufeln mit Hörnern und Schwänzen gepeinigt wurden. Wieviel ist von diesem Gegner und von dieser Vorstellung von Reue noch übrig, daß man es in einem Stück verwenden könnte, das Ihnen gewidmet ist? Andererseits triumphieren heute überall jene Kräfte der bürgerlichen öffentlichen Meinung, die es zu Zeiten des ersten Don Juan für einen spanischen Edelmann wohl kaum gab. Die zivilisierte Gesellschaft ist eine riesige Bourgeoisie: heute wagt es kein Edelmann mehr, auch nur seinen Gemüsehändler zu schockieren. Die Frauen, »marchesane, principesse, cameriere, cittadine« und die übrigen, sind ebenso gefährlich geworden. Das weibliche Geschlecht ist aggressiv und mächtig: wenn den Frauen Unrecht geschieht, so bilden sie nicht eine rührende Gruppe und singen »Protegga il giusto cielo«; sie ergreifen schreckliche legale und gesellschaftliche Waffen und schlagen zurück. Durch eine einzige Indiskretion werden politische Parteien gestürzt, öffentliche Karrieren vernichtet. Für einen Mann wäre es besser, alle Statuen Londons zum Abendessen einzuladen, so häßlich sie auch sein mögen, als von Donna Elvira vor das Gericht des Protestantischen Gewissens gestellt zu werden. Die Exkommunikation ist zu einer beinahe ebenso schwerwiegenden Sache geworden wie im zehnten Jahrhundert.

Als Folge davon ist nicht mehr der Mann, wie Don Juan es noch war, der Sieger im Duell der Geschlechter. Ob er das je gewesen ist, mag bezweifelt werden: jedenfalls zeigt sich die ungeheure Überlegenheit der natürlichen Stellung der Frau, was diese Sache betrifft mit immer größerer Macht. Das protestantische Gewissen am Bart zu zupfen, so wie Don Juan die Statue des Komturs im Franziskanerkloster am Bart zupfte, das kommt heutzutage gar nicht in Frage: das verbieten einem Helden, der einigermaßen bei Verstand ist, sowohl Klugheit als auch gute Manieren. Außerdem besteht für Don Juan die Gefahr, beim Bart gezupft zu werden. Weit davon entfernt, in Heuchelei zu verfallen, wie Sganarelle fürchtete, hat er unerwarteterweise in seiner Unmoral eine Moral entdeckt. Die wachsende Erkenntnis seines neuen Standpunktes überhäuft ihn mit Verantwortung. Er hat seine früheren Scherze so ernst nehmen müssen, wie ich manche Scherze von Mr. W. S. Gilbert. Sein Skeptizismus, der einmal seine am wenigsten geduldete Eigenschaft war, hat sich jetzt so vollständig durchgesetzt, daß er sich nicht mehr mit witzigen Verneinungen behaupten kann, sondern, um nicht zu einer bloßen Null zu werden, eine positive Einstellung finden muß. Nachdem seine tausendunddrei galanten Affairen zu höchstens zwei unreifen Intrigen geworden sind, die zu schmutzigen und andauernden Komplikationen und Erniedrigungen führten, hat man sie abgetan als seiner philosophischen Ehre unwürdig und kompromittierend für seine neuerdings anerkannte Stellung als Gründer einer Schule. Statt so zu tun, als läse er Ovid, liest er tatsächlich Schopenhauer und Nietzsche, studiert Westermarck und macht sich Sorgen um die Zukunft des Menschengeschlechts statt um die Freiheit seiner eigenen Triebe. So sind seine Ruchlosigkeit und sein mutwilliges Benehmen dort gelandet, wohin auch sein Schwert und seine Mandoline verschwunden sind, in den Lumpensack der Anachronismen und des Aberglaubens. Er ist tatsächlich heute mehr Hamlet als Don Juan; denn wenn auch die Zeilen, die dem Schauspieler in den Mund gelegt werden, um dem Parkett klar zu machen, daß Hamlet ein Philosoph ist, zum größten Teil einfach wohlklingende Platitüden sind, die, wenn man etwas von der Wortmusik abstriche, eher einem Pecksniff angemessen wären – wenn das auch so sein mag – wenn Sie den wahren Helden, der außer im Augenblick der Inspiration unartikuliert und sich selbst unverständlich ist, von dem Darsteller trennen, der um jeden Preis durch fünf Akte hindurch reden muß; und wenn Sie aussetzen und tun, was man bei Shakespeares Tragödien immer tun muß, das heißt, wenn Sie die absurden sensationellen Vorfälle und die physische Gewalttätigkeit der geborgten Geschichte von dem echten Shakespearischen Gewebe trennen, finden Sie einen wahren prometheischen Feind der Götter, dessen instinktive Haltung gegenüber den Frauen sehr derjenigen gleicht, zu der Don Juan jetzt getrieben wird. Von diesem Gesichtspunkt aus war Hamlet ein weiter entwickelter Don Juan, den Shakespeare hinter einem ehrenhaften Mann versteckt, genau wie er den armen Macbeth hinter einem Mörder versteckte. Heute ist das Kaschieren nicht mehr nötig, (wenigstens nicht auf Ihrer Ebene und auf meiner), denn der Donjuanismus wird nicht mehr als bloßer Casanovismus mißverstanden. In seinem Wunsch, dieses Mißverständnis zu vermeiden, ist Don Juan selber beinahe asketisch; und daher hat mein Versuch, ihn zeitgemäß zu machen, indem ich ihn als modernen Engländer in eine moderne englische Umgebung stelle, eine Figur hervorgebracht, die oberflächlich betrachtet dem Helden Mozarts ganz unähnlich ist.

Und doch habe ich nicht ein Herz, Sie gänzlich zu enttäuschen und Ihnen nicht doch noch einen Blick auf den Mozartschen dissoluto punito und seinen Widersacher, die Statue, zu gönnen. Ich bin sicher, daß Sie mehr über die Statue erfahren möchten – Sie möchten sie, wenn sie sozusagen frei hat, vorzeigen. Um Ihnen den Gefallen zu tun, habe ich auf den Trick des Schmierendirektors zurückgegriffen, der eine Pantomime über Sindbad den Seefahrer mit einem Packen alter Plakate anzeigt, die für Ali Baba gemalt worden sind. Er wirft einfach ein paar Öllampen in das Tal der Diamanten und erfüllt so das Versprechen, das dem Auge der Öffentlichkeit auf dem Bauzaun gemacht worden ist. Ich habe diesen einfachen Trick auf unseren Fall so angewandt, daß ich in mein ganz modernes dreiaktiges Stück einen ganz fremden Akt einbaue, in dem mein Held, von der Luft der Sierra verzaubert, einen Traum hat, in dem sein mozartscher Vorfahr erscheint und ausgiebig in einem Shawisch-sokratischen Dialog mit der Dame, der Statue und dem Teufel philosophiert.

Aber dieser Scherz ist nicht das Wesentliche meines Stücks. Was das Wesentliche ist, unterliegt nicht meiner Kontrolle. Sie schlagen mir eine gewisse gesellschaftliche Substanz vor, sexuelle Anziehung; und ich destilliere sie für Sie. Ich verfälsche das Produkt nicht mit Aphrodisiaka, noch verdünne ich es mit Romantik und Wasser; denn ich führe nur Ihren Auftrag aus, ich produziere kein populäres Stück für den Markt. Sie müssen sich deshalb darauf vorbereiten (falls Sie nicht wie die meisten klugen Leute zuerst das Stück und erst hinterher das Vorwort lesen), Sie müssen sich darauf vorbereiten, eine banale Story aus dem modernen Londoner Leben vorzufinden, einem Leben, in dem, wie Sie wissen, die Hauptbeschäftigung des durchschnittlichen Mannes darin besteht, das Geld zu beschaffen, um die Stellung und die Gewohnheiten eines Gentleman aufrecht zu erhalten, und wo die Beschäftigung der durchschnittlichen Frau darin besteht, sich zu verheiraten. In 9999 von 10000 Fällen können Sie darauf zählen, daß sie nichts tun werden, weder Edles noch Gemeines, das sich mit diesen Zielen nicht verträgt. Sie können sich darauf verlassen, was ist ihre Religion, ihre Moral, ihr Patriotismus, ihr guter Ruf, ihre Ehre, das sind ihre Prinzipien usw.

Im großen und ganzen ist das eine vernünftige und zufriedenstellende Basis für eine Gesellschaft. Geld bedeutet Nahrung und Ehe bedeutet Kinder; und daß die Männer die Nahrung an die erste Stelle und die Frauen die Kinder an die erste Stelle setzen, ist, allgemein gesprochen, ein Naturgesetz und nicht das Diktat persönlichen Ehrgeizes. Das Geheimnis des Erfolges, den der prosaische Mensch tatsächlich hat, ist die Gradlinigkeit, mit der er diese Ziele verfolgt; das Geheimnis des Mißerfolges beim Künstler, soweit er Mißerfolg hat, ist die Vielseitigkeit, mit der er nach allen Richtungen sekundären Idealen nachläuft. Der Künstler ist entweder ein Dichter oder ein Taugenichts: als Dichter kann er nicht einsehen, wie es der prosaische Mann tut, daß Ritterlichkeit im Grunde nur ein romantischer Selbstmord ist; als Taugenichts kann er nicht verstehen, daß es sich nicht lohnt, zu schmarotzen, zu betteln und zu lügen, zu prahlen und sein Äußeres zu vernachlässigen. Mißverstehen Sie also meine einfache Feststellung, die fundamentale Beschaffenheit der Londoner Gesellschaft betreffend, nicht als den Vorwurf eines Iren gegen Ihre Nation. Vom ersten Tage an, wo ich meinen Fuß auf diesen fremden Boden setzte, erkannte ich den Wert der prosaischen Eigenschaften, deren sich zu schämen die Iren den Engländern beibringen, und ich erkannte auch die Eitelkeit der poetischen Eigenschaften, auf die stolz zu sein, die Engländer den Iren beibringen. Denn der Ire setzt instinktiv die Eigenschaft herab, die den Engländer für ihn gefährlich macht; und der Engländer schmeichelt instinktiv dem Fehler, der den Iren für ihn ungefährlich und amüsant macht. Der Fehler, den der prosaische Engländer hat, ist der gleiche, den alle prosaischen Menschen aller Länder haben: Stupidität. Die Vitalität, welche Nahrung und Kinder an die erste Stelle, Himmel und Hölle an eine ziemlich entfernte zweite Stelle und das Wohl der Gesellschaft als einem organischen Ganzen an gar keine Stelle setzt, kann sich erfolgreich durch die Stufen der gesellschaftlichen Entwicklung hindurchpfuschen, die vergleichsweise der Organisation in Klans entsprechen, aber in den Nationen des neunzehnten und den Völkergemeinschaften des zwanzigsten Jahrhunderts muß der Entschluß eines jeden Mannes, um jeden Preis reich zu werden, und der jeder Frau, um jeden Preis zu heiraten, ohne eine hochwissenschaftliche gesellschaftliche Organisation als Voraussetzung eine ruinöse Entwicklung von Armut, Ehelosigkeit, Prostitution, Kindersterblichkeit, Degeneration der Erwachsenen hervorrufen und alles weitere, was weise Männer fürchten. Kurz gesagt, es gibt keine Zukunft für jene Menschen, so sehr sie auch von grober Vitalität überschäumen mögen, die weder intelligent noch ausreichend politisch gebildet sind, um Sozialisten zu sein. Mißverstehen Sie mich also auch nicht in der anderen Richtung: wenn ich die vitalen Qualitäten eines Engländers schätze, wie ich die Qualitäten der Biene schätze, so garantiere ich dem Engländer nicht, daß er nicht wie die Biene (oder die Kanaaniter) ausgeräuchert und seines Honigs beraubt wird von Wesen, die ihm in einfacher Erwerbstüchtigkeit an Kampflust und Fruchtbarkeit unterlegen, aber an Einbildungskraft und List überlegen sind.

Das Stück über Don Juan soll indessen von der Anziehung der Geschlechter handeln und nicht über Nahrungsbeschaffung, und die Anziehung soll in einer Gesellschaft dargestellt werden, wo die ernste Seite der Sexualität von den Männern den Frauen überlassen wird, so wie die ernste Seite der Nahrungsbeschaffung von den Frauen den Männern überlassen wird. Es stimmt, daß die Männer, um sich vor einer zu aggressiven Verfolgung der weiblichen Ziele zu schützen, die schwächliche romantische Übereinkunft erfunden haben, daß die Initiative in sexuellen Dingen immer vom Mann ausgehn muß; aber der Vorwand ist so seicht, daß es selbst im Theater, dem letzten Heiligtum der Unwirklichkeit, nur noch den Unerfahrenen täuscht. In den Dramen Shakespeares ergreift immer die Frau die Initiative. In seinen Problemstücken wie in seinen volkstümlichen Stücken besteht das Interesse an der Liebesgeschichte im Interesse zuzusehen, wie die Frau den Mann zur Strecke bringt. Sie kann es wie Rosalind tun, indem sie ihn bezaubert oder wie Mariana durch List; aber in jedem Fall ist die Beziehung zwischen der Frau und dem Mann die gleiche: sie ist der Verfolger und Urheber, er der Verfolgte und der, über den entschieden wird. Wenn die Absichten der Frau, wie bei Ophelia, durchkreuzt werden, so wird sie verrückt und begeht Selbstmord; und der Mann geht gleich von ihrem Begräbnis zu einem Wettfechten. Bei sehr jungen Wesen erspart die Natur ohne Zweifel der Frau manchmal die Mühe des Intrigierens. Prospero weiß, daß er Ferdinand und Miranda nur zusammenwerfen muß, damit sie sich paaren wie die Tauben; und Perdita braucht Florizel nicht einzufangen wie die gelehrte Dame in *Ende gut alles gut* (eine frühe Ibsenheldin) Bertram einfängt. Aber wenn es sich um Erwachsene handelt, kommt immer das Shakespearesche Gesetz zur Geltung. Die scheinbar einzige Ausnahme, Petruchio, ist keine wirkliche Ausnahme; er ist sehr sorgfältig als ein Eheabenteurer aus rein wirtschaftlichen Gründen konzipiert. Sobald er sicher ist, daß Katharina Geld hat, entschließt er sich, sie zu heiraten, noch ehe er sie gesehen hat. Im wirklichen Leben finden wir nicht nur Petruchios, auch Mantalinis und Dobbins, die Frauen nachstellen, indem sie an ihr Mitleid, ihre Eifersucht oder ihre Eitelkeit appellieren, oder sich in einer romantischen Leidenschaft an sie klammern. Solche Weichlinge zählen nicht im Weltplan; sogar Bunsby, der wie ein verblendeter Vogel in den Rachen von Mrs. MacStinger fällt, ist vergleichsweise ein wahrer tragischer Gegenstand von Furcht und Mitleid. Ich finde in meinen eigenen Stücken diese Frau wieder, die auf dramatische Weise meinen Händen entspringt (ein Prozeß, über den ich, das versichere ich Ihnen, nicht mehr wirkliche Gewalt besitze wie über meine Ehefrau) und die sich genau so benimmt wie die Frau in den Stücken Shakespeares.

So ist Ihr Don Juan ans Tageslicht gekommen: als eine Bühnenprojektion der tragikomischen Liebesjagd, die die Frau auf den Mann macht; und mein Don Juan ist die Beute, nicht der Jäger. Und doch ist es ein wahrer Don Juan mit einem Sinn für die Wirklichkeit, der Konventionen zu nichts macht und der sich bis zuletzt gegen das Schicksal wehrt, das ihn schließlich erreicht. Die Tatsache, daß die Frau ihn braucht, um die dringendste Aufgabe der Natur zu vollbringen, kann ihn erst dann bezwingen, als sein Widerstand sie zur äußersten Anspannung ihrer Kräfte treibt und sie es wagt, ihre gewohnte Anwendung der konventionellen Pose von Pflicht und Zärtlichkeit aufzugeben und ihren Anspruch an ihn als ihr natürliches Recht zu proklamieren, zu einem Zweck, der ihre persönlichen irdischen Zwecke weit übersteigt.

Unter den Freunden, denen ich das Stück im Manuskript vorgelesen habe, sind einige unseres eigenen Geschlechts, die über die »Skrupellosigkeit« schockiert waren; sie meinten damit das völlige Fehlen männlicher Empfindlichkeit, mit der die Frau ihr Ziel verfolgt. Sie kommen nicht auf den Gedanken, daß es das Ende des Menschengeschlechts bedeuten würde, wenn die Frauen moralisch oder physisch so empfindlich wären wie die Männer. Gibt es etwas gemeineres, als anderen Leuten die notwendige Arbeit überzuschieben und diese dann als unwürdig und unfein zu diffamieren? Wir lachen über das hochmütige amerikanische Volk, daß den Neger die Stiefel putzen läßt und dann die moralische und physische Unterlegenheit des Negers mit der Tatsache beweist, daß er ein Schuhputzer ist. Aber wir selber schieben die ganze Mühsal der Schöpfung einem Geschlecht zu und unterstellen dann, daß kein weibliches Wesen mit der geringsten Fraulichkeit oder dem geringsten Zartgefühl je den ersten Schritt in dieser Richtung tun würde. In dieser Sache kennt die männliche Heuchelei keine Grenzen. Ohne Zweifel gibt es Augenblicke, in denen die sexuellen Vorrechte des Mannes für ihn äußerst demütigend werden. Wenn der schreckliche Augenblick der Geburt eines Kindes kommt, ein Augenblick von höchster Wichtigkeit, übermenschlicher Anstrengung und Gefahr, zeigt sich, daß der Vater daran keinen Teil hat und völlig bedeutungslos wird; er geht selbst der bescheidensten Schürze aus dem Wege, glücklich, wenn er so arm ist, daß man ihn aus dem Haus schiebt und er seine Schande mit trunkenem Lärm überspielen kann. Aber wenn die Gefahr vorüber ist, nimmt er seine Rache, brüstet sich als der Ernährer, und spricht mit Herablassung von der »Sphäre« der Frau, sogar mit Ritterlichkeit, so als wären Küche und Kinderzimmer weniger wichtig als das Büro in der Stadt. Wenn seine Prahlsucht erschöpft ist, so läßt er sich in erotische Poesie oder sentimentales Gattengehabe treiben; und Tennysons König Arthur, der vor Guinevere posiert, wird zu einem Don Quichote, der vor Dulcinea kriecht. Sie müssen zugeben, daß die Natur hier die Komödie übertrifft: die wildeste Männerrechts- oder Frauenrechts-Farce ist flau, verglichen mit der alltäglichsten »Scheibe aus dem wirklichen Leben.« Die Unterstellung, daß Frauen nicht die Initiative ergreifen, ist ein Teil dieser Farce. Die ganze Welt ist übersät mit Schlingen, Fallen, Fallstricken und Gruben, die von den Frauen zum Fang von Männern ausgelegt sind. Geben Sie den Frauen das Stimmrecht, dann wird es in fünf Jahren eine erdrückende Junggesellensteuer geben. Die Männer hinwiederum belegen das Heiraten mit Strafen, sie berauben die Frauen ihres Eigentums, des Wahlrechts, des freien Gebrauchs ihrer Glieder, des uralten Symbols der Unsterblichkeit, des Rechts, es sich im Hause Gottes behaglich zu machen, indem man den Hut abnimmt, sie rauben ihr alles, auf das zu verzichten sie die Frauen zwingen können, ohne daß sie sich selbst zwingen, auf die Frau zu verzichten. Das alles ist vergebens. Die Frau muß heiraten, weil das Menschengeschlecht ohne ihr Wirken zugrunde geht; wenn das Risiko des Todes und die Gewißheit von Schmerz, Gefahr und unaussprechlichen Mühseligkeiten sie nicht zurück halten können, so werden es auch Sklaverei und Fesseln an den Gelenken es nicht tun. Und doch nehmen wir an, daß die Kraft, die die Frauen durch all diese Gefahren und Mühen trägt, beschämt halt macht vor unseren zimperlichen Verhaltensvorschriften für junge Damen. Man ist überein gekommen, daß die Frau bewegungslos warten muß, bis um sie geworben wird. Nun, oft wartet sie wirklich bewegungslos. So wartet die Spinne auf die Fliege. Aber die Spinne spinnt ihr Netz. Und wenn die Fliege wie mein Held, eine Kraft zeigt, die ihn vielleicht befrein könnte, dann gibt die Spinne sehr schnell ihre scheinbare Passivität auf und wickelt ihn ganz offen immer dichter ein, bis sie ihn sich für immer gesichert hat!

Wenn die wirklich eindrucksvollen Bücher und andere Kunstwerke der Welt von gewöhnlichen Männern gemacht wären, so würden sie mehr Angst vor der Verfolgung durch die Frauen ausdrücken als Liebe zu deren trügerischer Schönheit. Aber gewöhnliche Männer können keine Kunstwerke hervorbringen, die wirklich Eindruck machen. Die, die es können, sind geniale Männer; das heißt Männer, die von der Natur ausgewählt sind, deren eigenem instinkthaften Streben ein intellektuelles Bewußtsein aufzubauen. Wir finden daher im genialen Mann die ganze Skrupellosigkeit und die »Selbsthingabe« (die beiden Dinge sind dasselbe) der Frau. Er riskiert Hals und Kragen; wenn es nötig ist, hungert er ein ganzes Leben lang in einer Dachkammer; er studiert die Frauen und lebt von ihrer Arbeit und Sorge, so wie Darwin die Würmer studierte und von Schafen lebte; er arbeitet ohne Bezahlung, bis seine Nerven in Fetzen sind, ein erhabener Altruist in seiner Rücksichtslosigkeit gegen sich selbst, ein schrecklicher Egoist in seiner Rücksichtslosigkeit gegen andere. Hier begegnet die Frau einem Lebensziel, das genau so unpersönlich, so unwiderstehlich ist wie ihr eigenes; und der Zusammenprall ist manchmal tragisch. Wenn die Sache noch dadurch kompliziert wird, daß das Genie eine Frau ist, dann ist es ein Spiel für einen König unter den Kritikern: Ihre George Sand wird Mutter, um als Romanschriftstellerin Erfahrung zu sammeln und um sich als solche zu entwickeln, und sie verschlingt Männer von Genie, Chopin, Musset und andere, als bloße Hors d'œuvres.

Ich führe natürlich einen extremen Fall an; aber was von dem großen Mann gilt, der das philosophische Bewußtsein des Lebens verkörpert und der Frau, die die Fruchtbarkeit verkörpert, gilt bis zu einem gewissen Grad für alle Genies und alle Frauen. Daher werden die Bücher der Welt geschrieben, ihre Bilder gemalt, ihre Statuen modelliert, ihre Symphonien komponiert, von Menschen, die frei sind von der sonst allgemeinen Herrschaft der Tyrannei des Geschlechtlichen. Das führt uns zu dem Schluß, der für den Pöbel überraschend sein muß, daß die Kunst, anstatt vor allem der Ausdruck der normalen sexuellen Situation zu sein, in Wirklichkeit der einzige Ort ist, wo das Geschlechtliche eine unwirksame und zweitrangige Macht ist, deren Bewußtsein so verwirrt und deren Absicht so pervertiert ist, daß ihre Ideen den gewöhnlichen Menschen wie bloße Fantasie vorkommen. Ob der Künstler nun ein Dichter wird oder ein Philosoph, ein Moralist oder der Gründer einer Religion, seine Sexuallehre ist nichts als ein unfruchtbares, einseitiges Plädieren für Vergnügen, Aufregung und Wissen, solange er jung ist, und für kontemplative Ruhe, wenn er alt und gesättigt ist. Romantik und Asketentum, Libertinismus und Puritanismus sind in der großen Welt der Philister gleichermaßen unwirklich. Die Welt, wie sie uns in Büchern gezeigt wird, ob die Bücher nun als Erzählungen oder als Evangelien deklariert werden, in einem Kode, einer politischen Rede oder in philosophischen Systemen, ist gar nicht die eigentliche Welt: es ist nur das Selbstverständnis gewisser anormaler Leute, die das besondere künstlerische Talent und Temperament haben. Das ist für Sie und für mich eine ernste Angelegenheit, denn der Mensch, dessen Bewußtsein nicht mit dem Mehrheit übereinstimmt, ist ein Verrückter; und die alte Sitte, Verrückte anzubeten, weicht der neuen Sitte, sie einzusperren. Und da das, was wir Bildung und Kultur nennen, größtenteils nichts anderes ist als die Verwechslung von Lesen mit Erfahrung, von Literatur mit Leben, veralteter Phantasien mit der zeitgenössischen Wirklichkeit, zerstört Bildung, wie Sie es zweifelsohne in Oxford bemerkt haben, durch Unterschiebung jeden

Geist, der nicht stark genug ist, die Anmaßung zu durchschauen und die großen Meister der Kunst als das zu nehmen, was sie sind und nicht mehr; als Inhaber von Patenten höchst fragwürdiger Methoden des Denkens und Hersteller von höchst fragwürdigen, und für die Mehrheit nur halb gültigen Darstellungen des Lebens. Der Schuljunge, der seinen Homer dazu benutzt, ihn seinem Mitschüler an den Kopf zu werfen, macht wahrscheinlich den sichersten und vernünftigsten Gebrauch von ihm; und ich beobachte mit Genugtuung, daß Sie gelegentlich, in Ihren besten Augenblicken, das gleiche mit Ihrem Aristoteles tun.

Zum Glück für uns, deren Geist durch die Literatur so überwältigend verformt worden ist, ist das, was all diese Abhandlungen und Gedichte und Schriften jeglicher Art hervorbringt, der Kampf des Lebens, das sich auf eine göttliche Weise seiner selbst bewußt werden will, statt blind hierhin und dorthin zu taumeln um dem Weg des geringsten Widerstandes zu folgen. Daher findet man in allen Büchern eine Annäherung an die Wahrheit nur auf den Gebieten, wo der Schreiber, wenn er auch außergewöhnlich begabt ist, normal veranlagt ist und nicht persönlich betroffen. Copernicus hatte kein Motiv, seine Mitmenschen irrezuführen, was die Stellung der Sonne im Sonnensystem betrifft: er suchte diese Stellung so redlich wie ein Schäfer seinen Weg durch den Nebel sucht. Aber Kopernikus hätte nie wissenschaftliche Liebesgeschichten geschrieben. Wenn es auf geschlechtliche Beziehungen ankommt, so teilt der geniale Mann nicht die Gefahr des gewöhnlichen Mannes, nämlich gefangen zu werden, ebensowenig teilt die geniale Frau die überwältigende Spezialisierung der gewöhnlichen Frau. Und das ist der Grund, warum unsere Schriften und die anderen Kunstwerke, wenn sie sich mit Liebe befassen, sich von einem redlichen naturwissenschaftlichen Versuch in romantischen Unsinn verkehren, in erotische Ekstase oder das strenge Asketentum der Sättigung (»die Straße des Exzesses führt in den Palast der Weisheit« sagt William Blake; denn »man weiß nie, was genug ist, ehe man nicht weiß, was mehr als genug ist«).

Diese Frage der Sexualität hat einen politischen Aspekt, der für meine Komödie zu umfangreich ist, und zu gewichtig, als daß ich ihn ohne schuldhafte Frivolität übergehen könnte. Es ist unmöglich, darzulegen, daß die Initiative beim Anknüpfen sexueller Beziehungen immer noch bei der Frau liegt und ihr bis jetzt immer mehr bestätigt worden ist, indem man den Frauenraub unterdrückte und Zudringlichkeit diffamiert, ohne daß man gleichzeitig sehr ernste Betrachtungen darüber anstellt, daß diese Initiative politisch gesehen die wichtigste aller Initiativen ist, denn unser politisches Experiment der Demokratie, die letzte Zuflucht einer billigen politischen Mißwirtschaft, wird uns ruinieren, wenn unsere Mitbürger kein gutes Erbgut haben.

[...]

Aus: Bernard Shaw, Mensch und Übermensch, übers. v. Annemarie u. Heinrich Böll, Frankfurt: Suhrkamp 1976 (es 129), S. 5–48.

Ödön von Horváth
Vorwort
[zu: *Don Juan kommt aus dem Krieg* (1936)]

Man weiß es nicht, ob Don Juan als historische Person jemals gelebt hat. Fest steht nur, daß es den Typus Don Juan einstmals gegeben hat, und infolgedessen ist es klar, daß es ihn auch heute noch gibt und immer geben wird. Ich habe es mir also erlaubt, einen Don Juan unserer Zeit zu schildern, weil uns die eigene Zeit immer näher liegt. Scheinbar gehört zwar auch dieser Don Juan bereits der Vergangenheit an, denn er starb während der großen Inflation 1919–23, also in einer Zeit, in der sich, auch im banalsten Sinne des Wortes, alle Werte verschoben haben. Es ist aber, wie gesagt, nur eine scheinbar vergangene Zeit, denn, von einer etwas höheren Warte aus gesehen, leben wir noch immer in der Inflation, und es ist nicht abzusehen, wann sie zu Ende gehen wird.

Es ist typisch für unsere Tage, wie sehr sich jeder Einzelne in seinem innersten Wesen ändert, infolge der Katastrophen, die die Allgemeinheit betreffen. So kommt auch Don Juan aus dem Krieg und bildet sich ein, ein anderer Mensch geworden zu sein. Jedoch er bleibt, wer er ist. Er kann nicht anders. Er wird den Damen nicht entrinnen.

Das Rätsel des Don Juan wurde in mannigfacher Weise zu lösen versucht, seit hunderten Jahren, aber das Rätsel ist unlösbar. Die Gestalt hat die verschiedenartigsten Wandlungen durchgemacht, vom primitiv gesehenen Ehebrecher, Mörder und Totenlästerer, bis zum psychologisch sezierten müden Kavalier. Er lebt in der

Überlieferung und der Sage als ein gewaltiger Verbrecher, der wie eine Naturmacht gegen Sitte und Recht Sturm läuft. Er ist der große Verführer, der immer und immer von den Frauen verführt wird. Alle erliegen ihm, aber – und dies dürfte das Entscheidende sein: wirklich geliebt wird er von keiner. (Drum hat auch dieses Stück keine einzige Liebesszene.)

Was treibt nun die Frauen zu Don Juan? Es ist nicht allein die männliche Sexualität, deren stärkster Repräsentant er ohne Zweifel ist, sondern es ist die besonders innige und ausschließlich ausgeprägte metaphysische Bindung dieser Sexualität, deren Wirkung sich die Frauen nicht entziehen können. Der Don Juan sucht immer die Vollkommenheit, also etwas, was es auf Erden nicht gibt. Und die Frauen wollen es ihm, und auch sich selbst, immer wieder beweisen, daß er alles, was er sucht, auf Erden finden kann. Das Unglück der Frauen ist, daß sie einen irdischen Horizont haben – erst, da sie es schaudernd ahnen, daß er nicht das Leben sucht, sondern sich nach dem Tode sehnt, schrecken sie von ihm zurück. Die tragische Schuld Don Juans ist, daß er seine Sehnsucht immer wieder vergißt oder gar verhöhnt, und so wird er zum zynischen Opfer seiner Wirkung, aber nicht ohne Trauer.

Aus: Ödön von Horváth, Gesammelte Werke I, hg. v. Traugott Krischke, Frankfurt: Suhrkamp ²1972, S. 591–592.

José Ortega y Gasset
[Der Techniker und der Intellektuelle (1939/42)]

Hier nun läßt uns die Betrachtung über die Technik, wie auf den Kern in einer Frucht, auf das seltsame Geheimnis des Mensch-Seins stoßen. Denn es ist, wenn es existieren will, ein Dasein unter Zwang; will es in der bloßen Natur, eingebettet in sie, existieren, ist es nur ein Lebewesen. Zoologisch bedeutet Leben alles, was man tun muß, um sich in der Natur zu behaupten. Aber der Mensch hilft sich aus den Schwierigkeiten und reduziert dieses Leben auf ein Minimum, um nicht tun zu müssen, was das Tier tun muß. In dem leeren Raum, den die Überwindung seines animalischen Lebens hinterläßt, übt der Mensch eine Reihe nicht biologischer Tätigkeiten aus, die ihm nicht von der Natur auferlegt sind, die er sich selbst erfunden hat. Und gerade dieses erfundene Leben, erfunden wie man eine Novelle oder ein Theaterstück erfindet, ist das, was der Mensch menschliches Leben, Sich-wohl-Befinden nennt. Das menschliche Leben überschreitet daher die natürliche Wirklichkeit, es ist ihm nicht gegeben, zu fallen, wie dem Stein, es ist ihm keine feste Reihe organischer Akte gegeben wie dem Tier – essen, fliehen, ein Nest bauen – der Mensch macht es sich vielmehr selbst, und dieses Sich-Selbst-Machen ist die erste Erfindung des Lebens. Wie? Das menschliche Leben wäre also in seiner spezifischen Dimension ein Werk der Einbildungskraft? Der Mensch wäre eine Art Dichter seiner selbst, der die phantastische Figur einer Person samt ihrem unwirklichen Typus von Beschäftigungen ersinnt und der, damit ihm diese Erfindung wirklich gelinge, alles tut, was er tut, das heißt Techniker ist? [S. 44 f.]

Das Leben als Herstellung seiner Selbst – Technik und Wünsche

Unter dieser Perspektive scheint das Leben des Menschen, seine Existenz, formal und wesensmäßig aus einem Problem zu bestehen. Für die übrigen Seienden der Welt ist Existieren kein Problem – weil Existenz Wirksamkeit bedeutet, Verwirklichung einer Wesenheit – zum Beispiel, daß das Stier-Sein zustande kommt, sich verwirklicht. Nun existiert der Stier, wenn er existiert, schon als Stier. Hingegen bedeutet für den Menschen Existieren nicht ohne weiteres existieren als der Mensch, der er ist, sondern die bloße Möglichkeit zu sich selbst und die Anstrengung, sie zu verwirklichen. Wer von Ihnen ist wirklich, was er fühlt, das er sein müßte, das er sein sollte, das er anstrebt, zu sein? Daher muß zum Unterschied von allen übrigen Wesen der Mensch existierend sich seine Existenz selbst schaffen, er muß das praktische Problem lösen, das Programm zu verwirklichen, aus dem er zunächst besteht. Daher ist unser Leben bloße Aufgabe und unerbittliche Tätigkeit. Das Leben eines jeden von uns ist etwas, das uns nicht fertig, sorglos gegeben ist, sondern etwas, das man machen muß. Das Leben gibt viel zu tun, aber außer dieser Tätigkeit, die es einem auferlegt, gibt es kein Leben, und eine Tätigkeit, wiederhole ich, ist kein Ding, sondern in einer Bedeutung, die alle andern übersteigt, etwas Aktives. Im Fall aller übrigen Seienden wird vorausgesetzt, daß jemand oder etwas, das schon da ist, eine Tätigkeit ausübt, aber hier handelt es sich darum, daß man gerade, um zu sein, etwas tun muß, daß man nicht existiert, wenn nicht als tätiges Seiendes. Der Mensch muß, ob er nun will oder nicht, sich selbst schaffen, sich selbst herstellen. Dieser letzte Ausdruck ist durchaus nicht unangebracht. Er unterstreicht, daß der Mensch in der Wurzel seines Seins sich vor jeder andern Lage in der des Technikers befindet. Für den Menschen ist daher Leben zunächst und vor allem andern: sich darum bemühen, daß es das gebe, was es noch nicht gibt, das heißt, ihn, ihn selbst, indem er dazu benützt, was es gibt; kurz er »ist« Erzeugung. Damit möchte ich sagen, daß das Leben nicht, wie so viele Jahrhunderte geglaubt haben, wesentlich Kontemplation, Denken, Theorie ist. [S. 56 f.]

Der moderne Technizismus – Wissenschaft und Werkstatt – Das Wunder der Gegenwart

Der Technizismus der modernen Technik unterscheidet sich radikal von dem, der alle früheren erfüllt hat. Er entsteht zur selben Zeit wie die Physik und ist Sohn derselben historischen Stunde. Wir haben gesehen, wie sich bis jetzt der Techniker, erfüllt von dem erstrebten Endzweck, nicht frei fühlt von diesem und Mittel sucht, um ihn mit einem Schlage und völlig herbeizuführen. Das Mittel, sagte ich, ahmt den Endzweck nach.

Im 16. Jahrhundert gelangt eine neue Art des Denkens zur Reife, die sich gleichzeitig in der Technik und in der reinsten Theorie offenbart. Aber es ist auch charakteristisch für diese neue Art des Denkens, daß man nicht sagen kann, wo sie anfängt; ob in der Lösung von praktischen Problemen oder in der Konstruktion reiner Ideen. Leonardo da Vinci war bahnbrechend auf beiden Gebieten. Er ist nicht nur der Mann der Werkstatt, weder der Werkstatt der Malerei, noch der mechanischen Werkstatt. Das Leben vergeht ihm in der Erfindung von »Kunststücken«. [S. 114 f.]

[...]

Eine große Lehre! Der geistige Mensch muß die Dinge handhaben, bei ihnen sein; bei den materiellen, wenn er Naturwissenschaftler, bei den menschlichen, wenn er Historiker ist. Wären die deutschen Historiker des 19. Jahrhunderts mehr Politiker oder vielleicht »Männer von Welt« gewesen, so wäre vielleicht heute die

Geschichte eine Wissenschaft, und neben ihr bestünde eine wahrhaft wirksame Technik der Arbeit an den großen Phänomenen der Gemeinschaft, vor denen, mit Beschämung sei es gesagt, der gegenwärtige Mensch sich in derselben Lage befindet, wie der Mensch des Paläolithikums vor dem Blitz.

Der sogenannte »Geist« ist eine außerordentlich ätherische Macht, die sich im Labyrinth ihrer selbst, im Labyrinth ihrer eigenen unendlichen Möglichkeiten verliert. Das Denken ist allzu leicht! Der Geist stößt in seinem Fluge kaum auf Widerstand. Daher ist es so wichtig für den geistigen Menschen, daß er die materiellen Gegenstände mit den Händen greift und im Umgang mit ihnen die Disziplin des Kampfes lernt. Die Körper sind die Lehrer des Geistes gewesen, so wie der Kentaur Chiron der Lehrer der Griechen gewesen ist. Ohne die Dinge, die man sieht und berührt, wäre der dünkelhafte »Geist« nicht mehr als Wahnsinn. Der Körper ist der Gendarm und Pädagoge des Geistes.

[S. 118]
Der Intellektuelle, von dem hier die Rede ist, ist weder der »Schriftsteller« noch der »Mann der Wissenschaft« noch der »Professor« noch der »Philosoph«. All das sind Namen von Ämtern oder Berufen, das heißt sozialen Figuren, öffentlichen Profilen, die das Individuum annimmt und die nicht im mindesten die Glaubwürdigkeit einer unbezwinglichen geistigen Berufung in dem garantieren, der sie ausübt. Sondern hier wird nur von dem Intellektuellen gesprochen, der es wirklich ist, welches auch seine scheinbaren oder offenkundige Beschäftigung sei. Intellektueller sein ist nicht etwas, was mit dem sozialen Ich des Menschen zu tun hat. Man ist nicht Intellektueller für die übrigen, mit diesem oder jenem Vorsatz, um Geld zu verdienen, um zu glänzen, um sich in dem stürmischen Meer der Gemeinschaft zu behaupten. Man ist Intellektueller für sich selbst, trotz sich selbst, gegen sich selbst, unweigerlich.

[S. 127]
Demzufolge lebt der Intellektuelle ein gut Teil seines Lebens in einem ständigen quid pro quo. In seinem Umgang mit den übrigen geht er wie von etwas Selbstverständlichem von der Voraussetzung aus, daß sie zum selben Zweck da seien wie er selbst, daß sie zum selben Geschlecht gehören. Seine eigene Existenz ist so wunderbar, daß er erstaunt wäre, wenn er entdeckte, daß die meisten an ihr gar keinen Anteil haben. Denn das ist die reine Wahrheit: das Da-

sein des Intellektuellen ist wunderbar. Er lebt beständig auf dem Gipfel eines Tabors, von dem aus immer neue Verwandlungen stattfinden. Jeden Augenblick und jede Sache ist ihm Wechsel, Phantasmagorie, ein großes Schauspiel, ein Melodrama, ein Nordlicht. Sein Kalender besteht aus reinen Feiertagen. Das Leben, wörtlich das Leben, vergeht in Arbeit. Aber kann man das, was der Intellektuelle tut, Arbeit nennen? Seine Arbeit besteht darin, ein beständiges Fest herbeizuführen. Man versteht, daß andere Zeiten in ihm eine göttliche Verfassung vermuteten. Arbeitet Gott? Gott hört nicht auf, zu wirken, vor allem nicht der Gott, der Schöpfer ist. Waren die Schöpfungstage Arbeitstage? Haben wir nicht den Eindruck, daß Gott traurig war an dem Tag, als er beschloß, auszuruhen wie ein Maurer? Liegt nicht ein Irrtum im Wortlaut des Textes der Bibel? War es nicht so, daß er nach der Erschaffung der Welt, als er nichts anderes zu tun hatte und der erste Sabbat kam, sich die Brille aufsetzte und ein Sonett: *Die Welt* verfaßte? Dann verstünde man den Irrtum im Ausdruck, denn ein Sonett schreiben – ist das eine Arbeit oder ein Vergnügen? Bei allem Abstand – so löst der Intellektuelle alles in seinem Umkreis auf und fügt es wieder zusammen. Man stelle sich vor, daß wir dem ersten Schöpfungstag beiwohnten. Welch ein Nijinsky Adam! Welch eine Pawlowa Eva! Und der wirkliche Vogel aus wirklichem Feuer! Denn das sind alle Tage des Intellektuellen bis zu gewissem Grade: von einem Mal zum andern wohnt er der Entstehung der Dinge bei und stattet Dank ab, daß sie sind, was sie sind. Er schreitet von Überraschung zu Überraschung. Seine Alltäglichkeit besteht ausschließlich aus Überraschungen. Sein Auge ist voll Staunen. Er geht in Halluzinationen. Er ist immer von neuem trunken. Er hat den rasenden Blick, den der Erzengel annimmt, wenn er sich in irdischen Gefilden niederläßt. Selbstverständlich: betrachtet unter einem gewissen Winkel, scheint er sein Leben lang naiv, wie vom Mond gefallen. Sehr spät erst ermittelt er, daß sein Umgang mit dem Nächsten lächerlich ist. Er braucht lange, um zu entdecken, daß der Nächste nicht der Intellektuelle ist, sondern gerade der Andere, der absolut Andere. Immer war ihm etwas Seltsames in der Unterhaltung mit dem Nächsten aufgefallen. Die Sache ging niemals gut. Es war, als fehlte den Rädern des Gesprächs das Öl. Jedem Anstieg zur Höhe setzte der Nächste seine Last entgegen, wenn er ihn nicht überhaupt herunterzog. Aber endlich kommt ein Tag, an dem das Ziel sich klärt. Er sieht nun deutlich, daß die Dissonanz nicht zufällig, noch durch einzelne Motive herbeigeführt ist. Es ist eine Differenz der Temperamente, Launen und Begabungen. Es ist eine totale Diskrepanz, die größte, die es geben kann. Es handelt sich um zwei radikal verschiedene Arten, das Leben zu nehmen, in der Welt zu sein. Wenn der Intellektuelle dies entdeckt, empfindet er eine tiefe Betretenheit, eine plötzliche Scham. Er begreift, daß er das Lächerliche getan hat und nichts anderes. Es erscheint ihm lächerlich, nackt vor den übrigen gelebt zu haben, in einer Nacktheit, die schlimmer ist als die Entblößung der Haut, denn er hat dahingelebt, indem er den andern seine letzte Heimlichkeit zeigte: was er denkt, was er fühlt über die Welt, über die andern Menschen, über die Vergangenheit, über das, was er tut, über die keimende Zukunft. Nun merkt er, daß dies Tun eine Unschicklichkeit war, daß Intellektuell-Sein eine Verfassung ist, die verborgen bleiben soll wie das Räuber-, Spion-, Prostituierte-Sein. Über die Dinge denken – begrifflich oder poetisch – ist ein pudendum. Gleichzeitig fühlt er Verzweiflung, Angst, wahrzunehmen, bis zu welchem Grade der Nächste nicht intellektuell ist. Früher glaubte er, daß er vielleicht weniger intellektuell sei als er selbst, daß ihm zufällig wertvolle Gaben fehlten, daß das Leben ihn gezwungen hatte, die Sprünge seiner Intellektualität zu unterdrücken. Jener Mensch mußte eine Familie ernähren! Darum, aus keinem andern Grunde, konnte er das Leben nicht so nehmen wie er. Obwohl auch der Intellektuelle manchmal eine große Familie hat.. Aber nun, wo er weiß, daß es sich um nichts dergleichen handelt, steht er vor einem neuen nagenden Rätsel. Wie kann der Nächste als der Andere leben? Welche Art von Existenz ist das?

Und nun legt er die Hand auf die Stirn, um sich die Sorgen wegzuwischen, und sagt sich: dies muß nun sonnenklar werden! Welcher Unterschied besteht zwischen dem Leben des Andern und dem meinen? Es ist folgender:

Der Andere lebt in einer Welt der Dinge, die ein für allemal sind, was sie zu sein scheinen. Auch nicht zufällig stellt er sie in Frage. Gerade diese Aktivität, die Dinge in Frage zu stellen, übt er nicht aus und kennt sie nicht einmal. Denn diese haben für ihn einen definitiven Charakter, und die ganze Welt ist die, die er vorfindet, so, wie er sie vorfindet. Unter den Dingen gibt es auch für den Andern einige rätselhafte, unbekannte, aber diese Züge rufen keine Reaktion in ihm hervor. Sie scheinen ihm Eigenschaften der Dinge zu sein, die so wirklich und normal sind wie die Farbe oder die Form.

Sie bringen ihn nicht aus der Fassung. Für ihn besteht kein Unterschied zwischen dem, was er zu kennen glaubt, so, wie es ist, und dem was sich als rätselhaft gibt. Es gibt für ihn kein Wissen oder Nicht-Wissen. Seine Beziehung zu den Dingen ist ein einfaches Rechnen mit ihnen. Genau so, wie er weiß, daß die Körper schwer sind, das heißt, daß er mit ihrem Gewicht rechnet, so rechnet er auch damit, daß die Existenz der Welt geheimnisvoll ist, daß man nicht weiß, warum Gesellschaften entstehen und vergehen. Jede Arbeit an dem, was ihn umgibt, um es zum Problem zu machen, es zu analysieren, es zu widerlegen, es in eine Erscheinung, in ein Phantom zu verwandeln, schließt sein Leben aus. Im Gegenteil: sein Leben wird darin bestehen, sich an das zu halten, was es gibt, sich innerhalb dieser problemlosen, festen und definitiven Welt zu bewegen, sich in ihr niederzulassen, die Dinge zu handhaben, zu gebrauchen, sie so gut wie möglich zu seinem Vorteil zu benutzen. Er ist der geborene Egoist. Worauf es ihm ankommt, das ist, vorwärts zu kommen, sein Geschäft zu machen, sich durchzubringen, sich und die Seinen. Wenn er ehrlich ist, mit Anstand, wenn nicht, dann mit Betrug. Da ihn weder die Welt noch irgend etwas in ihr im geringsten interessiert, so will er ruhig sich weiter mit seinem eigenen Interesse beschäftigen, sei es das *seiner* Person oder *seiner* Familie oder *seiner* politischen Partei. Immer und ausschließlich das Seine.

Der Intellektuelle kommt jedoch mit dem Andern nicht wegen einzelner und konkreter Motive in Konflikt. Er gerät sofort in Konflikt, weil seine ursprüngliche Lebensenergie die entgegengesetzte ist, und das mußte er seit der ersten Geste, seit dem ersten Blick bemerken. Die Welt, die der Intellektuelle antrifft, scheint ihm nur da zu sein, damit sie in Frage gestellt werde. Die Dinge an sich genügen ihm nicht, denn er läßt sie nicht ruhig verweilen, sondern er analysiert sie sogleich, legt sie auseinander, sieht sie von innen an, sucht ihre Kehrseite, kurz, aus vermeintlichen Gründen macht er sie zu Problemen. Auf den ersten Blick scheint er ein Zerstörer zu sein, denn man sieht ihn immer mit den Eingeweiden der Dinge in den Händen wie einen Metzger. Aber ganz das Gegenteil ist der Fall. Der Intellektuelle *kann* nicht, auch wenn er es möchte, egoistisch sein im Hinblick auf die Dinge. Er *macht sich ein Problem aus ihnen.* Und das ist das größte Symptom der Liebe. Die Dinge sind nicht einfach da, um benutzt zu werden, wie es sich für den Andern verhält, sondern sein Leben ist Dienst an ihnen, Kult an ihrem Sein. Dieser Kult ist grausam, wie alle starken Kulte; er legt die Dinge auseinander, löst sie auf, um sie wieder zu ihrem höchsten Glanz zusammenzusetzen. Er weiß, daß die Dinge nicht wirklich sind, wenn der Mensch nicht ihr wunderbares Sein entdeckt, das sie durch einen Schleier, durch Finsternis, verdeckt haben. Daher heißt es für den Intellektuellen, mit Feuereifer hinterher zu sein, damit jede Sache in Wahrheit sei, was sie ist, und erhoben werde zur Fülle ihrer selbst. Daraus resultiert, daß die Dinge nur sind, was sie sind, wenn sie für den Intellektuellen sind. Dies ahnt manchmal das Weib. Aber das erregt natürlich den Andern sehr. Doch die Erregung ist hier unwirksam. Die Wirklichkeit ist so, ist unbarmherzig. Und die Dinge, die der Andere braucht und mißbraucht, die er handhabt und benutzt in seiner schmutzigen Existenz, sind alle von dem Intellektuellen erfunden worden. Alle!

Das Automobil und das Aspirin, Blume, Gesang und Weib. Oder glauben Sie, daß all diese Dinge, alle diese wunderbaren Dinge da waren ohne weiteres? Das werden Sie schon sehen: wenn der Intellektuelle, wie schon so oft in der Geschichte, ganz oder beinahe verschwinden wird, um unterzutauchen wie der Taucher in der Tiefe. Die Tiefe par excellence ist das Schweigen. Sie werden sehen, wie das Wunderbare verschwinden wird von der Oberfläche der Erde und das Leben, auch das des Andern, Anmut, Spannung und Begeisterung einbüßt.

Damit die Dinge *sind*, bedarf es (ob man will oder nicht) des Intellektuellen. Was der Andere für Wirklichkeiten hält, ist nichts als eine Menge alter Ideen des Intellektuellen, alte Petrefakten seiner Phantasien. Wenn nur der Andere auf dem Planeten lebte, so würde dieser nicht sein, was er ist. Jedes Ding ist in seinem wahren Wesen Legende, Axiom, Vers oder Mythos. Daher erregt sich der Intellektuelle über den Andern. Es erregt ihn, daß dieser den Dingen ihr Sein nicht läßt, sich nicht mit ihnen beschäftigt, sondern in einer rohen, mitleidlosen, irreligiösen Weise ihren Schein nutzt. Für den Intellektuellen ist der Andere ein Atheist, der Atheist schlechthin; er ist der Mensch ohne Schauer vor dem Göttlichen, das alles ist. In der Welt zu leben, ohne sie sich zum Problem zu machen, würde dem Intellektuellen wie Parasitentum erscheinen. [S. 134–141]

Aus: José Ortega y Gasset, Betrachtungen über die Technik. Der Intellektuelle und der Andere, übers. v. Fritz Schalk, Stuttgart: DVA 1949.

Albert Camus
Der Don-Juanismus (1942)
Die ›Wiederholung‹ in der Liebe

Genügte es einfach zu lieben, dann wären die Dinge zu simpel. Je mehr man liebt, um so mehr festigt sich das Absurde. Nicht aus Mangel an Liebe geht *Don Juan* von Frau zu Frau. Es ist lächerlich, ihn als einen Trunkenen auf der Suche nach der allumfassenden Liebe darzustellen. Aber weil er alle gleich stürmisch und jedesmal mit Einsatz seiner ganzen Person liebt, muß er diese Gabe und diese Vertiefung wiederholen. Daher hofft jede ihm zu geben, was ihm bis dahin keine gegeben hat. Sie alle täuschen sich jedesmal völlig, und es gelingt ihnen nur, ihn die Notwendigkeit dieser Wiederholung empfinden zu lassen. ›Endlich‹, ruft eine, ›hab ich dir die Liebe geschenkt!‹ Ist es verwunderlich, wenn *Don Juan* darüber lacht: ›Endlich? Nein, nur einmal mehr!‹ Warum sollte man selten lieben, um stark zu lieben?

Ist *Don Juan* traurig? Das ist nicht wahrscheinlich. Ich brauche an die Fabel kaum zu erinnern. Dieses Lachen, die sieghafte Frechheit, das Sprunghafte und die Freude am Theatralischen – alles das ist hell und fröhlich. Jedes gesunde Wesen ist darauf aus, sich zu vermehren. So auch *Don Juan*. Darüber hinaus aber haben die Traurigen zwei Gründe für ihre Trauer: sie leben in Unwissenheit, oder sie hoffen. *Don Juan* weiß, und er hofft nicht. Er erinnert an jene Artisten, die die Grenzen ihrer Möglichkeiten kennen, sie nie überschreiten und in diesem unsicheren Spielraum, auf den ihr Geist sich einstellt, über alle wunderbare, meisterliche Leichtigkeit verfügen. Und eben das kennzeichnet das Genie: die Klugheit, die ihre Grenzen kennt. Bis zur Grenze des physischen Todes weiß *Don Juan* nichts von der Traurigkeit. Sobald er weiß, erschallt sein Gelächter und entschuldigt alles. Er war traurig, solange er hoffte. Jetzt findet er auf den Lippen dieser Frau den bitteren und stärkenden Geschmack des einzigartigen Wissens. Bitter? Kaum: es ist diese notwendige Unvollkommenheit, die das Glück spürbar macht!

Es wäre eine große Torheit, wollte man in *Don Juan* einen Menschen sehen, dessen geistige Nahrung aus dem *Prediger Salomonis* stammte. Denn nichts ist für ihn so eitel wie die Hoffnung auf ein anderes Leben. Er beweist das, da er sie gegen den Himmel selber ausspielt. Das Bedauern darüber, im Genuß die Sehnsucht verloren zu haben – dieser Gemeinplatz der Ohnmacht liegt ihm fern. Der gilt wohl für *Faust*, der stark genug an Gott glaubt, um sich dem Teufel zu verschreiben. Bei *Don Juan* liegt die Sache einfacher. Der *Burlador* Molinas antwortet auf alle Drohungen der Hölle: ›Oh, daß du mir eine lange Frist gewährtest!‹ Was nach dem Tode kommt, ist belanglos – und wie lang ist die Reihe der Tage für den, der zu leben weiß! *Faust* begehrte die Güter dieser Welt: der Unglückliche brauchte nur die Hand auszustrecken. Es hieße schon seine Seele verkaufen, wenn man sie nicht zu erfreuen wüßte. *Don Juan* dagegen lenkt den Überdruß. Wenn er eine Frau verläßt, so tut er das absolut nicht, weil er sie nicht mehr begehrt. Eine schöne Frau ist immer begehrenswert. Aber er begehrt eine andere, und das ist – wahrlich! – nicht dasselbe.

Dieses Leben füllt ihn ganz aus, und das Schlimmste wäre, es zu verlieren. Dieser Narr ist ein großer Weiser. Die Menschen aber, die von der Hoffnung leben, richten sich schlecht ein in dieser Welt, in der die Güte der Freigebigkeit weicht, die Zärtlichkeit dem männlichen Schweigen, die Gemeinschaft dem einsamen Mut. Und dann sagen alle: ›Er war ein Schwächling, ein Idealist oder ein Heiliger.‹ Eine beleidigende Größe muß man wohl herabsetzen.

Man entrüste sich, soviel man will (oder mit diesem Komplizen-Lächeln, das den Gegenstand seiner Bewunderung herabsetzt) über die Reden *Don Juans* und über diese ewig gleiche Phrase, deren er sich bei allen Frauen bedient. Aber für den, der die Quantität der Freuden sucht, zählt allein die Wirkung. Sollte er bewährte Paßworte komplizieren? Niemand, weder Frau noch Mann, hören auf sie; viel stärker vernehmen sie die Stimme, die sie ausspricht. Sie sind die Regel, sind Konvention und Höflichkeit. Man sagt sie, danach bleibt das Wichtigste noch zu tun. *Don Juan* bereitet sich schon darauf vor. Warum sollte er sich ein moralisches Problem stellen? Er verurteilt sich nicht wie Milocz' *Mañara*[1], weil er ein Heiliger sein möchte. Die Hölle ist für ihn etwas, das man herausfordert. Für den göttlichen Zorn kennt er nur eine Antwort: die männliche Ehre. ›Ich habe Ehre im Leib‹, sagte er zum *Komtur*, ›und ich halte mein Wort, weil ich ein Edelmann bin.‹ Aber ebensogroß wäre der Irrtum, wollte man aus ihm einen Immoralisten

---

1 *Miguel Mañara*, Mysterienspiel des 1939 gestorbenen französischen Dichters de Lubicz-Milocz über den *Don-Juan-Stoff*.

machen. Er ist in dieser Hinsicht ›wie jedermann‹: er hat die Moral von Sympathie und Antipathie. Man versteht *Don Juan* nur dann richtig, wenn man sich auf das bezieht, was er gemeinhin symbolisiert: den gewöhnlichen Verführer und Weiberhelden. Er ist ein gewöhnlicher Verführer[2]. Nur daß er bewußt und infolgedessen absurd ist. Ein hellsichtig gewordener Verführer wird sich nicht sosehr ändern. Verführen ist sein Element. Nur in den Romanen ändert man seine Haltung, oder man wird besser. Man kann jedoch behaupten, daß nichts geändert und gleichzeitig alles verwandelt ist. Was *Don Juan* in Tätigkeit versetzt, ist eine Ethik der Quantität – im Gegensatz zum Heiligen, der zur Qualität neigt. An den tiefen Sinn der Dinge nicht glauben – das ist die Eigentümlichkeit des absurden Menschen. Er überprüft rasch diese warmen oder erstaunten Gesichter, bringt sie in die Scheuer und eilt ohne Aufenthalt weiter. Die Zeit geht mit ihm. Der absurde Mensch trennt sich nicht von der Zeit. *Don Juan* denkt nicht daran, die Frauen zu ›sammeln‹. Er verbraucht viele und damit auch seine Lebens-Chancen. Sammeln heißt: von seiner Vergangenheit leben können. Er aber weist das Bedauern zurück, diese andere Form der Hoffnung. Er kann nicht Bildnisse betrachten.

Ist er deswegen egoistisch? Auf seine Art zweifellos. Aber darüber müssen wir uns noch verständigen. Die einen sind fürs Leben geschaffen, die andern fürs Lieben. *Don Juan* wenigstens würde das gern behaupten. Aber das hieße einen Seitenweg wählen. Denn die Liebe, von der hier gesprochen wird, ist vor den Illusionen des Ewigen geschützt. Alle Kenner dieser Leidenschaft lehren uns das. Ewige Liebe ist stets widerspruchsvoll. Es gibt auch kaum Leidenschaft ohne Kampf. Eine solche Liebe findet ihr Ende nur im letzten Widerspruch, dem Tod. Man muß *Werther* sein oder nichts. Auch da gibt es noch mehrere Arten, Selbstmord zu begehen; eine davon ist die völlige Hingabe und Selbstaufgabe. *Don Juan* weiß wie jeder andere, daß das erregend sein kann. Er weiß aber auch fast als einziger, daß das nicht die Hauptsache ist. Er weiß es sehr gut, daß diejenigen, die eine große Liebe von all ihrem persönlichen Leben ablenkt, möglicherweise reicher werden, daß aber diejenigen, die ihre Liebe auserwählt hat, ebenso gewiß ärmer werden. Eine Mutter, eine leidenschaftliche Frau haben notwendiger-

---

[2] Im wahrsten Sinne des Wortes und mit seinen Fehlern. Eine gesunde Haltung schließt *auch* Fehler in sich.

weise ein nüchternes Herz, denn es ist von der Welt abgewandt. Ein einziges Gefühl, ein einziges Wesen, ein einziges Gesicht – aber alles wird verschlungen. Eine andere Liebe erschüttert *Don Juan*, und die macht frei. Sie bringt alle Gesichter der Welt mit sich, und ihr Schauder kommt aus dem Wissen, daß sie vergänglich ist. *Don Juan* hat gewählt, nichts zu sein.

Für ihn handelt es sich darum, klarzusehen. Liebe nennen wir das, was uns an bestimmte Wesen bindet, nur in bezug auf eine kollektive Sehweise, für die die Bücher und die Märchen verantwortlich sind. Unter Liebe verstehe ich nur die Mischung von Verlangen, Zärtlichkeit und gegenseitigem Verstehen, die mich an ein bestimmtes Wesen bindet. Diese Zusammensetzung ist nicht bei jedem gleich. Ich habe nicht das Recht, alle diese Erfahrungen mit demselben Namen zu belegen. Das entbindet davon, sie aus denselben Heldenliedern abzuleiten. Der absurde Mensch vervielfacht auch hier, was er nicht vereinfachen kann. So hat er eine neue Art des Seins entdeckt, die ihn mindestens ebenso befreit, wie sie diejenigen befreit, die sich ihm nähern. Großmütig ist die Liebe nur, wenn sie sich zugleich vergänglich und einzigartig weiß. Alle diese Tode und alle diese Wiedergeburten sind für *Don Juan* die Ernte seines Lebens. Darin besteht seine Art, zu geben und Leben zu spenden. Ich stelle anheim, ob man da von Egoismus reden kann.

Strafe für Don Juan?

Ich denke hier an alle, die *Don Juan* durchaus bestraft wissen wollen, nicht erst in einem anderen Leben, sondern noch in diesem. Ich denke an alle Erzählungen, Legenden und an das Gelächter über den alten *Don Juan*. Aber *Don Juan* ist schon drauf gefaßt. Für einen bewußten Menschen sind das Alter und die Dinge, die es ankündigt, keine Überraschungen. Er ist nur genau in dem Maße bewußt, wie er sich das, was daran schrecklich ist, nicht verschleiert. In Athen gab es einen Tempel, der dem Alter geweiht war. Dorthin wurden die Kinder geführt. Bei *Don Juan* ist es so: je mehr man über ihn lacht, um so deutlicher verrät sich seine Gestalt. Damit wehrt er sich gegen die Gestalt, die die Romantiker ihm gaben. Über diesen gemarterten und bejammernswerten *Don Juan* will keiner lachen. Man bedauert ihn. Der Himmel selber wird ihn entschädigen? Aber das ist es nicht. In dem Universum, das *Don*

Juan ahnt, ist *auch* der Lächerliche mitenthalten. Er fände es nur richtig, gezüchtigt zu werden. Die Spielregel verlangt das so. Und das ist ja gerade seine Großmut, daß er die ganze Spielregel angenommen hat. Er weiß aber, daß er recht hat und daß es sich nicht um Züchtigung handeln kann. Ein Schicksal ist keine Strafe.

Das ist sein Verbrechen, und wie verständlich ist es, daß die Anhänger der Ewigkeit seine Bestrafung fordern. Er erreicht ein illusionsloses Wissen, das alles leugnet, was sie bekennen. Lieben und Besitzen, Erobern und Ausschöpfen – das ist seine Art zu erkennen. (Dieses Lieblingswort der Heiligen Schrift, die unter ›erkennen‹ den physischen Liebesakt versteht, hat schon einen Sinn.) Und durch das Ausmaß, in dem er sie ignoriert, ist er der schlimmste Feind jener Frommen.

Ein Chronist erzählt, der wahre ›*Burlador*‹ sei von Franziskanern ermordet worden, weil sie ›den Exzessen und der Ruchlosigkeit *Don Juans*, dem seine vornehme Geburt Straflosigkeit zusicherte, ein Ende machen wollten‹. Sie verkündeten dann, der Himmel hätte ihn mit einem Blitz erschlagen. Niemand hat dieses merkwürdige Ende nachgeprüft. Niemand hat das Gegenteil bewiesen. Aber ohne mich zu fragen, ob es wahrscheinlich sei, kann ich behaupten, daß es logisch ist. Ich will mich hier nur an den Begriff ›Geburt‹ halten und mit den Worten spielen: das Leben selber sicherte seine Unschuld. Nur vom Tode her hat er eine jetzt legendäre Schuld bekommen.

Was anderes bedeutet jener steinerne Gast, diese kalte Statue, die da in Gang gesetzt wird, um das Blut und den Mut zu rächen, die zu denken wagten? Alle Mächte der ewigen Vernunft, der Ordnung, der allgemeinen Moral, die ganz seltsame Größe eines dem Zorne zugänglichen Gottes vereinigen sich in ihm. Dieser gigantische und seelenlose Stein symbolisiert nur die Mächte, die *Don Juan* für immer geleugnet hat. Und da hört die Mission des *Komturs* auf. Blitz und Donner können wieder in den fiktiven Himmel eingehen, aus dem man sie gerufen hat. Die wahre Tragödie spielt sich fern von ihnen ab. Nein, nicht von einer steinernen Hand ist *Don Juan* gestorben. Ich glaube gern an den legendären Hohn, an das unsinnige Gelächter des gesunden Mannes, der einen nicht existierenden Gott herausfordert. Aber ich glaube vor allem, daß der *Komtur* an jenem Abend, an dem *Don Juan* bei *Anna* wartete, nicht kam, und daß der Gottlose, als die Mitternacht vorüber war, die furchtbare Bitterkeit derer fühlen sollte, die recht hatten. Noch lieber akzeptiere ich die Erzählung seines Lebens, nach der er sich schließlich in ein Kloster vergräbt. Nicht, daß man die erbauliche Seite der Geschichte für wahrscheinlich halten könnte. Was für eine Zuflucht, Gott anzubeten? Dies stellt vielmehr den logischen Abschluß eines vom Absurden ganz und gar durchdrungenen Lebens symbolisch dar, die verwegene Auflösung einer Existenz, die ganz auf Freuden ohne ein Morgen eingestellt war. Der Genuß vollendet sich hier in der Askese. Man muß begreifen, daß das gleichsam die beiden Gesichter ein und derselben Not sein können. Was für ein schreckliches Bild könnte man sich wünschen: ein Mensch, den sein Körper verrät und der es versäumte, rechtzeitig zu sterben, vollendet die Komödie, indem er Aug in Auge mit dem Gott, an den er nicht glaubt, das Ende erwartet, ihm dient, wie er dem Leben gedient hat, kniend vor der Leere und die Arme zu einem stummen Himmel ausgestreckt, der für ihn auch keine Tiefe hat.

Ich sehe *Don Juan* in einer Zelle jener spanischen Klöster, die einsam auf einer Höhe liegen. Und wenn er etwas anschaut, so sind es nicht die Phantome verflüchtigter Liebschaften, sondern vielleicht, durch einen glühenden Spalt, irgendeine schweigende Ebene Spaniens, die großartige und seelenlose Erde, in der er sich wiedererkennt. Ja, bei diesem melancholischen und strahlenden Bilde müssen wir verharren. Was zuletzt kommt, das Ende, erwartet, aber nie gewünscht, das endgültig Letzte ist verächtlich.

Aus: Albert Camus, Der Mythos von Sisyphos. Ein Versuch über das Absurde, übers. v. H. G. Brenner u. Wolfdietrich Rasch, Reinbek: Rowohlt 1959 (rde 90), S. 61–67.

Romano Guardini
[Aus:] Vom Sinn der Schwermut (1949)

[...] Einfache Menschen, scheint mir, werden nicht schwermütig. ›Einfachheit‹ aber bedeutet hier keinen Mangel an Bildung oder bescheidene gesellschaftliche Verhältnisse. Ein Mensch kann höchst unterrichtet sein, anspruchsvoll, in vielfältigen gesellschaftlichen Beziehungen und reichem Schaffen stehen, und dennoch einfach sein nach diesem Sinn. Vielfalt meint hier eine innere Gegensätzlichkeit der Lebenstendenzen; eine Spannung zwischen den Motiven; ein wechselseitiges Durchkreuzen der Triebe; Widersprüche in der Haltung Menschen und Dingen gegenüber, im Anspruch an die Welt und an das eigene Leben; in den Maßstäben, nach welchen gemessen wird...

Diese Sensibilität macht den Menschen verwundbar durch die Erbarmungslosigkeit des Daseins. Und zwar ist's gerade das Unaufhebbare darin, was verwundet; das Leiden überall; das Leiden der Wehrlosen und Schwachen; das Leiden der Tiere, der stummen Kreatur... Im letzten kann man es nicht ändern. Es ist unaufhebbar. Es ist so und bleibt. Aber gerade das ist schwer. Verwundend sind die Armseligkeiten des Daseins; daß es oft so häßlich ist, so platt...

Das Leere darin. Man möchte sagen: die metaphysische Leere. Hier ist der Punkt, wo sich mit der Schwermut die Langeweile verbindet. Und zwar eine bestimmte Art der Langweile, wie gewisse Naturen sie erleben. Sie bedeutet nicht, daß einer nichts Ernsthaftes tue, müßig gehe. Sie kann ein sehr beschäftigtes Leben durchziehen. Diese Langeweile bedeutet, daß etwas in den Dingen gesucht wird, leidenschaftlich und überall, was sie nicht haben. Gesucht wird mit einer schmerzlichen Fühligkeit und Unfähigkeit zu dem, was man im besten Sinne das Bürgerliche nennen könnte: dem Kompromiß mit dem Möglichen und dem Sinn fürs Behagen. Das sucht und versucht die Dinge so zu nehmen, wie es sie möchte; jenes Gewicht, jenen Ernst, jene Glut und Erfüllungskraft in ihnen zu finden, nach der es dürstet, und es geht nicht. Die Dinge sind endlich. Alle Endlichkeit aber ist Defekt. Und dieser Defekt ist Enttäuschung für das Herz, welches nach Unbedingtheit verlangt. [S. 26–27]

[...]

[Kennzeichnend ist die] Sehnsucht des Schwermütigen nach der Stille [...]

Sein beständiges Flüchten in die Verborgenheit kommt auch in der ganzen Struktur seines Daseins zum Ausdruck. Es ist ein Dasein voll Kulissen und Masken. Immer wieder verbirgt sich Eigentliches hinter Uneigentlichem. Gesellschaftliche Form, elegante Lässigkeit, Witz, sachlicher Ernst – alles das wird zu Fassaden, hinter denen sich ganz anderes, oft dunkle Verzweiflung birgt.

Unmittelbare Selbstmitteilung wird hier schwer. Es wird schwer, schlicht zu sagen, was man denkt; was in einem vorgeht; schwer, die inneren Dinge einfach beim Namen zu nennen. Sie sind zu sehr mit Ungewöhnlichem belastet. Die sind so, daß man gar nicht annehmen kann, der andere werde sie verstehen. Sie erscheinen dem, der sie lebt, irgendwie als ungeheuerlich, unerhört, fremd, furchtbar, vielleicht häßlich, nicht hineinpassend in das Täglich-Menschliche. Das Problem des Ausdrucks rollt sich hier auf; der Entzweiung zwischen dem Innern und dem Äußern. Dem Schwermütigen sind Innerlichkeit und Ausdrucksmittel inkommensurabel. Geist und Körper; Absicht und Handlung; Gesinnung und Erfolg; der Anfang einer Entwicklung mit deren Vollzug... Überhaupt Höheres und Tieferes, Eigentliches und Uneigentliches, Hauptsache und Nebensache – das sind Zweiheiten, und zwischen ihnen steht für den Schwermütigen eine Mauer. Tragisch ist dieses Ausdrucksverhältnis, in welchem das Ausdrucksmittel für das Eigentlich-Gemeinte ebensoviel, ja, noch mehr Verhüllung ist als Offenbarung.

Diese Tragik kann sich verschärfen bis zum Furchtbaren. Kierkegaard hat über diese Seite der Schwermut vielleicht Endgültiges gesagt[.] [S. 40–41]
[...]
Der schwermütige Mensch hat wohl die tiefste Beziehung zur Fülle des Daseins. Ihm leuchtet heller die Farbigkeit der Welt; ihm tönt inniger die Süßigkeit des inneren Klanges. Er spürt ganz ans Lebendige die Gewalt ihrer Gestalten. Der Schwermütige ist es, aus dessen Wesen das Übermaß der Lebensflut bricht und der die Unbändigkeit alles Daseins zu erfahren vermag.

Immer aber, glaube ich, verbunden mit der Güte. Verbunden mit dem Wunsch, das Leben möge in Güte gehen, in Freundlichkeit und den Anderen wohltätig.

Ich glaube nicht, daß der wirklich Schwermütige von Natur hart sein könne. Dafür ist er dem Leiden zu tief verschwistert. Gewiß, schwermütige Menschen sind hart gewesen, ja unbarmherzig. Aber dann sind sie es aus innerer Not geworden; aus Angst, aus Verzweiflung. Sie sind mit sich selbst nicht fertig geworden. Nichts wird so grausam wie die Verzweiflung, die sich nicht mehr zu helfen weiß. Dann freilich, wenn der Schwermütige die Güte verliert – gerade weil er so tief mit dem Leben verbunden ist; wenn er dann die Güte verliert, kommt etwas besonders Böses in ihn hinein. Etwas, was aus Nähe, aus Fühlung mit den Nerven des Lebens böse ist. Dann vermag er in jener Weise wehe zu tun, wie das Leben ihm Schmerz zufügt. Auch diese Seite der Schwermut hat Kierkegaard gezeichnet, in der Gestalt des Nero in *Entweder – Oder*.

Das aber bringt uns an das Wertzentrum der Schwermut heran: In ihrem letzten Wesen ist sie Sehnsucht nach Liebe. Nach Liebe in all ihren Formen und in all ihren Stufen; von der elementarsten Sinnlichkeit bis zur höchsten Liebe des Geistes. Die Herzkraft der Schwermut ist der Eros; das Verlangen nach Liebe und nach Schönheit.

Dieses tiefe Verlangen, und daß es nicht nur einem Teilbereich des Wesens entspringt, sondern seiner Mitte; daß es sich nicht nur auf besondere Beziehungen und Zeiten beschränkt, sondern das Ganze durchzieht; daß das ganze schwermütige Wesen vom Eros durchtränkt ist, und der Eros diesen besonderen Charakter hat: nach Liebe verlangt und Schönheit in Einem; nach Schönheit, die ja selbst etwas tief Gefährdetes ist, und, wo sie auftaucht, eine Krise des Leben-Könnens anzeigt – das ist Grund für die Verwundbarkeit, von der wir sprachen. Denn die liebende Natur steht offen. Sie ist bereit zum Hinübergehen und Aufnehmen; zum Geben und Empfangen. Sie ist vertrauend. Sie schützt sich nicht.

Sie erfährt das Leid der Vergänglichkeit: Daß das Geliebte weggenommen wird. Daß lebendige Schönheit immer nur im Vorübergehen ist. Daß der Nachbar des Schönen der Tod ist.

Aber wie in äußerster Gegenwehr dazu ist da die Sehnsucht nach dem Ewigen, Unendlichen; nach dem Absoluten. Die Schwermut verlangt nach dem schlechthin Vollkommenen; Unzugänglich-Geborgenen, ganz Tiefen und Innerlichen; nach dem Unantastbar-Vornehmen und Edlen und Kostbaren.

Es ist das Verlangen nach dem, was Platon das eigentliche Ziel des Eros nennt, nach dem Höchsten Gut, welches zugleich das eigentlich Wirkliche ist, und die Schönheit selbst, unvergänglich und ohne Grenze. Das Verlangen, dieser allein erfüllenden Wirklichkeit inne zu werden; sie in sich aufzunehmen, mit ihr vereinigt zu werden. Etwas Besonderes ist das, was man durch die ganze Geschichte des menschlichen Suchens und Denkens hindurch verfolgen kann. Ein besonders heftiges Ungenügen am Endlichen. Der Wille zu einer besonderen Art und einer besonderen Intensität in der Weise, dieses Absoluten habhaft zu werden. Ihm genügt nicht, es zu erkennen; es ethisch wollend in die Handlungen aufzunehmen. Er hat das Verlangen nach Vereinigung; nach Kontakt von Wesen zu Wesen; nach einem Eintauchen und Trinken und Gesättigtwerden. Ein Verlangen nach seiender Einheit.

Hierher drängen jene beiden Grundtriebe des Lebens, die im Schwermütigen eine besondere Farbe haben und in so schmerzlichem Widerspruch zueinander stehen: Der nach Erfüllung, und der nach Untergang. Untergang der kärglichen, nur menschlich-irdischen Existenzform, auf daß jenes Eine sei alles in allem. Auf daß eben darin die höchste Lebenserfüllung geschehe. Worte wie das Paulinische: »Ich lebe, doch nicht ich, sondern Christus lebt in mir«, drücken, auf der höheren Ebene des Christlichen, die innerste Sehnsucht jener Geistesart aus, die den Preis dafür in der Schwermut bezahlt.

Das Verlangen nach dem Absoluten, aber so, daß dieses das Gute ist, das Edle, das heißt, der besondere, wesenhaft zugehörige Gegenstand der Liebe. Der Schwermütige verlangt danach, dem Absoluten zu begegnen, aber als Liebe und Schönheit.

IV

Wiederum aber – und hier schließt sich der Ring: Dieses Verlangen nach dem Absoluten ist beim Schwermütigen mit einem tiefen Bewußtsein verbunden, daß es vergeblich ist.

Die schwermütige Veranlagung ist wertfühlig, wertverlangend. Sie verlangt nach dem Inbegriff des Kostbaren, nach dem höchsten Gut. Aber es ist, als ob eben dieses Wertverlangen sich gegen sich selber kehre. Denn neben ihm läuft das Gefühl der Unerfüllbarkeit. Das kann sich an bestimmte Erlebnisse heften: Hier versagt zu haben; dort die Pflicht versäumt; wieder wo Zeit verloren, Nicht-mehr-Einzubringendes verspielt zu haben ... Das sind alles aber nur Einheftungsstellen für Tieferes; für ein gleichsam von vornherein jener Sehnsucht beigegebenes Gefühl der Unmöglichkeit. Die Unmöglichkeit liegt schon in der Weise, wie das Absolute gewollt ist. In einer Ungeduld, die zu schnell haben will; in einer Unmittelbarkeit, welche die Zwischeninstanzen nicht sieht, und so einen phantastischen Weg dorthin einschlägt ... Jedenfalls: Das Verlangen nach der Fülle des Wertes und des Lebens, nach der unendlichen Schönheit, im Tiefsten verbunden mit dem Gefühl der Vergänglichkeit, der Versäumnis, des Verlorenhabens, mit der unstillbaren Wehmut und Trauer und Ruhelosigkeit, die da kommt – das ist Schwermut.

Sie ist wie eine Luft, die alles umgibt, wie ein Fluidum, das alles durchströmt, wie eine tiefe Bitterkeit und Süße zugleich, die allem beigemischt ist.

V

Das führt uns zu der Frage, was der Sinn dieser Erscheinung sei, und welche Aufgabe sie stelle. Ich glaube, über alle medizinische und pädagogische Betrachtung hinaus hat sie einen solchen Sinn: Sie ist Anzeichen, daß es das Absolute gibt. Die Unendlichkeit bezeugt sich im Herzen. Die Schwermut ist Ausdruck dafür, daß wir begrenzte Wesen sind, Wand an Wand mit – lassen wir das allzu vorsichtige und abstrakte Wort fallen, das wir bisher brauchten, »das Absolute«, und setzen jenes her, das wirklich hergehört: Daß wir Wand an Wand mit Gott leben. Daß wir angerufen sind durch Gott; aufgerufen, ihn in unser Dasein aufzunehmen.

Die Schwermut ist die Not der Geburt des Ewigen im Menschen. [S. 47–50]

Aus: Romano Guardini, Vom Sinn der Schwermut, Graz: Ein Buch der Arche beim Stiasny Verlag 1951 (Dichtung der Gegenwart 11) ⟨zuerst: Zürich: die Arche 1949⟩.

Max Frisch
[Aus:] Spanien – Im ersten Eindruck

Heute von Gibraltar weg, langsam verdunstet sein Felsen in der Ferne, und der Schwarm kreischender Möwen hat unser Schiff wieder verlassen; Stille des offenen Meeres, das voll Sonne glimmert, Stille mit einem zitternden und immerzu girrenden Geländer, mit dem dumpfen Gedröhn der Maschinen, mit dem Knattern einer Flagge; noch sieht man die spanische Küste, die Sierra Nevada, auf der andern Seite sind es die afrikanischen Gebirge –

Wir fahren nach Europa zurück.

Vier Wochen Spanien, das ist natürlich zu wenig, um sagen zu können, warum dieses Land nicht mehr Europa ist, aber genug, um sich von falschen Erwartungen zu lösen und Vergleiche zu unterlassen, die hinderlich sind, etwa die Vergleiche mit Italien, die Spanien als ärmlich erscheinen lassen, ärmlich an architektonischen Schätzen – ausgenommen die arabischen, die eine Offenbarung sind! – ärmlich auch in der Kunst des Lebens. Mit dem Wein schon fängt es an; es gibt roten oder weißen, teuer oder billig, das ist die ganze Wahl, die Nuance ist ihnen gleichgültig. Ärmlich in der Kunst des Lebens: wenn man nach unseren Begriffen mißt, die aber, und das freilich spürt man schon in vier Wochen, hier nicht anzuwenden sind. Spanien ist eine völlig andere Welt. Die Pyrenäen sind ein Wall, eine Grenze unsrer abendländischen Heimat. Die andere Spurbreite, die dort zum Umsteigen nötigt, ist ein Zeichen für vieles, für Wesentliches; auch am andern Ende von Europa, nämlich gegen Rußland hin, gibt es die andere Spurbreite. Nur ist es nicht so leicht, im Geistigen umzusteigen; eben war man noch in Frankreich, und immerhin ist Spanien auch ein Mittelmeerland, ein Land mit rötlicher Erde und Oliven, die im Winde silbern, Farben, die an Griechenland erinnern, die so sehr dem Mittelmeer gehören, dem Muttermeer unseres Abendlandes; aber da ist nichts von der Milde, die Italien hat, das Licht ist Süden, aber fast schon ein afrikanischer Süden, grell und kraß, alles andere als melodiös, jedenfalls nicht jener Süden, wie ihn die Sehnsucht der Nordländer meint, kein Arkadien...

[...]

Nach dem ersten Stierkampf, den wir in Barcelona gesehen haben, kaum waren wir angekommen, war der Eindruck nicht sehr stark; kein Ekel, aber auch keine eigentliche Faszination... Herrlich die Arena voll bunter Menschen, das Geschwirr von Erwartung, das Fest unter offenem Himmel und doch in einem Kreis, in einem Trichter, der alle Blicke sammelt, und schon ist er da, der erste Stier, schwarz wie Pech, straff und jung, wild vor Kraft. Die Arena liegt halb in der Sonne, halb im Schatten; Leben und Tod. Und dann kommen die weißen, fast silbrigen Toreros mit ihrem schwarzen Dreispitz und ihren roten Tüchern, balletthaft; noch bleibt es Spiel, waffenlos. Aber später, es geht alles sehr flink, fließt schon das Rot von wirklichem Blut, greller als das Rot ihrer verblichenen Tücher, und der Stier, als die Picadores sich auf ihren verbundenen Schindmären verziehen, steht keine zwölf Meter vor uns: wir sehen deutlich das offene Loch, das sie ihm mit ihren Lanzen in den Nacken gestoßen haben, er steht und wartet, er keucht, jeder Herzschlag pumpt ihm eine Fontäne von purpurhellem Blut heraus, das als nasser Glanz über sein schwarzes Fell fließt. Für Ekel lassen sie uns keine Zeit, schon geht es weiter; mit tänzerischem Schritt kommen zwei silberne Bürschlein, jeder mit zwei Bandarillos, und nähern sich dem Stier, der wartet und keucht. Ihre Aufgabe: sie müssen die beiden Spieße, die bunt und zierlich sind, paarweise dem wütenden Stier in den Nacken stecken, und zwar von vorne, nur von vorne. Das ist die schönste Phase; der Mensch in voller Gefährdung, der er nur mit Geistesgegenwart begegnen kann; es kommt nicht darauf an, daß er die Spieße bloß anbringt, sondern daß er es mit vollendeter Eleganz tut. Der Jubel, wenn die zwei Bandarillos stecken, ist mehr als schnöde Schadenfreude; der Anblick, wie ein Leben aufs Spiel gesetzt und neuerdings gewonnen wird, ist befreiend, schön auf eine unmittelbare Art. Der Stier schüttelt sich jetzt, die kleinen Widerhaken schmerzen natürlich, er rast auf den anderen Burschen – dieser, den gewaltigen Ansturm des wütenden Tieres erwartend, das ihn aufschlitzen wird, wenn er die Sekunde verfehlt, streckt sich wie ein Tänzer und steht auf den Zehen, steckt die bunten Spieße über die Hörner, zieht seinen Bauch ein, ohne mit den Füßen zu fliehen, und der Stier rast handbreit an dem seidenen Jüngling vorbei, zwei weitere Spieße im Nacken. Die letzte Phase, wenn der Matador allein dem blutenden und von Spießen überbüschelten Stier entgegentritt, kann widerlich oder großartig sein; widerlich, wenn das Tier keine wirkliche Kampfwut mehr hat, wenn man es reizen muß, um an einer sterbenden Kreatur seine Künste vorzuführen; aber großartig, wenn der Stier noch Kraft hat und eine tödliche Bedrohung darstellt, großartig, weil der Matador, wenn er sich dem Stier nähert, keinen Schritt zurückweichen darf, es gibt nur das Vorwärts, einer wird draufgehen, der Mensch oder der Stier. Das hat die Unerbittlichkeit der antiken Tragödie, die Größe eines kultischen Spieles. Freilich, damit man es als solches erleben kann, muß es gekonnt sein; wir haben nur einmal erlebt, wie es dem Matador gelang, den Stier mit einem einzigen Stich hinzustrecken, so daß der Stier, mitten ins Herz getroffen, augenblicklich umkippte und alle Viere von sich streckte: tot, nicht verreckend, sondern getroffen; nicht geschlachtet, sondern besiegt ... Im großen ganzen, wie gesagt, war der Eindruck nicht sehr stark, wenigstens nicht während des Kampfes; was mich später immer mehr beschäftigt, ist die persönliche Erfahrung, daß ich zum erstenmal im Leben ein hemmungsloses Verlangen empfinden konnte, zu sehen, wie ein Mensch getötet würde, und zwar vor unseren Augen. Das war nach dem dritten Stier, als sie ihn, während der Matador sich ringsum verbeugte, durch den Sand abschleppten. Dabei weiß ich allerdings nicht, wie ich den Anblick, den verlangten, wirklich ertragen hätte.

Ja oder nein –
Tod oder Leben –
Es gibt nur zweierlei Wein –
Es gibt kein Vielleicht – oder wie man es nun nennen will, was so offensichtlich zum spanischen Wesen gehört – es ist eine Haltung, die uns, den Zögernden, immer wieder imponiert. Aber möchte man tauschen? Zum erstenmal im Süden lebte ich ohne einen Anflug von Reue, daß man jenseits der Alpen geboren ist. Vieles fällt aus, was uns dann doch teuer wäre; wie sehr wir es auch verfluchten, unser Vielleicht und unser Sowohlalsauch. Wenn der Spanier sagt: Ich liebe Dich! so heißen die Worte zugleich: Ich will Dich. Das ist das Großartige, gewiß, und zugleich das Hagere. Was ausfällt, ist die seelische Mitte, das Gemüt, das uns soviel verdunstet und verdirbt, weiß Gott. Was ausfällt, ist das Mitleid jeder Art, das kleine, das üble, aber auch das große, das durch jenes kleine und üble nicht zu entwerten ist. Was ausfällt, ist viel – die Fülle, und fast hätte ich gesagt: die Liebe, die erotische und die humane... Der Stolz wirkt plötzlich auch wie ein Ersatz, ein Eigenputz des Einsamen; der Mut wie eine Geste, womit ein fatalistischer Mensch sich selbst unterhält: Ja oder nein, Tod oder Leben, es spielt keine Rolle.

Escorial.
Man muß ihn wirklich gesehen haben, auch wenn sein Kunstwert gering ist. Grundriß von Sankt Peter zu Rom, etwas Malerei aus Italien, Glas aus Venedig; eine eigene schöpferische Leistung ist kaum zu finden. Woher sollte sie blühen? Der Kreuzgang ist mit Brettern vernagelt; das als eigener Beitrag. Von außen ist dieses Bauwerk noch am besten; es zeigt sich als Kaserne, was es ist, Öde und Angst, alles ist gigantisch-kleinlich, eine Folterkammer des Geistes, stur und schrecklich schon durch den Mangel an Geschmack, spießerhaft bis in den Grundriß, hinterhältig, die Hochburg eines verklemmten Gehirns. Das Gemach von Philipp dem Zweiten: nur durch Gänge erreichbar, die ohne architektonische Führung sind; das fast Obszöne seiner Lage: nur eine Türe trennt

es vom Hochaltar, und der Monarch, der krank ist, blickt aus seinem Bett hinüber in die Messe, natürlich ungesehen, wie er sich schon früher, als er noch gehen konnte, ungesehen in die hinterste Ecke eines Chores schlich, wo nur die Mönche saßen. Man muß das gesehen haben, dieses Gehäuse eines Gichtkranken, der sich für einen Christen hielt. Hier spürt man den Fluch, der auf Spanien liegt... Unser Spanier, ein rührender Nationalist und ein rührender Führer, dessen Gastfreundlichkeit wir schon viel verdanken, fragt natürlich, wie uns der Escorial gefallen habe; ich bekenne, kein begeisterter Verehrer von Philipp dem Zweiten zu sein; er ist überrascht, faßt sich aber und sagt:

»Ich weiß, über Philipp den Zweiten ist viel schlechtes Gerede in die Welt gesetzt worden – vor allem von den Engländern.«

Tanz – das waren eigentlich die Augenblicke, die man sucht, Offenbarung des Lebens, die die längste Reise lohnen würden, Stunden, die uns in höchstem Grade gegenwärtig machen, die uns fühlen lassen, daß wir leben, daß es ein Wunder ist, ein Jubel über alles hinaus, was einströmt an Angst und Schmerz und Verzweiflung, Stunden wirklichen Daseins, die uns dankbar machen, Dasein mit jenem Glanz des Jetzt, dem wir das Unvergeßbare ansehen. Was in allen Spielarten auffällt, die echt bleiben, ist das Herbe daran, das Trotzige, das Bezwingende, das Besiegende. Ihr Tanz, wie wild er auch werden mag, endet nie im Rausch der Auflösung, sondern im Gegenteil, im Triumph über den Rausch, im Völlig-Gefaßten, in einer Gebärde, die wie eine frohlockende Fanfare ist. Nicht sich verlieren, nicht sich gehen lassen! Leidenschaft, aber im Zügel gehalten, oder besser: als Partner gestellt. Der Stierkampf hat viel vom Tanz, der Tanz hat viel vom Kampf. Die Gesten sind selten fließend, oft abrupt; dramatisch, nicht lyrisch. Stimmung wird wie etwas Feindliches abgeschüttelt, wo immer sie aufzukommen droht, endlich geradezu mit den Füßen zertrampelt, unwirsch, fast höhnisch, unbarmherzig. Nicht sich verlieren! darum hat man auch nie den Eindruck, daß die Tanzende sich preisgebe, im Gegenteil, gerade in ihrer Ekstase bekommt sie etwas gänzlich Unnahbares; ihr weißes Lachen voll einsamer Lust ist wie ein Schild, ihre Grazie ohne jede Anbiederung. Sie tanzt ganz und gar für sich, vielleicht sogar gegen sich, und zum Schluß, wenn sie ihre Arme emporwirft, erstarrend in einer Pose, die voll Hochmut ist, voll kindlichem Hochmut, voll echtem Hochmut – man beneidet sie: als ein Menschenkind, das einen Drachen besiegt hat...

Auch in Sevilla erwischen wir keinen Stierkampf mehr. Leider! Es bleibt bei jenem ersten, einzigen, der die Erinnerung sonderbar beschäftigt; immer deutlicher wird der fünfte Stier, jener, der nicht mehr kämpfte, sondern sich einfach auf die Knie legte, wartend auf das Messer, das ihn auf metzgerhafte Weise tötet, und besonders deutlich sehe ich, wie sich langsam seine Augen verdrehen, bis plötzlich die Starre in seine vier Beine zuckt, so daß er wie ein Ding zur Seite fällt, wie ein Tisch oder ein Spielzeug; unvergeßlich vor allem ist das Lächerliche dieser Gebärde, die nicht mehr von innen heraus bewegt ist, das Puppenhafte, plötzlich gibt es nur noch die Schwerkraft, plötzlich ist es nur noch ein Klumpen von Fleisch, der abzuschleifen ist, schwer und unförmig – und kurz darauf, kaum ist das Blut im Sand verwischt, springt schon, von Trompeten begrüßt, sein Nachfolger in die Arena, schwarz wie jener, etwas anders im Umriß, aber ebenso straff, strotzend vor Kraft, die ihn von innen heraus bewegt, lebendig und schön.

Sevilla mit seinen traulich-blanken Höfen, mit seinen zierlichen Gittern, mit seinem arabischen Einschlag – arabisch ist der Mut zur Lust, scheint mir, die Könnerschaft in der Lust – es könnte eine berückende Stadt sein, kein Zweifel, wären wir nicht gerade in diese Prozession geraten! Trommeln, Muttergottes zwischen aufgepflanzten Bajonetten, Weihrauch, Uniformen und Helme, so ziehen sie vorbei, und am Straßenrand, hinter Polizei mit Gewehren, steht das Volk, das in die Knie geht und sich bekreuzigt. Es ist eine bekannte Erfahrung, daß das Leben sich Karikaturen leisten kann, die ein Schreiber oder Zeichner nie wagen dürfte; da steht ein zehnjähriges Mädchen, armselig, die Haut wie graues Wachs, ein Brüderchen auf dem Arm, ein zweijähriges mit greisenhaftem Gesicht und Augen, die schon erloschen sind, mit violetten Händen und Füßen, denn es ist kalt, und die Lumpen reichen nicht überallhin; übrigens ist das Kind ziemlich sauber, aber die Schwindsucht aus den Kellern und Höhlen läßt sich nicht abwaschen, und daneben die tatsächlich faßrunden Geistlichen, die, mit einem Bündel armdicker Kerzen beschäftigt, unwirsch jede Bettelei abschütteln. Dazu das Geläute aus allen Türmen! Es ist so, man muß nicht davonlaufen, man muß es sich ansehen: Militärmusik und Trommeln, dann die Monstranz, Polizei links und rechts von der gnädig-lächelnden Madonna, dann die Herren mit meterlangen Kerzen, lauter bürgerliche Gesichter, gepflegt und sicher; nur neben der Monstranz geht einer, dessen Gesicht völlig anders ist, ein

Wasserträger, nicht mit Pomade gekämmt, sondern geschoren, Lumpen um die Füße, einen irdenen Krug tragend, Wasser für die Männer, die, unsichtbar unter bunten Behängen, die Muttergottes tragen in ihrer flackernden Kerzenpracht. Und wieder Uniformen, Infanterie, Artillerie, Marine; dazwischen die Geistlichen, die, ganz auffallend, genau die gleichen Gesichter haben wie die Herren im Gehrock; hin und wieder ein schweres Banner, getragen von einem Mann, der wieder aus dem Rahmen fällt, ein Mann, der auch sonst gewohnt ist, gegen Entgelt zu tragen, was andern zu schwer ist. Und so geht es stundenlang. Die Bajonette glänzen in der Sonne, die Glocken läuten, die Banner füllen die Straße; von den Balkonen winken die Damen. Einmal eine Gruppe von Mönchen, Asketen und Eremiten, wie man sie von Bildern kennt, finster, als hätte Gott nur den Tod erfunden; alle murmelnd. Wieder ein Halt. Die Herren plaudern, ihre Kerzen halten sie wie Spazierstöcke; die Männer, die die Monstranz tragen, heben das violette Tuch mit den silbernen Sternen, bitten um Wasser, sie knien auf dem Pflaster, um auszuruhen, bis es weitergeht, bis die Artilleriekapelle den nächsten Marsch spielt... Nachher, im Hotel, lege ich mich quer übers Bett, wie erschlagen, aber trotz den geschlossenen Fenstern hört man den Lautsprecher, die Stimme eines Bischofs. Die Trommeln schweigen. Ich gehe wieder aus dem Hotel. Auch in den Nebengassen steht Polizei; sie bewacht die Limousinen der Gläubigen. Ich gehe, bis man den Lautsprecher nicht mehr hört; in eine Pinte sitzen viele einfache Männer, die an dem Fest nicht teilnehmen, sie sprechen über Sport-Toto.

Das Arabische: das ist die große Überraschung dieser Reise. Sevilla, Cordoba, Granada, man kennt es von Bildern, von Opernkulissen, man erwartet etwas Bizarres, einen Spuk der Verschnörkelung, eine Arabeske, nicht Architektur, auch etwas Weichliches vielleicht, ich weiß nicht; man ist neugierig, wie sich all das ausnimmt, aber man erwartet nichts – und steht vor einer Architektur, die in sich selber stimmt, so daß man sie beneidet, ganz zu schweigen davon, daß sie einen Lebensgeist ausdrückt, der, im Gegensatz zum Geist der christlichen Eroberer, den Menschen blühen läßt; das ist das Märchenhafte daran...

Seht euch die Alhambra an!

Wir hatten einen köstlichen Tag, Morgennebel, der die Weite verschleiert, Herbst wie bei uns, silbergrau, Nässe des braunen Laubes, das auf dem Boden liegt, eine unsichtbare Sonne glimmert in der Luft, doch wirft sie noch keine Schatten – und dann, mitten in diesem Zürichseeherbst, stehen wir plötzlich vor der arabischen Akropolis, die sich über uns auftürmt wie eine geträumte Stadt, doch greifbar, von Bildern bekannt; Alhambra, das heißt: Die Rote, so benannt nach dem roten Ziegelmauerwerk ihrer Türme, die schmucklos sind, roh, aber schön durch die Körpergegenwart ihrer einfachen und sauberen Kuben. Durch ein Tor, dessen kaum gespitzter Bogen vor Gespanntheit klingt, treten wir ein; der immer noch dichte Nebel zwingt uns vorerst, ganz das Nahe zu schauen, also so zu schauen, wie diese Architektur sich eigentlich entwickelt: ganz aus dem Intimen heraus. Da gibt es keine Fassaden, die da sind, um uns in Staunen und Furcht zu versetzen; wie bei den Palästen der italienischen Renaissance, wie bei den Staatsbauten von heute. Ziel dieser Architektur ist nicht die Imposanz, sondern das Wohlbefinden der Bewohner. Schon das ist es, was unsereinen, allen fremden Formen zum Trotz, sofort anspricht; die Alhambra ist insofern moderner als alles, was wir an neuen Bauten gesehen haben; es ist eine Architektur, die vom menschlichen Maßstab ausgeht, obschon dieser Mensch immerhin ein Sultan war. Es ist ein Palast nach innen. Hier allerdings, wenn man in den Höfen steht und in den Kammern, die offen um die Höfe liegen, ahnt man eine Lebenskunst ohnegleichen, unerschöpflich sind die Erfindungen ins Lustvolle, man fühlt sich in einem Tempel des Genusses, der noch nicht verkommen, der bejaht und in höchstem Grade gekonnt ist. Man wandelt durch Räume aller Art, Innenraum, Außenraum, Höfe mit einem Brunnen unter offenem Himmel, Säle, die nicht allzu groß sind, aber königlich mit ihren Durchblicken; man sieht durch andere Höfe, durch Sonne und Schatten, durch ein Spiel der verschiedenen Helligkeiten, durch Kühle und Wärme, man sieht durch Kammern und Gärten und hinweg über spiegelndes Wasser, man sieht durch Arkaden, die voll Schattenfinsternis sind, und jenseits wieder hinaus in die offene natürliche Landschaft. Man kommt aus dem Verzücken nicht heraus; es ist, als brächten die Räume einander zum Klingen. Hin und wieder ein Gitter, das die Weite erst zum Geheimnis macht, das den Gartenhof, dessen Orangenzweige wir sehen, mit unserer eigenen Erwartung verzaubert. Hier wird man reich an Phantasie und zugleich, wie wenn die erregende Erwartung sich selber erfüllte, wird man gelassen wie in einem Kreuzgang, mußevoll, gegenwärtig. Die Architektur, im einzelnen besehen, ist alles andere als verschnörkelt, alles andere als weichlich; die Kuben sind klar, geradezu streng, die Flächen sind überzogen von einem Gewebe arabischer Kalligraphie, das die Fläche ganz als Fläche bestehen läßt. Man liest es auf den ersten Blick, was trägt und was getragen wird; das Ornament, wie unermüdlich es sich ausbreitet, erlaubt sich nirgends, die Statik zu betrügen. Das Ganze ist herb und einfach, wie jede Klassik, die um die Gesetze des Bauens, indem sie ihr zur Form werden, gerade noch weiß; herb und einfach, aber verzaubert durch die Grazie der Akkuratesse; man steht da und hat das Gefühl, Musik zu hören, einer Hochzeit beizuwohnen, einer Heirat zwischen Algebra und Sinnenlust... Gegen Mittag, plötzlich, zerfiel der Nebel wie goldener Zunder, Bläue ist da, Sonne scheint in die arabischen Arkaden, und wir gehen in die kleine Loggia, wo man, auf den niederen Brüstungen sitzend, hinunterschaut auf das weiße Granada, seine Dächer, sein Wirrwarr von Höflein, seine Balkone; der Hang, wo die Zigeuner ihre Höhlen haben, leuchtet in der Sonne, als wäre er nicht aus Lehm, sondern aus Bernstein; über allem aber, Krone eines unwahrscheinlichen Mittages, sieht man wieder die Sierra Nevada, ihren einsamen Schnee, dahinter die Bläue des Mittelmeeres, eine Ahnung von Afrika –. Wie es gekommen wäre, wenn Fernando und Isabella, die Katholischen Könige, dieses Granada nicht erobert hätten, es ist eine müßige Frage, aber sie begleitet einen ja doch, spielerisch, unterhaltsam, lockend wie das Geplätscher in den Gärten; die haben zu leben verstanden, das ist offenbar, sie wußten umzugehen mit der Freude, mit der Lust an der Welt, mit Licht und Schatten, mit Wärme und Kühle, mit den Geräuschen des Wassers und mit dem Duft der Pflanzen. Wir sitzen eine Stunde lang in der Generalife, im Landhaus des Sultans, wo überall ein Wasser springt, wo es die Treppe begleitet in gurgelnden Bächlein; es wird mir bewußt, wie leicht wir uns täuschen, wenn wir das Besondere, das wir an einem Ort erleben, nur mit den Augen suchen – wohl gibt es auch hier wieder Durchblicke, die eine Labsal sind, eine Schattenraumflucht mit dem juwelhaften, von einem Spitzbogen gefaßten Ausblick auf das besonnte Land – aber hinzu kommen die Geräusche, das Geplätscher, die Vögel; hinzu kommt nicht zuletzt, was die Haut erlebt, die Kühle vom Wasser her, die milde Gegenwärme, die uns, während wir im Schatten sind, anstrahlt von einer besonnten Mauer. Was macht die kleine Loggia so köstlich, daß wir sie kaum verlas-

sen mögen? Die Fenster sind niedrig, kaum Brusthöhe; man saß auf Kissen, und die Sonne sollte nicht weit in den Raum fallen; aber über den kleinen Fenstern, die voll Granada sind, wölbt sich noch eine ziemliche Höhe, Geräumigkeit voll Schatten, Vorrat an Kühle, die zum Wohlbefinden gehört. Das ist für uns, die aus dem Norden kommen, überhaupt das Verblüffend-Besondere: die Traulichkeit der Kühle, nicht der Wärme –
[...]
Alhambra und Escorial: – Spanien als die Arena, wo die beiden Fremdlinge einander bekämpfen; gesiegt hat der Escorial, seine Gewehre und seine Kerzen sind sichtbar genug; nur wenn die Leute tanzen, sieht man, daß die Alhambra lebt...
(Aber man soll keine Formeln machen!)

Aus: Atlantis 23, 1951, S. 165–172.

Bertolt Brecht
Zu *Don Juan* von Molière (1953)

[Wie soll man Molière spielen?]

Wie soll man Molière spielen? Wie den *Don Juan*? Ich denke, die Antwort muß sein: So, wie er nach möglichst genauer Prüfung des Textes unter Berücksichtigung der Dokumente von Molières Zeit und seiner Stellung zu dieser Zeit gespielt werden muß. Das heißt, man darf ihn nicht verdrehen, verfälschen, schlau ausdeuten; man darf nicht spätere Gesichtspunkte über die seinen stellen und so weiter. Die marxistische Betrachtungsweise, zu der wir uns bekennen, führt bei großen Dichtwerken nicht zu einer Feststellung ihrer Schwächen, sondern ihrer Stärken. Diese Betrachtungsweise räumt mit den Restaurierungen, Verfälschungen und Entstellungen auf, die in Verfallsepochen durch das Eingehen auf schlechteren Geschmack oder durch (bewußte oder unbewußte) Versuche der herrschenden Klasse, sich durch eine selbstgefällige und selbstherrliche »Interpretierung« von Meisterwerken [zu vergnügen], diese beschädigt haben.

Zur Bearbeitung

1 Notizen zur Inszenierung

1. Als Szenerie vorzüglich die originale Bühne Molières mit ihrer magnifizenten Perspektive, Salonlüstern, sparsamen Andeutungen: die Welt als dekorative Fischgründe der großen Herren.
2. Das Spiel in vollkommenem Ernst, das heißt diese Gesellschaft nimmt sich verteufelt ernst.
3. Der große Verführer läßt sich nicht zu besonderen erotischen Kunstgriffen herab. Er verführt durch sein Kostüm (und diese Art, es zu tragen), seine Stellung (und die Unverschämtheit, sie zu mißbrauchen), seinen Reichtum (oder seinen Kredit) und seinen Ruf (oder die Sicherheit, die ihm seine Berühmtheit bei sich selbst gewährt). Er tritt auf als sexuelle Großmacht.
4. Gewisse Vorgänge können durch die Musik Lullys untermalt werden. Die Unterredungen mit Donna Elvira im ersten und letzten Akt verlieren durch die Musik den tragischen und gewinnen einen schicklicheren melodramatischen Charakter. Zu dem Auftritt des rächenden Bruders (Don Alonso) im dritten Akt paßt sehr gut das Hörnerhalali.

2 Zur Figur des Don Juan

Don Juan ist kein Atheist im fortschrittlichen Sinn. Sein Unglaube ist nicht kämpferisch, indem er menschliche Aktionen fordert. Er ist einfach ein Mangel an Glauben. Da ist nicht eine andere Überzeugung, sondern keine Überzeugung. – Don Juan glaubt vielleicht sogar an Gott, er will nur nichts von ihm hören, da dies sein Genußleben stören würde. – Er benutzt jedes Argument – ohne eines davon zu glauben –, das die Dame legt, wie jedes, das ihn von der Dame befreit.

Wir befinden uns nicht auf der Seite Molières. Dieser votiert für Don Juan: der Epikuräer (und Gassendischüler) für den Epikuräer. Das Gericht des Himmels verspottet Molière, es würde zum Himmel passen, dieser dubiosen Einrichtung zur Abtötung der Lebensfreude. Gegen Don Juan läßt er nur gehörnte Ehemänner und so weiter sein. – Wir sind gegen parasitäre Lebensfreude. Leider haben wir als Lebenskünstler nur den Tiger vorzuweisen!

[Verurteilung des Don Juan]

Der Atheismus des großen Parasiten täuscht viele; sie fallen darauf herein, bewundern ihn, rühmen ihn als fortschrittlich. Aber Molière war weit entfernt davon, seinen Don Juan wegen seines Atheismus als einen vorurteilsfreien Mann zu empfehlen; er verurteilt ihn dafür – entzieht er sich [doch], wie der ganze Hofadel der Zeit, durch seinen zynischen Unglauben lediglich den elementaren sittlichen Anforderungen! Molière läßt ihn am Ende vom Himmel bestrafen, aber nur in komisch-theatralischer Weise, damit überhaupt den Verbrechen endlich ein Ende gesetzt wird. In einer Gesellschaftsordnung wie dieser gibt es keine Instanz, die dem Parasiten Einhalt gebieten könnte, als – allenfalls – der Himmel, das heißt die Theatermaschinerie. Wenn der Bühnenboden sich nicht öffnen würde, das glänzende Scheusal zu verschlingen, ginge es ungehindert und unhinderbar weiter über die Erde.

Aus: Bertolt Brecht, Gesammelte Werke 17, Frankfurt: Suhrkamp 1967 (werkausgabe es), S. 1257–58 u. 1261–62.

2. Tradition und Traditionsverarbeitung

Walter Schmitz

Don Juan in der europäischen Literatur:

*Kapitel aus der Geschichte
einer Symbolgestalt*

Neben Hamlet und Faust stehen die Spanier Don Quijote und Don Juan im »abendländischen Gestaltengeviert«[1] als Verkörperung solcher Möglichkeiten menschlicher Existenz, die für eigentümlich europäisch galten; doch wurden ihnen diese Geltung und dieser Rang erst im 19., dem mythenbildenden, Jahrhundert verliehen[2] und setzen seine lange und abwechslungsreiche Geschichte voraus. Damals erst setzte man Don Juan mit dem erotischen Prinzip gleich und identifizierte ihn als den sinnlichen Verführer schlechthin. Doch scheint es uns wenig erfolgversprechend, am Leitfaden solcher Identität die Stoffgeschichte aufzureihen; wir wollen, anstatt der Literaturhistorie einen einfachen Don Juan abzuzwingen, ihn lieber als ›Mann ohne Eigenschaften‹ behandeln und fragen, was jeweils einen Autor an dem ihm überlieferten Stoff reizen und welchen geschichtlichen Sinn er neu dieser Tradition verleihen konnte. Nicht der stoffgeschichtliche Längsschnitt, sondern die Abfolge solch epochaler Querschnitte konstituiert die ›Biographie‹ der literarischen Symbolgestalt Don Juan.

I. Der ›Don Juan‹-Stoff:
Figuren-Rolle auf dem Welttheater

1. Tirso de Molina: El Burlador de Sevilla

Als Warngestalt betritt Don Juan die europäische Bühne;[3] Tirso de Molina setzt mit der Höllenfahrt des »burlador« von Sevilla gewiß sein Publikum einem »choc salutaire« aus, doch welche Verfehlung vom steinernen Gast geahndet wird, ist bis heute umstritten, obgleich des Don Juans Verführungskünste so beeindruckend unersättlich und universell sind:[4]

Er überwältigt die Fürstin der Haupt- und Staatsaktion; er versucht die Donna Anna der Mantel- und Degenkomödie zu überlisten und duelliert sich dabei nach dem Ehrenkodex des spanischen Edelmannes; er gewinnt die schöne Tisbea, die poetisch bezaubernde, reizvolle Fischerin der Pastoralkomödie; und er nimmt rücksichtslos die Stelle des Bräutigams an der Seite der hochzeitfeiernden Bauerndirne der bäuerlichen Farce, Aminta, ein.

Die Formtypen des spanischen Theaters der ›Modernen‹ sind in Tirsos Werk so bruchlos und kunstvoll verschmolzen, um die ungebrochene Macht der Sünde in allen Schichten der Komödienwelt des siglo de oro vorzuführen – und ihre unmittelbare Gegenwart: Denn, wie als Theoretiker, so will auch der Praktiker Tirso de Molina – in der dezidierten Nachfolge Lope de Vegas –, daß auf die antiken Musterautoren ›modern‹, mit Stoffen und Lehren, die der eigenen Zeit zugehören, geantwortet werde.[5] Die vorbildlichen römischen »Emilien« und »Lukrezien« werden zwar beschworen, leiten jedoch, wenn sich die Unschuld neuerlich ihrem Verführer gegenübersieht, keineswegs das Handeln;[6] jener, augenscheinlich (wie die antike Liebesgöttin) dem Meer entstiegen, bringt über sein Opfer anscheinend die verzehrende »Glut« Amors, die sich jedoch der ›interpretatio christiana‹ als die Höllenglut erweist. Eine größere Zahl antikisierender Anspielungen nun ist dem Sagenkreis um Troja entnommen und gleich in der Tisbea-Episode konzentriert:[7]

Die schöne Hirtin beobachtet vom Ufer aus, wie Catalinon seinen Herren aus Wassersnot rettet: »Anchises wird Äneas, da Troja Wasser wurde« (I); »meergeborenes Ungeheuer/und im Innersten voll Feuer« – wie das griechische Pferd vor Troja, meint sie, sei Don Juan vor ihren Füßen aufgetaucht (II); der antwortet nachher, auf Vorwürfe seines Dieners wegen des geplanten Betrugs an der hilfsbereiten Unschuld: »trieb es doch Äneas/Mit der Dido auch nicht anders« (III).

Tatsächlich sind auch hier die Verhältnisse ›modern‹, anders und verkehrt: Don Juan verhält sich, in der Kopie von Verhaltensregeln des antiken (Staats-)Epos, gerade wie die Inversion zum Muster, achtet nicht, wie Vergils »pius Äneas«, den Willen der Götter, sondern setzt sich über Gottes Gebot hinweg (III); unbewußt hellsichtig assoziiert Tisbea beim ersten Anblick einen Rollentausch (I) und benennt auch bald *Don Juans Lebensprinzip des Betruges* treffend (II) – obschon vergebens. Denn Juan wird, wie stets, eine »verkehrte Welt« schaffen, wo die Menschen zu »Narren« werden, an der Liebe »Narrenseil« geführt und ins Verderben gelockt.[8] In

Gottes Schöpfung hat er sich die Rolle des Teufels gewählt. In einer geordneten, im theatralischen Gattungszitat abgebildeten Welt ist er der Diaboulos, der die Ordnung durcheinanderwirft.

Dieser »große Spötter Spaniens« spiegelt seinen Opfern Sein vor, das Schein ist, und gebraucht doppelzüngig noch die Wahrheit, indem er sie als Mittel der Lüge verdächtigt, zur Komplizenschaft in seinem verlogenen Komplott.[9] So bringt er nicht bloß die jungfräuliche »Ehre« zu Fall, sondern höhlt das *gesellschaftliche Prinzip des wahren Wortes*, also die Schöpfungsordnung selbst, aus[10] und wird damit aus einem Verführer, der eben aus Sevilla stammt, zum Verführer ganz Sevillas, ja Spaniens insgesamt: Auf den genetivus objectivus zielt die grammatische Ambiguität beim ›großen Spötter Spaniens‹ und dem ›Verführer von Sevilla‹.

Wie im biblischen Bericht, so sind auch in Tirsos Drama ›Lüge‹ und ›Sexualität‹ nur die beiden untrennbaren Aspekte des einen ›Sündenfalls‹, und die ›Schlange‹ im Unschuldsparadies ist eben Don Juan; so ereilt ihn, wenn er zuletzt vom Teufel, bei dem er schwört, auch geholt wird, nur die gerechte Strafe nach dem göttlichen ›Gesetz der konformen Vergeltung‹: »Quien tal hace, que tal pague«[11] – nämlich gerade dann, als er sich zum erstenmal dem Prinzip des wahren Wortes beugte und der Statue sein Versprechen hielt, wird er dem anerkannten Prinzip gemäß verurteilt und soll in der »Glut«, die er sonst erweckte, ewig selber brennen. Die letzte »burleske« Verkehrung trifft den »Burlador« selbst. Gott läßt seiner nicht spotten. Sein ist die Rache.[12]

Dennoch ist Don Juan kein Ungläubiger. Hatte Tirso in seinem anderen Hauptwerk, *El condenado por desconfiado*, eben den Glaubensmangel herausgestellt, so verfällt Don Juan dem göttlichen Gericht, weil er allzusehr auf die göttliche Gnade und Langmut vertraut – eine ketzerische Todsünde in der Bühnenlogik des spanischen Dramas der Gegenreformation.[13] Gerade das leitmotivische: »¿Tan largo me lo fiáis...?«, mit dem er jede Mahnung an den Zorn des Himmels quittiert, wird in der Begleitmusik zu den beiden Gastmählern, dem irdischen des Burlador und dem mirakulösen der Statue, zitiert und in jenem doppelzüngig gewendet, in diesem dann mit wahren Worten abgewiesen:[14]

> Adviertan los que de Dios
> juzgan los castigos grandes,
> que no hay plazo que no llegue
> ni deuda que no se pague.

Don Juans Reue kommt zu spät. Dem Liebhaber der Nacht, wie er sich selbst zu nennen pflegte, leuchtet das »Licht« der Gnade nie.

Nun aber kommt auch diesseits die »Wahrheit« an den Tag und nach den Wirren der Verführungsserie mündet das Stück in eine glanzvolle Reihe legitimer Hochzeiten, die vom König selbst gestiftet sind. Doch hat Tirso, selbst handelnd und leidend in den Parteienkämpfen um die Reform Spaniens,[15] keineswegs die gottgewollte monarchische Ordnung ihrem Störer konfrontiert. Der ist wohl der »Verführer Spaniens«, aber vor allem ist er Spaniens Inkarnation. Der boshafte Verwirrer aller Rollen agiert auf der richtigen Bühne, sind doch die Opfer Don Juans sämtlich seine Komplizen, die sich die Täuschung zuvor wünschen mußten, damit sie gelinge. So sind ja Donna Isabella und Donna Anna nicht unbedingt keusch, sondern nur im Irrtum über die Person des nächtlichen Eindringlings; so bricht nicht allein Don Juan die Treue, sondern auch der Vater Donna Annas handelte »treulos« – als gehorsamer Diener eines Königs, der bereits, was Don Juan mit sündhafter Verführung erstrebte, ihm aus ›Gnade‹ gewährt hatte: den Besitz der Donna Anna. Die ›Ehre‹ des Bauern verkommt bei Tirso – in pointiertem Gegensatz zu seinem Vorbild Lope de Vega[16] – zu eitler Ehrsucht und die ›Ehre‹ des Edelmannes ist nichts anderes mehr als nobilitierte Frechheit; sobald selbst die Rechtswahrung der Günstlingswirtschaft unterliegt, bleibt den Opfern tatsächlich nur noch der Appell an des Himmels Rache. Das »große Welttheater« insgesamt ist »burlesk« geworden; gegen die wahre Ordnung von Sein und Sprache hat sich, so predigt Tirso, der Schein entleerter Wertbegriffe durchgesetzt und einen Don Juan ermöglicht. So kontrastiert er denn ein paradiesisches Lissabon mit einem Sevilla, wo die Sünde so düster-glänzend herrscht, daß sich der Betrachter unwillkürlich an den »Brand von Troja« erinnert fühlt[17] – Don Juan war ja ein »Ungeheuer« (»im Innersten voll Feuer«) wie jenes griechische Pferd vor Troja. Im christlichen Modell wird der apokalyptische Untergang noch einmal aufgeschoben, ohne daß die Bewohner Sodoms (wie das antike ins christliche Exempel übersetzt heißt) immer auf Gottes Gnade bauen dürften: »ni deuda que no se pague«.

Don Juans dramatisiertes Schicksal gehört zur Warnliteratur; der Theologe Tirso de Molina wußte jedoch, daß die Sünder im Parkett saßen.

2. Molière: Dom Juan ou le Festin de Pierre

Tirso hatte, aus mannigfaltigen sagenhaften Motiven,[18] die Einheit eines theatralischen ›Don Juan‹-Stoffes geschaffen; doch erwies sich die konstitutive Reihe von: Verführungsszene, Duell, Statuengastmahl, Höllenfahrt, als locker genug gefügt, um vielfältige Sinnentwürfe aufzunehmen. Als, nach einigen italienischen Vermittlungen, sich Molière diesem Motivkomplex zuwandte, war die neuerliche Inszenierung eines ›großen Welttheaters‹ längst undenkbar geworden.

Zwar wird noch immer von jedermann verlangt, eine ›Rolle‹ zu spielen, doch anstatt der Güte des je eigenen Spiels verpflichtet zu sein, fühlt man sich frei in der geschickten Wahl der ›besten Rolle‹: Gott, der solch spielerische Rollenverwirrung strafte, scheint in weite Ferne gerückt. So verwandelt sich Don Juan aus einem Frevler gegen die Schöpfungsordnung in den Nutznießer einer Gesellschaftsordnung, die in allem dem adligen und freigeistigen Heiratsschwindler zuarbeitet, – und erst die Nachgeborenen wird weniger »der Glanz des Parasiten [...] als das Parasitäre seines Glanzes« interessieren.[19]

Bertolt Brecht hatte, indem er mit dieser »sozialkritischen Aussage des Stückes« auch »die Komik der Don-Juan-Figur« wiederhergestellt glaubte, zum Komplizen der »sexuellen Großmacht« des zynischen Adligen gar Molière selbst machen müssen, da der doch für Don Juan votiert habe: »der Epikuräer (und Gassendischüler) für den Epikuräer«.

Gassendis Lehren, die schon der junge Molière kennengelernt hatte, muten vielleicht wie ein philosophisches Register zum komödiantischen Werk an und Sganarell lanciert ja in der Exposition bereits jenes Themenstichwort vom »Epikuräer«, dessen ›Freigeisterei‹ seinen beschränkten Mitmenschen ärgerlich, dem von der ›parti devot‹ verfolgten Religionskritiker Molière aber tragisch erscheinen mochte. Selbst der Umschlag von souveräner Beweglichkeit zur defensiven Statik nach jener ersten Begegnung mit der Statue[20] enthüllt sich als eine Dramaturgie stets wiederholter Seelenakte, wie sie Gassendis Lehre vom Natürlich-Lebendigen konzipiert hatte, und damit bestätigt der Normverstoß in der Poetik von Molières Komödie, die jede klassizistische Einheit des Ortes mißachtete[21], gleichsam jene neue Norm der Natur, auf die sich ihr Held beruft.

Indessen nimmt Sganarells, des Dieners, Attacke, so tölpelhaft sie klingen mag, doch zugleich ein programmatisches Stichwort aus Molières 1664, ein Jahr vor Erscheinen *Dom Juans* veröffentlichter Rechtfertigung der Komödie auf, indem sie den Epikuräer als ›schlechten Menschen‹ deklariert: »On veut bien etre méchant; mais on ne veut point etre ridicule.«[22] Sollte Don Juan zwar »homme méchant«, nicht aber lächerlich sein? – Eine genaue Strukturanalyse[23] erweist ihn vielmehr sowohl als den Helden einer Komödie wie auch als einen komisch gewordenen Held: »Molière schrieb eine Don-Juan-Komödie, die [...] die Fortsetzung zu einem ersten, in diesem gleichsam implizierten Stück ist, dessen Handlung und Personen eher dem hohen Stil zugerechnet werden müßten« und das gelegentlich in übertriebenen und bald auch entlarvten Selbstdeutungen Don Juans noch herangezogen wird; tatsächlich aber erscheint der – stets am »Genuß«, sei's der Frauen, sei's der abendlichen Mahlzeit, gehinderte – »Verführer, dessen Geschichte auch in Frankreich zum bekannten Mythos geworden war, [...] ebenso reduziert [und komisch] wie die Objekte, auf die sich seine Aktivitäten beziehen«, sensationsgierige und dümmlich kokette Bauernmädchen, die er im automatischen Reflex seiner angenommenen Rolle umwirbt, aber lediglich dank seiner, ebenso (im Kleider-Topos) veräußerlichten Komplementärrolle als Edelmann überhaupt noch zu beeindrucken vermag:[24]

CHARLOTTE Est-il encore cheux toi tout nu, Piarrot?
PIERROT Nannain, ils l'avont rhabillé tout devant nous. Mon quieu, je n'en avais jemais vu s'habiller. [...]
CHARLOTTE Ah! mon quieu, qu'il est genti [...]

Die von Brecht reklamierte sozialkritische Leistung wäre also Molières eigene. Ihren lustigen Triumph feiert sie im Einklang mit jener »dümmlichen Spruchweisheit eines eingedrillten frommen Volksglaubens«[25], vertreten von Sganarell, den Brechts »plebejische Konzeption« freilich als »antizipatorischen Figaro« zu präsentieren beliebte. Das Bild des ›Philosophen‹ wie des ›Komödianten‹ Molière droht sich im Spiegel der Deutungen zum Vexierbild zu verzerren.

Jedenfalls hatte sich der Autor hier so wenig wie sonst in seinen Komödien Sganarell zum Sprachrohr gewählt; der stellt sich dem Publikum eingangs mit einer Lobrede auf das, gerade modische, Tabakrauchen vor, um auch sein späteres Räsonnieren, statt als die

List des Schwachen in der Dialektik von Herr und Knecht, als bloße »fumisterie« zu entlarven;[26] er mag ein Urbild von Jacques, dem Fatalisten, oder Figaro sein – ihr Vorbild ist er nicht. Sein anmaßliches Wunschbild ist der »honnete homme«, so daß seine Einsicht vor der rhetorisch überlegenen »Moquerie« (H. Gnüg) seines Herrn, eines »grand seigneur«, notwendig zuschanden wird; redet er, so artikuliert sich das komödienbürgerliche Durchschnittsbewußtsein, und so läßt er sich leicht den Mut zum Reden abkaufen; daß zuletzt sein Geschäft falsch kalkuliert war, ist eigentlich sein Schmerz:[27]

Ah! mes gages! mes gages! [...] Il n'y a que moi seul de malheureux, qui, après tant d'années de service, n'ai point d'autre recompense que de voir à mes yeux l'impiété de mon maître punie par le plus épouvantable châtiment du monde. Mes gages! mes gages! mes gages!

Formuliert im traditionellen Bildfeld von ›Wort und Münze‹[28], spielt sich Erkenntnis in dem Freiraum, den ihr der Reichtum zumißt, ab und läßt sich stets mit Geld aufwiegen – etwa in der umständlichen Erzählung des Pierrot:

et pour te montrer, vlà argent [...]

Aber die Armen verrechnen sich immer (und bekommen Prügel), während der »grand seigneur« Don Juan sogar gewinnt, wenn er mit Worten seine Schulden begleicht, also den Reichtum auf den zweiten Platz der gesellschaftlichen Machtmittel verweist. Während nämlich jede andere Figur auf ihren echten, in der ständischen Ordnung vorgesehenen Anteil an solchen Machtmitteln beschränkt bleibt, verfügt Don Juan über sämtliche, wenngleich nur in rhetorischer Vermittlung.[29] Im leitmotivischen Wortfeld ›dire‹ wird die Verfassung einer Gesellschaft nachgezeichnet, die allenfalls durch das Geld oder aber die Gegnerschaft zum Außenseiter noch im Innersten zusammengehalten ist, nicht aber durch die Werte, von denen sie spricht – ob nun Don Luis pompös wie in der ›haute tragedie‹ seine väterliche Stimme ertönen läßt, ob sich nun Sganarell gelegentlich wie ein sentimentaler Zuschauer oder Elvira wie eine tragische Heldin gibt.[30] In ihren Reden spielen die Figuren Theater. Während aber die Komödienfiguren Molières sich selbst für echte tragische oder gerührte Menschen halten und ihre Phrasen ahnungslos äußern, parodiert Don Juan diese Floskeln, indem er sie realisiert, reduziert oder entlarvend überbietet, sie jedenfalls in ihrer Veräußerlichung bloßstellt und benutzt[31] – so daß ihm konsequent die abstrakten Formeln der Arithmetik als das Ideal solch berechnender Erkenntnis erscheinen müssen. In einer bühnenhaft gewordenen Welt ist Don Juan der einzige Virtuose des Scheins.

Seine Erkenntnisform »more geometrico« wird schließlich keineswegs durch die Macht des geflissentlich apostrophierten Himmels demontiert, sondern in der einzigen, unmittelbar an jene Formulierung ihres Ideals anknüpfenden Szene, wo sich Geld und Worte nicht aufwiegen – der Bettler läßt sich, trotz Zuredens Sganarells, keinen Fluch abkaufen.[32] Die erbauliche Höllenfahrt indessen ist allzu pompös inszeniert, als daß Gläubige und Gläubiger (s. o.) befriedigt sein dürften: Schon bei der ersten Begegnung bemerkt Don Juan die Drapierung von Gottes Rache als neue Variante des Kleider- und Verkleidungsmotivs:

Parbleu! le voilà bon avec son habit d'empereur romain! (S. 810/467)

und denunziert deren künftiges Werkzeug als das Standbild jener, in eitler Repräsentation erstarrten Gesellschaft, die sich bisher noch stets düpieren ließ. Wenn zuletzt dieser Virtuose des Sozialen doch zur Hölle fährt, so nur, weil er offen und deshalb antisozial zynisch praktizierte, was insgeheim längst zum gesellschaftlichen Laster (und damit komödienreif) geworden war. Ist doch die Heuchelei Mode geworden; nur was Don Juan sich zuletzt in vorgetäuschter Frömmigkeit aneignen will, wird von der Statue gleichsam exekutiert:

[...] l'hypocrisie est un vice à la mode [...] Je ferai le vengeur des intérêts du Ciel. (S. 824 f./481 f.)

So stellte Molière, indem er den Don Juan lächerlich machte, die Gesellschaft als Bedingung seiner Möglichkeit bloß und schuf einen komischen Helden als Inkarnation der Komödie – denn wie Don Juan die Laster seiner Umwelt kenntlich macht und damit die Rache der gravitätischen Darsteller ihrer selbst auf sich zieht, so hatte ja der Komödiant Molière in der Debatte um den *Tartuffe* erfahren, daß die ›Partei des Himmels‹ ihrer schon auf Erden nicht spotten läßt. Demnach analysieren Gattungszitat und -parodie die Konkurrenz zweier Parteien und zweier Theater im damaligen Frankreich und Molière verbindet die Laster der allein zeitgemäßen und aufklärenden Komödie, personifiziert in Don Juan, mit der Kritik an jener Gesellschaft, die sich in diesem Spiegel wiedererkennen sollte – anstatt ihn tragierend zu zerstören. In der Wandlung des Welttheaters zu einer Komödienbühne, wo auch die Werte Rollen sind, reflektiert sich die Neuorganisation der gegenreformatorischen Welt, wie sie der Spanier Tirso vorfand, zum absolutistischen Machtstaat, wo der König zwar als deus ex machina fungiert, der Hofpoet aber, bei allem eigenen repräsentativen Anspruch, gewöhnlich von der Macht statuarischer Konventionen tyrannisiert wird.[33] *Dom Juan* entfaltet auch die Tragödie des Aufklärers und Komödianten Molière.

3. Wolfgang Amadeus Mozart/Lorenzo da Ponte: Don Giovanni

Wie Molières heuchlerischer Don Juan in jeder Lage die passende Rolle parat hat, so findet der Don Giovanni in Mozart/da Pontes Oper für jedermann den passenden Ton:[34]

> Es gibt bei Mozart überhaupt keine Musik, die für Don Giovanni spezifisch wäre. Er hat Musik der jeweiligen Rolle und nachgeäfften Sozialsphäre und folglich keine eigene. [...] Dieser Giovanni Mozarts ist *sozial heimatlos*.

Der »Libertino« läßt sich in einer Gesellschaft, die ihre Werte verinnerlicht, nicht bestimmen und wird zum Rätsel, da sein Äußeres das Innere verbirgt, anstatt es auszudrücken. Physiognomik und Psychologie sind die Maßstäbe von Don Giovannis verwirrten Gegnern, denen erstmals da Ponte die Bewegung der dramatischen Handlung anvertraut – so vor allem Donna Anna: »Herz« und »Treue« heißen die neuen Leitworte und -werte.[35]

Neben die »Seelenkunde« tritt das typologisch-historische Denken; wie Allegorien der Geschichte wirken, trotz der Komplexität und der Brechungen ihrer Persönlichkeit, die Frauen um Don Giovanni.[36] Selbstverständlich nicht die in Leporellos Liste erfaßten: Vielmehr gewinnt nun, da die Repräsentanz des Individuellen erloschen ist, gerade vor der neuen, komischen, bombastisch übertriebenen Zahl von »mille e tre« die individuelle Bedeutung jener drei Frauen, die tatsächlich auftreten, Kontur: Elvira, der alten, heroischen Leidenschaft – und der opera seria – verhaftet; Donna Anna, die sich mit Don Oktavio zum empfindsamen, in Belmonte und Constanze der *Entführung* präfigurierten Paar vereinigt; Zerlina, im »niedrigen« Stil der opera buffa charakterisiert. Denn da Pontes Versuch, mit »bäuerlichem Aufruhr« dem verruchten adligen Libertin zu drohen, bleibt literarisch im Bauernehre-Topos stecken und ist musikalisch folgenlos, da Massetto, Zerlinas Bräutigam, sich nie über den konventionellen Part des Tölpels hinaussteigert.[37] Doch hat Mozart für die berühmten Musikanspielungen während der Gastmahlszene (III, 2) jene Arie des Figaro: »Nun vergiß, leises Flehn« aus *Le Nozze di Figaro* gewählt, deren Zitat »ganz unmißverständlich auf das Thema ›Herr-Diener‹ gemünzt« ist und in der Konstellation ›Don Juan – Leporello‹ »wie eine Art musikalischer Solidarität der musizierenden mit den servierenden Dienern« anmutet. Verheißt jene Arie doch weiter: »Du wirst nicht mehr die Herzen erobern [...]« und scheint damit Leporellos früherem Wunsch die nahe Erfüllung zu versprechen:

> Voglio far il gentilhuomo
> E non voglio più servir. (S. 44)

Sowenig freilich wie vordem Sganarelle ähnelt Leporello dem Figaro insgesamt. Also keine Revolution der niederen Stände, aber, im Reflex ihrer Aufsässigkeit, doch Adelskritik. Die Frage, wo Don Giovanni im Figurenensemble steht, ob er denn einer Gruppe zuzuordnen wäre, wird dringlich.

Negativ ist sein Ort fixiert: Keinesfalls wollen ihn Standesgenossen wie Untergebene als Edelmann gelten lassen, da ihm das innere Wesen zum äußeren Schein fehle und Don Giovanni sich nicht willens zeigt, durch »Reue« dieses seelische Defizit auszugleichen.[38] Dennoch verfallen sie alle seiner Anziehungskraft. Und ihm bleiben gar die Programmworte der Aufklärung »liberta« und »umanita« vorbehalten, wie ja auch sein Fest mit der berühmten Drei-Orchester-Szene den Redouten des Kaisers Joseph II., Mozarts aufgeklärt-absolutistischen Gönners, nachgeahmt ist; »göttlich« soll dem Monarch denn auch die neue Oper vorgekommen sein.[39] So muß sich nun also, figuriert in Don Giovanni, gleichsam die Aufklärung der »großen Herren« vor der Macht des Himmels verantworten und die schon bei Molière prekäre Ambivalenz des Libertinertums, das fortschrittliche Freigeisterei und feudale Sittenlosigkeit zugleich bedeutet, rechtfertigt auch hier anscheinend die Höllenfahrt. Doch will so die Statuenszene gedeutet sein?

Die Höllenfahrt Don Giovannis nimmt doch lediglich eine Strafaktion der Gesellschaft, deren Agenten gleich anschließend auf die

Bühne stürzen, vorweg. Der steinerne Gast aber ist nicht mehr Rächer, sondern Warner, und als solcher die absolut gesetzte Figuration von Giovannis Lebensmuster – der »weiße Mann« aus Stein und der weißgekleidete Heimgesuchte mit dem »steinharten Herzen« sind komplementäre Gestalten, wenn auch von verschiedener Ranghöhe.[40] Die Musik verdeutlicht dies, wenn sie Don Giovannis musikalische Pose zuletzt enden läßt und seine absteigende Linie dem aufsteigenden chromatischen Thema des siegreichen Komturs unter-, aber zugleich komplementär zuordnet, während das Orchester mit einer Erweiterung jenes chromatischen Motivs kommentiert, das zuerst beim Tode des Komturs (T 190–194) erklang, als Don Giovanni bislang zum ersten und einzigen Mal ein eigener musikalischer Ausdruck zugebilligt wurde. Die Komturszene also konfrontiert den Rollenspieler unter der Drohung des Todes mit dem Muster seines Lebens und endet im tödlichen Bekenntnis Don Giovannis zu diesem, seinem Selbst; sein »Nein« wendet die wiederholten negativen Bestimmungen von außen – er sei »kein Edelmann«, nicht konform mit den Regeln von »Herz« und »Stand« – nun affirmativ nach innen, als ein Bekenntnis zum »Trotz«[41]; und diese Verweigerung, die *Identität im Negativen* besiegelt sein Tod. In solcher Ambivalenz von Triumph und Untergang eignet freilich diesem, wie immer »nächtlichen« Dasein eine höhere ›attractiva‹ als jener neuen Welt praktischer Aufklärung, die mit der »Morgenröte« hereinbricht.[42] Sobald die Herrschaft des Lichtes sich konsolidiert hat, wird vollends zum Programm veräußerlicht werden, was vordem absolut war; während an den Libertin, die Inkarnation der Schwellenexistenz zwischen den Ordnungen, im Gesang der Statue gerade die musikalisch absolut gesetzte Transzendenz seines Lebensprinzips herantritt, wird dann später in der *Zauberflöte*, mit ihrem täuschenden Übermaß esoterisch verbrämter Bildlichkeit des ›siècle de lumière‹, Sarastro doch bloß statuarisch singen. Er organisiert dem, von Leidenschaften wohl verwirrten Tamino eine simple, fast einfältige Gegenrolle zur »nächtlichen«, heroisch exaltierten Frauenwelt.[43] Der große Verführer jedoch hatte in trotziger Treue als sein Wesen bekennen dürfen, was zunächst wie traditionell frivoles Rollenspiel auf dem Welttheater erschienen war.

II. Die ›Don Juan‹-Gestalt:
Natur, Erotik und Erlösung in nachrevolutionärer Zeit

Im fünfzehnten Jahrgang der *Allgemeinen Musikalischen Zeitung* des Leipziger Verlagshauses Breitkopf und Härtel fand man am 13. März 1813 eine Besprechung von Mozarts *Don Giovanni*, die zugleich das erste und wirkungsmächtigste Beispiel jener »hermaphroditischen Literatur«, der Verschmelzung von Kommentar und Dichtung, ist, wie sie später die Stoffgeschichte bestimmt, ja im Wesen verändert.[44] »Don Juan«, so erklärt der anonyme Rezensent, hätte

> die Ansprüche auf das Leben, die seine körperliche und geistige Organisation herbeiführte, [begeistert] und ein ewiges brennendes Sehnen, von dem sein Blut siedend die Adern durchfloß, trieb ihn, daß er gierig und ohne Rast alle Erscheinungen der irdischen Welt aufgriff, in ihnen vergebens Befriedigung hoffend.

Allmählich wird die alte, zwischen Himmel und Hölle gespannte Feuer-Metaphorik säkularisiert und seelenkundlich als Signal der Leidenschaft verstanden. Hier mochte schon vor der Buchveröffentlichung als »Fantasiestück in Callots Manier« der kundige Leser leicht E. T. A. Hoffmanns Autorschaft erkennen, da jene »fabelhafte Begebenheit, die sich mit einem reisenden Enthusiasten zugetragen«, weiter dessen spätromantische Poetik variiert. In einen »didaktischen Rahmen« ist das Erlebnis, der Besuch einer *Don Giovanni*-Aufführung eingebettet und die rahmende Deutung verhält sich, da sie bereits durch das Kunst-Erlebnis gestiftet ist, spiegelverkehrt zum Lebens-Ereignis Don Giovannis; während der jenen »Funken«, woran sich die »Ahnungen des Höchsten« (S. 75) entzünden, in irdisch brennender Leidenschaft mißbraucht und dem Tod als der »Sünde Sold« verfällt, glückt dem reisenden Enthusiasten der »elektrische« Rapport (S. 78) mit dem Geisterreich, indem er die Musik poetisch übersetzt. So vollzieht sich die Grenzüberschreitung in eine andere Welt nicht christlich um den Preis des Lebens, sondern romantisch-poetisch als dessen Steigerung und Erweiterung. Solche »Erlösung« muß sich freilich dem aufgeklärten Durchschnittspublikum versagen – nur dem enthusiasmierten Gemüt öffnet sich der Übergang vom Alltagsgetriebe der »Wirtstafel« (S. 67) zu einem »Logenplatz« (S. 78), wo sich das »Wunderbare«, gerade weil es nicht erzwungen werden soll, erschließt.[45] Der sympathetische Beobachter und Dichter ist der echte Don Juan und erringt Donna Anna, die verkörperte Kunst, während sich der »Dämon« Don Giovanni letzten Endes selbst »verführt«, in die Irre führt.

So hatten schon die, jüngst wieder einmal E. T. A. Hoffmann zugeschriebenen, *Nachtwachen des Bonaventura* in Don Juan den romantischen Ästheten entdeckt[46], der anstatt mit Werken die Kunst zu beleben sein Leben als Kunstgegenstand behandelt und zum »Nachtstück« (S. 70) verpfuscht: Der Satanist erstarrt im Resultat dieses ästhetischen Experiments selbst zur toten »Bildsäule« (S. 70). Der »schwarzen Romantik« Europas hat der anonyme Kompilator deutscher romantischer Motivsprache freilich mit dieser schaurigen Deutung eine ›Don Juan‹-Gestalt geschenkt, an der sich Balzacs Phantasie einer teuflischen Selbstschöpfung ebenso entzündete, wie sie noch den jungen Flaubert zu faszinieren vermochte. Die philosophische Kritik des Romantischen hat dann Sören Kierkegaard in seiner Interpretation von Mozarts Don Juan begründet und vertieft.

Die Stoffgeschichte war, etwa um die Jahrhundertwende, in zwei Momente auseinandergetreten: das Motiv der ›Verführung‹ und die Gestalt des ›Verführers‹. Während dieser gerade erst in Mozarts Oper als Individuum geschaffen, nun eine eigene Geschichte erhält, altern muß, Jugenderlebnisse verarbeitet, sich selbst parodieren muß – kurz: ein Eigenleben führt,[47] konstituiert das, seit der Frühaufklärung weltanschaulich brisante Verführungsmotiv nun die Wesensdeutung des Donjuanismus, wie ihn die romantische Generation in mannigfachen Abschattungen als literarisches wie als existenzielles Schicksal erfuhr: Bieten doch Tiecks *William Lovell* oder Friedrich Schlegels *Lucinde* gleichsam Vorschrift und Schlüssel für die »poetische Existenz«[48] eines Clemens Brentano; und hat nicht Georg Büchner deshalb in seiner faszinierten Romantik-Satire *Leonce und Lena* eben auf diese Daseinsfigur, im Brentano-Zitat, abgezielt und sie zur Essenz des »ästhetischen Absolutismus« im Restaurationsdeutschland erklärt. Die Ahnentafel der Gestalten, die Verwandte Don Giovannis und jeweils eigentümliche Figurationen seines Lebensthemas sein sollen, reicht freilich schon von Richardsons Lovelace über den Vicomte de Valmont in den *Liaisons dangereux* des Choderlos de Laclos bis hin zum jungen Werther. Kierkegaard hat sich deshalb, obschon im Zusammenhang mit der in den dreißiger Jahren allenthalben üblichen Historisierung der deutschen Romantik[49], nicht provinziell beschränken wollen und hat seine Schrift *Entweder – Oder* eben als eine Zurücknahme von *Werthers Leiden*, mit denen der von Madame de Staël formulierte europäische Traditionszusammenhang der Romantik anhebt, konzipiert und gleichsam dem Vertreter der Bürgerlichkeit, Wilhelm, an den Werthers Monologe adressiert waren, nun in einem zweiten Kapitel das Wort erteilt – als ethischer Instanz über dem Ästheten.[50]

Der freilich spricht sich, als Möglichkeits-Mensch, nicht unmittelbar, sondern nur reflektiert aus und als Spiegelfläche seines Daseins dient einmal der erotisch unmittelbare und dämonische Don Giovanni, dann aber in zeitgemäßer Analogie zu Don Juan ein reflektierter Verführer,[51] dessen *Tagebuch* genau die Gelenkstelle zwischen dem »Entweder« des ersten und dem »Oder« des zweiten Teils bildet – ist doch der Verführer, wie der Ästhet, nie entschieden in der Rolle dessen, was ihm wesentlich wäre, und doch gerade in dieser Heuchelei so mit sich selbst identisch, wie es der Ethiker nur verlangen könnte. Er fixiert sich im Übergang und Grenzbereich zwischen den beiden Stadien und seine Dämonie liegt in dieser Verschlossenheit begründet, welche Kierkegaard zeitlebens so faszinierte, daß er die Spiegelkette über die Grenzen dieses Frühwerks hinweg fortsetzt und sogar den Verführer späterhin nochmals sich aussprechen läßt[52] – changiert doch Kierkegaards ›religiöse Dichtung‹ selbst gar interessant zwischen verführerischer Ästhetik und dem schlichten Bekenntnis des Wahrheitszeugen.

Wie planvoll nun im Tagebuch die »Aufgabe eines poetischen Lebens« (S. 353) realisiert und mit welcher Kunst die intensive Verführung – kontrastierend zur Expansivität Don Giovannis – betrieben wird, läßt sich kaum referieren, doch soll die Bewegung nach innen, das allmähliche Eindringen des Verführers in die Regionen des innersten Geheimnisses, dechiffriert werden, weil sie das, auch räumlich gliedernde Strukturmuster dieses Prozesses ist – als Allegorie eines Weges zur Existenz, der freilich die echte Wendung ins Innerliche forderte, und zugleich als Chiffre der poetischen Verführung, wie sie die scheinbar intime Tagebuchform praktiziert. Denn anders als die Liebe schafft die Verführung, bei der Lektüre wie im Leben, nur »eine Schein-Nähe, eine indirekte, ironische Nähe, der etwas Gespenstisch-Künstlerisches, Literarisches, bisweilen Eisig-Abstraktes und Abgesperrtes eignet.«[53] Daher wird nur verstohlen in der Namensanspielung, die echte Aufgabe jeder Wendung ins Innere genannt und sogleich zurückgenommen, hieß doch das Ziel aller Bemühung »*wirklich Cordelia, jedoch nicht Wahl*«.⁵⁴ Die wahrhafte, ethische Wahl seines Selbst wäre in der Begegnung mit dem Anderen möglich, niemals im Täuschen und Hinwegtäuschen des Widerstandes der Person.

Wäre so, im neunzehnten Jahrhundert als einem Zeitalter der Heuchelei und des Selbstbetrugs, Kierkegaards neuer Don Juan für uns geschichtlich begründet, so ergänzt Stendhal die Existenzialanalyse ausdrücklich um die Dimension ihrer Geschichtlichkeit.⁵⁵ Denn sein Roman *Le Rouge et le Noir* »lebt von der Spannung zwischen den Leidenschaften der Menschen und einer Verfassung der Welt, die tendenziell Leidenschaft, als Störung des Betriebs, nicht mehr toleriert«; jene »übermäßig entwickelte Zivilisation«⁵⁶ verdrängt das heroische Zeitalter der Französischen Revolution, als die »Jagd nach dem Glück«, das sich im System des »Beylisme« nach der Stärke der Leidenschaften bemißt, noch frei gewesen war. Stendhals Roman zeigt, welches Schicksal Don Juan in der »ewigen Komödie, zu der uns die sogenannte Kultur des 19. Jahrhunderts zwingt«, beschieden wäre – nämlich, im Komödienuniversum Molières, der erzwungene Rollenwechsel zum »Tartuffe«.⁵⁷

Unter die Farballegorie des Titels ist Julien Sorels ehrgeizige Lebensbahn gestellt; statt des militärischen ›Rot‹ herrscht das ›Schwarz‹ der Priestersoutanen, doch durchdringt bei einem Kirchenbesuch des künftigen Abbes ein rot gefiltertes Licht die Atmosphäre, wie ein Vorzeichen jener Verschmelzung von »le Rouge et le Noir« bei der Hinrichtung des jungen Mannes, der jetzt gerade ins Leben aufbricht.⁵⁸ In ein ummauertes Leben ohnedies – in der Provinz, wo ›Wälle‹ und ›Befestigungen‹ den Horizont außen wie innen begrenzen, obgleich ein paradiesischer »Garten« der natürlichen, unter den herrschenden Konventionen schuldhaften Liebe befristet Zuflucht gewährt; – in Paris, wo Liebe eine Frucht der Romanlektüre und in der »Bibliothek« beheimatet ist;⁵⁹ – bis zur letzten Station, der Gefängniszelle, wo der Held seine Hinrichtung erwartet.

Sowohl der Held wie auch die Restaurationsgesellschaft sind in die beiden Lesarten einer tragisch-paradoxen Gesetzlichkeit verstrickt: Während der Held, um sich zu entfalten, in einer verächtlichen Gesellschaft aufsteigen muß und damit heuchlerisch an ihre Normen gekettet ist, muß diese Gesellschaftsordnung um sich zu bewahren, ihre Legitimationsbasis verdrängen: Eben das Heroische. Es wird nur noch in der anmaßenden Erinnerung an die Leistungen früherer Zeit geduldet. Zuletzt triumphieren das »Geld« und die »öffentliche Meinung«. Als Stimme der »Pflicht« artikuliert sich der, schon von Madame de Staël analysierte Meinungsdruck der Umwelt im Inneren der Personen und ihre »zum Individualheroismus sublimierte Standesehre«[60] verführt sie zum Ersatz der konkreten Umwelt des 19. Jahrhunderts durch eine geschichtstypologisch imaginierte. »Tartuffe« heuchelt auch vor sich selbst. So kommandiert sich der Napoleon-Verehrer Julien in die »Rolle eines Don Juan«. Freiheit und wahre Liebe gewinnt er erst, als seine Einsperrung zugleich die Welt der Zeitungen aussperrt und Juliens »Poesie« befreit.[61]

Stendhal hat in seinem Helden dabei Heroismus und Phantasie überblendet und ihm eine ›Künstler-Seele‹ verliehen. In Julien ist verkörpert, was – laut dem eingeschalteten poetologischen »Gespräch mit dem Verleger«[62] – der Roman Stendhals insgesamt praktizieren will, nämlich Opposition gegen die Tyrannei der öffentlichen Meinung und Kampf für das Wahrheitspostulat der revolutionären Ära. Zwar soll der Roman einem Spiegel gleichen, doch wie sich erzähltechnisch in die Darstellung des zeitgeschichtlich Realen stets das Räsonnement über diese Realität mischt, so ergreift Stendhals ›Realismus‹ prinzipiell und bewußt Partei: Zum Spiegel gehört der, der ihn bewegt.[63]

Wenngleich ›Don Juan‹ nur eine Rolle für Julien Sorel sein kann, so bietet sie der Leidenschaft immerhin eine Ausdrucksform in dem Jahrhundert, dem Stendhal in einer Untersuchung über Don Juans Ende, die man neben jene oft zitierte aus *De L'Amour* rükken sollte, die bittere Diagnose stellt:[64]

il faut se rappeler ce grand mot que j'ai ouï repeter bien de fois a Lord Byron: *This age of cant.*

Byrons Hauptwerk hatte der Autor von *Le Rouge et le Noir* auch bei seinem raffinierten Spiel von Vorausdeutung, ironischem und bekräftigendem Kommentar, wie es die Kapitel-Motti entfalten, so ausgewertet, daß im Umkreis des Verführungs-Themas jeweils Zitate aus dem satirischen Epos *Don Juan* kulminierten; vor Stendhal hatte schon Byron die geschwätzige Heuchelei zum Angelpunkt seiner Gesellschaftskritik gemacht, eine nachrevolutionäre ›Don Juan‹-Gestalt aber zu ihrem Medium. Und parallel zu Stendhals immanenter Poetik des Romans muß Byrons Verzicht auf die

Dramenform gesehen werden. Denn mag auch der ›eigentliche‹ Don Juan eine »theatralische Existenz« beanspruchen,[65] so wird doch ein Don Juan, dem das Stigma historisch gebundenen Daseins die Entfaltung verwehrt, in andere Gattungen emigrieren.

Wir können hier das oft als brillant und konfus verschriene Epos Lord Byrons nur in seinem klaren und durchdachten Grundplan skizzieren, der sich aus Thematik und Metaphysik des Sündenfalls entwickelt, allerdings ohne die christliche Deutung als Erbsünde: Damit rückt Don Juan aus der Warnperspektive heraus und wird zur Erkenntnisfigur einer in Selbsttäuschung befangenen Gesellschaft.[66] Denn die Zerstörung des Paradieses – modellhaft am Naturidyll mit der Geliebten, Haydee, vorgeführt[67] – gehört zum Wesen des irdischen Paradieses, wie zugleich in jedem neuerlichen »Fall« die Möglichkeit humaner Erkenntnis und damit die Chance menschenwürdigen Verhaltens beschlossen liegt. »Our Friend Don Juan«, vorerst Mensch im Naturzustand, »fällt« seinem erotischen Ruhm entsprechend recht häufig, doch verfällt er nicht den bestialischen Lockungen der Macht – Byron votiert mit diesem ›Helden‹, dessen Passivität so oft getadelt wurde, für die ›Liebenden‹ und gegen die aggressiv-heroische Degeneration des Kriegers. Sein Weltfahrer Don Juan ist, so lehren uns die Leitworte des Epos, die Entdeckungsfigur für *eine natürliche und diesseitige Lebensordnung*.

Die Grundmotive des Epos wie des menschlich-geschichtlichen Daseins werden in den drei ersten Gesängen jeweils in ihrer natürlichen Zwiespältigkeit eingeführt: Nämlich außer der Liebe und eng verknüpft mit ihr der Kampfesruhm (in III), das Geld (in II) und das Essen, einmal in jener bestialischen Kannibalen-Szenerie nach dem Schiffbruch, dann im naturidyllischen Gegenentwurf auf Haydees Insel, die freilich wiederum nur durch gewalttätig erworbenes Geld unterhalten wird, und schließlich wieder aufgenommen mit dem zivilisierten Gastmahl (in Canto XV), wo die Kochkunst sich zu solcher Höhe gesteigert hat, daß sich der Erzähler den Absturz und »Fall« bereits wieder ausmalt.[68] So hat Byron die thematische Struktur aus zwei Oppositionspaaren: ›Natur‹/›Zivilisation‹ und ›wertvoll‹/›wertlos‹ aufgebaut, auf die attributive Zuordnung jedoch verzichtet: Die »gute« Natur will und kann auch in der Zivilisation bewahrt werden, andererseits ist die natürliche Verderbtheit des Menschen immer wieder durch Zivilisation zu läutern; Don Juan lebt dies exemplarisch vor.

Sein Grundmotiv erweiternd, hat Byron die gattungsästhetische Diskussion in die Geschichte ›Don Juans‹ eingeführt. Denn auch sein satirisch-komisches Nationalepos resultiert aus einem »Fall« von der Höhe des heroischen Epos und der Verfasser versäumt es nirgends, mit Anspielungen auf Vergil und dessen Erben im ›Augustan Age‹ der englischen Poesie, wie mit Attacken auf den ›poeta laureatus‹ Robert Southey seinen repräsentativen Anspruch, geradezu der Milton des 19. Jahrhunderts zu sein, gebührend zu betonen.[69] Verhalten sich doch, im Byronschen Mythos vom Sündenfall, die Satire zur Heroik wie die Wahrheit zur Heuchelei (s. o.), wie Wärme und Fruchtbarkeit zu Kälte und Sterilität,[70] wie die Liebe zum Krieg, den ja Byron wie sein Generationsgenosse Blake als »perversion of the sexual impulse« (N. Frye) entlarvt, – oder schließlich auch: Wie Don Juan zu Lord Castlereagh... Wenn Don Juan aus dem mythischen Naturstand allmählich, über die Stadien ›Orient‹ und ›Rußland‹ in die englische Zivilisation der nachrevolutionären Epoche geleitet wird[71] und wenn erst allmählich Held und Erzähler dabei sich einander annähern, so zeigt sich in diesem Aufwertungs- und Lernprozeß, daß Byron keinesfalls den satirischen Topos vom ›edlen Wilden in der verderbten Großstadt‹ variieren, sondern vielmehr als seinen satirischen Maßstab die richtige Haltung zum, wie immer sublimierten, menschlichen Hang zum Bösen gewählt hatte; statt der Verherrlichung der ›condition humaine‹ durch konformen »cant« wäre ihre illusionslose Darstellung und witzig vielschichtige Kommentierung – wie im Epos des Außenseiters Byron – des britischen Nationalcharakters würdig. Freilich wußte das Publikum in England, trotz stilistischer Anpassungsversuche des emigrierten Autors,[72] dessen ideale Forderung kaum zu würdigen und der überwältigenden Byron-Mode und Byron-Nachahmung auf dem Kontinent kontrastiert bis hin zur Jahrhundertwende die völlige Wirkungslosigkeit in seiner Heimat.

»»Byron, me direz vous, m'a servi de modele«», suggeriert Alfred de Musset seinem Publikum in einem kleinen Versepos, das tatsächlich die byronische Zersetzung der Gattung durch Reflexion auf die Spitze treibt[73] und den ›Don Juan‹-Stoff mit literarhistorischer Bewußtheit angeht: Von den »deux sortes de roues« soll nicht der narzißtische Machttypus der Lovelace und Valmont die Poesie regieren:[74]

> Il en est un plus grand, plus beau, plus poétique,
> Que personne n'a fait, que Mozart a rêvé,
> Qu'Hoffmann a vu passer, au son de la musique,
> Sous un éclair divin de sa nuit fantastique,
> Admirable portrait qu'il n'a point achevé,
> Et que de notre temps Shakspeare aurait trouvé.

Indessen versagt gleichfalls ein blasierter, emigrierter, orientalisierter, kurz: »byronischer« Franzose vor diesem Anspruch und so zersplittert die ihm gewidmete Poesie in eine »wahre Geschichte«, die beiläufig abgetan wird, in die witzigen Reflexionen des Erzählers und in eine ideale Lösung, die nur konjunktivisch gebrochen aufscheinen darf; das starke Gefühl aber wird nicht dem »roue«, sondern dem »cœur trois fois feminin« Namounas – »si vivante et si vraiment humaine« wie Manon Lescaut – zuerkannt.[75]

Das neunzehnte Jahrhundert hat den männlichen Verführer gern abgewertet und den Mythos der weiblichen Erotik, inkarniert in der Spanierin Carmen, geschaffen, neben die ›Dirne‹ – dämonisch und triebhaft wie bei Prosper Merimée, wie Byrons Gulbayez oder gar die ebenbürtige Partnerin von Puschkins Don Juan, Laura, – eben auch sogleich die ›Madonna‹ und den ›Engel‹ gestellt. »Ce bel ange«, so lautet die männliche Version des Mythos,[76]

> se prosterna devant le trône de l'Eternel et lui demanda la grâce de changer son existence immuable et divine, pour l'humble et douloureuse condition de la femme. Dieu le permit. Et savez vous, mes sœurs, ce que fit lange, quand il fut metamorphosé en femme? Il aima don Juan, et s'en fit aimer, afin de le purifier et de le convertir.

George Sand entlarvt dies freilich als männliche, den Frauen von Don Juans suggerierte Projektion. Der ›Don Juan‹ selbst hingegen wird zur gesuchten Konstante hinter mannigfachen Brechungen: So will Balzac den wahren Typus von Molières ›Don Juan‹, Goethes ›Faust‹, Byrons ›Manfred‹ und Maturins ›Melmoth‹ herauspräparieren. Wirkungsmächtig wurde aus dieser Aufzählung freilich die Kombination der beiden Grundtypen ›Don Juan und Faust‹, oberflächlich legitimiert durch Byron, der beide Stoffe behandelte. Freilich hatte schon 1805 ein Anonymus, wohl Christian Vulpius, Goethes Schwager, gleichzeitig und im gleichen Verlag (Dienemann in Penig) mit den *Nachtwachen des Bonaventura* den Don Juan in Volksbuchmanier als Teufelsbündner wie Faust zur Hölle fahren lassen;[77] des Verführers Faust Erlösung durch das Ewig-Weibliche im Goetheschen Weltgedicht war durch eine

Idealsuche, wie sie etwa E. T. A. Hoffmann konzipiert hatte, vorbereitet – sie wird noch nach der Jahrhundertwende den jungen ehrgeizigen Waldemar Bonsels zu einem Jugendstil-Epos *Don Juan* anregen. Schließlich hatte auch Kierkegaard, dessen Renaissance sich seit etwa 1900 ereignet, seinen Verführer Johannes, mit der kryptischen Namensanspielung auf ›Juan Tenorio‹ und ›Johannes Faust‹, zum Scheitern angesichts madonnenhafter Unschuld prädestiniert[78] – ohne übrigens Grabbes Drama *Don Juan und Faust* zu erwähnen.

Daß Grabbe jenes Mephisto-Wort vom »sinnlich-übersinnlichen Freier« (V. 3534) nun zum komplementären Figurenentwurf des Don Juan und des Faust genutzt hat, mag der Überbietungsgestik dieses »verlotterten Genies«[79] nur allzugut entsprechen; jedenfalls ergibt sich aus antithetischen Leitwortreihen die Charakteristik der beiden, und wenn dem Don Juan die ›Natur‹ und die ›Empirie‹ zugeordnet werden (nicht ganz in Byrons Sinn, s. o.), so dem Faust die ›Gelehrsamkeit‹ und das ›System‹, – jenem der Genuß, diesem der ›Schmerz‹,[80] jenem schließlich die ›Langeweile‹, während dieser als »Renommist der Melancholie« figuriert – beides Mangelzustände des Gemüts;[81] und während jeder das Streben des anderen verhöhnt, erstrebt er insgeheim als Ideal, was gerade dem anderen nicht genügt – der Teufel weiß: »ihr strebet nach dem selben Ziel und karrt doch auf zwei Wegen«. (S. 513)

So, im stetig wechselnden Kontrast des Unzulänglichen, erzeugt Grabbe den gemischten Stileffekt des Grotesken, und so müssen die beiden Figuren auch zwei verschiedene, jeweils unzureichende ästhetische Grundhaltungen vertreten: Faust, im Zitat der transzendent-einheitsstiftenden klassischen Symbolsprache, findet sich eingesperrt im Gitterwerk des Sprechens; bei Don Juan, dem »Kraft-, Universalgenie«[82] verkommt die Wirklichkeitserfahrung des ›Sturm und Drang‹ zum Verhikel einer bewußten Phrasenmanipulation und Artistik. Scharfsichtig wird damit der literarhistorische Ort des jungdeutschen ›Sturm und Drang‹ von Grabbes Generationsgenossen fixiert und überdies Büchners nihilistische, historisch begründete Phraseologiekritik vorweggenommen.[83] Konnte doch die Schöpfungsästhetik nur zugleich mit der Schöpfungsordnung zertrümmert werden:

> – In diesen Tränen, die ich weine, spür
> Ich es: es gab einst einen Gott, der ward
> Zerschlagen – Wir sind seine Stücke – Sprache

> Und Wehmut – Lieb und Religion und Schmerz
> Sind Träume nur von ihm.

Die totale Destruktion bei des Erotikers Höllenfahrt verweist auf den Mangel an ›Liebe‹ – als dem naturphilosophischen Integrationsprinzip der Welt, dem ästhetischen Vereinigungspunkt von Sprachzwang wie Artistik, dem universalpolitischen Schlüsselprinzip der deutschen Romantik. Und die Ursachenanalyse verknüpft die Mittelmäßigkeit der herrschenden »Hölle« mit dem »Geist der Gräber«, der Geschichtlichkeit der Schöpfung also. Zugleich wird mit dem Schauplatz Rom doch Grabbes eigener Standpunkt inmitten der bewußt imitierten Byronszenerie bestimmt, denn Rom ist das Raumbild »vergangener Unsterblichkeit«, in der sich eine philiströse Gegenwart breitgemacht hat, und bildet damit das paradoxe Untergangsgesetz der beiden, in die geschichtlich-beschränkte Welt gebannten »Übermenschen«[84] Faust und Don Juan ab. Ursprünglich die »Herrscherin der Welt«, ist Rom jetzt, da es nie die ›Liebe‹ kannte, Europas »zerrissenes Herz« geworden – und somit Deutschlands »Spiegel«. Tatsächlich rechtfertigt sich Grabbes pompöse Doppelung je einseitiger Helden nun aus der Konsequenz der deutschen ›Zerrissenheit‹. In dem, von nationalen Egoismen gespaltenen nachrevolutionären Europa sind der gottlose Katholik aus Spanien wie der deutsche Protestant Faust zu Figuren des metaphysischen Exils geworden; sie leiden, im genauen Sinn des Wortes, am ›Welt-Schmerz‹ in einer vom Schöpfer abgespaltenen Schöpfung. Und während sich der englische Exilant Byron noch stets an das konkrete Publikum seiner realen Nation wendet, vermag aus der deutschen Kleinstaatsperspektive heraus Grabbe seine Vision metaphysischer und politischer Einheit nur poetisch in dem Rausch totaler Destruktion seiner Schlachtenbilder zu konstruieren – oder im Rückgriff auf eine vorgeschichtliche Idylle.[85]

Zur gelebten ›Natur‹ strebt Don Juans Biographie zwar auch in Nikolaus Lenaus Darstellung; weit entfernt hat sie sich freilich, obschon sein weltschmerzlicher Don Juan dem »byronischen Helden« ähnelt, von der naturalistischen Nüchternheit des Vorbildes. Ihm habe, so schreibt der Dichter an einen Freund, »beim Faust die große Dichtung Goethes nicht geschadet, es wird mir die Byrons bei Don Juan auch keinen Eintrag tun. Jeder Dichter ist wie jeder Mensch ein eigentümliches Ich.«[86] Byrons (und Grabbes) nationalpolitische Thematik klammert er gänzlich aus.

Lenaus Don Juan ist die weltliche Kontrafaktur Christi, wenn er mit zwölf Mädchen, statt zwölf Aposteln, ausfährt und asketische Mönche zur Sinnlichkeit missioniert, und er ist dies in der Todesstunde noch, wenn er sich opfert für seine Kinder. Allerdings unterliegt solche, von David Friedrich Strauß inspirierte Naturfrömmigkeit auch dem Naturgesetz, wonach jeder »Vulkan« einmal erkaltet, und daher erlischt der feurige Don Juan, weil sein »Brennstoff« aufgezehrt ist, ohne Intervention des Jenseits. Mit der Stiftung für seine Kinder hat der Einsame jedoch das Fundament einer neuen, glücklicheren Gemeinschaft gelegt.

Lenau umreißt in der neuen, epischen ›Don Juan‹-Tradition jenen Zirkel der Reflexion, in dem dramatisches Handeln allmählich erstickt – eine Tragik ohne Jenseits.[87] Mit der Reduktion auf ›Kraft und Stoff‹ verliert die alte Feuermetaphorik jeden metaphysischen Sinn (s. o.); so schildert Lenau, obgleich das geschwundene Christentum noch ein mächtiges Inzitament des Weltschmerzes bleibt, den Don Juan als Vorbildfigur diesseitiger Ethik in einer entgötterten Welt.

Zur variationsreichen Existenz des ›Don Juan‹-Typus unter dem Geschichtsgesetz des 19. Jahrhunderts gehört weiter, daß nun das wirkliche Leben ihrer Schöpfer überzeugender als die Kunstwerke den Typus zu verwirklichen schien und sich die Don Juan-Tradition daher gleichsam potenziert; so galt den Zeitgenossen schon Byron, wie er sich zu stilisieren liebte, als Inbegriff seiner Werke und somit als der wahre Don Juan des 19. Jahrhunderts;[88] so wird Don Juan zur stereotypen Figur des Lenau-Romans. Ferdinand Kürnberger in seinem Roman *Der Amerikamüde* will, getreu der realistischen Programmatik, vor allem die deutsche Handwerksgesinnung ›verklären‹ und die amerikanischen Verheißungen ›Natur‹ und ›Freiheit‹ entzaubern, indem er den künftigen Dichter des *Don Juan*, Moorfeld/Lenau, seinem Vorgänger, dem alt gewordenen Da Ponte, konfrontiert, der längst darauf verzichtet hatte, »in Amerika als Künstler einen Beruf zu suchen« (S. 528) und im Elend stirbt; der Weltschmerz-Literat aus Deutschland wandelt sich an der ›realen‹ Amerikaerfahrung zum Dichter deutscher ›Wirklichkeit‹. – Ebenso treu wird in Peter Härtlings Lenau-Roman von 1964 die herrschende Literaturprogrammatik erfüllt. Ein ›konservatives Formexperiment‹ ist arrangiert, wenn Lenaus Liebesleben als existenzieller Reflex des *Don Giovanni* dargestellt wird und schließlich beide Figuren in der mythischen Zeitferne von Lenaus

Dichter-Wahnsinn verschmelzen; der Kierkegaard-Leser Härtling variiert den Stoff 1984 in seinem Mörike-Roman, indem er einen erotischen Spiegelraum als Freiraum von gesellschaftlichen Zwängen und als Inspirationszelle des Dichterischen deutet, dabei etwas unbedacht eine bildungsbürgerliche Stilgebärde aus Mörikes Meisternovelle nachahmend.[89] Jedenfalls werden hier zwei Autoren in eine Kontinuität des poetischen Widerstands in der schwäbischen Provinz gerückt, die sich zu Lebzeiten schätzten und mieden. Allerdings hat Mörike, nach Lenau, eine Mozart-Erzählung vorgelegt, die insgeheim von Don Juan handelte und kunstvoll dessen Kennmotive aus der ersten Hälfte des 19. Jahrhunderts vereinigt.

Seine Aufgabe, so schrieb der Autor von *Mozart auf der Reise nach Prag* am 6. Mai 1855 an seinen Verleger Cotta, sei bei dieser Erzählung gewesen,[90]

ein kleines Charaktergemälde [...] aufzustellen, wobei, mit Zugrundelegung frei erfundener Situationen, vorzüglich die heitere Seite zu lebendiger, konzentrierter Anschauung gebracht werden sollte. Vielleicht, daß ich später in einem Pendant auch die andern, hier nur angedeuteten Elemente seines Wesens und seine letzten Lebenstage darzustellen versuche.

Während jenes kurzen Aufenthaltes auf Mozarts Lebensreise öffnen sich die Zeiträume der Vergangenheit, da sich Mörikes Erzählung aus Rückblicken von Binnererzählern aufbaut[91] und insgesamt den Stilgestus der kulturgeschichtlichen Rückwendung pflegt. Nach der Revolution von 1848 geschrieben, macht Mörikes Novelle die geschichtliche Wirklichkeit vor der Französischen Revolution transparent.

Gewiß nicht durch die, anscheinend so harmlose ›unerhörte Begebenheit‹ des ›Pomeranzenraubes‹, wohl aber mittels eines Zitat- und Anspielungsgeflechtes, das die Erzählform kunstvoll in eine Spannung zu musikalischen Themen und Motiven stellt und damit erst die Idealform der Musikernovelle erfüllt.[92] So ist Mozarts Jugenderinnerung an das Wasserspiel von Neapel vielleicht von romantischen Bildvorstellungen geprägt, sicherlich aber nach den Regeln des strengen Sonatensatzes organisiert, und sie charakterisiert auf diese Weise den Kunstsinn des großen Komponisten. Die Ereignisse des einen Rasttages nun bewegen sich unter einem weiten Horizont von Anspielungen, die, immer bedrohlicher werdend, schließlich auch die Zukunft umfassen und einen düsteren Rahmen der heiteren Gegenwartsnovelle bilden. Der ›alte Garten‹[93] des Adelsschlosses wird wiederum zum säkularen Paradies und der ›Sündenfall‹ dort, nur scheinbar ein läßliches Eigentumsdelikt, spiegelt sich in der neapolitanischen Szenerie von Mozarts Erinnerung; denn der heitere erotische ›Raub‹ läßt die bedrohliche Nähe des ›Vulkans‹, traditionell das Sinnbild der entfesselten Naturtriebe und des eruptiven Ausbruchs der Revolution gleichermaßen,[94] nicht vergessen, und überdies weisen die Reminiszenzen an Goethes *Italienische Reise* deutlich auf die Drohung von Anarchie und deren Herrschaftskomplement Tyrannei.[95] Daß dies, die Zerstörung des ›goldenen Zeitalters‹ durch Revolution, für Mörike eine Lebensfrage wahrer Kunst ist, belegt seine Anspielung auf Horazens Ode an Kalliope nachdrücklich.[96]

So wollen sich denn die Mozart-Anklänge zunächst auf die *Hochzeit des Figaro* konzentrieren, jene Oper der gefährdeten Adelswelt, die freilich schon im *Don Giovanni* in weitere Bezüge eingerückt war (s. o.). Während die Frage nach dem Recht der Kunst in einer Gesellschaft, wo sie als brotlos definiert ist, schon durch praktisches Mäzenatentum entschärft scheint, verschärft sie sich bedrohlich, sobald die erotische Universalität des Künstlers um des Selbstschutzes einer geordneten Gesellschaft willen als ›Libertinage‹ gebrandmarkt wird. Mörikes Erzählung rückt hier in den Kontext der Debatte um Leidenschaft und Sinnlichkeit als revolutionäre Agentien ein. Scheinbar verharrt die Herzensbindung zwischen Mozart und der bräutlichen Eugenie so ganz im Rahmen gesellschaftlichen Taktes; und doch wird darin, als Mozart den innersten Bezirk seines Künstlertums preisgibt, der tragische Keim offengelegt. Revolution und Erotik steigern sich und verschmelzen im »Schauspiel einer unbändigen Naturkraft«, die zerstörerisch herrscht:[97]

Es ist ein Gefühl, ähnlich dem, womit man das prächtige Schauspiel einer unbändigen Naturkraft, den Brand eines herrlichen Schiffes anstaunt. Wir nehmen wider Willen gleichsam Partei für diese blinde Größe und teilen knirschend ihren Schmerz im reißenden Verlauf ihrer Selbstvernichtung.

Die drohende Apokalypse erlitt Mozart vorweg und bannte sie; um *Don Giovanni* zu komponieren, mußte er Don Juan sein, ohne wie Don Juan zu handeln. Die existenzielle Gefährdung der Künstler-Natur und die Brüchigkeit jenes Gesellschaftsgefüges, das ihn trägt, im Zeitalter der Revolutionen – dies ist Mörikes Thema; daß die Gefahr in der Kunst gebändigt, anstatt ins Leben übersetzt werde, macht das Ethos der Heiterkeit in seiner Mozartnovelle aus. Sie versöhnt den Zwiespalt und hält ihn, vielschichtig wie Mozarts Oper, aus; aufgehoben wird er zuletzt im Tod. Mit dieser schlichten Prophezeiung eines »böhmischen« Volksliedes endet die Erzählung von Mozarts Reise nach Prag.[98] – Der Autor hatte sich mit ihr im Münchener Künstlerkreis um den bayerischen König Maximilian II. empfehlen wollen.

Dieses letzte Werk Mörikes zieht auch die Summe und markiert den Abschluß einer Epoche. Wenngleich sich in ›Don Juan‹ auch weiterhin eine Natur-Kraft verkörpern soll, so geraten doch allmählich die geschichtlichen Bezüge in Vergessenheit und die, in einem Vorwort von Kürnberger als Kapitel aus der ›Naturgeschichte des Menschen‹[99] gewürdigte Novelle *Don Juan von Kolumea* reiht sich schon in jene antihistoristische Bewegung in der europäischen Literatur ein, die sich auch in Titeln wie *Die Lady Macbeth von Minsk* (Leskow), *Ein Faust in der Steppe* (Turgenjew) oder *Romeo und Julia auf dem Dorfe* (Keller) manifestiert und selbst auf dem Namen »Realismus« bestand.[100] Tatsächlich handelt es sich um die Rekonstruktion längst literarisch fixierter Gestalten als Naturphänomene.

Obschon Paul Heyse, damals schon unbestrittener Repräsentant des ›Münchner Idealismus‹, 1883 sein Drama *Don Juans Ende* als eine korrigierende Antwort auf jenes 1876 in seinem *Deutschen Novellenschatz* aufgenommene Werk von Leopold von Sacher-Masoch entworfen haben mag, muß ihm die Begründung einer Ethik aus dem Naturgesetz mißglücken. Sein Don Juan wird, nachdem er das Liebesglück seines Sohnes zerstört hatte, im Krater des Ätna enden, doch war die Verführungsmacht zuvor wiederum als ›vulkanisch‹ dämonisiert worden:[101] Wer aber dürfte einen Vulkan tadeln? Die traditionelle Fixierung der Metaphorik und der geschichtliche Wandel ihres Bezugssystems stempelt den Don Juan nach 1850 unausweichlich zum Immoralisten.

III. ›Don Juan‹ als Rollenfloskel: Verführung und Überwindung

So wird Don Juan weiterhin die ungebrochene Naturkraft verkörpern und die säkularisierte Liebesmystik[102] im erneuten und ›neuromantischen‹ Syntheseschub der Weltanschauung um 1900 findet in ihm eine eindrucksvolle Symbolgestalt.

Im Bild *Der Sänger D'Andrade als Don Giovanni* (1902) feiert Max Slevogt gewiß seinen Freund, den Sänger Francisco d'Andrade, indem er in dieser Verkörperung Don Juans die siegreiche Lebenskraft selbst symbolisiert.[103] Das populäre, durch massenhaft verbreitete Reproduktionen geformte und gestützte Verständnis der Don-Juan-Gestalt hat sich denn auch, ungerührt von der literarischen Diskussion, auf eine solche einprägsame Formel reduziert (vgl. Abb. S. 234ff.).

Wenn überdies die Bindung an die, sei's naturrechtliche, sei's populärphilosophische Natürlichkeit vollends verblaßt, dann bleibt nur die große Gebärde monumental und isoliert im Vordergrund, so etwa in Baudelaires Gedicht *Don Juan aux enfers,* das nur äußerlich an die ›satanistische‹ Tradition anknüpft – Don Juan in Charons Nachen auf dem Unterweltfluß Styx:[104]

> Tout droit dans son armure, un grand homme de pierre
> Se tenait à la barre et coupait le flot noir;
> Mais le calme héros, courbé sur sa rapière,
> Regardait le sillage et ne daignait rien voir.

Von hier, wie von Puschkins Dialektik von Genuß und Grauen, Leben und Tod, führt jedenfalls der Weg zur monumentalen Aufgipfelung und zur ›Überwindung‹ des Lebensprinzips ›Don Juan‹, wie ihn Bonsels konzipiert hatte; diese Version sieht eine ›Erlösung‹ vor, die äußerlich der romantisch-inspirierten gleicht, jedoch nicht mehr den ›Dämon‹, sondern eben den grausamen Ästheten und Dilettanten des Lebens voraussetzt.[105] Die ›Don Juan‹-Kritik im Zeichen der Ethik schließt sich an die Ästhetizismusdiskussion im Fin de siècle an, und insofern sollte Heyses Dilemma noch anregend wirken: Mögen die jüngeren Autoren doch »die geheime Anziehungskraft (seines) Grundgedankens« gespürt haben, »daß eine kranke Natur eine gesunde in den Untergang hinabzieht, [...] in dem elegischen Gefühl, daß auch unsere Welt alt geworden, daß kein Morgenschimmer mehr unsere Kultur verklärt, daß die Skepsis in unseren Seelen lebt und selbst bei den Handlungen frischer Tatkraft insgeheim mitwirkt.«[106] So hat Schnitzler, einer der Gratulanten in der Festgabe zu Heyes 80. Geburtstag, den Konflikt in *Casanovas Heimreise* modelliert, so dekuvriert auch Kierkegaards Bewunderer Hugo von Hofmannsthal – etwa in *Der Abenteurer und die Sängerin* – das alterslose Scheinleben des Ästheten und Verführers.[107] Im romanischen Traditions-

Max Slevogt (1868–1932), Das Champagnerlied
1902. Stuttgart, Staatsgalerie
[Der Sänger Francisco d'Andrade als Don Giovanni].

Francisco d'Andrade (1859–1921) als Giovanni im berühmten weißen Festgewand und Lilli Lehmann (1848–1929) als Donna Anna nach einer Fotografie aus den neunziger Jahren.

zusammenhang von »culte du moi« und Ästhetizismus entlarvt Edmond de Rostand den Spieler mit dem Lebensglück der anderen als eine Marionette, die zuletzt Mozarts berühmte Arie singt – eine brillante Illustration des Umschlags von komplexer hochkultureller Traditionsbildung in die durchschlagende Simplizität der Populärkultur. Die steile lebensbejahende Spiritualisierung des Stoffes, wie sie eine jüngere Generation, der Bonsels angehört, schon auf der Schwelle zum Expressionismus versucht,[108] muß wiederum vor dieser enorm anschwellenden Trivialrezeption in der Medienvielfalt seit 1900 gewertet werden.[109] »Bist du/Ein Mensch, laß deine Sprache draußen«, lautet die Forderung in Trakls Tragödienfragment; denn die traditionellen Bewegungen der Motive sind mythisch geworden. Das »dionysisch Antlitz« des Göttlichen verwandelt sich in die »steinerne« »Maske« eines »Erdendaseins«, »dahinter Tod und heißer Wahnsinn lauern«; der Idealsucher Don Juan – »Ein Jäger, der die Pfeile schickt nach Gott« – wird zum Urbild eines im Menschen inkarnierten ›großen Lebens‹:

> Und atme ein die Welt, bin wieder Welt
> Bin Wohllaut, farbenheißer Abglanz – bin
> Unendliche Bewegung – bin. (S. 451/53)

Mit den Kennvokabeln des ›Expressionsimus‹ rekonstruiert Trakl den überlieferten ›Don Juan‹-Stoff als Mythos der im Naturbann notwendig scheiternden Selbsterlösung des Lebens.

Insgesamt dauern also die Grundlagen, die das 19. Jahrhundert gelegt hatte, fort und die Konstellationen und die jeweiligen Bewertungen von ›Natur‹ – ›Liebe‹ – ›Ethik‹ ergeben ein Kaleidoskop von Bedeutungen. Doch wollen wir bei der Typologie des Verführers, bei seiner Stellung in Kierkegaard-Renaissance und ›Neuromantik‹, bei der psychologischen Abgrenzung des ›Don Juan‹ gegen den ›Casanova‹-Typus[110] nicht weiter verweilen, da wir vielmehr in einem heute fast vergessenen Roman des Heyse-Spötters Otto Julius Bierbaum sowie in George Bernard Shaws *Man and Superman* die zeitgemäßen, weiterwirkenden Fassungen von Stoff und Motiv zu entdecken glauben. Sie zeigen uns, wie komplex die Integration von kritischer Erkenntnis und Sakralisierung des Lebens sich im Kunstwerk gestalten konnte.[111]

Der Don Juan der Erkenntnis: er ist noch von keinem Philosophen und Dichter entdeckt worden. Ihm fehlt die Liebe zu den Dingen, welche er erkennt, aber er hat Geist, Kitzel und Genuß an Jagd und Intrigen der Erkenntnis – bis an die höchsten fernsten Sterne der Erkenntnis hinauf! – bis ihm zuletzt nichts mehr zu erjagen übrig bleibt als das absolut *Wehetuende* der Erkenntnis, gleich dem Trinker, der am Ende Absinth und Scheidewasser trinkt. So gelüstet es ihn am Ende nach der Hölle – es ist die letzte Erkenntnis, die ihn *verführt*.

Diese Formel Nietzsches borgt sich der Nietzscheaner Shaw für seine »Ideenkomödie« *Man and Superman*.[112] »To have Don Juan, the arch-sinner of European literature speak for morality and creative evolution and against romanticism and amorism was a brilliant and dramatic reversal of theatrical convention.« John Tanner heißt dieser geistreiche Don Juan. Indessen scheint der Kampf des männlichen Geistes gegen das Leben in der Gestalt des Weibes, dessen Beruf die Fortpflanzung ist, nicht glücklich zu verlaufen und er muß den lächerlichen Part eines halsstarrigen, uneinsichtigen Unterlegenen spielen; borniert verkennt er seine Rolle im »Kampf des Lebens, das sich auf eine göttliche Weise seiner selbst bewußt werden will.«[113] In Shaws Figurentypologie vertritt Tanner die intellektuellen ›Realisten‹, einerseits konfrontiert mit den romantischen Verbrämungen, wie sie der ›Idealist‹ schätzt, andererseits mit dem »commonsense« lebenstüchtiger Philister wie Ann Whitfield. Das biologistische Pensum nun, wonach sich das blinde Leben, mittels selbststeuernder Zuchtwahl, zu entwickeln habe bis zum geistigen »superman« – dies Programm wird John Tanner in den Mund gelegt, den Shaws Vorwort allerdings als ein Genie, den verfrühten Übermenschen anpreist, den aber Shaws Interpret Eric Bentley als »ineffectual chatterbox« kaum weniger treffend charakterisiert.[114] Im Synkretismus des »abendländischen Gestaltengevierts« rückt Don Juan von ›Faust‹ ab und nähert sich ›Hamlet‹ an. Denn, wie man leicht bemerkt: »Though Tanner preaches the life force, Ann is the life force.« Tanners vitalisitisches System wird beiläufig vereinnahmt von Anns Vitalität. Die Doppelung von anspruchsvoller Predigt und mißlungener Konsequenz im Leben wird dramaturgisch aufgefangen, indem der philosophischen Erörterung einfach ein Zwischenakt eingeräumt wird, der nicht im Diesseits, sondern in der Hölle spielt, wo sich die Figuren der Gesellschaftskomödie wieder in ihre angeblichen Vorbilder zurückverwandelt haben: John Tanner in Don Juan Tenorio, Ann Whitfield in Donna Anna; zu ihnen gesellt sich eine Statue vom Himmel herab, die Roebuck Ramsden, Anns Vormund, »nicht unähnlich« ist (S. 199). Um aus spätviktorianischen Bürgern Gestalten des Mythos zu machen, braucht man theatralische Kostüme, und dementsprechend ist dies eine »Hölle der Literatur« (Max Frisch, i. d. B. S. 308), der Ort, wo der belletristische Kitsch seine Heimat hat; nur die Operettenphantasie des gewesenen Roebuck Ramsden kann noch bezaubert werden von der bengalischen Illuminationskunst, wie sie dort ein »sehr mephistophelischer« Teufel entfacht. Don Juan ist angewidert. Er verkündet das männlich-geistige Realitätsprinzip, gegen die romantisch gleißende, so stupide Lebenskraft, er verläßt diese Hölle – aber dann stellt sich heraus, daß hier nur ein Wunschtraum Tanners vorlag, eine Selbstinterpretation, die sich der Selbstbelügung zwar annähert, und dennoch, im Sieg über die »idealistischen« Phrasen, dem Realist so weit recht gibt, daß sich die schicksalhafte Koppelung von Intellekt und Instinkt klärt. Wie Tanner mittels der »Komödie« durch Ann in die Vaterrolle gezwungen wird, so wird die »philiströse« Donna Anna mittels der »Philosophie« überzeugt von ihrer Mutterrolle. So kommentieren sich die Komödienhandlung und der Zwischenakt, wie sich ein ähnlich ironisches Spannungsverhältnis zwischen der »Tragödie des Geistes« und der »biologischen Komödie« ergibt. Denn der Untergang des Geistesheros vollzieht sich im Medium der Viktorianischen Salonkomödie, wobei die Dezenz der ›guten Gesellschaft‹ gleichsam als das Feigenblatt der kosmischen Sexualität mißbraucht und dieser skandalöse Trieb zuletzt noch gerühmt wird, weil er ja dem höchsten Wert der viktorianischen Gesellschaft diene: Der Mutterschaft. Mit dem Ruf: »Einen Vater für den Übermenschen!« wird der programmatische Fluchtpunkt anvisiert; das Selbstbild des »reflektierten Don Juan«[115] war ein Rollenschema des stets sich wandelnden, ›heiligen Lebens‹.

Wird die Lebenskraft nicht sakralisiert, zerbricht die ironische Spannung und jede Rolle wird zur banalen Floskel. Die Hauptfigur von Bierbaums *Prinz Kuckuck* läßt sich, getrieben von einem dämonisch-nichtigen Liebes- und Lebenstrieb, nacheinander die Rolle des Don Juan und die abgeleiteten ›Lord Byron‹ und – in präziser historischer Kontinuität[116] – des gealterten ›Clemens Brentano‹, der Leitfigur des Verführers im Gewand des Renegaten, suggerieren. Zuletzt begeht er Selbstmord mit dem Automobil, dem Höllenrequisit des technischen Zeitalters,[117] das übrigens noch bei Shaw als Vehikel der Lebenskraft diente. Der Autobesitzer Prinz Kuckuck war der Inbegriff unruhiger und hoffärtiger Nichtigkeit und spreizte sich als Repräsentant ohne Inhalt; gerade dies qualifizierte ihn jedoch zur Repräsentation der ästhetischen und jener politischen Kultur Deutschlands, die in der Gestalt Wilhelms II. verkörpert ist und in den Reden des jungen Kaisers tönte,[118] schließlich aber in der entfesselten Kriegsmaschinerie des Ersten Weltkrieges unterging.

Nicht Don Juans Übersteigerung, wie bei Bonsels, sondern ›Don Juans Überwindung‹ lautete das Gebot der Stunde; es wurde heiter in ›neusachlichen‹ Komödien, wie Walter Hasenclevers *Ein besserer Herr*, die mit des Heiratsschwindlers Hochzeit endet, erfüllt, ernsthaft mahnend in F. A. Beyerleins historischer Novelle, welche – mit so diskretem, wie eindringlichem Zeitbezug, der ja das Schaffen der ›inneren Emigration‹ auszeichnet – Partei für die Opfer eines »Wüstlings« im absolutistischen Frankreich der Molière-Zeit nimmt, der sich »über die Gesetze der Allgemeinheit« höhnisch hinwegsetzt[119]; die Anspielung und christliche Kontrafaktur zu Leitmotiven nationalsozialistischer Ideologie: Verführung und Führerprinzip, Verachtung des Sittengesetzes, das ›neue Reich‹ – ist offenkundig. Sobald einmal der »blanke Nihilismus« (S. 47) herrscht, darf nicht mehr gelten, »daß sich die Vorgänge des Lebens immer wieder glichen und doch sich in stets neuen Beleuchtungen und Brechungen darstellten.« (S. 36) Nicht um die Strafe dieses luziferischen ›Urbildes Don Juans‹ und Repräsentanten seiner Zeit geht es; der Rächer und reuige Büßer soll den Weg ins ›goldene Zeitalter‹ bahnen:

»Es genügt nicht, daß ihn der Teufel holt. Don Juan muß überwunden werden.« (S. 68) / »Dann können die Büßerinnen getrost zum Paradies aufsteigen.« (S. 104)

Weit entfernt steht Ödön von Horváths Exil-Drama von 1936, dem so oft ein Rückfall in Traditionalismus und christlich fundierten Wertglauben angekreidet wird, nicht.[120] In der österreichischen Tradition der Sprachskepsis hatte Schnitzler, nach dem Ersten Weltkrieg dessen Beginn gestaltend, die Maskenspiele der Verführung abgetan und sich zu einem nüchternen Ethos des Dienstes an der Gemeinschaft bekannt, wie auch Hofmannsthals redegewandte Verführergestalten den Weg dahin, »wo Gott wohnt«, zu suchen beginnen – in den sakralen Raum der Ehe und der schweigsamen, wahrhaftigen Kommunikation in Liebe.[121] »Hatte man nicht bei Kriegsende bemerkt, daß die Leute verstummt aus dem Felde kamen? nicht reicher – ärmer an mitteilbarer

Erfahrung.« Wie das Heimkehrerdrama des frühen Brecht schließt Horváth – im ausdrücklichen Zitat – an Hofmannsthals späte Komödie an;[122] seine Diagnose läßt das ›Exil‹ mit dem Untergang Alteuropas beginnen, sieht es im »Taumel der Inflation« bestätigt, in der realen Vertreibung zuletzt vollstreckt. Eine ›neue Welt‹ hätte 1918 den Don Juan überwinden sollen, doch wird Horváths ›Don Juan‹-Stück eben nicht zum ›Stationen- und Läuterungsdrama‹, sondern zu einem »Totentanz« für die ›Welt von gestern‹[123] – und ihrer hektischen Reproduktion in der Nachkriegszeit. »Die Welt hat sich gedreht«, doch alles bleibt Kopie des Alten.

Deine neue Zeit ging rasch vorbei. Bettler bleibt Bettler. In der Zeitung steht, es kommen wieder die alten Zeiten –

Die Apokalypse will ewig währen. »Unecht« wurde die Zeit, da in ihrem scheinbaren Fortschritt weder Vergangenheit entsteht, noch sich die Zukunft öffnet; unecht wurde das Kriegserlebnis – »Fronttheater« –; unecht schließlich die Kunst. Wie Geschichte und Zeit ausgehöhlt und substituiert werden durch zeitlose wiederkehrende Zeitungs-Phrasen,[124] so reproduziert sich das einmalige Kunstwerk als theatralisches Schaustück und sinnleeres Zitat – und so ist der Don Juan der alten Zeit zu ihrem Revenant geworden und der Zauber seiner Existenz hat sich gespenstisch verdinglicht, in Statuetten des großen Pan, dem Ideal dionysischer Lebenskraft, und des Hl. Sebastian, einer Leitfigur des Ästhetentums im Fin de Siècle.[125] Der Kunsthandel mit diesen Symbolen seiner Existenz ist nun der passende Beruf Don Juans, Kunstgewerblerinnen sind seine prädestinierten Opfer. Die metaphysischen Werte sind umgemünzt in Geldeswerte, soweit solche im Taumel der Inflation bestehen. So wird der Verführer zum Betrüger und zugleich zum betrogenen ›Kind seiner Zeit‹, die keine Antwort auf die Suche nach dem Wert, dem ›Ideal‹ Don Juans, zu geben weiß. Sowenig wie Horvath selbst. Don Juan geht, nachdem sich die jüngere Generation im Zynismus virtuoser zeigte[126] und eine Regression ins bergende Alte sich als Wunschbild dekuvriert, im »Herzenswinter dieser Zeit« als ein »Schneemann« zugrunde; aller Zorn richtet sich auf den, der den Schneemann gemacht hat, doch tritt Gott nicht auf in Don Juans Totentanz.

IV. Dreimal ›Don Juan‹ – um 1950

Zu Beginn der fünfziger Jahre präsentieren sich die deutschsprachigen Bühnen in bemerkenswerter Zeitgenossenschaft im Zeichen Don Juans: Ödön von Horváths *Don Juan kommt aus dem Krieg* wurde verspätet, 1952, in Wien uraufgeführt, in Berlin bearbeitete Brechts Ensemble den *Dom Juan* von Molière, in Zürich, München und Düsseldorf wurde Max Frischs *Don Juan oder Die Liebe zur Geometrie* gezeigt – gegenwärtig schien die Einheit von Exil- und Nachkriegsliteratur erreicht, doch – wie Max Frisch hellsichtig bemerkte[127] – nur im Zeichen einer neuen »Inlandsemigration«. Frischs Antwort auf Brecht wie Horváth zeugt denn auch insgesamt von einem zeitgemäßen Verständnis des traditionsreichen Stoffes, dessen Kennmotive bewußt bewahrt wurden, in einer traditionalistischen Epoche.[128] Frisch »arbeitet mit Überlieferung«: er benutzte Quellen:
- für die ›Theatralik‹ seines Don Juan: Tirso de Molina; Molière; Mozart/da Ponte; Zorilla y Moral; Shaw; wahrscheinlich Hasenclever (oder Lenau oder Rostand – für die Damenversammlung);
- für die ›Philosophie‹: Shaws, gerade von Peter Suhrkamp ediertes ›Vorwort‹; die Abhandlungen von Romano Guardini, Albert Camus, Kierkegaard, Ortega y Gasset; die Begleittexte zu Horváths und Brechts Stücken.

Die Motive sind zumeist traditionell, die Debatte hingegen, wie uns die Erscheinungsdaten der gedanklichen Quellen belegen, höchst aktuell. Frisch verwandelt nun das überlieferte ›Don Juan‹-Drama in eine zeitsatirische Komödie, indem er die jüngsten Hauptphasen der Stoffgeschichte kombiniert: Don Juan, ein Mensch mit individuellem Anspruch (und damit existenzphilosophischer Protagonist[129]) erhält nicht etwa eine eigene Lebensgeschichte, sondern die Gesellschaft von Sevilla diktiert ihm den überlieferten Dramenstoff als seine Biographie. Der Stoff aus dem 17./18. Jahrhundert wird einer Person im Sinne des 19. Jahrhunderts nun als die im 20. Jahrhundert übliche Rollenfloskel oktroyiert. Wo Don Juan die Kontemplation und die Klarheit geometrischer Studien sucht, wird ihm die Rolle des Verführers zugesprochen. So inszeniert Frisch, seit langem von diesem Topos fasziniert,[130] das Welttheater im Zitat, und in parodistisch genauer Nachahmung verspottet und bewahrt sein Stück die Tragik eines

›echten‹ Don Juan, jener Leitfigur der Verweigerung. Tatsächlich vermag uns ja, wenn anstelle Gottes die Gesellschaft über unser Rollenspiel wacht, nur noch die Komödie beizukommen.¹³¹

Originalbeitrag.

Bibliographische Angaben

I. Chronologie der Quellen

Nur die für uns zentralen Quellen werden hier aufgeführt, und zwar die fremdsprachigen zunächst in der jeweiligen Originaledition, dann in einer gebräuchlichen deutschen Übersetzung. Bei Nachweisen wird zuerst jene, dann, durch eine Virgel (/) abgesetzt, die Seitenzahl der deutschen Übersetzung angegeben.

Tirso de Molina [d. i.: Fray Gabriel Tellez]. *El Burlador de Sevilla y Convidado de piedra*. (Druck 1630.)? In: *Obras Dramaticas Completas II*. Hg. v. Blanca de los Rios. Madrid: Aguilar 1962. S. 634–686.
Der steinerne Gast. Übers. v. Karl Vossler. In: Schondorff (Hg.), S. 45–129.

Molière. *Dom Juan ou le Festin de Pierre, Comédie*. (Urfauff. 15. 2. 1665). In: *Œuvres, Complètes*. Bd. I. Paris: Gallimard 1956 (Bibliothèque de la Pléiade 100). S. 773–829.
Don Juan. Übers. v. Arthur Luther. In: *Werke*. Wiesbaden: Insel 1954. S. 429–486.

Wolfgang Amadeus Mozart. *Il dissoluto punito o sia il Don Giovanni*. (Text von Lorenzo da Ponte). (Urauff. 29. 10. 1787). In: Attila Csampai/D. Holland (Hg.). *Wolfgang Amadeus Mozart »Don Giovanni«*. Texte – Materialien – Kommentare. Reinbek: Rowohlt 1981. S. 41–175 (mit Übers. v. K. D. Gräwe).

Ernst Theodor Amadeus Hoffmann. *Don Juan. Eine fabelhafte Begebenheit, die sich mit einem reisenden Enthusiasten zugetragen*. (1813). In: *Fantasie- und Nachtstücke*. Hg. v. W. Müller-Seidel. München: Winkler 1960. S. 67–78.

George Gordon Lord Byron. *Don Juan*. (1819–1824). Hg. v. T. G. Steffan/W. W. Pratt. 4 Bde. (mit Prolegomena u. Kommentar). Austin: Univ. of Texas Press/Edinburgh: Th. Nelson 1957.
Don Juan. Übers. v. Otto Gildemeister. In: *Sämtliche Werke II*. Hg. v. S. Schmitz. München: Winkler 1977. S. 7–520.

Christian Dietrich Grabbe. *Don Juan und Faust. Eine Tragödie*. (1829) In: *Werke I*. Hg. v. A. Bergmann. Emsdetten: Lechte 1960. S. 415–513.

Stendhal (d. i. Henri Beyle). *Le Rouge et le Noir. Chronique du XIXe siècle*. (1830). In: *Romans et Nouvelles I*. Hg. v. Henri Martineau. Paris: Gallimard 1952 (Bibliothèque de la Pléiade). S. 215–699.
Rot und Schwarz. Übers v. Walter Widmer. München: Winkler 1953.

Honoré de Balzac. *L'Elixir de longue vie*. (1830). In: *La Comedie humaine* XI. Paris: Gallimard 1980 (Bibliothèque de la Pléiade), S. 473–523.

Das Lebenselixier. Übers. v. Ernst Sander. In: *Die menschliche Komödie*, Bd. 12. München: Goldmann 1972. S. 403–427.

Alexander S. Puschkin. *Der steinerne Gast* (1830; russ.). In: *Gesammelte Werke III*. Hg. v. H. Raab. Berlin (Ost): Aufbau 1964. S. 311 bis 336.

Alfred Musset. *Namouna. Conte Oriental.* (1932). In: *Poésies complètes*. Hg. v. Maurice Allem. Paris: Gallimard 1957. (Bibliothèque de la Pléiade). S. 239–270.

–. *Une Matinée de Don Juan.* (1833) In: *Œuvres*, Paris, Charpentier 1876, S. 665–667.

George Sand. *Lelia.* (1833/39). Hg. v. P. Reboul. Paris: Garnier 1960. *Lelia.* Frankfurt: Insel 1984 (it 737).

Prosper Mérimée. *Les Ames du purgatoire.* (1834). In: *Romans et Nouvelles.* II. Hg. v. M. Parturier. Paris: Garnier 1967. S. 9–75.

Sören Kierkegaard. *Enten – Eller. Et Livs-Fragment, udgivet af Victor Eremita.* (1843). [Zitate nur nach:]
Entweder – Oder: Übers. v. Heinrich Fauteck, hg. v. H. Diem u. W. Rest. München: Deutscher Taschenbuch Verlag 1975.

José Zorrilla y Moral. *Don Juan Tenorie.* (Urauff. 28. 3. 1844). [Text bei Baquero u. Granados de Bagnasco].

Nikolaus Lenau. *Don Juan. Dramatische Szenen.* (1844). In: *Sämtliche Werke*, Bd. 2. Hg. v. E. Castle. Leipzig: Insel 1911. S. 401–448.

Charles Baudelaire. *Don Juan aux enfers.* (1846). In: *Les Fleurs du Mal / Die Blumen des Bösen.* Hg. u. übers. v. Friedhelm Kemp. München: Hanser 1975. S. 86–87.

Gustave Flaubert. *Une Nuit de Don Juan.* (ca. 1850). In: *Œuvres completes II.* Hg. v. B. Masson. Paris: Ed du Seuil 1964. S. 721–723.

Eduard Mörike. *Mozart auf der Reise nach Prag. Novelle.* (1855). In: *Sämtliche Werke I.* Hg. v. Helga Unger. München: Winkler 1967. S. 566–622.

Leopold von Sacher-Masoch. *Don Juan von Kolumea.* (1866). In: *Das Vermächtnis Kain's Theil I.* Stuttgart: Cotta 1870.

Paul Heyse. *Don Juan's Ende. Trauerspiel in fünf Akten.* (1883). In: *Dramatische Dichtungen 13.* Berlin: Wilhelm Hertz 1883.

Marcel Barrière. *Le Nouveau Don Juan.* Bd. I–IV. (1900–1909) Paris: A. Lemerre 1900 ff. [Eine Übers. läßt sich nicht nachweisen, doch erlebte der Extrakt – die »Studien über den modernen Donjuanismus«: *Die Kunst zu verführen* (Wien: Wiener Verlag 1905) – mehrere Auflagen].

George Bernard Shaw. *Man and Superman. A. Comedy and a Philosophy.* (1903). In: [dass.]. London: Constable & Co. 1931.
Mensch und Übermensch. Übers. v. Annemarie u. Heinrich Böll. Frankfurt: Suhrkamp 1972 (BS 129).

Karl Sternheim. *Don Juan. Eine Trägödie.* (1905/09). In: *Frühwerk.* Hg. v. W. Emrich. Neuwied: Luchterhand 1967. S. 497–719.

Otto Julius Bierbaum. *Prinz Kuckuck. Leben, Taten, Meinungen und Höllenfahrt eines Wollüstlings. In einem Zeitroman.* (1906/07). München: Langen-Müller 1960.

Georg Trakl. *Don Juans Tod* (Tragödienfragment). (1906–1908). In: *Dichtungen und Briefe* [= HKA I]. Hg. v. W. Killy u. H. Szklenar. Salzburg: Otto Müller 1969. S. 447–453.

Waldemar Bonsels. *Don Juan. Eine epische Dichtung.* (1914 abgeschlossen). Berlin: Schuster & Loeffler 1919.

Edmond Rostand. *La Derniere Nuit de Don Juan.* (1914 abgeschlossen). Paris: L'imprimeur Gérant 1921.

Ödön von Horváth. *Don Juan kommt aus dem Krieg. Schauspiel in drei Akten.* (1936). In: *Gesammelte Werke I.* Hg. v. T. Krischke. Frankfurt: Suhrkamp ²1972. S. 589–646.

Beyerlein, Franz Adam. *Don Juans Überwindung.* (1938) Bielefeld: Velhagen & Klasing 1943 (44.-46. Tsd.).

Bertolt Brecht. *»Don Juan« von Molière. Bearbeitung.* (1953). In: *Gesammelte Werke 6.* Frankfurt: Suhrkamp 1967. (werkausgabe es). S. 2547–2615.

Max Frisch. *Don Juan oder Die Liebe zur Geometrie. Komödie in fünf Akten.* (1953). (s. u.).

II. Dokumentation und Forschung

1. Anthologien

Balmas, Enea. *Il mito di Don Giovanni nel Seicento francese.* 2 Bde. [Anth. u. Darst.] Milano: Cisalpino-Goliardica 1977–78.

Baquero, Arcadio. *Don Juan y sua evoluión dramático. El personaje teatral en 6 comedias espanolas.* Madrid: Ed. nacional 1966.

Granados de Bagnasco, Juana (Hg.). *L'aspetto classico e Romantico de Don Juan.* (Milano: Goliardica 1957 [S. 1–145: Einleitung zur Edition Tirsos u. Zorillas].

Mandel, Oscar. *The Theatre of Don Juan. A. Collection of Plays and Views, 1630–1963.* Lincoln: Univ. of Nebraska Press 1963. [Einleitung, S. 3–45].

Massin, Jean (Hg.). *Don Juan. Mythe litteraire et musical.* Paris: Stock 1975.

Schondorff, Joachim (Hg.). *Don Juan.* München: Langen-Müller 1967 (Theater der Jahrhunderte).

2. Allgemeine Darstellungen

Hinweise auf die Spezialforschung bleiben den Anmerkungen vorbehalten; aus Platzgründen mußte darauf verzichtet werden, dort konsequent auf die unten aufgeführten Arbeiten zu verweisen. – Die grundlegende Bibliographie stammt von Armand E. Singer: *The Don Juan Theme. Versions and Criticism*, Morgantown 1965 (West Virginia Univ. Bulletin, Series 66, Nr. 6); mit den Ergänzungen in: *West Virginia University Philological Papers* 15, 1966, S. 76–88; 17, 1970, S. 102–178; 20, 1973, S. 66–106; außerdem Weinsteins »Catalogue of Don Juan Versions«, S. 187–214.

Berveiller, Michel. *L'Eternel Don Juan*. Paris: Hachette 1961.

Casalduero, Joaquín. *Contribución al estudio del tema de Don Juan en el teatro español*. Madrid: José Porrúa Turanzas ²1975.

Dietrich, Margret. *Vorwort*. In: Schorndorff (Hg.), S. 9–44.

DJ [=] *Don Juan. Analyse d'un Mythe.* (=) *Obliques* Nr. 4 u. 5. Paris: Nouv. Quartier Latin 1974.

Frenzel, Elisabeth. *Don Juan*. In: *Stoffe der Weltliteratur*. Stuttgart: Kröner ³1970. S.

Ganz, Margaret. *Humour's Devaluations in a Modern Idiom: The Don Juan Plays of Shaw, Frisch and Montherlant*. In: M. Charney (Hg.). *Comedy. New Perspectives*. New York 1978 (New York Literary Forum 1). S. 117–136.

Gendarme de Bévotte, Georges. *La Légende de Don Juan*. 2 Bde. Paris: Hachette 1911.

Gnüg, Hiltrud. *Don Juans theatralische Existenz. Typ und Gattung*. München: Fink 1974.

Goudschaal, Jürgen. *Studien zur spanischen Don Juan Dichtung*. Marburg, Diss. 1952.

Heckel, Hans. *Das Don-Juan-Problem in der neueren Dichtung*. Stuttgart: Metzler 1915.

Kattan, Jorge. *Don Juan de Tirso de Molina a Jose Zorilla*. San Salvador: Ministerio de educación 1972.

Kreft, Jürgen. *Hamlet – Don Juan – Faustus. (Vaterflucht – Mutterbindung – Desintegration)*. Bonn, Diss. 1955.

Kunze, Stefan. *Don Giovanni vor Mozart*. München: Fink 1972.

Lindner, Sigrid Anemone. *Der Don-Juan-Stoff in Literatur, Musik und bildender Kunst*. Bochum, Diss. 1980.

Mayer, Hans. *Doktor Faust und Don Juan*. Frankfurt: Suhrkamp 1979 (BS 599).

Mönch, Walter. *Don Juan: Ein Drama der europäischen Bühne*. In: W. M. *Das Gastmahl. Begegnungen abendländischer Dichter und Philosophen*. Hamburg: H. von Hugo 1947, S. 88–171.

Nozick, Martin. *The Don Juan Theme in the 20th Century*. New York, Columbia Univ., Diss. 1954.

Oehlmann, Werner. *Don Juan*. Frankfurt: Ullstein 1965 (Dichtung und Wirklichkeit).

Price, Elisabeth. *Don Juan: A Chronicle of His Literary Adventures in German Territory*, St. Louis/Miss., Washington U., Diss. 1974.

Rosenberg, Alfons. *Don Giovanni. Mozarts Oper und Don Juans Gestalt*. München: Prestel 1968.

Rousset, Jean. *Le Mythe de Don Juan*. Paris: Armand Colin 1978.

Said, Victor. *La Leyenda de Don Juan*. Buenos Aires: Espasa-Calpe 1946.

Saint-Paulien [d. i.: Sicard, Maurice Ivan]. *Don Juan. Mythe et Réalité*. Paris: Plon 1967.

Sauvage, Micheline. *Le Cas Don Juan*. Paris: Ed. du Seuil 1953.

Schroeder, Theodor. *Die dramatischen Bearbeitungen der Don-Juan-Sage in Spanien, Italien und Frankreich bis auf Molière einschließlich*. Halle: Niemeyer 1912 (ZRPh, Beih. 36).

Tan, H. G. *La matière de Don Juan et les genres litteraires*. Leyden: Presse univ. 1976.

Weinstein, Leo. *The Metamorphoses of Don Juan*. Stanford, Cal.: Stanford UP 1959.

Werner-Jensen, Karin. *Studien zur Don Giovanni Rezeption im 19. Jahrhundert*. Tutzing: Schneider 1980.

Wittmann, Brigitte (Hg.). *Don Juan. Darmstadt:* Wissenschaftliche Buchgesellschaft 1976 (WdF 282).

Anmerkungen

1 Vgl. W. Brüggemann, *Das abendländische Gestaltengeviert. Cervantes und die Figur des Don Quijote in Kunstanschauung und Dichtung der deutschen Romantik*, Münster: Aschendorff 1958.

2 Die, von den geschichtsphysiognomischen Forschungen Walter Benjamins und Dolf Sternbergers entworfenen Perspektiven sind noch nicht erfüllt; auf eine »Tendenz zur Bildung neuer Mythen« (S. 39, vgl. bes. S. 42 ff.) macht W. Krömer, *Dichtung und Weltsicht des 19. Jahrhunderts,* Wiesbaden: Athenaion 1982, aufmerksam, ohne die Anregungen eines 1979 von H. Koopmann vorgelegten Sammelbandes zu berücksichtigen. – Zur methodischen Problematik der Stoffgeschichte vgl. M. Beller (bei Schmeling – s. Bibl.), bes. S. 75 ff. – Das dem unseren konträre Verfahren, aus dem historischen Wandel einen typischen Don-Juanismus herauszupräparieren, hat souverän M. Sauvage vorgeführt, vgl. auch Saint-Paulien.

3 Ausgeklammert bleiben die Vorformen und Tirsos Quellen, vgl. den Beitrag von Petzoldt, bei Wittmann S. 224–237., auch Price S. 43 ff. Zum folgenden E. Müller-Bochat, *Tirsos Themen und das Ende Don*

Juans, in: H. Baader/E. Loos (Hg.), *Spanische Literatur im Goldenen Zeitalter* (= Fs Fritz Schalk), Frankfurt: Athenäum 1973, S. 325–337; methodisch anregend: K. Haberkamm, *Der Don-Juan-Mythos*, in: *Sensus atrologicus*, Bonn: Bouvier 1972, S. 185–201.
Zitat: S. Maurel, *L'univers dramatique de Tirso de Molina*, Poitiers: Publications de l'Université 1971, S. 593; Maurel konzentriert seine Studie auf das Schwanken des Publikums zwischen Identifikation und Distanzierung.

4 Dietrich S. 18.
5 Vgl. H. W. Sullivan, *Tirso de Molina and the Drama of the Counter Reformation*, Amsterdam: Rodopi ²1981, S. 71 ff.
6 S. 669/103.
7 S. 642, 644, 648/60, 63, 71, Zur »Glut« S. 644, 651, 672, 684/63, 74, 107, 125.
8 S. 641/57. Zur Narren- als Teufelsmotivik vgl. W. Mezger, *Narren, Schellen und Marotten*, Remscheid: Kierdorf 1984.
9 Vgl. bes. S. 649/71. E. H. Templin, *The »burla« in the Plays of Tirso de Molina*, in: *Hispanic Review* 8, 1940, S. 185–201.
10 Zur »Mythologie der Ehre« vgl. H. Weinrich, in: *Terror und Spiel*, hg. v. M. Fuhrmann, München: Fink 1971 (Poetik u. Hermeneutik 4), S. 341–356; F. Zunkel, *Ehre*, in: *Geschichtliche Grundbegriffe I*, hg. v. O. Brunner u. a. Stuttgart: Klett 1975 ff., S. 17 ff. Zur ontologischen Sprachphilosophie: E. Lewalter, *Spanisch-jesuitische und deutsch-lutherische Metaphysik des 17. Jahrhunderts*, Darmstadt: Wiss. Buchges. 1967, S. 36 u. ö. – Zur Ambiguität des »de« (Lokativ oder gen.obj.) vgl. Sullivan (Anm. 5), S. 152 f. Belege: S. 670, 656, 659/105, 83, 87.
11 S. 684/125. Vgl. zuvor: S. 659 f., 672, 664, 670 f./88, 108, 95, 105. Die ›konforme Vergeltung‹ ist das Strafprinzip in Dantes Höllenvision.
12 Vgl. Röm. 12, 19, u. bes. Gal. 6, 7: de Dios nadie se burla. Vgl. S. 674/110.
13 Vgl. Sullivan, z. B. S. 39.
14 Vgl. S. 677 u. 684/114 u. 125. Zu »Licht« als Gegenbild zum »Feuer« vgl. 669 (»Nacht«), 671 (»antípoda del sol«), 678: »DON JUAN: Aguarda, iréte alumbrando. DON GONZALO: No alumbres, que en gracia estoy.«/103, 106, 116.
15 Vgl. R. L. Kennedy, *Studies in Tirso I*, Chapel Hill: Dpt. of Romance Languages 1974, S. 21–73.
16 Vgl. H. Müller-Bochat, *Das spanische Theater der Blütezeit*, in: A. Buck (Hg.), *Renaissance und Barock (II. Teil)* Frankfurt: Athenaion 1972 (Neues Handbuch der Lit.wiss., 10), S. 14 ff. Dazu: S. 668 ff. u. 685/101 ff. u. 127.
17 S. 662 u. 666/92 u. 98 (»Sodom«) und den biblischen Bericht über den Untergang von Sodom und Gomorrha Gen. 19. Vgl. zum Städtekon-

trast: J. E. Varey, *Social Criticism in »El Burlador de Sevilla«*, in: *Theatre Research International* 2, 1977, S. 197–211; sowie S. 647/69 die Verknüpfung Lissabons mit Ulixes, dem Überwinder Trojas.

18 Zur Vorgeschichte u. zu Molières Quellen vgl. Schröder u. Gendarme de Bevotte, v. a. *Le Festin de Pierre avant Molière*, Paris: Soc. nouv. 1907. Zur Interpretation v. a.: J. Guicharnaud, *Molière. Une aventure théâtrale*, Paris: Gallimard 1963, S. 177–343; J. D. Hubert, *Molière or The Comedy of Intellect*, Berkeley: Univ. of California Press 1962, S. 113–129; H. Bichler, *Molière – Dom Juan*, in: J. v. Stackelberg (Hg.), *Das französische Theater I*, Düsseldorf: Bagel 1968, S. 247–270; J. Hösle, *Molières Komödie Dom Juan*, Heidelberg: Winter 1978; Gérard Defaux, *Molière, ou les métamorphoses du comique*, Lexington: French Forum 1980.

19 Brecht S. 1260, dann S. 1258. Zur Gassendi-These vgl. L. Löwenthal, *Das Bild des Menschen in der Literatur*, Neuwied: Luchterhand 1966, S. 175.

20 So G. Poulet, *Études sur le temps humain*, Paris: Plon 1966, S. 79 ff. Der Umschlag ereignet sich in IV, 1 nach der ersten Begegnung mit der Statue. Gerade die seelische Beweglichkeit ordnet Dom Juan einer Tradition zu, die etwa durch die Figur des Hylas in Honoré d'Urfeés *L'Astrée* markiert wird.

21 Vgl. R. Baader, *Klassische Einheit und komische Reduktion im »Dom Juan« von Molière*, in: R. B. (Hg.), *Molière*, Darmstadt: Wiss. Buchges. 1980, S. 320–351. Zur allegorischen Strukturformel der ›Wanderung auf dem Stationenweg‹ vgl. Hösle S. 60.

22 *Préface* zum *Tartuffe* (Pléiade-Ausg.), S. 682. Die, seit Maurice Descot als probater Deutungsschlüssel gebräuchliche, von Sganarelle angebotene Formel: »Un grand seigneur méchant homme« (S. 777/433) findet sich allerdings nur in der Pariser Ausgabe von 1682; sie wurde zwar in die Pléiade-Edition, nicht aber in die kritische Ausg. v. W. D. Howarth (Oxford: Blackwell 1958) übernommen.

23 Baader; Zitate ebd., S. 331 f.

24 S. 787 u. 789/443 u. 446: die Geburt des Edelmanns aus dem Menschen und die blendende Wirkung des Äußeren; vgl. zu diesem Kleider-Topos: H. O. Burger, ›*Dasein heißt eine Rolle spielen*‹, München: Hanser 1963, S. 85 ff. Hier: Hösle S. 41 u. Hubert S. 126.

25 Zitate: Mayer S. 117 f. Bes. A. Simon, *Molière par lui-même*, Paris: Ed. du Seuil 1957, S. 103–117, betont, daß Sganarelle nicht nur der absurde Raisonneur-Typ Molières ist, sondern gleichsam, als Kommentator der Handlung, die dargestellte Publikumsrolle übernimmt.

26 Hubert S. 124, ähnlich Hösle S. 41: Dies, obschon Molière die Rolle selbst übernahm – s. u. zu Dom Juan u. der Statue als weitere Figurationen des Theatralischen in Molières Sinne.

27 S. 829 (mit dem textkritischen Hinweis)/486. Zu Dom Juans überlegener Moquerie vgl. Gnüg S. 86 ff.
28 Vgl. H. Weinrich, *Münze und Wort*, in: H. Lausberg/H. W. (Hg.), *Romanica. Festschrift für Gerhard Rohlfs*, Halle: Niemeyer 1958, S. 508–521. Zitat: S. 786/442; vgl. die Kaufmannsszenen, bes. IV, 3.
29 Hubert S. 118 ff. Zum gesellschaftskonstitutiven Thema der Furcht vgl.: R. Albanese, *Le dynamisme de la peur chez Molière*, University, Miss.: Romance Monographs 1976, S. 42 ff.
30 Vgl. Defaux S. 150 ff. u. Hösle S. 33 ff.
31 Vgl. Hösles Deutung der Arztszene III, 1 (S. 40 ff.), wo sich auch das berühmte Glaubensbekenntnis Dom Juans findet: »Je crois que deux et deux sont quatre [...] et que quatre et quatre sont huit.« (S. 801/458)
32 Hösle S. 42 ff. Zur Deutung von III, 2 bes. Hubert S. 122 u. 126. Hösle S. 47 zur zeittypischen Repräsentativität des Denkmals, vgl. A. Riegel, *Ges. Aufsätze*, Augsburg: Filser 1928, S. 144–193. Weiter: W. A. Nitze, *Molière et le mouvement libertin de la Renaissance*, in: Baader (Hg.), S. 25–49, s. Anm. 19 u. 34; die Verbindung zu Dom Juan stiftet Sganarell mit den Termini »libertin« (S. 781/436) u. »esprit fort« (S. 811/468), wie ja auch Molière selbst – nach dem Zeugnis des ersten *Placet* zum Tartuffe (S. 687) – von der bigotten öffentlichen Meinung als »libertin« geschmäht wurde, zum Kontext im Kampf um den *Tartuffe*, vgl. Hösle S. 22 ff.
33 Zu dieser Deutung bes. Defaux, z. B. S. 148, die semiologische Analyse von C. Reichler (*DJ* I, bes. S. 70 ff.), aber auch schon die Hinweise bei Guicharnaud S. 341 u. Hubert S. 127 ff. Daß Molière selbst das Kostüm des römischen Kaiserreiches nicht verschmähte, belegt das Gemälde Mignards, das ihn in der Rollentracht des Caesar in Corneilles *La Mort de Pompee* zeigt (bei: S. Chevalley, *Molière en son temps 1622–1673*, Paris: Monkoff 1973, S. 182, vgl. S. 79); dazu (ebd. S. 86) der ikonographische Gegentyp: M. als Heiliger mit dem Buch *Dom Juan* in der Hand. Zur sozialgesch. Entwicklung vgl. N. Elias, *Über den Prozeß der Zivilisation*, Bd. 2, Frankfurt: Suhrkamp [6]1979 (stw 159), S. 222 ff. u. 312 ff.
34 Mayer S. 123 f. Zum Folgenden v. a.: A. Einstein, *Mozart*, Frankfurt: Fischer 1973, S. 448–457; A. Greither, *Die sieben großen Opern Mozarts*, Heidelberg: Lambert Scheider [3]1977, S. 105–135; die mit reichhaltigen Materialien (u. a. S. 203 ff. zu Casanovas produktiver Rezeption des Librettos) versehene Textausgabe von Csampai/Holland; St. Kunze, *Mozarts Opern*, Stuttgart: Reclam 1984. – Zur Methodik vgl. K. G. Just, *Das Opernlibretto als literarisches Problem*, in: K. G. J., *Marginalien*, Bern: Francke 1976, S. 27–46. – Zur Problematik des »libertino« (S. 44), den LaBruyere ja als Leitcharakter des 17. Jahrhunderts erkannte, vgl. H. Schneider, *Der Libertin*, Stuttgart: Metz-

ler 1970; u. P. Nagy, *Libertinage et révolution*, Paris: Gallimard 1975. – Zu da Pontes Quellen, insbes. dem Stück Goldonis, vgl. Kunze.

35 Die Zweifel der Gegenspieler leiten sich von Don Giovannis ›physiognomischer‹ Behauptung ab: »La nobiltà/Ha dipinta negl'occhi l'onestà«. Die zeittypische ›seelenkundliche‹ Motivierung in Elviras: »Ah vendicar vogl'io/L'ingannato mio cor [. . .]«, u., für die Fülle der Belege, in der Änderung der sog. »Wiener Fassung«, S. 172.

36 Csampai/Holland S. 23. Vgl. in E. Bloch, *Das Prinzip Hoffnung*, Frankfurt: Suhrkamp 1968, S. 1180–1188: *Don Giovanni, alle Frauen und die Hochzeit*.

37 S. Anm. 16. Zu Massetto vgl. Csampai/Holland S. 27f., u. 34ff. über Leporello als »Don Giovanni der kleinen Leute«; wir folgen hier jedoch der Deutung bei: G. v. Graevenitz, *Don Juan oder die Liebe zur Hausmusik. Wagner-Kritik in Eduard Mörikes Erzählung »Mozart auf der Reise nach Prag«*, in: *Neophilologus* 65 (1981), S. 247–262 (ebd. S. 249 die Zitate).

38 Zur »Reue« vgl. S. 156; zu »liberta« (S. 100) u. »umanita« (S. 153, ein Rückgriff Da Pontes auf seine Hauptquelle Molière S. 804), vgl. die Demontage von Don Juans Anspruch auf Vorbildlichkeit bei Rostand II, 2.

39 Vgl. Csampai/Holland S. 15 u. 194.

40 Belege: ›weiß‹ – S. 120 u. 152; ›steinhart‹ – S. 150; die Zäsur in Takt 521, der Pause zwischen »Eccola« u. »Ohimè«.

41 Vgl. unter den Vorausdeutungen des Akt I bes. den Schluß S. 106.

42 ›Aufklärung‹ nehmen sich S. 96 die Gegenspieler vor; den Übergang von Don Giovannis nächtlicher Existenz (S. 134) zur »Morgenröte« (S. 138) ordnet J. Starobinski, *1789. Les Emblèmes des la Raison*, Paris: Flammarion 1979, S. 25 ff. in die Lichtmetaphorik des 18. Jh. ein, ohne auf die Symbolik der Tageszeiten als Ausgestaltung der freimaurerischen Lichtsymbolik besonders abzuheben (Ich danke Barbara Gehrt, München für Hinweise auf den, noch nicht systematisch erforschten, Quellenbereich des Freimaurerlieds).

43 Vgl. *Mozart: Ist die Zauberflöte ein Machwerk?* (=) *Musik-Konzepte 3*, München: ed. text + kritik 1978, bes. den Beitrag v. R. Riehn. Zur musikhistorischen Grundlegung vgl. E. A. Ballin, *Der Dichter von Mozarts Freimaurerlied »o heiliges Band«* (. . .), Tutzing: H. Schneider 1960. – Zur Rezeptionsgeschichte des *Don Giovanni* vgl. Price S. 165–216 u. den ersten Teil der Mon. von Werner Jensen.

44 Wittmann S. XI. Textzitat: S. 75, s. o. zur Feuermetaphorik.

45 P. v. Matt, *Die Augen der Automaten*, Tübingen: Niemeyer 1971, hier S. 170. Erg. J. Prieur (*DJ* II, S. 23 f.), u. L. Pikulik, *Romantik als Ungenügen an der Normalität*, Frankfurt: Suhrkamp 1979, S. 277 f. (sowie generell zur Philistersatire). Zur Wirkungsgesch. in den Musiker-Novellen von Ludwig Rellstab (*Julius*, 1825; *Aus dem Nachlaß ei-*

nes jungen Künstlers, 1826; *Donna Anna*, 1830), vgl. Werner Jensen S. 180 ff.
46 R. Hunter-Lougheed, *Warum eigentlich nicht Hoffmann?*, in: *Mitt. der E. T. A. Hoffmann-Ges.* 23 (1977), S. 22–43. Zitate nach der Ausg. v. J. Schillemeit, Frankfurt: Insel 1974 (it 89), S. 63 vgl. bes. S. 62 f. u. 66 f. die Kennmotive romantischer Schöpfungsästhetik.
47 Diese Motivvariante schon bei Musset, *Une matinee de Don Juan;* bei Heckel S. 142–163 weitere Bearbeitungen, die oft auch – wie Weinstein S. 134 ff. betont – als Medium der ›Don-Juan‹-Kritik dienten. – Zum Motiv: H. Petriconi, *Die verführte Unschuld*, Hamburg: Cram, de Gruyter & Co. 1953.
48 Den Terminus hat Wolfgang Frühwald für die Brentano-Forschung fruchtbar gemacht, zuletzt im Nachw. zur Ausg. der *Gedichte*, München: dtv 1977, S. 792 ff.; zu Büchner vgl. meinen Aufs. *König Peters zweite Schöpfung* (i. D.) – Karl von Holteis »Dramatische Phantasie« *Don Juan* (1834) bietet vergröbert die, auch für die Leonce-Gestalt konstitutive, Kombination von Aristokratismus u. Wollust.
49 Vgl. mein *Nachwort*, in: *Meistererzählungen der deutschen Romantik*, München: dtv 1985. W. Rehm, *Kierkegaard und der Verführer*, München: Rinn 1949, S. 43, erblickt im ersten Teil von *Entweder – Oder* einen Versuch der Überbietung von Schlegels *Lucinde*, wie ihn zuvor ja Gutzkows *Wally* unternahm.
50 Vgl. C. Roos, *Zur Goethe-Lektüre Kierkegaards*, in: *Orbis litterarum* 10 (1955), S. 214–235; G. v. Hofe, *Die Romantikkritik Sören Kierkegaards*, Frankfurt: Athenäum 1972.
51 Vgl. das einschlägige Kapitel bei Rehm, S. 75–117, mit dem Hinweis auf ein Vorbild, Peter Ludwig Möller, einen jungen Theologen »von luciferischer Schönheit und Schwermut« (S. 78).
52 Nämlich in den *Stadien auf dem Lebensweg* von 1845, einmal gespiegelt im Tagebuch des Quidam, dann in Person beim Symposion.
53 Rehm, S. 198.
54 Kierkegaard, S. 354 (meine Hervorhebung); zur Bedeutung der »Wahl« in dieser bis zu Frischs *Stiller* reichenden Tradition vgl. F. Zimmermann, *Einführung in die Existenzphilosophie*, Darmstadt: Wiss. Buchges. 1977, S. 26 f.
55 Zum Zusammenhang mit Kierkegaard vgl. Rehm, S. 92. – Knappes Resümee der, von M. Bardèche, H.-F. Imbert, F. Rude u. a. begründeten, literatursoziologischen Deutung im II. Kap. v. G. Mouillaud, *Le Rouge et le Noir de Standhal*, Paris: Larousse 1973, wo Molières Stichwort »méchant« aufgenommen wird; präzisierend: K.-H. Bender, *Realität und Roman*, in: *Zs. für franz. Sprache u. Lit.* 85 (1975), S. 193–210; U. Schulz-Buschhaus, *Stendhal, Balzac, Flaubert*, in: P. Brockmeier/H. Wetzel (Hg.), *Französische Literatur in Einzeldarstellungen*, Stuttgart: Metzler 1982, S. 7–71; P. Bürger, *Stendhal: Le*

Rouge et le Noir, in: K. Heitmann (Hg.), *Der französische Roman I*, Düsseldorf: Bagel 1975, S. 274–292.
56 S. 291: »une excessive civilisation«/98. Zum »Beylism« vgl. den Beitrag von L. Blum in: V. Brombert (Hg.), *Stendhal*, Englewood Cliffs: Prentice Hall 1962; zur »Revolution« die Untersuchung v. M. Gleize, *Cahiers de Lexicologie* 14, I, 1969, S. 59–76. – Zitat zuvor: Th. W. Adorno, *Balzac-Lektüre*, in: *Noten zur Literatur* (= GS 11), Frankfurt: Suhrkamp 1974, S. 145 f.
57 Vgl. S. 525, 629/397, 525; zuvor: S. 436/282. – H. Friedrich, *Drei Klassiker des französischen Romans*, Frankfurt: Klostermann [8]1980, betont die »Schuld des Unvermögens zur Tat« (S. 62, vgl. S. 40). Bereits in *Armance* hatte Stendhal dies »Unvermögen« als sexuelle Impotenz begreifen wollen, den aus seiner Quelle ersichtlichen Plan freilich kaschiert – immerhin steht die beruhigende Sympathie der Hauptfigur für Mozarts Don Juan (so S. 44) unter der komplementären Prophetie: »tu finirais comme le Faust de Goethe« (S. 34).
58 Zu S. 240/35 vgl. P.-G. Castex, »*Le Rouge et le Noir*« *de Stendhal*, Paris: Soc. d'Édition d'Enseignement supérieur 1970, S. 18 ff.
59 Dies Motiv verfolgt M. Turnell in seinem Beitrag zu Brombert (Hg.).
60 Schulz-Buschhaus S. 12; Stendhal schließt sich der Tradition einer von Toqueville u. Mde. de Staël vertretenen Kritik der öffentlichen Meinung an.
61 S. 697/611, zuvor S. 399/238 zur Künstler-Seele. Zum Thema »öffentliche Meinung« u. »Zeitung« vgl. S. 222, 343, 356, 444, 579, 699/12, 164, 182, 291, 463, 613, sowie S. 693/606, den Schluß der Episode vom zudringlichen Priester, der Lucien noch im Gefängnis folgt, um sich durch dessen Bekehrung ein Ansehen zu geben – ein Agent der »öffentlichen Meinung«.
62 Vgl. S. 575 f./459. Das Danton-Motto: »La vérité, l'âpre vérité« wiederaufgenommen in der zunächst von der durch Kunst inspirierten Mathilde, ob Lucien (eigentlich ein Künstler!) wohl auch ein »Danton« sei, vgl. S. 494/357 u. als Kapitelüberschrift S. 513/382. Die berühmte »Spiegel«-Metapher wandert aus dem Kapitelmotto zu I, 13 (S. 288/94) in die poetologische Reflexion S. 557/436, vgl. U. Schöning, *Literatur als Spiegel*, Heidelberg: Winter 1984.
63 Wir verweisen nur auf die breite Debatte, die von Forschern wie Lukaczs, Auerbach, Killy u. Friedrich geführt wurde. Bender stellt die »Realitätsferne« (S. 263) von Stendhals selektiver Gesellschaftsschilderung heraus. Unsere Formulierung nach Schulz-Buschhaus S. 17. Wichtig scheint uns Stendhals Hinweis auf die Brechung u. Bewahrung der Wahrheit eines Künstlers, der sich selbst gefunden und die Zivilisation des 19. Jahrhunderts verlassen hat, in einer damals gerade populären Gattung der Massenkultur: »et peut-être un jour vous me verrez le sujet de quelque mélodrame« (S. 695/608).

64 S. 678; vgl. die Kontrastierung von Werther u. Don Juan im 59. Kap. von *De l'Amour*.
65 So die Thesen v. Tan u. bes. Gnüg.
66 Vgl. den Forschungsbericht von Ch. J. Clancy, Salzburg: Inst. f. Engl. Spr. u. Lit. 1974; E. French Boyd, *Byron's Don Juan*, London: Routledge & Kegan Paul ²1958; A. Rutherford, *Byron*, Edinburg: Oliver & Boyd 1962, S. 123–214 (bes. S. 139 ff. zu den gedanklichen Quellen), u. bes. G. M. Ridenour, *The Style of »Don Juan«*, New Haven: Yale UP 1960.
67 Zum Thema »Schlange« u. »Paradies« vgl. II, 117, 193 f.; IV, 10 u. 48; allg. zum »Fall«: I, 127; IX, 19, 40 u. 55; X, 1–3; XII, XXX (die Nachweise jeweils nach »Canto« u. Strophe).
68 Vgl. XV, 62–74; außer Ridenour S. 35 ff. die anregenden Hinweise bei B. Blackstone, *Byron: A Survey*, London: Longman 1975, S. 301 ff.
69 Mit der Attacke auf Southey beginnt das Werk; vgl. zum Verhältnis Byron-Milton: J. McGann, *»Don Juan« in Context*, Chicago: UP 1976, S. 23–50 u. a.; dann: A. B. England, *The Style of »Don Juan« and Augustan Poetry*, in: J. D. Jump (Hg.), *Byron*, London: Macmillan 1975, S. 94–112.
70 Vgl. das »Aurea Borealis«-Motiv (VII, 2). – Im übrigen mündet Ridenours Studie in diese Nachweise.
71 Die Belagerung von Ismail fand 1790 statt; vgl. hierzu auch den Hinweis bei Boyd S. 39 auf das Leben des franz. Revolutionärs Anacharsis Cloots als Quelle Byrons.
72 Vgl. G. Blaicher, *Vorurteil und literarischer Stil: Zur Interaktion von Autor und zeitgenössischem Lesepublikum in Byrons »Don Juan«*, München: Minerva 1979.
73 S. 257; vgl. G. Hoffmeister, *Byron und der europäische Byronismus*, Darmstadt: Wiss. Buchges. 1983, S. 74.
74 S. 261, zuvor S. 258.
75 S. 251, vgl. Anm. 47.
76 G. Sand S. 512, vgl. S. 512–516 in der Fassung von 1839, S. 290–295 in der von 1833. – Zu Kierkegaards Plan eines »Tagebuchs der Hetäre« im Kontext vgl. Rehm S. 249 ff., zum dämonisierten Frauentypus noch immer grundlegend: M. Praz, *Liebe, Tod und Teufel*, München: dtv 1970, bes. Bd. I, S. 167 ff.; dann: P. Berglar, *Don Juan und Carmen*, in: *Archiv für Kulturgeschichte* 55 (1973), S. 166–189 (z. B. Merimée deutet beide Charaktere, s. u.) Die Venus-Madonna-Typologie reicht von der deutschen Romantik (Eichendorff, *Das Marmorbild*) über das Werk Heines bis zu dem Fontanes u. Th. Manns; zum Erlösungsmotiv vgl. Krömer (s. Anm. 2) S. 35 ff. u. 77 ff. – Die Stoffgeschichte reichert sich mit legendarischen Zügen aus dem Leben des Miguel Manara Vincentelo de Leca (1626–1679) an, der nach einer ausschweifenden Jugend, die schon von den Zeitgenossen als Nachah-

mung Don Juans begriffen wurde, rechtzeitig in sich ging und im Ruf der Heiligkeit starb, vgl. Weinstein S. 104–118, Berveiller S. 165 ff. u. v. a. E. van Loo, *Le vrai Don Juan*, Paris: Sfelt 1950; dies ist die Hauptquelle für Prosper Merimée, der hier übrigens auch, in der Trauer Don Juans über Garcia, seinem Verhältnis zu Stendhal ein literarisches Denkmal setzte (vgl. S. 54/619). Auf dieser Novelle Merimées wiederum fußt das Drama von Alexandre Dumas père *Don Juan da Marana ou la Chute d'un Ange* (1836). Zorilla y Morals in Spanien noch heute populäres Drama verschärft die Erlösung zu einem Moment der Reue, verstärkt durch Fürbitte der Geliebten, und kehrt damit die ursprüngliche Intention der Fabel um, vgl. Castalduero S. 133 ff. u. Weinstein S. 119 ff. In Deutschland verschmelzen Faust-Tradition u. Wagner-Nachfolge (Liebestod u. -erlösung, z. B. im *Fliegenden Holländer*) etwa bei A. Friedmann, *Don Juans letztes Abenteuer* (1881) oder bei Prinz Emil von Schönaich-Carolath, *Don Juans Tod* (1883).

77 Zu Vulpius v. a. Heckel S. 28 ff. Zu ›Don Juan u. Faust‹ vgl. Price S. 262 ff. u. Weinstein S. 95–103. Neben der populär-»trivialen« wäre auch die gebildet-gesellige Rezeption des Stoffes einmal zu untersuchen; so entwickelt Tieck in der Rahmenerzählung des *Phantasus* (1810 ff.; zit.: *Schriften IV*, Berlin: Reimer 1828) aus der Verkleidung eines mißmutigen Ehemanns in »die Gestalt des steinernen Gastes«, welche die versammelte Gesellschaft erschreckt, beiläufig seine Theorie des Grotesk-Schauerlichen: »Diese Vermischung dessen, was uns lieb und entsetzlich ist, ist gerade das Widerwärtigste.« (S. 423).

78 Rehm S. 100 macht überdies auf den »dialektisch-kontrapunktischen Bezug« zu Jesu Lieblingsjünger, Johannes, aufmerksam, wobei die Vermittlung wohl über Johannes den Täufer, eine Grenzexistenz wie der Verführer, zu denken ist. – Kierkegaard erwähnt Grabbe, nach der Lektüre, erst in dem Aufsatz *Reflex des Antik-Tragischen in dem Modern-Tragischen*.

79 Zur Korrektur dieses Stereotyps vgl. F. Sengle, *Biedermeierzeit III*, Stuttgart: Metzler 1980, S. 133 ff. Zum Text: R. C. Cowen, *Christian Dietrich Grabbe*, New York: Twayne 1972, S. 79–97; P. Michelsen, *Verführer und Übermensch* (. . .), in: *Jahrbuch der Raabe-Gesellschaft* 1965, S. 83–102.

80 Vgl. R. C. Cowen, *Grabbes »Don Juan und Faust« and Büchner's »Dantons Tod«: Epicureanism and ›Weltschmerz‹*, in: PMLA 82 (1967), S. 342–351. – Zum Byronismus vgl. den Aufsatz *Über die Shakespearo-Manie* (ed. Bergmann IV, S. 30) u. die aus *Manfred* übernommene Byronszenerie S. 462.

81 Zitat S. 424; zu Melancholie u. Langeweile vgl. die einschlägigen Mon. v. L. Völker (1978, bzw. 1975).

82 S. 425. Zur Tradition des ›jungdeutschen Sturm und Drang‹ vgl.

Sengle S. 149. – Zuvor: K. S. Guthke, *Die moderne Tragikomödie*, Göttingen: Vandenhoeck & Ruprecht 1968, S. 87.

83 S. Anm. 80 u. 48. Zitat S. 499.

84 Belege: Bes. S. 417 u. 431 ff. – Vgl. R. Cowen, *Satan and the Satanic in Grabbe's Drama*, in: *Germanic Review* 39 (1964), S. 120–136; den Beitrag von E. Benz, in: *Der Übermensch*, Zürich: Rhein 1961, S. 78 ff.

85 So M. Schneider, *Destruktion und utopische Gemeinschaft*, Frankfurt: Athenäum 1973. Zur Grabbe-Nachfolge vgl. Price S. 282 ff.

86 Zit. n. d. Ausg. v. H. Engelhard, Stuttgart: Cotta 1959, S. 1011; vgl. S. Korninger, *Lord Byron und Nikolaus Lenau*, in: *English Miscellany* 3 (1952), S. 61–123. Zur Deutung: J.-P. Hammer, *Lenaus »Faust« und »Don Juan« im Lichte der Psychokritik*, in: Lenau-Forum 4, H. 1/2, 1972, S. 17–36. Auch Sengle S. 684 f. vermutet ein Christus-Epos, betont jedoch S. 681 ff. die Kritik an Don Juan durch jene Geliebte, die den Namen der Mutter Jesu trägt, vgl. Lenau S. 413 ff. Sengle ordnet die Mahnung Prosperos nicht ein! – Die Spannung von Mönchs-Askese und Dämonie hatte schon Puschkins »kleine Tragödie« exponiert.

87 Zum Strukturwandel des Tragischen vgl. Peter Szondi, *Schriften I*, Frankfurt: Suhrkamp 1977 (stw 219), S. 151–210 (s. o. Anm. 77, 78, 82); den populär-naturwissenschaftlichen Hintergrund bei W. Gebhard, *Der Zusammenhang der Dinge*, Tübingen: Niemeyer 1984.

88 So schon in dem Pamphlet: *Don Juan, with a biographical account [. . .]*, London printed for William Wright 1819. – Vgl. K. Hegedüs-Kovacević, *Lenau als Romanheld*, in: *Lenau-Forum* 7/8, H. 1–4, 1975/76, S. 54–61. Zuvor: E. Castle, *Amerikamüde: Lenau und Kürnberger*, in: *Jb der Grillparzergesellschaft* 12 (1906), S. 15–42. – Den 1856 erschienenen Roman Kürnbergers, dessen Novellensammlung von 1861 übrigens auch eine *Der Dichter des Don Juan* enthält, zitieren wir nach der Ausg. Weimar: Kiepenheuer 1972.

89 Vgl. meinen Artikel im *Kritischen Lexikon zur deutschsprachigen Gegenwartsliteratur*, München: edition text + kritik (Stand 1984), S. 13; dazu: Mörike S. 604.

90 Ed. Seebaß, Tübingen: R. Wunderlich 1939, S. 738. – Zur Deutung vgl. die Mon. v. H. Steinmetz (1969) u. G. v. Graevenitz (1978), sowie den Forschungsber. v. V. Doerksen, in: *DVjs* 47 (1973), SH, S. 368–372; gut einführend: B. v. Wiese, *Die deutsche Novelle von Goethe bis Kafka I*, Düsseldorf: Bagel 1956, S. 213–37; zur Entstehung: R. Immerwahr, *Apocalyptic Trumpets: The Inception of »Mozart auf der Reise nach Prag«*, in: *PMLA* 70 (1955), S. 390–407; Zum Mozartbild Mörikes und seines Freundeskreises: J. Müller-Blattau, *Von der Vielfalt der Musik*, Freiburg: Alber 1966, S. 521–531, sowie den A. 37 erw. Aufs. v. G. v. Graevenitz.

91 Vgl. K. K. Polheim, *Der künstlerische Aufbau von Mörikes Mozartnovelle*, in: *Euphorion* 48 (1954), S. 41–70.
92 Vgl. H. Kaiser, *Betrachtungen zu den neapolitanischen Wasserspielen in Mörikes Mozartnovelle*, in: *JbFDH* 1977, S. 364–400, hier: S. 366ff.
93 Vgl. W. Rehm, *Prinz Rokoko im alten Garten. Eine Eichendorffstudie*, in: *Späte Studien*, Bern: Francke 1964, S. 172ff. u. 198ff. Vgl. Jäger (Anm. 94), S. 34ff.
94 Vgl. H. W. Jäger, *Politische Metaphorik im Jakobinismus und im Vormärz*, Stuttgart: Metzler 1971, S. 82. – Vgl. bei v. Graevenitz S. 255 das Wagner-Zitat, mit dem sich das zeitgenössische Spannungsfeld von realer und ästhetischer Revolution auch für Mörikes ›Don Juan‹ öffnet.
95 Vgl. Hamburger Ausg., Bd. 11, S. 31, 360f., 555 (dazu Kaiser S. 383–392), sowie Goethes »vulkanistische« Revolutionsdeutung im *Faust II*. Der Anspielungshorizont der »Kunstperiode« wird durch eine Bildanalogie der Schiffsszene zu Karl Rottmanns Zeichnung *Griechische Sängerfahrt* (Nr. 307 im Kat. v. E. Bierhaus-Rödiger, München: Prestel 1977) komplettiert; die 1838 entstandene Zeichnung stammt aus dem Besitz Leo von Klenzes und verweist uns damit auf die noch kaum erforschte Beziehung Mörikes zum »romantischen Klassizismus« des Wittelsbachischen München, s. Anm. 98.
96 Das antike Motiv wird bedeutungsvoll bei der Schilderung der »Paradies«-Szene (S. 581) eingeführt; S. 593 nennt Mozart den antiken Namen Neapels, Parthenope, den die Stadt von einer der Sirenen erhielt, unmittelbar nach dem Vergleich mit dem »Ausbruch des Vesuvio« und verknüpft so die Themen ›Musik-Verführung-Tod-Revolution‹ – die Nähe Capris, des topographischen Tyranneisymbols seit Tiberius, ergänzt wie S. 604 die Erwähnung der »Circe« das Anspielungssystem der Drohung. Die Horazische, auch von Mörike übers. Ode wird S. 599 zitiert; sie deutet ebenfalls – in der Metapher des Titanenkampfes – drohende Staatsumwälzungen und den Aufruhr des Unterdrückten an. Vgl. insges. Kaiser.
97 S. 617. – Mörikes Erz. ordnet sich der literarhistorischen Reihe von Analysen des Konnexes Leidenschaft/Natur – Revolution zu, die – in der Aktualisierung eines romantischen Topos – Eichendorffs *Schloß Dürande* (1837) ebenso weiterführte, wie Stifters im Revolutionsjahr 1848 erschienene Erz. *Prokopus*, die Leidenschaft wie Ordnung als Naturformen einem natur-geschichtlichen Gesetz unterwirft, das seinen Gang geht. – Vgl. bei Mörike v. a. die Verwandlung des »Raubs« in die ökonomische »Geld«- und schließlich die »Geschenk«-Motivik (S. 567, 574, 608, 619, u. das Motto des Erstdrucks). Den einzelnen Existenzformen sind die entsprechenden Fahrzeug-Metaphern zugeordnet: der erhöhten u. gefährlichen Kunst-Sphäre das Meerfahrzeug,

dem alltäglichen Lebensweg der Wagen (den Mäzene verbessern), der todverfallenen Einzelexistenz die »Rößlein« (S. 622) als Naturchiffre.

98 Eine, der Anm. 97 genannten analoge, Parallele: Oper – Hausmusik, Volkslied, vgl. v. Graevenitz (Anm. 37). – Dann: Das Widmungsschreiben an Maximilian II. v. 15. 12. 1855, dazu Sengle S. 741 f.

99 Auf S. 202 im Abdr. bei: P. Heyse/H. Kurz (Hg.), *Deutscher Novellenschatz 24*, München: Oldenbourg o. J. Vgl. Nagl/Zeidler/Castle, *Deutsch-österr. Literaturgeschichte III*, Wien: Fromme 1935, S. 959 f.

100 Vgl. neben der Keller-Mon. v. K. Jeziorkowski bes.: H. u. H. Schlaffer, *Studien zum ästhetischen Historismus*, Frankfurt: Suhrkamp 1975 (es 756). – Beleg für die Geläufigkeit des Schemas: R. Voß, *Der Hamlet von Tusculum* (1884), für die Verknüpfung mit dem Heimatkomplement des exotistischen Historismus, der Dorfgeschichte, von demselben Modeautor: *Die neue Circe. Eine italienische Dorfgeschichte* (1885).

101 So S. 2, 52 f. u. 109, vgl. S. 69 das positive Weltprinzip »Liebe«. Zur Deutung: E. Petzet, *Paul Heyse als Dramatiker*, Stuttgart: Cotta 1904, S. 44–47 u. ö. Vgl. Heyses Novelle, s. A. 109.

102 Den, freilich in der Haeckel-Nachfolge modischen, Grundsatz Heyses hat dann W. Bölsche in einem dreibändigen Werk *Das Liebesleben in der Natur* (1898–1903) ausgeführt. Der junge Sternheim schließt seine vitalistische ›Don Juan‹-Auffassung hier an: »*Ein Wunder des Lebens ist zu zeigen*, der Lebenskraft.«

103 Vgl. B. Bushart, *Max Slevogt: Der Sänger D'Andrade als Don Giovanni*, Stuttgart: Reclam 1959, bes. S. 27 f. das Zitat aus der Rez. v. H. Rosenhagen (*Die Kunst für Alle*, 17 (1902), S. 434 ff.).

104 Vgl. neben dem Kommentar von Chérix (1949; S. 80 f.) bes. bei D. J. Mossop, *Baudelaire's Tragic Hero*, London: Oxford UP 1961, S. 93, den Nachweis der Dandy-Thematik. – Schon Puskins Don Juan zeichnete sich durch die blasierte Ungerührtheit vor dem Entsetzlichen aus. Dessen »kleine Tragödie« steht bes. nahe bei der, im selben Werkzusammenhang konzipierten, *Mozart und Salieri*; geht es dort um die Vereinbarkeit von Schöpfertum und Frevel, so spricht Don Juan selbst die frevelhafte Einladung der Statue als Türwache zu dem Stelldichein mit der Komturswitwe Donna Anna ungerührt zwecks Steigerung des Genusses aus – ein Muster, das in der morbiden Laura-Szene präfiguriert ist; die Byron-Nachfolge überspitzt sich hier zum Schisma zwischen Freiheits-»Dämon« und den im Standbild verkörperten Gesellschaftsnormen; vgl. J. G. Connell, *Freedom and the Don Juan Tradition in Selected Narrative Poetic Works and »The Stone Guest« of Alexander Puskin*, Columbus/Ohio, Ohio State Univ., Diss., 1973, S. 177 u. ö. – Zur Stilkategorie des »Monumentalen« vorerst: R. Hamann/J. Hermand, *Stilkunst um 1900*, München: Nymphenburger 1973, S. 348 ff.

105 Vgl. bes. den ›neuen Don Juan‹ Barrières, der nicht nur ein glühender Wagnerianer, sondern auch ein ausgesprochener ›Dilettant‹ ist; Weinstein S. 149 zitiert aus H. Laverdams Drama *Le Marquis de Priola* (1902) das Bekenntnis zum Dilettantismus; vgl. Sar Peladan, *Die Don-Juan-Sage*, in: Der Merker 3 (1912), S. 735–737: »Wäre Don Juan nicht Dichter, er könnte so viele Opfer nicht zählen.« (S. 737) Zum Problem: B. A. Sørensen, *Der »Dilettantismus« des Fin de siècle und der junge Heinrich Mann*, in: Orbis litterarum 24 (1969), S. 251–270, u. zur Vermittlung der Kritik des dilettantischen Verführers in H. Manns Novelle *Pipo Spano* durch das parodierte Vorbild d'Annunzio vgl. Berveiller S. 207 ff. Zu Bonsels: Heckel S. 95 ff.
106 A. Stern, *Geschichte der neueren Literatur VIII*, Leipzig: Bibl. Inst. 1885, S. 201 (zu Heyses *Hadrian*, mit auffällig paralleler Thematik).
107 Grundlegend: R. Alewyn, *Über Hugo von Hofmannsthal*, Göttingen: Vandenhoeck & Ruprecht ⁴1967, bes. S. 109 ff. zur »Abenteurer«-Gestalt nach dem Vorbild Casanovas; daß in die Wirkungsgeschichte auch Max Frischs Werk einzureihen ist, hat H. Schaefer in ihrer Studie zu *Santa Cruz* (in: *Über Max Frisch II*, Frankfurt: Suhrkamp 1976, S. 202 ff.) nachgewiesen.
108 Dies haben die Monographien zu Dehmel von H. Fritz (1969) u. zum Expr. v. G. Martens (1971) aus ihrer jeweiligen Perspektive wahrscheinlich gemacht. Th. Mann hat seit etwa 1910, als sich in München auch der Kreis um Bonsels u. seinen Verlag konstituierte, mehrfach auf die jüngere, stärker lebensbejahende Generation aufmerksam gemacht.
109 Vgl. die bei Singer Nr. 919 ff., *DJ* I, S. 20 f. u. Weinstein S. 213 f. angeführten Verfilmungen. Ich gebe eine Liste der deutschen Versionen zwischen 1890–1914, die – obschon sie gewiß unvollständig ist – vielleicht doch die enorme Beliebtheit des Stoffes illustriert: O. Anthes, *Don Juans letztes Abenteuer* (1909); O. C. Bernhardi, *Don Juan* (1903), A. v. Bernus, *Don Juan* (1907), H. Bethge, *Don Juan* (1910); H. Franz, *Don Juan* (1904); P. Graener, *Don Juans letztes Abenteuer* (Oper) (1914); R. v. Gottschall, *Der steinerne Gast* (1890); P. Heyse, *Don Juan* (1912), P. A. Höcker, *Don Juans Frau* (1906); F. v. Hornstein, *Don Juans Höllenqualen* (1901); M. Langen, *Don Juan* (1910); A. Lembach, *Don Juan* (1912); J. Lippmann, *Don Juans Ende* (1908) (»Zukunfts-Posse mit Gesang«); P. Merwin, *Ein Sekundaner-Don Juan* (1902); A. Neumann-Hofer, *Ein kleiner Don Juan* (1911); A. Ritter, *Don Juan auf dem Turnfest* (1893); Th. Rittner, *Unterwegs. Ein Don Juan Drama* (1909); O. A. H. Schmitz, *Don Juan und die Kurtisane* (1900/1914); ders., *Don Juanito*, (1908); ders., *Ein deutscher Don Juan* (1909); W. v. d. Schulenburg, *Don Juan im Frack* (1912 ff.); R. Strauss, *Die Waffe des Don Juan* (1901); L. Ullmann, *Don Juan*, (Sonett) (1910); W. Weigand, *Don Juans Ende* (1896); J.

Witte, *Moderne Don Juans* (1906); A. Zapp, *Lieutenant Don Juan. Erbauliche Zeitbilder* (1896); A. H. Zorn, *Der sentimentale Don Juan und die lächelnden Frauen* (1910). Sternheims monumentaler »alexandrinischer Aufwand« (S. 850, Emrich) um Don Juan d'Austria, den Sieger der Seeschlacht von Lepanto, und dessen verwirrter (und verwirrender) Suche nach der Ideal-Geliebten Maria scheint auch vom Überbietungsgestus des jungen Autors bestimmt, der u. a. *Egmont* u. *Faust* übertreffen will, vor allem aber den Autor des *Don Carlos*, wobei Schillers Balladenfragment *Don Juan* Sternheim anscheinend noch nicht bekannt war (vgl. S. 812, sowie S. 833, 844). Selbstironisch spricht sich noch Georg Britting diesen Überbietungsgestus zu: habe er doch in einem, inzwischen vernichteten Drama (aus den zwanziger Jahren), »als die drei Hauptfiguren Faust, Don Juan und Don Quichotte« auftreten lassen: »Zum Teil in Versen« (Brief an D. Bode, 14. 8. 1958); Brittings späterer »Hamlet«-Roman belegt die während Faszination des »abendländischen Gestaltengeviertes«.

110 Vgl. O. A. H. Schmitz, *Don Juan, Casanova und andere erotische Charaktere. Ein Versuch*, München: Georg Müller 1913; O. Rank, *Die Don Juan Gestalt*, Wien: Internationaler Psychoanalytischer Verlag 1924.

111 F. Nietzsche, *Morgenröte*, in: *Werke*, hg. v. K. Schlechta, München: Hanser ⁵1966, S. 1198.

112 Vgl.: K. Otten, »Man and Superman«, in: D. Mehl (Hg.), *Das englische Drama II*, Düsseldorf: Bagel 1970, S. 186–201; J. L. Wiesenthal, *The Marriage of Contraries*, Cambridge, Mass.: Harvard UP 1974; C. H. Mills, »Man and Superman« and the Don Juan Legend, in: Comparative Literature 19 (1967), S. 216–225; E. Bentley, *Bernard Shaw. A Reconsideration*, New York: Norton 1976 (zuerst 1947), S. 50–58 u. 152 ff. – In der Vorstufe von 1887, *Don Giovanni explains*, erzählt der Geist Don Juans, wie er durch eine Verkettung unglücklicher Umstände schon zu Lebzeiten das Opfer seines unverdienten Rufes wurde.

113 Aus dem Vorwort, vgl. i. d. B. S. 176.

114 Bentley S. 55 u. 156; vgl. M. Meisel, *Shaw and the Nineteenth Century Theatre*, Princeton, N. J.: UP 1963, bes. S. 177 ff. zur »romantic comedy« u. S. 218 f. zum Einfluß des Melodramas.

115 Frisch, GW III, S. 171.

116 S. o.; in: *Deutsche Volkslieder* (in: *Zwei Münchener Faschingsspiele*, München: Albert Langen 1904) hat Bierbaum Clemens Brentano auftreten lassen. Dem ›Don Juan‹-Stoff wandte sich seine, 1918 erschienene Erzählung *Don Juan Tenorio* wieder zu.

117 Vgl. Bierbaums Erzählung *Hans Wurst und der Riese*, in: *Sonderbare Geschichten III*, München: Georg Müller 1908, S. 67 ff.

118 Zur Münchner Kritik an Wilhelm II., die scharfen Ausdruck in Lud-

wig Thomas Rezension der *Reden des Kaisers* fand, vgl. meinen Aufsatz: *»Der Tod in Venedig.« Zu einer Erzählung von Thomas Mann* (i. D.).

119 Belege z. B. S. 33, 38, 52, 92. Zur Molière-Spiegelung vgl. S. 41, 69 u. 98 ff. Beyerlein montiert die Kennmotive »Gastmahl« u. »Duell« in raffinierter Korrespondenz des nachträglichen, aber lebenden »Urbilds« (S. 100) und theatralischer Reflexion, verlangt dann aber im geschichtlichen Raum die (ebenfalls traditionelle) ›Erlösung‹ durch eine Heilige. – In der mir vorliegenden Ausg. ist diese mit der Novelle *Ende gut – alles gut* zusammengestellt, ebenfalls um einen »Don Juan« (S. 130), aber mit der Lustspiellösung der, in liebender Offenheit wiedervereinigten Eheleute.

120 Grundlegend: J. Schröder, *Das Spätwerk Ödön von Horváths*, in: T. Krischke (Hg.), *Ödön von Horváth*, Frankfurt: Suhrkamp 1981 (stm 2005), S. 125–155; Kritik von dessen Regressions-These jetzt bei: W. Müller-Funk, *Faschismus und freier Wille*, in: T. K. (Hg.), *Horváths »Jugend ohne Gott«*, Frankfurt: Suhrkamp 1984 (stm 2027), S. 158 u. ö.

121 Unter diesem Aspekt wäre Schnitzlers *Komödie der Verführung* (1923), die tatsächlich den Untergang der Verführer-Welt und die Wandlung eines Ästheten zum Dienst an der Gemeinschaft als Reporter schildert, ebenso zu würdigen wie die späten Komödien Hofmannsthals, vgl. Alewyn S. 124 ff. u. 184 ff. Das Zitat: W. Benjamin, *Der Erzähler*, in: *Ges. Schriften 5*, Frankfurt: Suhrkamp 1980 (wa es), S. 439.

122 Vgl. Hofmannsthal, *Der Unbestechliche*, in: *Dramen IV*, Frankfurt: Fischer 1979, S. 471: »wo Gott eigentlich Wohnung hat«, dazu Horváth S. 638.

123 Dieser Topos nicht nur in den, so betitelten, Erinnerungen von St. Zweig, sondern ebenso etwa in Max Halbes *Jahrhundertwende* zum Ausklang. Zum »Totentanz« vgl. H. Gamper, *Todesbilder in Horváths Werk*, in: K. Bartsch u. a. (Hg.), *Horváth-Diskussion*, Kronberg/Ts.: Scriptor 1976, S. 67–81 (bes. zur Schnee/Eis-Metaphorik). Zitate: S. 610 u. 606.

124 Vgl. W. Nolting, *Der totale Jargon*, München: Fink 1976, bes. S. 240.

125 Vgl. S. 619; dazu mein Aufsatz (s. Anm. 118).

126 Die Generationenschichtung ähnelt der in *Jugend ohne Gott*; vgl. bes. S. 631 u. 633 die Motivverknüpfung von Eis (die Schlittschuhe für das junge Mädchen) und Spiegel als Requisit von Don Juans Narzißmus. Während für die im *Vorwort* skizzierte Konzeption ein Aufsatz über Don Juan von Franz Blei (*Die Weltbühne*, 15. 11. 1929) Anregungen gab, müßte als Quelle wohl auch die Schnee- und Gerichtsszenerie im Schlußteil von Franz Werfels »magischer Trilogie« *Der Spiegelmensch* (1920) untersucht werden. – Folgendes Briefzitat nach Schröder S. 130

(Czokor an Bruckner, 28. 11. 1936). Für Schröders Regressions-These spricht, daß nur die Großmutter, bei der Don Juans Irrfahrt schließlich endet, den Frauentypus der »Tiefgründigen« verkörpert; dagegen, daß dies Ende nicht als Ankunft dargestellt wird. Das anscheinend gleichzeitige Filmexposé *Ein Don Juan unserer Zeit* (GW IV, S. 636–642) läßt ihn noch dramatischer erfahren, »daß es kein Ideal gibt, das unvergänglich ist« (S. 641), indem es ihn mit der gealterten Idealgeliebten (statt deren Ahne) konfrontiert.

127 Vgl. *Stiller*, GW III, S. 732, und *Emigranten*, GW IV, S. 239. – Zu Brechts Bearbeitung vgl. P. C. Giese, *Das »Gesellschaftlich-Komische«*, Stuttgart: Metzler 1974, S. 126 ff. – Frischs »Celestina«-Szenen gehen auf eine Anregung Brechts zurück (vgl. GW VI, S. 26) und lehnen sich an die Bordellszenerie im 9. Bild von *Die Rundköpfe und die Spitzköpfe* an.

128 Vgl. i. d. B. den Beitrag zur Erstfassung. Die Quellennachweise basieren auf *Nachträgliches zu »Don Juan«*, sowie auf Gesprächen mit Max Frisch, vgl. auch i. d. B. S. 16 u. 23. Die Auseinandersetzung mit Camus beginnt schon mit der Gestaltung eines »absurden Mordes« in Graf Öderland; die Kenntnis von Hasenclevers Komödie darf man angesichts des lebhaften Interesses für das unterhaltende Theatergenre beim jungen Frisch vermuten, von Horváths Stück könnte er, durch Vermittlung Berthold Viertels erfahren haben.

129 Die Deutung von Ruppert betont diesen Aspekt; generell zum Traditionsverhältnis vgl. Werner (i. d. B.), Gnüg u. Rötzer.

130 Vgl. den Hinweis Butlers i. d. B. S. 308, Anm. 35.

131 Mit dieser Formulierung wollen wir auf die Nähe zu Dürrenmatt verweisen, der mit Frisch ca. 1950 über das »Schachspiel des Ästhetischen« im Sinne Kierkegaards korrespondiert hatte (Abdruck bei Bänziger S. 242 f.) und damit die ›Don-Juan‹-Konzeption im Komplementärdrama zum *Graf Öderland* wohl mit anregte.

Johannes Werner

Ein trauriger Held

Vorgeschichte und thematische Einheit von
Max Frischs »Don Juan oder Die Liebe zur Geometrie«

> DON JUAN Ich komme aus der Hölle der Literatur. Was hat man mir schon alles angedichtet! [...] Liebe zur Geometrie! Was immer ich tue oder lasse, alles wird mir verdeutet und verdichtet. Wer hält das aus?
>
> (MAX FRISCH, *Die Chinesische Mauer*)

I

»Max Frisch's *Don Juan*: A New Look at a Traditional Hero«[1] – dies ist, als Frage gestellt, der Ausgangspunkt vorliegender Untersuchung. Denn hier sieht es in der Tat nach Neuem aus; schon der Titel des Stücks, der die Geometrie zur eigentlichen Geliebten Don Juans erklärt, muß irritieren. Zugleich aber beruft sich dasselbe Stück in aller Deutlichkeit auf die Tradition: der Held erwähnt die Sagenstoffe, er liest Tirso de Molinas *El Burlador de Sevilla y Convidado de Piedra*, und sein Diener zitiert Molière; eine Tradition, mit der es wiederum bricht, indem es sie allenthalben entmythologisiert: ein schlauer Geometer statt eines tapferen Kriegers, ein Verführter statt eines Verführers, ein Komödiant statt eines zur Hölle Verdammten. Distanziert, kritisch, ironisch, ja parodistisch spielen die Figuren mit ihren nur zu gut bekannten Rollen und so auch mit den Erwartungen ihres Publikums.

Diese Andeutungen weisen bereits auf das eigenartig gebrochene und komplizierte Verhältnis des Stücks zur Überlieferung seines Stoffes, damit aber gleichermaßen auf die Schwierigkeit, deren Elemente im neuen Entwurf wieder bruchlos und schlüssig zusammenzufügen. Es ist also im einzelnen zu fragen, ob und wie die Wesenszüge dieses Don Juan untereinander sowie mit seiner literarisch-philosophischen Vorgeschichte, also psychologisch beziehungsweise historisch in einem Zusammenhang stehen. Dies entspricht einer doppelten, synchronischen als auch diachronischen, Perspektive, in deren Schnittpunkt das je untersuchte Motiv steht.

Um nun weder in Frischs Werk (dessen Gesamtthematik das betrachtete Stück aufs genaueste entspricht) noch vor allem in jener reichen Tradition sich zu verlieren (seit Tirso sind allein 390 Fassungen des Stoffs überliefert[2]), muß methodisch immer wieder vom vorliegenden Text selbst samt den Anmerkungen des Autors dazu[3] ausgegangen und das Ergebnis an ihm gemessen werden.

II

Don Juan, notiert Max Frisch, »hat einen Kreis von Geistesverwandten, und wenn sie ihm noch so ferne stehen, Ikarus und Faust sind ihm verwandter als Casanova« (S. 168). Diese Deutung ist so provozierend nicht, wie sie scheint. Salvador de Madariaga zum Beispiel hat Don Quijote, Hamlet, Don Juan und Faust die »vier Hauptgestalten auf der geistigen Bühne Europas«[4] genannt und gerade die beiden letzteren als »vertikale Charaktere«[5] gekennzeichnet. Was aber macht deren Verwandtschaft aus? Zunächst Äußerliches, so etwa das Verführungsmotiv und die beiden Figuren zugeschriebene »klassische Legende von der Höllenfahrt« (S. 174) – die jedoch, wie bereits bemerkt, bei Frisch als ironisch entlarvendes Spiel im Spiel inszeniert wird, »nichts als Theater«, wie es sechsmal heißt (S. 157f.) –, darüber hinaus aber zentral ihr Unvermögen und ihr Unwille, mit dem bloß Vorfindlichen, der engen Existenz sich zu bescheiden. Gemeinsam ist ihnen daher die Jagd nach dem utopischen Absolutum, sei es der Erkenntnis bei Faust oder der Liebe bei Don Juan oder dem daraus eigentümlich Gemischten bei diesem Helden, der über alle Frauen hinweg seiner Geometrie zustrebt. Dies macht sie, mit einem Wort Ernst Blochs, zu

»Leitfiguren der Grenzüberschreitung«[6], »auf der Jagd nach dem Augenblick, der nicht Ekel oder Langeweile wird, wenn er betreten worden ist«[7]. »Gestalten dieser Art fahren, bleiben der Unruhe treu, solange nicht gefunden ist, was sie stillen könnte. Und weil genau dieses nicht da ist, kehren solch unbändige Menschen nicht um«[8]. »Ausleben des Jetzt, der stehende Strom des Glücks werden gesucht, nicht Abdankung des naturhaftesten aller Übermaße vor Herkommen, Gewohnheit, Gewordenheit und Entfremdung. Don Juan wie Faust suchen statt dessen, in maßloser Ausfahrt, den Augenblick, wo endlich Hochzeit sein könnte, endlich hohe Zeit«[9].

Gerade auch darin, daß sie in dieser ihrer Unbedingtheit über alle

Schranken der Konvention sich hinwegsetzen, erweist sich ihre Verwandtschaft.

Nicht unerheblich ist hier auch der gemeinsame historische Kontext, dem beide Figuren ihre Entstehung verdanken; nämlich »jener Überschichtung von mittelalterlicher, geistlich fundierter Ordo-Welt und renaissancehaftem Persönlichkeitsbewußtsein«[10]. So verkörpern beide gleichermaßen die revolutionäre Krise menschlicher Selbstauffassung an der Wende zur Neuzeit:

Mit Erstaunen und Furcht sah das Spätmittelalter auf die Selbsterhebung und Selbstbehauptung des Menschen in der Renaissance, der nun in anthropozentrischer Weltsicht sich, seine Augen, seinen Verstand und seine Bedürfnisse zum Maß der Dinge machte, statt sich dem Maß der Dinge, der Ordnung Gottes, der Ordnung einer wohlgefügten Gesellschaft, zu unterwerfen. Faust und Don Juan sind Rebellen der christlichen Weltordnung. Dem einen genügt die Offenbarung nicht mehr; der andere hält sich nicht an Gottes Gebot. Der Rebell mit dem Maßstab des Ich wird zum Helden, den der Teufel holt.«[11]

In nicht wenigen Fällen war es eine politische Konfession, diese Gestalten zum Gegenstand der eigenen Dichtung zu machen. Und so gehört zur philosophischen Deutung, vielleicht mit noch größerem Gewicht, die literarische Tradition, deren Hauptstationen hier dokumentiert werden sollen; denn auch sie hat den Don Juan zunehmend näher bei Faust als bei Casanova angesiedelt. Das tritt erstmals deutlich hervor bei E. T. A. Hoffmann, dem der Mozartsche *Don Giovanni* als »ein zum Höchstem veranlagter Mensch«[12] erschien. Bereits er sagt vom Helden:

ein ewiges brennendes Sehnen, von dem sein Blut siedend die Adern durchfloß, trieb ihn, daß er gierig und ohne Rast alle Erscheinungen der irdischen Welt aufgriff, in ihnen vergebens Befriedigung hoffend[13].

Nahezu wörtlich wird dies von Nikolaus Lenau wiederaufgenommen (der einmal den hier zitierten Don Juan, ein andermal auch Faust zum Gegenstand eines dramatischen Gedichts machte):

> Zuweilen auch ist seltsam mir zu Mut,
> Als wäre, was mir durch die Adern zieht,
> Entfremdet einem höheren Gebiet,
> Ein Geist verirrt, verschlagen in mein Blut:
> Ein Ferge, der im Strom des Blutes treibt
> Und nirgendwo an einer Stelle bleibt,

> Der nie gewinnt den Frieden fester Landung,
> Weil ihm entsank sein Ruder in die Brandung.
> Hinwiederum verzaubert er mein Blut,
> Daß jeder Tropfen pocht in trunkner Wut;
> Es fühlt der Geist, der alles will umfassen,
> Im einzlen sich verkerkert und verlassen; –
> Er ist es, der mich ewig dürsten heißt
> Und mich von Weib zu Weib verderblich reißt.[14]

Die bis ins Unendliche weitergetriebene Suche nach einem Ideal, welches nirgendwo so gut vorkommt, als daß es nicht noch besser sein könnte (»Wenn jenseits noch ein Himmel ist, so muß / Auch er am schönsten sein an seiner Grenze«[15]), findet derart ihren Ausdruck. – Das Thema, die Entwicklung der Figuren miteinander und aufeinander zu, arbeitet weiter bei Christian Dietrich Grabbe, in seinem Drama *Don Juan und Faust*, das die beiden verwandten Charaktere parallel und kontrapunktisch sich entfalten läßt, so daß Satan in der Höllenfahrt-Szene mit Grund verkünden kann: »Dich aber, Juan, reiß ich mit mir, – schmiede Dich an den Faust – Ich weiß, ihr strebet nach Demselben Ziel und karrt doch auf zwei Wagen!«[16] Ihre Sehnsucht, dem Inhalt nach gleich und lediglich in der Methode verschieden, kommt übrigens auch im Don Juan der *Chinesischen Mauer* zu Wort, der, mit typischem Bezug aufs Erotische, zu Columbus sagt:

Wenn ich an eure Zeiten denke: Marco Polo, der China erreichte, und es war, als ob er das Jenseits erreichte, Vasco da Gama und Sie – das war noch eine Welt, die ringsum offenstand, umbrandet von Geheimnis. Da gab es noch Inseln, die niemand betreten, Länder, von keinem Menschen entdeckt, Küsten der Hoffnung. Ein Zweig, der auf dem Meere schwamm, es war ein Zweig der Verheißung. Das alles gab es noch, oh, noch war die Erde eine Braut. Es gab das Elend auch, ich weiß, das Unrecht und den Hunger, die Willkür der Monarchen, und doch: Es gab die Hoffnung noch. Es gab, was meine Sehnsucht lohnt: Früchte, die niemand gehören, Paradiese, die noch nicht verloren sind. Noch gab es das Unbekannte, das Abenteuer. Noch gab es das Jungfräuliche.[17]

Dies alles widerspricht radikal dem Gegenbild der bürgerlich beruhigten, sich begnügenden und beschränkenden Winkelseligkeit, ebenfalls wieder von Grabbe im Lied der Montblanc-Gnomen ironisch entworfen:

> O selig, wer im engen Kreis,
> Umringt von seines Feldraums Hecken,

> Zu leben, zu genießen weiß,
> Er spielt mit aller Welt Verstecken.
> Er blickt nicht sehnend nach den Fernen,
> Der ganze Himmel engt sich für ihn ein,
> Der Horizont mit seinen Sternen,
> Ist im Bezirke seiner Äcker sein.[18]

Bei einem dergestalt europäischen Thema darf jedoch seine außerdeutsche Geschichte nicht unberücksichtigt bleiben. In ihr ist die Wandlung des Helden markiert, zunächst durch Molière, wo intellektuelles Raisonnement und bewußte Ironie einsetzen, dann »durch den wahlverwandten Genius Byrons«[19] und durch George Bernard Shaw. »To Shaw Don Juan symbolizes man's intellectual freedom. He is a never-satiated seeker after *Reality*.«[20] Don Juan ist weiter »an intellectual, a philosophical man who pursues only the higher truths«[21]. Aber in dem gemeinten Werk *Man and Superman* geht Shaw nicht nur diesen, sondern noch einen weiteren Schritt in Frischs Richtung: wenn er im Vorwort, Shakespeare zum Zeugen anrufend, das Dogma, daß die sexuelle Initiative beim Mann liegen müsse, als dessen konventionell-romantische Schutzbehauptung kontra weibliche Aggression erklärt und vom Helden sagt:

»Don Juan has come to birth as a stage projection of the tragicomic love chase of the man by the woman; and my Don Juan is the quarry instead of the huntsman«[22]; »the whole world is strewn with snares, traps, gins and pitfalls for the capture of men by women«[23].

Und so befand auch José Ortega y Gasset: »Don Juan ist nicht der Mann, der die Frauen liebt, sondern den die Frauen lieben«[24]. Umkehrung also des traditionellen Verständnisses; dies greift freilich einem später zu erläuternden Zusammenhang vor. Um den Hauptnenner mit Bloch zusammenzufassen:

Die Verwandtschaft Don Juans mit Faust trat hervor, des radikalen Liebestriebs hier, des radikalen Erlebnis- und Erfahrungstriebs dort. Ja beide Leidenschaften blieben nicht einmal voneinander abgetrennt und so auf ihre Typen verteilt: Faust wird völlig organisch mit dem Gretchenstoff verbunden, und Don Juan zeigt mindestens in seiner Lenauschen Fassung, als einer tiefen, Erkenntnistrieb.[25]

Auf dem Hintergrund dieses historischen Befunds hat Frisch seine Figur entwickelt, komplexer und in der Verbindung von Leidenschaft und Erkenntnis raffinierter denn je (das eine nun nämlich als falschen Schein, in den Don Juan auf und wegen seiner Suche nach dem anderen immer hoffnungsloser gerät), weshalb er zu Recht von Don Juan sagt, er sei »ein Intellektueller« (S. 168). Wie das kommt, sollte hier, durch Zitieren der Tradition und notwendigerweise ausführliche Offenlegung der Materialien, dargestellt werden.

III

»Hinter jedem Don Juan steht die Langeweile, wenn auch mit Bravour überspielt, die Langeweile, die nicht gähnt, sondern Possen reißt; die Langeweile eines Geistes, der nach dem Unbedingten dürstet und glaubt erfahren zu haben, daß er es nie zu finden vermag; kurzum, die große Langeweile der Schwermut« (S. 173 f.). Sie steht im Verlauf und am Ende seiner Fahrt, als Motiv und Ergebnis eines faustischen, auch nach innen gewandten Erkenntnisdrangs; in seinen Worten:

Ich weiß jetzt, warum mich die Zisterne mit meinem Wasserbild erschreckt hat, dieser Spiegel voll lieblicher Himmelsbläue ohne Grund. Sei nicht wißbegierig, Roderigo, wie ich! Wenn wir die Lüge einmal verlassen, die wie eine blanke Oberfläche glänzt, und diese Welt nicht bloß als Spiegel unsres Wunsches sehen, wenn wir es wissen wollen, wer wir sind, ach Roderigo, dann hört unser Sturz nicht mehr auf, und es saust dir in den Ohren, daß du nicht mehr weißt, wo Gott wohnt. Stürze dich nie in deine Seele, Roderigo, oder in irgendeine, sondern bleibe an der blanken Spiegelfläche wie die tanzenden Mücken über dem Wasser – auf daß du lange lebest im Lande, Amen. (S. 48)

So höhnisch verzweifelt ist seine Ausfahrt, eine Suche, die ihr Ziel nicht findet und dazu noch ihren Ausgangspunkt verliert; eine Suche, die deshalb (wie am Ende des Lenau-Zitats offenkundig) als Kreisbewegung eines Eingeschlossenen sich darstellt, denn: »Sein Gefängnis ist die Welt« (S. 173). Dem entspricht in überraschender Weise ein Satz Theodor W. Adornos: »Der Affekt des Gefangenen ist die Schwermut [...] und die Bewegung von Schwermut ist die zur Rettung des verlorenen *Sinnes*.«[26] Auch dieser zentrale, an Kierkegaard gewonnene und von daher für Frisch bestimmende Begriff ist ein geschichtlicher, das heißt – stets unter dem Aspekt der Don-Juan-Figur – in seiner Entwicklung zu überprüfen.

Die Idee der Schwermut oder Melancholie nämlich leitet sich über die mittelalterliche aus der antiken Gesundheitslehre her, »in der

Auseinandersetzung zweier Konzeptionen, die sich vielleicht als psychopathologisch-medizinisch orientierte Negativ-Auffassung und kosmologisch-philosophisch ausgerichtete Positiv-Ansicht beschreiben ließen«[27]; im letzteren Sinn, auf den es hier ankommt, wird sie in der Frührenaissance (wo unter anderem ja auch der Don Juan entsteht) nobilitiert und »zur typischen Haltung des modernen Genies«[28]. Ihre enzyklopädische Darstellung findet sie vornehmlich in Robert Burtons *Anatomy of Melancholy*[29] von 1621, und einige der von ihm angeführten Symptome betreffen bereits sehr genau die traditionelle Erscheinung Don Juans: die Melancholiker seien »Extream passionate«[30], wie er schreibt, und »prone to love [...] quickly enamored, and dote upon all, love one dearly, till they see another, and then dote on her, et hanc, et hanc, et illam, et omnes: the present moves most, and the last commonly they love best«[31]. Das Gegenmittel wird gleich mitgeliefert: »There is no greater cause of melancholy than idleness, no better cure than business.«[32] Dieser Gedanke erscheint wieder bei Pascal; »eine der gewaltigen Stellen der *Pensées*« (Walter Benjamin)[33] lautet:

L'Ame ne trouve rien en elle qui la contente. Elle n'y voit rien qui ne l'afflige quand elle y pense. C'est ce qui la contraint de se répandre au dehors, et de chercher dans l'application aux choses extérieures, à perdre le souvenir de son état véritable. Sa joie consiste dans cet oubli; et il suffit, pour la rendre misérable, de l'obliger de se voir et d'être avec soi.[34]

Das ist Don Juans Flucht vor dem Spiegel, mit anderen Worten:

La seule chose qui nous console de nos misères est le divertissement, et cependant c'est la plus grande de nos misères; car c'est cela qui nous empêche principalement de songer à nous, et qui nous fait nous perdre insensiblement. Sans cela nous serions dans l'ennui, et cet ennui nous pousserait à chercher un moyen plus solide d'en sortir; mais le divertissement nous amuse et nous fait arriver insensiblement à la mort.[35]

Und von hier aus führt es geradewegs zu Sören Kierkegaard, der an vielen Stellen über diese Schwermut sich ausspricht, die er »genußsüchtig« und »trotzig« nennt[36] und in ihrer überindividuellen Bedeutung charakterisiert: »Schwermut, das ist die Krankheit unserer Zeit, und sie erklingt noch in ihrem leichtsinnigen Lachen.«[37] Das ist nun alles sehr im Sinne Don Juans – Frisch: »Sein Spott: eine schamhafte Art von Schwermut« (S. 316) –, dessen Jagd also im Grunde eine Flucht ist, eine hoffnungslos vergebliche Flucht in die Außenwelt vor der düsteren Ungelöstheit seines Innern und zu deren Betäubung, eine Flucht zudem, der immer wieder die Frau auf die Spur wie auch in die Quere kommt, zuweilen nützlich als Narkotikum. Das Verständnis dieses Zusammenhangs hat zugleich in der Dichtung sich niedergeschlagen, wie bei Frisch als Motiv in der Darstellung des agierenden, als Ergebnis in der des resignierenden Helden:

> Ins Welke hat sichs Leben mir entfärbt,
> Ja selbst sein Preis, das Gold scheint abgeblichen,
> Der frohe Juan ist aus der Welt entwichen,
> Der traurige Juan hat ihn beerbt.

So sagt er bei Lenau[38] von sich selbst, und als ihn der Rächer stellt und ihm unterliegt, wirft er in typisch melancholischer Handlungshemmung den Degen weg und läßt sich töten; Schlußwort: »Mein Todfeind ist in meine Faust gegeben;/Doch dies auch langweilt, wie das ganze Leben.«[39] Ähnlich gefühlte Ausweglosigkeit der Lage, der eher wachsenden Verstrickung zeigt sich in Grabbes Drama:

> Tödlicher Durst und nie gestillt! Sandkorn
> Zum Sandkorn sammeln, grenzenlose
> Und immer grenzenlosre Wüsten um
> Sich her zu bauen, und sodann darin
> Sich lagern, schmachtend und verzweifelnd![40]

Zwar wird dies von Faust gesprochen – aber nach alldem gilt es gerade auch für Don Juan. »Schwermut über allem wie schwarze flatternde Vögel über den rauchenden Stätten gewesener Freude« (Frisch, *Stiller*)[41]. Und ebenfalls Shaw ließ ihn, mit den bereits nachgewiesenen Motiven des Erkenntnisdrangs und der Verfolgung durch die Frau noch das Melancholische vereinigend, sprechen: »my own brain labors at a knowledge which does nothing for me personally but make my body bitter to me and my decay and death a calamity«[42]. Noch weiter treibt schließlich Ödön von Horváth seinen Helden, wenn er ihn charakterisiert:

Der Don Juan sucht immer die Vollkommenheit, also etwas, was es auf Erden nicht gibt. Und die Frauen wollen es ihm, und auch sich selbst, immer wiedr beweisen, daß er alles, was er sucht, auf Erden finden kann. Das Unglück der Frauen ist, daß sie einen irdischen Horizont haben [...]. Die tragische Schuld Don Juans ist, daß er seine Sehnsucht immer wieder vergißt oder gar verhöhnt, und so wird er zum zynischen Opfer seiner Wirkung, aber nicht ohne Trauer.[43]

Soweit die Tradition, in der mit zunehmender Deutlichkeit bereits die wesentlichen Elemente von Frischs Don-Juan-Bild antizipiert sind.

Jene aber, die nicht mehr durch Aufbruch ihrer Melancholie zu entgehen suchen, haben ihre hervorragendste Verkörperung in Hamlet[44]. Er ist, nach Bloch, »allen Ausfahrenden die innerliche Gegenerscheinung«[45], und doch nur um weniges von ihnen entfernt. (»Hamlet was a developed Don Juan«, so ein Wort Shaws[46].) Don Juan erscheint ihm, gerade bei Frisch, zuweilen gefährlich nah verwandt, nicht nur am Ende, auch gleich zu Beginn, angesichts der Donna Anna, die, an ihm verzweifelt, sich ertränkt hat: seine Ophelia.

Untreue ist, nach dem Autor selbst, die »bekannteste Etikette jedes Don Juan« (S. 169), aber im Grunde »nicht übergroße Triebhaftigkeit, sondern Angst, sich selbst zu täuschen, sich selbst zu verlieren« (S. 169) – eine Gefahr, der der schwermütige Held bereits glaubt erlegen zu sein: »Ich habe mich selbst verloren« (S. 123). Solche Angst ums Ich aber (und Don Juan beweist seine Untreue nicht nur gegenüber den Frauen, sondern auch gegenüber Don Roderigo, als wiederum gewaltsame Flucht aus dessen besitzergreifender Freundschaft) ist erneut die typische des Melancholikers, als dessen Wesenszug Benjamin die »Untreue gegen den Menschen«[47] erkannte. »Die Melancholie verrät die Welt um des Wissens willen«[48]; das heißt, im Innersten ist sie echte Treue zum Ideal (Bloch: »seine empirische Untreue ist höchste Liebestreue, nämlich gegen das Wesen, an dem er bleiben könnte«[49]) und damit zum eigenen Ich, das dieses sucht und ihm sich verschworen hat. Mit ihr, als durchaus männlicher, kommt endgültig die für Frisch von Anfang an bestimmende Geschlechterproblematik ins Spiel – wobei ein, freilich etwas abseitiges, Zitat aus Paracelsus die Brücke schlägt zum Zentralmotiv der Melancholie, direkt und ohne Vermittlung durch Untreue: »Die Fröligkeit vnn die Traurigkeit/ ist auch geboren von Adam vnn Eua. Die Fröligkeit ist in Eua gelegen/ vnn die Traurigkeit in Adam.«[50] Es korrespondiert der in zahllosen Mythen enthaltenen Anschauung von der totalen Polarität der Geschlechter und besonders der antiken, von Plato im *Gastmahl* referierten Idee, diese seien durch Teilung eines ursprünglich ganzheitlichen Wesens entstanden. Genau diese »unheilbare Wunde des Geschlechts« (S. 146) ist es, über die Don Juan ohne Ende grübelt:

»Ich verstehe die Schöpfung nicht. War es nötig, daß es zwei Geschlechter gibt?« (S. 146); »mein Unwille gegen die Schöpfung, die uns gespalten hat in Mann und Weib, ist lebhafter als je [. . .]. Welche Ungeheuerlichkeit, daß der Mensch allein nicht das Ganze ist! Und je größer seine Sehnsucht ist, ein Ganzes zu sein, um so verfluchter steht er da, bis zum Verbluten ausgesetzt dem andern Geschlecht.« (S. 164)

Schöpfungszweifel und Männlichkeitswahn machen Don Juan, zumindest in den Augen Frischs, zur tragischen, da notwendig leidenden und scheiternden Figur:

»Don Juan, geistig bestimmt, ist die Hybris, daß einer allein, Mann ohne Weib, Mensch sein will.« (S. 171 f.) »Er führt ein Leben, das kein Mensch sich leisten kann, nämlich das Leben eines Nur-Mannes, womit er der Schöpfung unweigerlich etwas schuldig bleibt.« (S. 171)[51]

Er wird vollends tragisch (oder tragikomisch?) damit, daß er gerade durch seine Flucht vor dem anderen Geschlecht (und dem Kompromiß der Ehe) um so mehr in ihm sich verliert und das letzte Mittel, scheinbare Höllenfahrt als scheinbarer Ausweg, ihn gerade jenen Kompromiß zu schließen zwingt: die Frau hat den Mann gefangen, sie hat ihm, nach seiner eigenen Aussage (S. 82), die Schlinge um den Hals gelegt, die der Vaterschaft nämlich, und seine Hybris annulliert – der Anspruch Annas wird, nach langer vergeblicher Weigerung, bei Miranda eingelöst.

IV

Wie fügt nun das schon im Titel des Stücks irritierende und in seinem Text dominierende Motiv der Geometrie diesem thematischen Zusammenhang sich ein? Unablässig ist von ihr die Rede; der unverständige Tenorio (S. 99, 123), die lockende Miranda (S. 145, zweimal), vor allem Don Juan selbst: sie alle sprechen, in verschiedenem Ton, von *seiner* Geometrie. In einer langen, hymnisch begeisterten und aufschlußreichen (und deshalb so zu zitierenden) Rede an Roderigo wird sie vom Helden in ihrer ganzen Herrlichkeit dargestellt:

Hast du es nie erlebt, das nüchterne Staunen vor einem Wissen, das stimmt? Zum Beispiel: was ein Kreis ist, das Lautere eines geometrischen Orts. Ich sehne mich nach dem Lauteren, Freund, nach dem Nüchternen, nach dem Genauen; mir graust vor dem Sumpf unsrer Stimmungen. Vor einem Kreis oder einem Dreieck habe ich mich noch nie geschämt, nie geekelt. Weißt du, was ein Dreieck ist? Unentrinnbar wie ein Schicksal: es gibt nur eine einzige Figur aus den drei Teilen, die du hast, und die Hoffnung, das Scheinbare unabsehbarer Möglichkeiten, was unser Herz so oft verwirrt, zerfällt wie ein Wahn vor diesen drei Strichen. So und nicht anders! sagt die Geometrie. So und nicht irgendwie! Da hilft kein Schwindel und keine Stimmung, es gibt eine einzige Figur, die sich mit ihrem Namen deckt. Ist das nicht schön? Ich bekenne es, Roderigo, ich habe noch nichts Größeres erlebt als dieses Spiel, dem Sonne und Mond gehorchen. Was ist feierlicher als zwei Striche im Sand, zwei Parallelen? Schau an den fernsten Horizont, und es ist nichts an Unendlichkeit; schau auf das weite Meer, es ist Weite, nun ja, und schau in die Milchstraße empor, es ist Raum, daß dir der Verstand verdampft, unausdenkbar, aber es ist nicht das Unendliche, das sie allein dir zeigen: zwei Striche im Sand, gelesen mit Geist . . . Ach Roderigo, ich bin voll Liebe, voll Ehrfurcht, nur darum spotte ich. Jenseits des Weihrauchs, dort wo es klar wird und heiter und durchsichtig, beginnen die Offenbarungen; dort gibt es keine Launen, Roderigo, wie in der menschlichen Liebe; was heute gilt, das gilt auch morgen, und wenn ich nicht mehr atme, es gilt ohne mich, ohne euch. Nur der Nüchterne ahnt das Heilige, alles andere ist Geflunker, glaub mir, nicht wert, daß wir uns aufhalten darin. (S. 131 f.)

Als Gegenpol zur verwirrend mehrdeutigen weiblichen Gefühlswelt ist es demnach jener ernste rationale Begriff von »männlicher Geometrie« (S. 131), den Don Juans Wahrheitsfanatismus sehnsüchtig erstrebt, das Ideal, »namenlos, vom Weib verschont, still und zufrieden« (S. 147) mit ihr zu leben. Sie ist, zitiert ihn der empörte Vater, »seine Geliebte« (S. 97), aber eigentlich ist sie noch viel mehr: ob Gott oder Geometrie – um mit Don Juan zu sprechen – »jeder Mann hat etwas Höheres als das Weib, wenn er wieder nüchtern ist« (S. 121). Und schon Molière gab diesem rationalistisch-blasphemischen Wesenszug frühen Ausdruck, wenn er den Helden sagen läßt: »Je crois que deux et deux sont quatre, Sganarelle, et que quatre et quatre sont huit«[52]; worauf ihm, in der verschärfenden Brechtschen Fassung, sein Diener entgegnet: »Ihre Religion ist also das Einmaleins.«[53]

Das bisher Gesagte gleichsam summierend, hat Eduard Stäuble diese Geometrie in ihrem Bezug zum Geschlechtsproblem erkannt:

Die Geometrie steht hier für eine klare, intellektuelle männliche Geistigkeit. Don Juan verkörpert bei Frisch das Prinzip einer intellektuellen, abstrakten, rationalen, verstandesmäßigen Männlichkeit – die sich ganz alleine selbstverwirklichen möchte. Don Juan will bei Frisch der unabhängige und selbständige Nur-Mann sein. Er traut dem gefühlsmäßig betörenden und verwirrenden Weiblichen, dem ganzen Gefunkel und Geflunker der Eva nicht. Die Frau ist ihm gewissermaßen lästig, denn sie stört ihn nur in seiner Liebe zur Geometrie, sie lenkt ihn davon ab. Er verführt darum die Frauen nur, um sie loszuwerden, um vor ihrer Belästigung Ruhe zu haben. Er ist ein Absolutist und Radikalinski des Männlichen.[54]

Derart fungiert die Geometrie als Sinnbild und Ausdruck der totalen Männlichkeit des Homo Faber (hierin dem in diesem wie in anderen Werken gleichbedeutenden Schachspiel verwandt); zugleich aber steht sie wiederum in engem und direktem Zusammenhang nicht nur mit dem Streben nach Erkenntnis, da sie ja Wahrheit repräsentiert, sondern auch mit der so zentralen Melancholie. Sie ist nicht lediglich deren Gegenmittel im Sinne einer Empfehlung Burtons (»let him demonstrate a proposition in Euclide in his five last books, extract a square root, or studie algebra«[55]); als ein Divertimento gemäß der angeführten Stelle aus Pascal mag sie dem Melancholiker zwar zeitweise Linderung verschaffen, verstrickt ihn aber gerade dadurch um so mehr und fesselt ihn an die Wurzel seines Leidens. Denn es verhält sich so: die Melancholie, als die saturnische Komplexion der frühen Medizin (nicht von ungefähr ist *saturnine* das englische Wort für *schwermütig*), steht nach der Überlieferung unter dem Patronat desselben Planeten wie die Geometrie, ja überhaupt jegliche geistige Tätigkeit[56]; so daß von daher »gerade die hohe Begabung für mathematisches Denken in einen besonders innigen Bezug zur melancholischen Verdüsterung gebracht wurde«[57]. – Um Dürers *Melencolia I* liegen verstreut die Attribute aller rechnenden und messenden Berufe; in der Hand hält sie deren Inbegriff und Symbol, den Zirkel[58].

V

Dessenungeachtet ließe sich vielleicht noch einwenden, daß am Ende, wo Don Juan »seine Ruhe hat zur Geometrie« (S. 151), wo er endlich »weiß, was er weiß« (S. 105), daß an diesem Ende also alles in Ordnung sei und kein Grund mehr zu melancholischer Resignation, wie bisher so oft behauptet wurde. Aber nichts trügt mehr als diese Scheinidylle. An den Frauen, zu denen es (das heißt das Verhängnis seiner Lage) ihn zuerst trieb, von der einen zur andern, hat er keinen endgültigen Halt gefunden, nur vorübergehende Abhaltung von seinem Ziel, das er darüber vergaß, so daß Miranda ihm zu Recht vorhalten kann: »Ich sehe dein Leben: voll Weib, Juan, und ohne Geometrie« (S. 144); und gerade das Zusammenleben mit ihr macht, daß ihm die Wunde des Geschlechts nicht heilt. Genauso ergeht es ihm mit der Geometrie: je mehr er mit ihr sich beschäftigt, mit desto größerer Sicherheit, ja Zwangsläufigkeit muß er auch an ihr scheitern. Denn es ist, so Frisch, »das Klare, Lautere, Durchsichtige, was Don Juan meint, wenn er von Geometrie redet, und natürlich meint er die noch vorstellbare Geometrie« (S. 174); was er aber entdeckt, ist die nicht mehr vorstellbare Geometrie der vierten Dimension. Sein Verhalten, das symptomatisch hastige Trinken, die Verschlossenheit, die Verstörung, entgeht Diego durchaus nicht, als er ihn nach ihr fragt – »was ist los mit Ihnen?« (S. 162) – und ist, als wortkarge Szene, beredt genug.

Even in his study of geometry, Don Juan is limited, for pure reason also has its limitations. [...] The question calls for knowledge beyond his intellectual horizons; Don Juan needs more than his grasp of geometry to fathom the complexities of the fourth dimension.[59]

Doch das Problem liegt weniger in Don Juan als vielmehr in der Sache selbst. Er erfährt, daß auch und gerade die Mathematik »das Denken niemals bis zum Absoluten führen kann«[60]; daher nämlich ist Dürers Melancholie-Kupferstich eine »Huldigung« an »die resignierende Mathematik«[61]. So hat Don Juan, der vor der Schwermut geflohen war, sie am Ende auch dieses Fluchtweges wieder angetroffen, dem der ins Unvorstellbare verlängerten Geometrie, in der er sich täuschte, die ihm nun keine Sicherheit, keine Erfüllung mehr bietet: »Schwermut ist der Affekt, der das Denken begleitet, welches zu Ende denkt.«[62]

Es sollte gezeigt werden, daß die scheinbar neuen Elemente von Frischs Don-Juna-Bild mit dessen Vorgeschichte, daß die scheinbar unvermittelten in thematischer Einheit aufs engste und dichteste zusammenhängen. Der erste Aspekt ist der einer historischen Perspektive, und das entsprechende Verfahren notwendigerweise ausführliches Zitieren und Belegen aus der Tradition, in welcher die typische Figur des Don Juan zu immer von neuem überbotener Komplexität und Intellektualität sich entwickelt. Zweitens aber ist nach einer schlüssigen Tiefenstruktur des im Stück sich entfaltenden Charakters gefragt, und auch sie ergibt sich durch Aufdeckung der Melancholie als zentralem Beweggrund. Von der männlichen Beschäftigung mit ihrem Innersten, der Geometrie, durch die Macht der Verhältnisse in die Gegenrichtung abgedrängt (denn seine geometrisch fundierte Kriegskunst führt ja kausal zur Verlobung mit Anna), verwirrt sich der wahrhaft traurige Held (der zunächst frauenfeindliche, an dem sogar Celestinas Künste versagen) in der Außenwelt, den Fallstricken des Weiblichen, immer tiefer und ohne Aussicht auf Rettung. Denn selbst als diese zu gelingen scheint, geschieht sie nur um den Preis eben des Kompromisses mit dem Geschlecht, vor dem er, womit ja alles erst beginnt, geflohen war. Und selbst die nun wieder mögliche Geometrie enttäuscht, führt nicht zum entlastenden Ziel, sondern ins Unausdenkbare. Durch Flucht gleichsam aus ihr heraus und in sie hinein, durch Weib und Geometrie ist er der Melancholie beidemal nicht entgangen: am Ende aller seiner Wege tritt sie ihm stets aufs neue entgegen.

Zugleich aber ist Don Juan auf der Flucht vor einem doppelten unangemessenen Ruf als Kriegs- und Weiberheld, der ihn einzuholen und zu determinieren droht. Leicht wäre er, mit einem Zitat aus *Stiller*, auf immer »dazu verdammt, eine Rolle zu spielen, die nichts mit ihm zu tun hat«[63]; eine Rolle allerdings, die er gerade dadurch, daß sie von den anderen für sein Wesen gehalten und mit ihm verwechselt wurde, zu spielen gezwungen war, wie er dem falschen Bischof von Cordoba klagt: »Was bleibt mir anderes übrig, ich bitte Sie, als meinem Ruhm zu entsprechen, Opfer meines Ruhms zu sein« (S. 149). Das ist die orakelhafte fixe Meinung, die die Umwelt sich macht und die auf Don Juan wie etwa auch dem andorranischen Juden lastet, »und man wird ein Orakel nicht los, bis man es zur Erfüllung bringt«[64]. Auch daß er das Buch, worin diese Unwahrheit verewigt ist, in die Ecke wirft, hindert nicht, daß sie ihn als ein falsches Bild, das er nicht widerlegen kann, überleben wird – wenn es ihm selbst auch, freilich um einen hohen Preis, gelungen ist, aus dieser Rolle auszusteigen, sie von seiner Person zu lösen. Das Stück handelt demnach über Frischs vielberedetes Zentralthema, über Identität, da es die Nicht-Identität von Wesen und Rolle, Leben und Deutung, Sein und Schein in Szene setzt; so wie Don Juan selber sagt: »alle Welt kennt unsere Taten, fast niemand ihren Sinn« (S. 148). Das Unternehmen besteht so in der Beibehaltung der bis zum Überdruß bekannten Fakten der Legende, der literarischen Tradition, indem aber von der neu verstandenen

Hauptfigur her eine andere Lesart, eine gegensätzliche Interpretation möglich erscheint. Wie der Autor notiert, ist das einzig adäquate, »einzig mögliche Medium« dafür »das Theater, das darin besteht, daß Larve und Wesen nicht identisch sind, so daß es zu Verwechslungen kommt [...] wie überall, wo ein Mensch nicht ist, sondern sich selber sucht« (S. 171) – genau wie der darob melancholische Don Juan. Frisch schreibt die Legende um und erlöst seinen Helden aus jener »Hölle der Literatur«[65], der ewigen Wiederholung, nähert ihn wieder seinem Gegenbild in der *Chinesischen Mauer*, der geschichts- und namenlosen Inconnue de la Seine[66], erfüllt ihm seinen dort ausgesprochenen Wunsch, aber eben nur wieder in der Literatur.

Und doch ist der Held nichts weniger als erlöst. Nachdem Leporello die Molièreschen Schlußworte gesprochen hat, folgt vordergründig die inzwischen ja als falscher Schein entlarvte Idylle von Ronda, tatsächlich aber eine Art Nachspiel in der Hölle, jener besonderen Hölle, zu der dieser Don Juan verdammt ist: für die Welt tot, aber mehr denn je leidend. Interessanterweise erwog schon Byron: »Ich war jedoch nicht ganz im Reinen darüber, ob ich ihn in der Hölle oder in einer unglücklichen Ehe enden lassen sollte.«[67] Also handelt diese »Komödie«[68] am Ende nicht von Don Juans Höllenfahrt im Sinn der Tradition, auch nicht, wie man meinen könnte, schlicht antimythisch von seinem Entkommen durch schlaue Vortäuschung derselben, sondern dialektisch von einem im Grunde viel tieferen Absturz, als die alten Stücke ihn vorstellen: indem es sich erweist, um mit Frisch zu sprechen, daß die »Legende, womit er die Welt zum Narren hält, nur die Ausdrucksfigur seines tatsächlichen, seines inneren und anders nicht sichtbaren, doch ausweglos-wirklichen Endes ist« (S. 175). – »Don Juan does go, after all, to a Hell of his own making.«[69]

VI

Wie die historische Beleuchtung erwies, setzt Max Frischs schwarze Komödie durchaus traditionelle Tendenzen des Stoffes fort, mit einer Konsequenz und Kombinatorik freilich, daß die Legende auf den Kopf gestellt, gegen den Strich gelesen erscheint. Erkenntnis, Schwermut, Geometrie: diese Stichworte kennzeichnen die Motivgruppen, die, selber komplex, hier zu einem neuen

Bild höherer Ordnung verschmelzen (so eng, daß eine sukzessive Darstellung solcher Zusammenhänge die des Werks notwendigerweise zerreißen mußte). Das Bild aber ist das einer Summa, eines Spät-Werks im Sinne von Thomas Manns *Doktor Faustus*, jener vorläufig letzten Gestalt, in der Don Juans Blutsbruder erschien.

Ein derartiger Befund wird jedoch nicht so einhellig akzeptiert, wie es die Untersuchung möglicherweise hat vermuten lassen. Vielmehr wurde durch das Stück die Kritik jener herausgefordert, die in ihm lediglich eine ungemäße Repräsentation des Helden, ja seine Verunstaltung zu erblicken vermochten. Einer nahm mißbilligend nichts als »einen verhinderten, von den Frauen mißbrauchten Geometer«[70] wahr, wohingegen ein anderer befand: »Dieser entdonjuanisierte Don Juan wird mit noch so vielen faustischen, anarchistischen, zeitkritischen Nebenzügen übermalt, daß das Gesicht des Weltumarmers darunter verschwindet.«[71] Der beide zitiert, weiß sich mit ihnen, bei erneut differierender Begründung, im Prinzip einig:

An sich hätte dem Stück, trotz Frischs gegenteiliger Äußerung in den nachträglichen Notizen, der Titel ›Casanova und die Liebe zur Geometrie‹ gebührt; denn der Memoiren schreibende Italiener ist ja eher als Intellektueller anzusprechen denn Don Juan. Seine Meisterschaft in der galanten Liebeskunst hinderte ihn nicht, sich selbst Rechenschaft abzulegen; nach einem Leben voller Zärtlichkeit endete er wie Frischs Gestalt in der Langeweile eines beinahe klösterlichen Lebens. Liebe ist für ihn ein Spiel. [...] Aber Frisch wollte [...] die Verwandtschaft mit Luzifer, Faust, und homo faber.[72]

Daran ist nun schon fast jedes Wort falsch; aber bereits Heckel hatte 1915 seine vergleichende Studie mit dem Satz geschlossen: »Vor allem aber ist es not, daß Don Juan die alte ungebrochene unbekümmerte Naivität wiedergewinnt, denn für einen Don Juan mit dem Faustzweifel in der Brust sind die Tage gezählt.«[73] Das Elend einer Kritik, die solch ärgerlicher Fehlurteile fähig ist, besteht darin, daß sie ahistorisch verfährt; daß sie blind ist für andere als bloß oberflächliche Zusammenhänge; und daß sie sich ein Bild macht von Don Juan und ihm einen Vorwurf, wenn er ihm nicht sich fügt, wenn er es im Gang der Literaturgeschichte überholt. Hartnäckig legt man ihn auf die bequemste Interpretation seiner Biographie fest und kündigt ihm, wie Frisch im Tagebuch einmal schreibt, »die Bereitschaft, auf weitere Verwandlungen einzugehen«[74]. Die kritischen Fehlleistungen bestätigen damit ungewollt die Unzerstörbarkeit der Legende von Don Juan; denn bereits im Spiel wurde ja gezeigt, um es zu wiederholen, wie man sich ein Bild von ihm machte als Mörder und Lüstling ohne Tiefe, eben seine Legende (Tirsos Erfolgsstück, das er verwirft, eine ohmächtige Geste), und daß man schließlich, wie Elvira im letzten Intermezzo, zu denken sich weigerte, er könnte davon verschieden sein. Das Unrecht, das ihm dadurch geschieht, bleibt innerhalb und außerhalb dieses Spiels sich gleich.

VII

»Schwermut und Erkenntnis, brüderlich vereint; ein Teufelspakt von Wissen und Melancholie! (In Gedanken sehe ich uns schon, vielen Dank für den Wink, bei einem Disput über Agrippa von Nettesheim und Heinrich von Gent; sehe uns, erlauchten Traditionen folgend, die Punkte bestimmen, an denen die Mathematik sich mit der Trauer berührt!)«[75]. Dem Buch, das diese Sätze enthält, steht als Motto ein Satz Luthers voran: »Der Mathematiker ist ein trauriger Gesell.«

Aus: Sprachkunst 8 (1977), S. 41–58.

Anmerkungen

1 Titel eines Aufsatzes von Peter Gontrum. – Zu den im folgenden behandelten Fragen der Tradition und ihrer Veränderung vgl. besonders S. 118–121 wie auch die Bibliographien von Hans Heckel, Theodor Schröder, Leo Weinstein, die kommentierten Anthologien von Joachim Schondorff (*Vorwort* v. M. Dietrich) und Werner Oehlmann sowie den entsprechenden Abschnitt bei Elisabeth Frenzel [genaue Titelangaben i. d. B. S. 246f.].

2 Vgl. Willis Barnstone, *Lope de Vega's Don Leonido. A Prototype of the Traditional Don Juan*, in: *Comparative Literatur Studies* II/2 (1965), S. 101–115, bes. S. 101. Dabei sind allerdings nur die literarischen Fassungen berücksichtigt.

3 Die eingeklammerten Zahlen bei den Textzitaten beziehen sich auf die zugrunde gelegte Ausgabe GW III.

4 Salvador de Madariaga, *Vorwort*, zu: *Spanische Meisterdramen von*

Fernando de Rojas, Lope de Vega, Tirso de Molina, Calderon de la Barca, Wien: Desch 1961, S. 7–10; hier S. 10.
5 Dies, wenn auch im ganzen fragwürdig, da von konstanten Nationalcharakteren her argumentierend, in: *Porträt Europas,* Stuttgart: DVA 1958 [zuerst 1952], vgl. auch Dietrich (zit. Anm. 1), S. 44: Don Juan »ist in unseren abendländischen Vorstellungen archetypisch verankert«.
6 Ernst Bloch, *Das Prinzip Hoffnung,* Frankfurt: Suhrkamp 1959, S. 1175.
7 Ebd., S. 1187.
8 Ebd., S. 1176.
9 Ebd., S. 1188. Weitere Materialien zur Verwandtschafts-These (die jedoch, wie einschränkend bemerkt werden muß, vorwiegend auf den Don Juan noch vor Frisch sich beziehen): Sören Kierkegaard, dessen Einfluß auf Frisch hoch anzuschlagen ist, hat beide Typen als »Ausdruck des Dämonischen« bestimmt und geschlossen: »Diese Ideen stehen in einer wesentlichen Beziehung zueinander und haben viel Ähnlichkeit« (*Entweder – Oder,* Köln: Hegner 1960, S. 109 f. und passim). Bei Barnstone (zit. Anm. 2) gilt Don Juan als »a kinsman to Faust« (S. 114) und »spiritual cousin« (S. 101), womit eine Formulierung George Bernard Shaws aufgegriffen wird (*The Complete Prefaces,* London: Hamlyn 1965, S. 152: »his cousin Faust«). Demgegenüber schreibt Oehlmann (zit. Anm. 1) S. 5 in seinem auch sonst fehlerhaften, durchaus nicht auf der Höhe literar-historischer wie -kritischer Reflexion sich bewegenden und zumal Frisch mißverstehenden Buch: »Die frühe Neuzeit hat zwei Mythen geschaffen, deren Träger in absolutem Gegensatz zueinander stehen: Faust und Don Juan.«
10 Dietrich (zit. Anm. 1), S. 9.
11 Ebd., am selben Ort heißt es: »Faust sucht seine Selbstverwirklichung, sein höchstes Glück, im Erkennen, in der Lust im Geistigen; Don Juan sucht seine Selbstverwirklichung, sein höchstes Glück, in der erotischen Erfüllung, in der Lust im Sinnlichen. Das Geistige und das Sinnliche als hemmungslose Verwirklichung menschlichen Strebens macht die genialen, aber verworfenen Züge der beiden Helden aus, die ihre Taten vor dem Angesicht des erzürnten Himmels und der wartenden Hölle, erfüllt von menschlicher Hybris, tun. Der eine schließt seinen Pakt mit dem Teufel, um seinem Drang zum Erkennen der Welt nachzugeben; der andere schreckt vor keinem Mord zurück, um sein sinnliches Begehren zu stillen.«
12 Frenzel (zit. Anm. 1), S. 133.
13 E. T. A. Hoffmann, *Don Juan* in: *Sämtliche Werke,* Bd. 1, München, S. 87–103, hier S. 99.
14 Nikolaus Lenau, *Don Juan. Dramatische Szenen,* in: *Sämtliche Werke und Briefe,* Bd. 2, Leipzig: Insel 1911, S. 401–448, hier S. 403.
15 Ebd., S. 447.

16 Christian Dietrich Grabbe, *Don Juan und Faust. Eine Tragödie in vier Akten*, in: *Werke*, Bd. 1, Emsdetten: Lechte 1960, S. 415–513, hier S. 513.
17 Max Frisch, *Die Chinesische Mauer. Eine Farce*, in: *Stücke*, Bd. 1, Frankfurt: Suhrkamp 1969, S. 149–245; hier S. 204f.; ähnlich heißt es: »Ich suche das Paradies. Ich bin jung [. . .] Ich suche das Jungfräuliche . . .« (S. 244, vgl. 204f.).
18 Grabbe, *Don Juan und Faust* (zit. Anm. 16), S. 493.
19 Bloch, *Das Prinzip* (zit. Anm. 6), S. 1186; als solcher wird er dem »Demokraten« Lenau und dem »anarchistischen Rebellen« Grabbe zur Seite gestellt (ebd.)
20 Gontrum, S. 121f.
21 Ebd., S. 117; dieselbe Formulierung ist auch auf Frisch angewandt.
22 Shaw, *Prefaces* (zit. Anm. 9), S. 155.
23 Ebd., S. 156.
24 José Ortega y Gasset, *Über die Liebe. Meditationen*, Stuttgart: DVA 1969, S. 115.
25 Bloch, *Das Prinzip* (zit. Anm. 6), S. 1187. – Ein im übrigen bedeutungsloses, aber von der Anlage her interessantes Werk sei hier wenigstens erwähnt: Emil von Schönaich-Carolath, *Don Juans Tod*, in: *Dichtungen*, Stuttgart: DVA 1883 (zit. nach: Heckel, S. 126f.); in ihm erscheinen Don Juan und Faust als Zwillinge, Kinder von Ahasver und Venus.
26 Theodor W. Adorno, *Kierkegaard. Konstruktion des Ästhetischen*, Frankfurt: Suhrkamp 1962, S. 111; vgl. dazu, trotz Differenz: Bloch, *Das Prinzip* (zit. Anm. 6), S. 1162: »ein Manisches, gerade stärkstens nach außen wirkend, ist hier in sich selbst gefangen; so entsteht bei aller Ausströmung des Dämonischen zugleich Einkerkerung seiner in unsäglicher Innerlichkeit«.
27 Wolf Lepenies, *Melancholie und Gesellschaft*, Frankfurt: Suhrkamp 1969, S. 17 (mit einer umfassenden Bibliographie).
28 Erwin Panofsky u. Fritz Saxl, *Dürers › Melencolia I‹. Eine quellen- und typengeschichtliche Untersuchung*, Leipzig: Teubner (Studien der Bibliothek Warburg 2), S. 30; dort finden sich auch zahlreiche Belege hierzu.
29 Voller Titel: Robert Burton, *The Anatomy of Melancholy: What it is. With all the Kindes, Causes, Symptomes, Prognostickes, and severall Cures of it. In Three Maine Partitions with their several Sections, Members, and Subsections, Philosophically, Medicinally, Historically, opened and cut up*. By Democritus Junior. With a Satyricall Preface conducing to the following Discourse (hier nach der 16. Aufl., London 1836). – Auch für die vorliegende Untersuchung muß gelten, was Lepenies, *Melancholie* (zit. Anm. 27), S. 24, für die seine bemerkt: »Ein Werk zu verarbeiten, in dem tausend andere Autoren meist in apokrypher und wenig zuverlässiger Form zitiert sind, das in einer Oktav-Ausgabe 1036

Seiten umfaßt und mit kaum übertreibender Emphase ›an encyclopedia of Renaissance learning‹ genannt wurde, ist für den hier gesetzten Rahmen unmöglich.« Dieses Werk wiederum ist »Teil eines riesigen Melancholie-Konvoluts« (ebd., S. 34) angesichts der gleichartigen Produkte von Bright, du Laurens, Wright, Adams, Ferrand (alle zwischen 1586 und 1616).

30 Burton, *Anatomy* (zit. Anm. 29), S. 258, im Kapitel ›Symptomes in the Mind‹.
31 Ebd., S. 259.
32 Ebd., S. 5.
33 Walter Benjamin, *Ursprung des deutschen Trauerspiels*, Frankfurt: Suhrkamp ²1969, S. 154.
34 Ebd., S. 154; ebenfalls dort (S. 149) findet sich das folgende Zitat aus Andreas Tschernings *Melancholey redet selber*: »Ich finde nirgends Ruh / muß selber mit mir zancken // Ich sitz / ich lieg / ich steh / ist alles in Gedancken.«
35 Blaise Pascal, *Pensées*, Bd. 1, Paris: A. Colin 1960, S. 252 (Fragment 414).
36 Kierkegaard, *Entweder – Oder* (zit. Anm. 9), S. 549; vgl. auch S. 738 ff.
37 Ebd., S. 548; hier zit. nach der besseren Übersetzung bei Adorno, *Kierkegaard* (zit. Anm. 26), S. 110.
38 Lenau, *Don Juan* (zit. Anm. 14), S. 438.
39 Ebd., S. 448; vgl. auch Ortega y Gasset, *Über die Liebe* (zit. Anm. 24), S. 115: »Der Don Juan ist der andere, der immer Ferne, der in den Nebel seiner Traurigkeit Gehüllte, der wahrscheinlich nie eine Frau umwarb.«
40 Grabbe, *Don Juan und Faust* (zit. Anm. 16), S. 430.
41 Max Frisch, *Stiller*, 9. Aufl. 1970, S. 264 [nicht nachweisbar].
42 George Bernard Shaw, *The Complete Plays*, London: Hamlyn 1965, S. 387.
43 Ödön von Horváth, Vorwort zu *Don Juan kommt aus dem Krieg*, in: Dietrich (zit. Anm. 1), S. 335. – Unter Beschränkung auf Tirsos Komödie und seine eigene philosophische Lesart hat Albert Camus (*Der Mythos von Sisiphos. Ein Versuch über das Absurde*, Hamburg: Rowohlt ¹³1970, bes. S. 61–67: ›Der Don-Juanismus‹) in diesem Punkt die gegensätzliche Ansicht vertreten, die allerdings eben wegen jener Prämissen hier außer Betracht bleiben muß. [Vgl. beide i. d. B.]
44 Vgl. Benjamin, *Ursprung* (zit. Anm. 33), S. 172 f., als auch Bloch, *Das Prinzip* (zit. Anm. 6), S. 1206 ff.
45 Bloch, S. 1206; »Hamlet wird so das Paradox eines großen Träumers, der an seine Hoffnungen und Ziele nicht glaubt; eines Grenzüberschreiters, der jenseits der gewordenen Grenzen das Nichts glaubt, das schließlich zu allen Plänen wie Aktionen disparate« (S. 1209).

46 Shaw, *Prefaces* (zit. Anm. 9), S. 153, mit leicht differierender Begründung.
47 Benjamin, *Ursprung* (zit. Anm. 33), S. 171; vgl. überhaupt S. 169 ff.
48 Ebd., S. 171.
49 Bloch, *Das Prinzip* (zit. Anm. 6), S. 1187. – Dem entspricht andererseits Kierkegaards Charakteristik als eine des traditionellen, »musikalischen«, Mozartschen Don Juan, wiewohl auch dessen Treue zum Prinzip statt zur Person anerkennend: »Seine Liebe ist nicht seelisch, sondern sinnlich, und sinnliche Liebe ist ihrem Begriffe nach nicht treu, sondern absolut treulos, sie liebt nicht eine, sondern alle, das heißt: sie verführt alle« (Kierkegaard, *Entweder – Oder* [zit. Anm. 9], S. 114).
50 Zit. nach Benjamin, *Ursprung* (zit. Anm. 33), S. 156.
51 An dieser Stelle eine Abschweifung des Autors, aber nicht ohne (auch aktuellen) Bezug: »Lebte er in unseren Tagen, würde Don Juan (wie ich ihn sehe) sich wahrscheinlich mit Kernphysik befassen: um zu erfahren, was stimmt. Und der Konflikt mit dem Weiblichen, mit dem unbedingten Willen nämlich, das Leben zu erhalten, bliebe der gleiche; auch als Atomforscher steht er früher oder später vor der Wahl: Tod oder Kapitulation – Kapitulation jenes männliches Geistes, der offenbar, bleibt er selbstherrlich, die Schöpfung in die Luft sprengt, sobald er die technische Möglichkeit dazu hat.« (S. 173)
52 Molière, *Dom Juan ou le Festin de Pierre*, in: *Théâtre complet*, Bd. 1, Paris o. J., S. 707–767, hier S. 745.
53 Bertolt Brecht, ›*Don Juan*‹ *von Molière. Bearbeitung*, in: *Stücke 3* (= *Gesammelte Werke*, Bd. 3), Frankfurt: Suhrkamp 1967, S. 2547–2615, hier S. 2583. – Vgl. auch: *Zu* ›*Don Juan*‹ *von Molière*, in: *Schriften 1 zum Theater* (= Gesammelte Werke Bd. 7), Frankfurt: Suhrkamp 1967, S. 1257–1262 – vor allem hier hat sich Brecht, dies entgegen der offenkundigen historischen Tendenz, gegen jede Idealisierung und Intellektualisierung des Don Juan gewandt und ihn statt dessen als »Epikuräer« (S. 1258), »Libertin« (S. 1261) und »großen Parasiten« (S. 1261 und passim) aufgefaßt [vgl. i. d. B.].
54 Eduard Stäuble, S. 117 f. [der 2. Aufl.].
55 Burton, *The Anatomy* (zit. Anm. 29), S. 356, im Kapitel ›Cure of Melancholy‹.
56 Panofsky u. Saxl, *Dürers* ›*Melencolia I*‹ (zit. Anm. 28), S. 61 ff.
57 Ebd., S. 72.
58 Ebd., S. 63 f.; dies gilt auch für die Darstellungen der Folgezeit. – In der Psychiatrie hat Hubert Tellenbach (*Melancholie. Zur Problemgeschichte, Typologie, Pathogenese und Klinik*, Berlin: Springer 1961), der umfangreiches geistesgeschichtliches Material einbezieht, die Freude des Melancholikers am Umgang mit Zahlen hervorgehoben und belegt (»Die Ordentlichkeit, ein konstitutiver Wesenszug des melancholischen Typus«; S. 51 ff.).

59 Gontrum, S. 120; völlig mißverstanden hat dies Hans Bänziger: »Wie der Bischof im letzten Akt das Gespräch einmal auf die vierte Dimension bringt, hört Don Juan einfach nicht zu.« (S. 72) Richtiger erkannt sind die Zusammenhänge bei Paula Rüf: »In allen seinen Abarten ist Don Juan ein verhinderter Sucher nach dem Absoluten«; ihn kennzeichnet »die sich in Witz versprühende Verzweiflung [...] eines scheiternden Gottsuchers« [i. d. B. S. 75 f.].
60 Panofsky u. Saxl, *Dürers ›Melencolia I‹* (zit. Anm. 28), S. 74 f.
61 Ebd., S. 76.
62 Hermann Schweppenhäuser, *Quipus*, in: Max Horkheimer (Hg.), *Zeugnisse. Theodor W. Adorno zum sechzigsten Geburtstag*, Frankfurt: EVA 1963, S. 278–314, hier S. 281.
63 Frisch, *Stiller*, GW III, S. 436.
64 Max Frisch, *Tagebuch 1946–1949*, GW II, S. 370.
65 Frisch, *Die Chinesische Mauer* (zit. Anm. 17), S. 165; vgl. das Motto dieser Untersuchung.
66 Sie wiederum entspricht bezeichnenderweise jener Wasserleiche, die es, wie es auf der letzten Seite von Max Frischs *Mein Name sei Gantenbein*, GW V, S. 319, heißt, beinahe erreicht hätte: nämlich »Abzuschwimmen ohne Geschichte«.
67 Zit. nach Oehlmann, *Don Juan* (zit. Anm. 1), S. 40.
68 Sie ist es im Verlauf, doch nicht vom Ende her, oder höchstens deshalb, weil Don Juan mit seinem paradoxen Vorhaben notwendig scheitert: »Ohne das Weib, dessen Forderungen er nicht anzuerkennen gewillt ist, wäre er selber nicht in der Welt. Als Parasit der Schöpfung [...] bleibt ihm früher oder später keine andere Wahl: Tod oder Kapitulation, Tragödie oder Komödie. Immer ist die Don-Juan-Existenz eine unmögliche [...]. Sein Widersacher ist die Schöpfung selbst« (S. 171). Dies berührt sich in der Formulierung mit jener Brechts vom (freilich gesellschaftlich verstandenen) Parasiten.
69 Gontrum, S. 120; die von Rüf [i. d. B. S. 75] in Betracht gezogene Möglichkeit, den Schluß als Chance zur Reifung, zur Erlösung von Egomanie durch Ergänzung zu verstehen, ist wohl kaum haltbar. – Ein literarhistorischer Parallelfall: Friedrich Nicolai hatte die Negativität des Schlusses von Goethes *Werther* angegriffen und eine entsprechend veränderte Ausgabe herausgebracht; Heinrich Heine resümierte: »Nach dieser Version hat sich der Held nicht totgeschossen, sondern nur mit Hühnerblut besudelt; denn statt mit Blei war die Pistole nur mit letzterem geladen. Werther wird lächerlich, bleibt leben, heiratet Charlotte, kurz, endet noch tragischer als im Goetheschen Original« (*Zur Geschichte der Religion und Philosophie in Deutschland*, hg. v. Wolfgang Harich, Frankfurt: Insel 1966, S. 137).
70 Siegfried Melchinger, zit. nach Bänziger, ebd., S. 77.
71 Felix Stössinger, zit. ebd., S. 76 f.

72 Ebd., S. 77.
73 Heckel, (zit. Anm. 1), S. 163; dagegen, noch einmal, Ortega y Gasset, *Über die Liebe* (zit. Anm. 24), S. 115: »Genauso ist jener emsige Don Juan, der täglich sein Pensum Erotik absolviert, jener Don Juan, der so offenkundig ein Don Juan zu sein scheint, gerade die Verneinung und Leerform Don Juans.«
74 Frisch, *Tagebuch*, GW II, S. 370. Hatte Don Juan nicht wie so viele von Frischs Figuren, einmal aus der Rolle fallen, von seiner Geschichte sich lösen wollen, und hatte er nicht, zweideutig genug, im Stück selber darum gebeten, ihm »einen anderen Ausgang« (S. 120) zu gestatten?
75 Walter Jens, *Herr Meister. Dialog über einen Roman,* Frankfurt: Ullstein 1974, S. 46.

IV
Deutung und Vermittlung

1953 kehrte er zum *Stiller*-Roman zurück, der dann 1954 veröffentlicht wurde.[7]

II

Schon mit seiner ersten Bühnenanweisung deutet Frisch auf die Richtung seiner Sozialkritik hin – »Ort: ein theatralisches Sevilla. Zeit: eine Zeit guter Kostüme.« Das Stück versucht demnach keine historisch-konkrete gesellschaftliche Wirklichkeit darzustellen, sondern konzentriert sich auf unser Bewußtsein dieser Wirklichkeit.[8] Die Bewegungen und die Ideen der Figuren lassen sich keineswegs als Widerspiegelung von Spanien im 16. Jahrhundert, sondern nur als Parabel auffassen, die direkt auf die zeitgenössische bürgerliche Gesellschaft zugeschnitten wird. Frischs Sevilla – Seldwyla, Güllen und sogar Andorra liegen auch nicht fern – ist nicht nur ›theatralisch‹, weil die Stadt offen als Bühnenfiktion dargestellt wird, sondern auch weil ihr theatralisches Wesen selbst als Metapher für die Verlogenheit einer Gesellschaft wirkt, wo der Schein das Sein völlig auszulöschen droht. Schon aus diesem Grunde ist es »eine Zeit guter Kostüme«: Die führenden Herren und Damen von Sevilla – im Gegensatz zum Helden des Stückes – täuschen Unwissen darüber vor, wie korrupt ihre Ideale, wie eitel ihre Ansprüche geworden sind. Ihre Unredlichkeit setzt sie zu Marionetten herab, Marionetten, die aber noch genug Scharfsinn besitzen, um das Aufbegehren jedes Outsiders sofort zu wittern und im Keim zu ersticken, bevor es dem gesellschaftlichen System Schaden zufügen könnte. Vor allem in den ersten drei Akten stellt Frisch eine verkehrte Welt dar, deren höchste Ideale – Ehre, Heldentum, Ehe – zu leeren Begriffen herabgesunken sind. Jeder Einwohner von Sevilla handelt innerhalb eines verkalkten Gedankensystems. ›Ehre‹, zum Beispiel, wird völlig auf sozialen Konformismus reduziert. Tenorio empört sich über das skandalöse Benehmen seines Sohnes und Erben, der im Bordell (wo selbst Bischöfe sich korrekt zu betragen wissen) dem Schachspiel den Vorzug gibt. Er fühlt sich niedergeschlagen, da Don Juan weder seinem väterlichen Gemüt noch den herrschenden Sitten gebührend Rechnung trägt: »Und was das Schlimmste ist, Pater Diego, er lügt nicht. Er sagt, was er denkt« (III 97). In solch einer verlogenen Gesellschaft gilt die Wahrheit selbst als der letzte Verrat. In ähnlicher Weise wird ›Heldentum‹ als Teil eines mumifizierten Sitten- und Verhaltenskodexes entlarvt. Da es Don Juan gelungen ist, die maurische Festung zu bemessen (allerdings durch die Anwendung der geometrischen Grundsätze des Feindes, ohne selbst Kopf und Kragen zu riskieren!), reagieren die Kreuzfahrer darauf automatisch mit stereotypen Formeln: sie nehmen den Schein für die Tat. So überschüttet Gonzalo den verblüfften Don Juan mit Titeln:

Ich habe dich verkannt, aber von dieser Stunde an nenne ich dich meinen Sohn. Bräutigam meiner Anna, Ritter des Spanischen Kreuzes. Held von Cordoba! (III 99)[9]

Die ganze Macht der gesellschaftlichen Förmlichkeit wird angewendet, um für Don Juan zunächst eine angemessene Identität zu konstruieren. Worte fixieren ihn hilflos in einer tradierten Gesellschaftshierarchie, in die sogar eine Braut als ein bloß verdinglichtes Symbol sozialen Prestiges aufgenommen wird.

Die ironisch-witzige Verkehrung des Erkennen-Verkennen-Spiels beherrscht die ersten vier Akte des Stückes, vor allem bei der Darstellung der Institution, die den sichersten Hort der Ehre darbieten sollte: die christliche Ehe. Hier übt Frisch eine geradezu schonungslose Kritik. Die Ehe von Gonzalo und Elvira wird zum Beispiel von der Kirche als »die einzige vollkommene Ehe, die wir den Heiden da drüben zeigen können [...] als Vorbild der spanischen Ehe« (III 114) angepriesen, während sie im Stücke selbst als eine widerspruchsvolle Mischung aus Impotenz und Lüsternheit demaskiert wird. Vor die sexuelle Versuchung gestellt, hat Gonzalo also anscheinend keine andere Wahl als das Treuehalten (wobei auch dieser Begriff jeden konkreten Inhalt verliert); seine Ehefrau erweist sich dagegen nicht nur als die kühle Mätresse des Paters Diego (der selbst dadurch zu einer trüben Quelle des Moralisierens im Stücke wird), sondern auch als geile Nebenbuhlerin ihrer eigenen Tochter.

Die Wahrheit über diese Gesellschaft von »durchschnittlicher Verlogenheit«, wie Frisch es bissig formuliert,[10] tritt in den Intermezzi am deutlichsten in Erscheinung, wo die selbstsichere Celestina, Spaniens »führende Kupplerin«, die Bühne beherrscht. Celestinas Redekunst und Vitalität darf man jedoch nicht für bare Münze nehmen.[11] Ihr Etablissement ist gewiß nicht der Ort der Aufrichtigkeit, wo die Kunden für Augenblicke ihre Masken therapeutisch ablegen dürfen, wie Celestina sich stolz einbildet. Zwar stimmt es, daß Celestina – wie Don Juan – die Heuchelei von Sevilla durchschaut hat, aber ganz im Gegensatz zu ihm beutet sie diese Gesellschaft von vornherein aus. Daraus zieht sie Profit, und so nimmt sie an deren Unwahrhaftigkeit aktiven Anteil. Das Bordell stellt auf der Bühne tatsächlich ein Paradoxon dar: Der Mann von Sevilla – ob Vater, Gatte oder Bräutigam – mag sich wohl dorthin begeben, um sich (laut Celestina) »von seinen falschen Gefühlen zu erholen« (III 110), aber was er eigentlich vorfindet, sind weitere Fäden des überall erstickenden Lügengewebes.[12] Wahrnehmungsfähiger als Celestina erweist sich dagegen die Hure Miranda, wenn sie laut aufseufzt: »Warum ist alles, was wir tun, nur Schein!« (III 126) Denn hinter Celestinas zynischen Worten liegt eine krassere Wahrheit: Um den Handel zu fördern, ist die Kupplerin bereit, jeden Betrug zu begehen, jede Maske (auch die des Steinernen Gastes) aufzusetzen. Das hier dargestellte Bordell kommt Jean Genets Vision in *Le Balcon* viel näher als dem romantischen Begriff des ›Freudenhauses‹, der in der bürgerlichen Vorstellungswelt vorgezogen wird. Laut Celestina steht ihr Haus unter dem Schutz der Regierung, weil es den schädlichen Einfluß der Belletristik bekämpft. Es gehört zur durchgehaltenen Ironie dieses Stückes aber, daß Celestinas Freudenhaus-Begriff selbst belletristisch wirkt. Das Bordell bedeutet also keineswegs Befreiung von alltäglicher, sexueller Verdrängung, sondern die Verdinglichung geschlechtlicher Beziehungen, die endgültige Korrumpierung der Mann-Frau-Bindung. Daß dies doch nicht die letzte Wahrheit über das Leben ist, dafür bürgen Don Juan sowie Miranda selbst – die einzigen Menschen in diesem Stücke, die über die Marionettenwelt von Sevilla hinauszugehen trachten.[13]

Klar aufgezeigt ist jedoch die sterilisierende Macht dieser Marionetten, indem sie Don Juan schrittweise umzingeln. Eine ganze Reihe Namen werden ihm aufgezwungen, um ihn in dem konventionellen Denksystem der Gesellschaft festzuhalten: Bräutigam, Ritter, Held, dann später, Verführer, Schänder, Mörder.[14] Schlagartig stellen sich die Adligen von Sevilla auf die Gefahr ein, die Don Juans Non-Konformismus heraufbeschwört, eine Exzentrizität, die das ganze mechanistische Gesellschaftsspiel bloßzustellen droht.[15] Jemand, der einmal klar einsieht (wie beispielsweise Anatol Stiller es tut), daß die Gesellschaft ihm nur ein bedingtes Rollenspiel anbieten kann, muß entweder kapitulieren oder aufbegehren. Falls er rebelliert, bleibt die einzige Frage übrig: Kann er die ungeheuren, aus seiner Einsicht in die Absurdität der Welt resultierenden Spannungen aushalten und so mit Würde seine Selbständigkeit bewahren?[16] Wie Anatol Stiller kann auch Don Juan leider keinen »festen Punkt« im Wirbel immer bedrohlicherer Rollenerwartungen ausfindig machen.[17] So findet er sich plötzlich vor den Abgrund einer Identitätskrise gestellt, den die beglückende Gewißheit etwa der ›Geometrie‹ keineswegs überbrücken kann. Gerade diese Krise und ihre komplexe Beschaffenheit machen den thematischen Kern eines Stückes aus, das zur Entmythologisierung der Don-Juan-Legende selbst führt.

III

In einer solchen Maskengesellschaft kann es nicht wundernehmen, daß ein sensibles Individuum sich ohne Halt fühlen müßte. Soziale Einrichtungen und Gebräuche, die eine zwischenmenschliche Dynamik möglich machen sollten, sind in Frischs Sevilla zu einem tödlichen Mummenschanz entartet, der die Wahrheit verhöhnt und die Spontaneität zunichte macht. Dies zeigt paradoxerweise der Umstand, daß mitten im Maskenfest nur Braut und Bräutigam vorübergehend maskenfrei umherwandeln dürfen. Diese Freiheit stellt jedoch keine echte Basis für menschliche Beziehungen dar; vielmehr gilt die Sitte als leerer Gesellschaftsritus, als ironische Vorbereitung auf den unvermeidlichen Augenblick, in dem das jeweilige Paar im Gewebe sozialer Verlogenheit endgültig eingesponnen wird. Am Anfang ist Don Juans Aufbruch deshalb sowohl zu verstehen als auch zu loben. Statt die angebotene Rolle zu akzeptieren, wählt er mit heldenhafter Kraft eben »das Abenteuer der Wahrhaftigkeit«.[18] In diesem Sinne paßt Frischs Held auf Ortega y Gassets Vorstellung von dem legendären Don Juan:

Er ist das gewaltige Sinnbild einer tragischen Möglichkeit, die wir alle, mehr oder weniger entwickelt, in uns tragen: ich meine den Argwohn, daß unsere Ideale mangelhaft und unvollkommen sein könnten.[19]

Gewiß, hier ist der Ansatzpunkt für Frischs reflektierten Don Juan, der auf einmal die Abgründigkeit *seines* Hauptideals – der Liebe – zu erahnen beginnt. Vor allem in der Beziehung zur Frau nämlich fühlt sich dieser Don Juan als ein »Gefährdeter«, der eben darum »zum Radikalen« neigt (*Nachträgliches*, III 169). Gerade durch die Radikalisierung seiner Auflehnung versagt Don Juan jedoch in seinem großen »Abenteuer der Wahrhaftigkeit«. Durch die Entdeckung der völligen Austauschbarkeit der sexuellen Liebe zutiefst schockiert, oder vielmehr da er sich von dem Tierisch-Gattungshaften der Mann-Frau-Bindung im Innersten bedroht fühlt, das seinen höchst individualistischen, ja im Grunde romantischen Liebesbegriff widerlegt, stürzt er sich fluchtartig in das andere Extrem der Abstraktion: die ›Geometrie‹.[20] So nimmt Don Juan die großen Ideale des klassischen Humanismus – Maß, Ordnung, Klarheit – und versetzt sie einseitigerweise in eine total abstrakte Wissenschaft, die ihm zur Verdrängung eines wesentlichen Teils seiner Identität verhelfen soll, d. h. zur Abstumpfung seines Gefühlslebens schlechthin.[21]

Erschrocken über die geistige und emotionelle Leere des sozialen Rollensystems, in das ihn Sevilla hineindrängen will, flieht Don Juan ironischerweise direkt in die Sterilität des Solipsismus, d. h. in die illusorische Welt der Selbstgenügsamkeit. Seine Liebe zur Geometrie, so glaubt er, wird ihn von dem dunklen Labyrinth der »sinnlichen Genialität« erlösen, die er tief befürchtet und die er als existentiellen Fluch und Ursprung der allumfassenden Sinnestäuschung empfindet.[22] Sein verzweifelter Entschluß versetzt ihn statt dessen in die Einöde der Langeweile, verleiht ihm obendrein eine bloß negative Identität: die des melancholischen Ästhetikers, den Kierkegaard seinerzeit so treffend beschrieben hatte.[23] Don Juan weigert sich mit verstockter Konsequenz, die *Totalität* seines Wesens anzunehmen, verkennt deshalb die Tatsache, daß die wahre Identität gar nicht eindeutig, unabhängig und unantastbar bleiben kann, sondern sich durch das dynamische Auskundschaften der ihr zufallenden Möglichkeiten immer weiterentwickeln muß.

Don Juans persönliche Krise, die die eigentliche Handlung des Stückes auslöst, ereignet sich an der Zisterne (III 104), wo er ins schwarze Wasser hinabschaut und statt der klar widergespiegelten Bestätigung seiner Identität ein anonymes Wasserbild erblickt. Dieses Erlebnis bezieht er sofort auf seine permanente Angst vor dem Verlust seines Ichs in einer Liebesbeziehung. Genau wie der triebhafte Schrei des Pfaus die »Nacht des Erkennens« ständig unterbricht und sie durch dessen blinden sexuellen Instinkt ironisiert, so faßt nun Don Juan den Zufall, daß das im nächtlichen Park namenlos geliebte Mädchen tatsächlich seine Braut Anna ist, verbittert-ironisch auf als die klare Bestätigung der Zufälligkeit und Austauschbarkeit jeder Paarung. Hierin wurzelt Don Juans Identitätskrise: Er reduziert die Mann-Frau-Bindung auf ihre physiologisch-triebhafte Dimension, teils aus Angst vor der abgründigen Kompliziertheit der eigenen Gefühle, teils aus dem Grund, daß er nur diese Dimension und sonst nichts in den zwischenmenschlichen Beziehungen in Sevilla wahrgenommen hat. Indem er aber die Anonymität des geschlechtlichen Triebs mit der Liebe selbst verwechselt, anstatt diese als eine dem Menschen permanent gestellte Aufgabe und ein nur mit größter Demut erreichbares Ziel zu begreifen, indem er also Gefühl mit tierischem Instinkt gleichsetzt, spricht er jenem schlechthin seine Hauptfunktion ab: die Unterstützung des Erkenntnisprozesses.[24] Es hat schwere Folgen für ihn, daß er Selbstlosigkeit, den wahren Zustand der Liebe, mit Verlust des Selbst verwechselt. Da er die berechtigten Ansprüche des Dus einfach abstreitet, kapselt er sich in eine selbst konstruierte Welt ein und schließt sich konsequent von jeder menschlichen Beziehung aus, die ihm allein zur Feststellung einer lebensfähigen, schöpferischen Identität hätte verhelfen können.

Durch seinen egozentrischen Drang, total männlich, unabhängig und selbstgenügsam zu leben, verfällt Don Juan zwangsläufig in die Rolle, die Sevilla für ihren abtrünnigen Sohn schon bereithält: eben die des gefühllosen Verführers und Gotteslästerers. Denn es ist klar, daß Don Juans Aufbegehren gegen eine korrupte Gesellschaft sich von vornherein zur Rebellion gegen die Natur selbst entartet hat. Die absoluten Kategorien, die er in der Geometrie zu finden glaubt, kommen nämlich in der Natur nicht vor. Der Relativismus, der ihm als Verstandesmenschen höchst problematisch wird, gehört zur Gesetzmäßigkeit der Natur. Diesen Dualismus vermag Don Juan nicht aufzuheben. Da er das Erotisch-Gattungshafte mit einer individuellbezogenen Liebe nicht in absoluten Einklang bringen kann, flieht er vor jeder persönlichen Bindung. Dafür stellt er den verwegenen Versuch an, als Narziß weiterzuleben. Don Juans tiefes Selbstmißverständnis verrät sich aber hier am klarsten. Da die Geschlechtsliebe auf den physiologischen Determinismus allzuleicht reduziert werden kann und da der Geist wohl keineswegs so souverän in der Liebeserkenntnis wirkt, wie man es sich gerne vorstellen möchte, folgert Don Juan falsch daraus, daß die menschliche Liebe an sich völlig unmöglich ist. Zu diesem Problem hat sich Erich Fromm in einem Buch geäußert, das schon ein Jahrzehnt vor Frischs Stück erschien:

Die Liebe ist eine leidenschaftliche Bejahung eines Objekts; es ist kein ›Ergebnis‹, sondern ein aktives Streben und eine innere Verwandtschaft, deren Ziel das Glück, die Entwicklung und die Freiheit ihres Objekts ist.[25]

Die romantische Forderung nach Exklusivität, so argumentiert Fromm, stellt eine Art psychologische Krankheit dar:

> Die Art von Liebe, die nur in bezug auf eine einzige Person erlebt werden kann, zeigt dadurch, daß sie doch keine echte Liebe ist, sondern eine sadomasochistische Anhänglichkeit.[26]

Don Juans Entschluß, Anna und Miranda seine Liebe aus dem Grund zu entziehen, daß ihre Austauschbarkeit sein einzigartiges Ich-Gefühl bedroht, weist demnach eine Reaktion auf, die die impulsive Selbstsucht des Narziß verrät. Fromms Untersuchung zeigt aber, daß die Selbstsucht eines Narziß gar nicht identisch ist mit der Selbstliebe, sondern mit deren Gegenteil. Denn gerade wie die Liebe zu einem Menschen die Liebe zur ganzen Menschheit impliziert, so folgt daraus,

> daß mein eigenes Ich prinzipiell genau so sehr Objekt meiner Liebe ist wie jede andere Person. Die Bejahung meines eigenen Lebens, meines Glückes, meiner Entwicklung und meiner Freiheit wurzelt im Vorhandensein einer grundsätzlichen Bereitwilligkeit und Fähigkeit zu einer solchen Bejahung. Wenn ein Individuum diese Bereitwilligkeit aufweist, besitzt er sie auch sich selbst gegenüber [...] Die Selbstsucht rührt von diesem Mangel an Selbstliebe her. Der Mensch, der sich selbst nicht mag, der sich selbst nicht billigt, hat dauernd Angst vor sich selbst. Er besitzt die innere Sicherheit nicht, die nur auf genuiner Liebe und Bejahung beruht.[27]

Dies ist Don Juans Fall. Sein Narzißmus besteht überhaupt nicht in einer Liebe, die er anderen entzogen und auf sich selbst gewendet hätte, wie Frisch selbst nachträglich behauptet, sondern in einer Überkompensation für die fehlende Selbstannahme. Diese sture Verweigerung, sich selbst anzunehmen – »seine wache Angst vor dem Weiblichen in sich selbst« (*Nachträgliches*, III 169) – nährt vor allem seine Unsicherheit vor der Frau und macht es ihm unmöglich, eine dauernde Bindung mit ihr einzugehen. Letzten Endes liebt er weder die Frau noch sich selbst – daher seine oft zynisch anklingende Sehnsucht nach der Utopie, »nach dem Lauteren [...] nach dem Nüchternen, nach dem Genauen« (III 131). Ein solches Begehren nach dem Absoluten mag sich vielleicht heroisch-beeindruckend anhören, aber es verhüllt in Wirklichkeit eine tiefe moralische Feigheit. Der Kern von Rupperts Kritik an diesem reflektierten Don Juan zielt darauf hin, daß Don Juan der Notwendigkeit der Selbstwahl ausweicht, sobald er sich deren bewußt ist. Im wesentlichen wählt er, nicht zu wählen. Dadurch erliegt er im Kierkegaardschen Sinne »der Verzweiflung der Möglichkeit«:

Die Möglichkeit scheint dann dem Selbst größer und immer größer zu sein. Es wird mehr und mehr möglich, weil nichts wirklich wird. Zuletzt ist es, als wäre alles möglich, aber das geschieht gerade, wenn der Abgrund das Selbst verschlungen hat.[28]

Wir befinden uns aber im Theater, und der Abgrund, der Don Juan schließlich verschlingen soll, ist eben ein theatralischer, ja von ihm selbst inszenierter. Als skeptischer Moralist läßt Frisch das Theater das durchprobieren, was das Leben nicht gestattet: ein Spiel mit der Wirklichkeit.[29] Dennoch gehört es zu Frischs Darstellung von Wahrnehmung und Illusion, daß vor diesem *coup de théâtre* ein wirklich anmutender Abgrund vor Don Juans Füßen sich auftut und einen entscheidenden Wendepunkt in seiner Lebensauffassung markiert:

Ich weiß jetzt, warum mich die Zisterne mit meinem Wasserbild erschreckt hat, dieser Spiegel voll lieblicher Himmelsbläue ohne Grund. Sei nicht wißbegierig, Roderigo, wie ich! Wenn wir die Lüge einmal verlassen, die wie eine blanke Oberfläche glänzt, und diese Welt nicht bloß als Spiegel unsres Wunsches sehen, wenn wir es wissen wollen, wer wir sind, ach Roderigo, dann hört unser Sturz nicht mehr auf, und es saust dir in den Ohren, daß du nicht mehr weißt, wo Gott wohnt. Stürze dich nie in deine Seele, Roderigo, oder in irgendeine, sondern bleibe an der blauen Spiegelfläche wie die tanzenden Mücken über dem Wasser – (III 133)[30]

Solch eine klare Einsicht in die Oberflächlichkeit der Welt und deren Ansprüche deutet darauf hin, daß Don Juan wenigstens am Anfang des Stückes im Begriff war, das Marionettendasein von Sevilla zu vermeiden. Da der Vorhang zum vierten Akt aufgeht, sieht man aber, daß Don Juan den tödlichen Bildnissen, die sich Sevilla von ihm gemacht hatte, am Ende doch nicht entkommen ist. Statt dessen hat er sich anscheinend völlig mit der ihm aufgezwungenen Rolle identifiziert. Trotz des Kampfes, zu sich selbst zu kommen, hat er die ganze Motiv-Reihe der tradierten Don-Juan-Figur durchlebt: »Ehen geschändet, Familien zerstört, Töchter verführt, Väter erstochen« (III 149). Jetzt versinnbildlicht der finanzielle Bankrott die geistige und emotionelle Pleite einer Lebensweise, die er bisher als eine Art moralischen Protest verstanden hatte:

Nicht bloß der Damen bin ich müde, ich meine es geistig, ich bin des Frevels müde. Zwölf Jahre eines unwiederholbaren Lebens: vertan in dieser kindischen Herausforderung der blauen Luft, die man Himmel nennt! (III 148).

Weil dieser Don Juan den kulturellen Erwartungen von Sevilla (und vom Publikum!) so leicht zum Opfer gefallen ist, braucht Frisch die zwölfjährige Zeit-Lücke zwischen dem dritten und vierten Akt dramaturgisch nicht auszufüllen: Ein epigonales Leben, wie Anatol Stiller allzu genau wußte, läßt hinter sich keine bemerkenswerte ›Ablagerung‹. Wie sehr Don Juan selbst dem Marionettenhaften verfallen ist, zeigt nun sein Entschluß, sich dem eigenen theatralischen Mythos zu fügen, indem er die herkömmlich spektakuläre Höllenfahrt vortäuscht, wobei Frisch allerdings seine Parodie aufs äußerste zuspitzt.

In dieser gottlosen Gesellschaft ist der Steinerne Gast als Vorbote himmlischer Strafe selbstverständlich überflüssig geworden und darf deshalb durch Celestina völlig in den Mummenschanz einverleibt werden. Seine traditionelle Mahnungsfunktion übernimmt aber Miranda, als Herzogin von Ronda maskiert. Sie hat sich vor allem zu einer nüchternen Einschätzung zwischenmenschlicher Beziehungen durchgerungen; nur sie ist deshalb imstande, Don Juan nicht etwa vor dem metaphysischen, wohl aber vor dem diesseitigen Untergang zu warnen. Miranda bietet ihm eine letzte Möglichkeit an, Reue zu empfinden und seine Missetaten zu büßen. Trotz seiner mutigen Worte in den ersten drei Akten hat die Geometrie Don Juan offensichtlich nicht gerettet. Seine Angst vor der Frau hat dazu geführt, daß er sie zur Episode gemacht hat; die Episode hat aber tatsächlich sein ganzes Leben verzehrt. Für ihn bedeutet die Höllenfahrt den endgültigen Versuch, sich von seiner theatralischen, d. h. inauthentischen Existenz zu befreien. Daß Sevilla diese fadenscheinige Illusion als Wirklichkeit, sogar als göttlichen Beweis von der Gerechtigkeit ihrer Gesellschaftsordnung mit Begeisterung auffaßt, unterstreicht ihre Verderbtheit mit voller Kraft. So kommen die verführten Witwen in lüsterner Erwartung zu Don Juans Haus auf dessen Einladung. Wieder einmal enttäuscht, schimpfen sie sich gegenseitig aus, um ihrer moralinsauren Entrüstung Luft zu machen. Die Maske in dieser Maskenwelt fallenzulassen, wie der ›Bischof‹ es tut, um sich als den betrogenen Ehemann Don Lopez zu entpuppen, gilt nur als weiterer Betrug. So wird die Wahrheit wie im ersten Akt konsequent zu einem

Teilaspekt der allgemeinen Lüge degradiert. In der vollen Zuversicht, daß man ihm nicht glaube, kann Don Juan seine Inszenierung ganz offen als ›Theater‹ verkündigen. Selbst Elvira schweigt, als Celestina zu ihrem Kloster kommt, um ihren Teil an dem Betrug zu gestehen, da sie unbedingt ihre Rolle in der ›Legende‹ behalten will, um die eigene Lebensauffassung nicht revidieren zu müssen. Und Don Lopez wird aus der Stadt verwiesen und schließlich in den Tod getrieben, weil er hartnäckig auf der Wahrheit besteht. Daß Leporello den Akt mit den Worten von Molières Sganarelle schließt, betont gleichzeitig die theatralische Illusion selbst und das gesellschaftliche Bedürfnis, den traditionellen Sündenbock beizubehalten. So wird eine Gesellschaft angeprangert, die sich unfähig gezeigt hat, ihre brüchig gewordenen Grundsätze einer genauen Prüfung zu unterziehen.

Der fünfte Akt von *Don Juan oder Die Liebe zur Geometrie* läßt sich sowohl im Umfang als auch in Bedeutung mit dem Zweiten Teil von *Stiller* vergleichen. In beiden Abschnitten wird das Leben des jeweiligen Helden nach seiner verbitterten Auseinandersetzung mit der Gesellschaft dargestellt. Ein großer Unterschied fällt jedoch auf. Die Mitwirkung von Bekannten und Freunden verhilft Anatol Stiller – wenn auch unabsichtlich – zu einer gewissen Einsicht in die Beschaffenheit seiner Flucht vor sich selbst. Als Zeichen, daß er am Ende doch bereit ist, die Rückkehr zur Gesellschaft zu riskieren, läßt er die Maske von ›Mr. White‹ fallen. Gegenüber Sevilla gibt Don Juan seine überlegene Haltung aber nie auf. Indem er sein eigentümliches Rollenspiel durch einen ›theatralischen‹ Tod einstellt, findet sich Frischs Don Juan gar nicht zur Gesellschaft zurück, sondern läuft zwangsweise in die endgültige Isolierung des Schlosses Ronda. Obwohl die Gesellschaftsanalyse im Roman natürlich viel differenzierter vorgenommen wird als in der Komödie, kann in dieser Hinsicht ein Vergleich zwischen Don Juans Rückzug und Stillers ›innerer Emigration‹ nach Glion angestellt werden. Gewissermaßen endet die Geschichte dieses Don Juan gerade dort, wo Anatol Stiller *seine* begann: als *tabula rasa* im Gefängnis. Die Atmosphäre dieses Ronda-Gefängnisses – der Name des Schlosses ist selbst vielsagend – ist vor allem mit bitterer Ironie geladen. Nur der leichtlebige Pater Diego, der bezeichnenderweise zum Bischof avanciert ist, empfindet die Naturschönheiten von Ronda als »ein Paradies« (III 161). Das ›Urpaar‹ in diesem Eden ist aber eine ganze Welt vom Rousseauschen Paradies entfernt, von biblischen Zuständen ganz zu schweigen. Statt dessen stellt Frisch einen desillusionierten Melancholiker und eine erkenntnisreiche Hure dar: die paradoxe Bindung von Sterilität und Prostitution.[31]

Es ist also sofort klar, daß es Don Juan nach der geglückten Höllenfahrt noch immer nicht gelungen ist, sich in die erwünschte Einsamkeit einer Klause im Männerkloster zurückzuziehen. Wie vorher hat die Geometrie sich offensichtlich als kein tauglicher Ersatz für menschliche Beziehungen erwiesen. Denn trotz seines noch lebhaften Unwillens gegen die Schöpfung, die die Menschheit in Mann und Weib gespalten hat, hat Don Juan selbst doch auch die Grenzen der nüchternen Logik einsehen müssen: Das Rätsel der »vierten Dimension« hat unweigerlich dafür gesorgt, daß dieses »Paradies« in sich einen Teufelskreis verbirgt:

Welche Ungeheuerlichkeit, daß der Mensch allein nicht das Ganze ist! Und je größer seine Sehnsucht ist, ein Ganzes zu sein, um so verfluchter steht er da, bis zum Verbluten ausgesetzt dem andern Geschlecht. Womit hat man das verdient? Und dabei habe ich dankbar zu sein, ich weiß. Ich habe nur die Wahl, tot zu sein oder hier. Dankbar für dieses Gefängnis in paradiesischen Gärten! (III 164)

Das Fazit ist doch bitter: Es ist Don Juan tatsächlich gelungen, aus seiner Sevilla-Rolle zu fallen, aber nicht in der »Hölle der Ehe« ist er gelandet – eine Vorstellung, die selbst der Bischof als »eine Platitüde« (III 166) abtut –, sondern in einer subtileren Form des *Purgatoriums*. Jeder Beweis, daß Don Juan sich diesem profanen Fegefeuer zu unterziehen bereit wäre, bleibt jedoch aus. Die Ehe mit Miranda, die etwa die Vorstufe zu einem irdischen Paradies hätte bilden können, läßt sich vielmehr in diesem geräumigen, zutreffend genannten Schloß Ronda als eine vernünftige Anpassung an die Alltagsroutine bezeichnen.[32]

Don Juans »Abenteuer der Wahrhaftigkeit« hat also in die Sackgasse geführt. Der überwältigenden Schwermut, den die gesellschaftliche Misere sowie sein eigenes selbstironisierendes Rollenspiel mitverursacht haben, ist Don Juan letzten Endes nicht entkommen. Die Einkerkerung in Ronda hat seine Melancholie ja nur verstärkt. Laut Frisch ist diese eine unvermeidliche Begleiterscheinung des Verlangens nach dem Unbedingten, sobald erkannt wird, daß das Absolute nicht zu finden ist (*Nachträgliches*, III 173 f.). In viel höherem Grade ist Don Juans Langeweile aber auf seine ständige Verweigerung, sich selbst anzunehmen, zurückzuführen. Da er sich selbst nicht annimmt, kann er Mirandas Liebe unmöglich verstehen. Er fährt also weiter fort, nach einem rein mechanistischen Modell der menschlichen Natur zu denken und zu handeln.

Beide Partner finden sich vor das Problem gestellt, wie sie nun mit dem bisherigen deformierten Lebenswandel fertig werden können. Bei Miranda gibt es deutliche Zeichen, daß sie aus ihren Erfahrungen die Konsequenzen gezogen hat, seitdem sie nach einer brillanten Karriere in den Ruhestand getreten ist, und daß sie romantische Ideale aufgegeben hat:

Mag sein, ich liebe dich noch immer, doch soll es dich nicht erschrecken; ich habe erfahren, daß ich dich nicht brauche, Juan, und das vor allem ist es, was ich dir biete; ich bin die Frau, die frei ist vom Wahn, ohne dich nicht leben zu können (III 145).

So faßt Miranda ihre Schwangerschaft ja als einen neuen Anfang auf. Don Juans Reaktion auf diese Nachricht ist dagegen die selbstverräterisch-lakonische Bemerkung: »Wir sind soweit.« In diesen zweideutigen Worten – sie könnten entweder an den Diener oder an Miranda gerichtet werden – findet sich keine Spur von Kreativitätslust, kein Schimmer jenes »wirklichen Lebens«, zu dem in Kierkegaardschem Sinne nur die ständig zu leistende Selbstannahme führen könnte. Frisch läßt sein Stück in einer Atmosphäre ausklingen, in der lebenswichtige Grundtriebe durch bürgerliche Konventionen gezähmt und verharmlost werden: »Mahlzeit«. So bleibt der Schluß von *Don Juan oder Die Liebe zur Geometrie* typisch offen. Die Möglichkeiten gleichen sich eleganterweise aus: Kierkegaards ästhetischer Mensch wird in seiner ganzen Melancholie mit der existentiellen Wahrheit konfrontiert, d. h. mit der Kontinuität des Lebens und seiner Verantwortung dafür. Ob Don Juan diese Herausforderung durch eine Bejahung der Existenz annimmt und so den entscheidenden Schritt zum moralischen Niveau macht, bleibt jedoch eine rein spekulative Frage.[33]

IV

Ein verblüffender Aspekt von Max Frischs Werk – vor allem seit dem *Tagebuch 1946–1949* – ist die wiederholte Thematisierung einer tiefempfundenen Kulturkrise. In einer Reihe von Stücken, Romanen und Aufsätzen verleiht Frisch seinem Argwohn Ausdruck, daß die Kultur zu einem faden Lebensersatz hinabgesunken ist.³⁴ Insbesondere scheint er manchmal davon überzeugt, daß der Literatur ihre kulturtragende Vermittlungsrolle abhanden gekommen ist: Sie führt den Menschen weder zur Selbsterkenntnis noch zur Einsicht in sein Verhältnis zu seiner Umwelt.³⁵ Mit *Don Juan oder Die Liebe zur Geometrie* gelingt Frisch trotzdem eine gewaltig-witzige *tour de force*, indem er Don Juans Kampf gegen seine überlieferte literarische Fixierung zum eigentlichen Gegenstand seines Stückes macht. Wie in *Stiller* zeigt Frisch mit verschärfter Ironie, daß Gesellschaft und Individuum ihr Selbstverständnis nicht mehr aus einer dynamischen Interaktion, sondern aus einem erstarrten Denk- und Erlebnismuster schöpfen. Demnach scheuen die Menschen vor den Anstrengungen anspruchsvoller Beziehungen zurück; sie machen sich lieber Bildnisse voneinander, die sie dann hartnäckig und oft unter schweren Opfern zu verteidigen haben. Zu einer trüben Quelle solcher tödlichen Bildnisse kann unter Umständen auch noch die institutionalisierte Literatur-Tradition selbst verkommen. In diesem Sinne scheint Frisch schon Platons Vorbehalte gegen die Kunst und die Künstler zu teilen. Dennoch beansprucht Frisch eben für das Theater, gegen das Platon seinerzeit besonders scharf polemisiert hatte, eine geradezu aufklärerische Rolle; die Bühne sollte grundsätzlich der Ort sein, wo moralische Feigheit und Mangel an menschlicher Verantwortung bloßgestellt und am unerbittlichsten angeprangert werden können. Dazu muß der Bühnenautor aber die naturalistische Illusion auflösen:

Das Theater ist eine Lästerung, wenn es nicht Theater bleibt. Das Spiel offenbart sich als der einzig mögliche Ausdruck eines reinen Ernstes, als Ausdruck unseres Bewußtseins, daß alles, was die Bühne geben kann, bestenfalls ein Vergleich ist, ein Zeichen, das Zeichen bleibt.³⁶

Von diesem Standpunkt aus läßt sich Frischs Einfall verstehen, eine Don-Juan-Figur zu kreieren, die sich gegen die eigene Theater-Existenz auflehnt. Denn eine Figur, die sich unter Marionetten, die ihr theatralisches Treiben todernst nehmen, des Rollenhaften des eigenen Daseins kritisch bewußt ist, übt im Theater eine ganz besondere Anziehungskraft aus. Das ständig ironische Widerspiel von Wahrnehmung und Illusion erlaubt dem Zuschauer den Widerspruch zwischen Einfühlung und Verfremdung völlig auszukosten. Zur gleichen Zeit exemplifiziert die theatralische Parodie die überwältigende Macht der sozialen Determination:

Ein Mann, der die Masken seiner Mitmenschen durchschaut, fällt der gleichen gesellschaftlichen Leere, die er kritisieren will, selbst zum Opfer. Frischs Entmythologisierung des überlieferten Don-Juan-Typus ersetzt diesen durch einen Verzweifelten, der der verlogenen ›Tradition‹ zu entrinnen versucht. Er vermag aber nur sehr vage den Weg zur Wahrheit und zu einer humaneren Tradition vorzuskizzieren. Durch die übermäßigen Anforderungen, die Don Juan an sich und an die Liebe stellt, läßt Frisch durchblicken, wie sehr die Vorstellungswelt seines Helden von belletristischen Voraussetzungen mitbestimmt wird. Da seine persönliche Entwicklung auch noch zum Teil durch die brüchige Kultur der Sevilla-Gesellschaft bedingt wird, ist Don Juan nicht imstande, sich eine ausgeglichene Auffassung der menschlichen Natur anzueignen: »Er kommt sich als ein Stück Natur vor, blind, lächerlich, vom Himmel verhöhnt als Geistperson« (*Nachträgliches*, III 170). So erlebt das Publikum in der relativen Sicherheit des Parketts einen legendären Helden, der seine literarischen Ketten abzuwerfen versucht und dabei einer höchst destruktiven Einseitigkeit verfällt. Auf diese Weise kommt ein faszinierendes Paradoxon zustande: Frisch gelingt ein hochliterarisches Theaterstück, das vor einem Literaturbetrieb warnt, der das Leben einschränkt, anstatt Modelle der Freiheit vorzuspielen. Im wesentlichen schreibt Max Frisch also sowohl in der Tradition als auch gegen sie. In diesem Sinne bewahrt er die eigene Kunst vor dem Abgrund des Ästhetizismus und verleiht ihr wieder eine spezifisch moralische Funktion.

Trotz aller Skepsis erweist sich Max Frisch schließlich als Moralist – eben einer, der traditionsbewußt das Theater als moralische Anstalt verficht. Der Entmythologisierungsprozeß zeigt klar auf, wie erschreckend leicht verstockte Denk- und Lebensmuster entstehen können und wie ungeheuer schwierig es ist, daraus auszubrechen. Frischs *Don Juan oder Die Liebe zur Geometrie* richtet sich auf ein doppeltes Ziel: Einerseits warnt es vor jeder festgefahrenen Lebensweise, andrerseits stellt es ein dringendes Plädoyer für die Wiederherstellung der Dialektik zwischen Individuum und Gesellschaft dar, ohne die beide zu sittlicher Deformation und erstickender Stasis verdammt bleiben müssen.

Originalbeitrag.

Anmerkungen

1 Vgl. Frischs Bemerkung in seinem *Tagebuch 1946–1949*: »Kultur als moralische Schizophrenie ist in unserem Jahrhundert eigentlich die landläufige« (II 629). Siehe auch den Aufsatz *Kultur als Alibi*, II 341.
2 Vgl. den Schluß des oben benannten Aufsatzes: »Das Gefühl, daß wir geistig in der Luft hängen, ist ein schreckliches Gefühl. Vielleicht aber [...] ist unsere letztmögliche Rettung der Schrecken: aus einer Sicherheit heraus, die, wie ich fürchte, unserem Jahrhundert nicht standhalten wird« (II 343).
3 Direkt vor dem Tagebuch-Abschnitt, in dem Kultur als »moralische Schizophrenie« bezeichnet wird, erscheint tatsächlich die erste kurze Anekdote über Don Juan in Frischs Werk – siehe »Arabeske«, II 628.
4 Frisch behauptet selbst, daß er sein Don-Juan-Stück schrieb, »ohne einen einzigen Vorgänger zu kennen. Die Figur des Don Juan war mir aus allgemeinem Wissen bekannt. Sogar Mozarts Oper hörte ich erst später. Und auch die literarischen Vorbilder, den Don Juan des Tirso de Molina, des Molière, las ich erst später« (zitiert in III 862). Tatsache ist jedoch, daß Frisch nicht nur Zorillas *Don Juan Tenorio* (1844) und Grabbes *Don Juan und Faust* (1829) schon gekannt hatte, sondern auch Shaws *Man and Superman* (1903) (Angaben ebd.). Shaws tiefgreifender Bearbeitung des Don-Juan-Stoffs, die er schon 1935 in Zürich sah, scheint Frisch besonders viel zu verdanken. Shaws Thematisierung des bedrohlichen ›Weiblichen Prinzips‹ war ja zur Zeit der Frauenrechtlerinnen brennend aktuell. Der Einfluß von Shaw deutet wieder einmal darauf hin, wie eng Frischs Beziehung zur Literatur der Jahrhundertwende ist. Darauf ist wohl auch zurückzuführen, daß die Problematik von *Don Juan oder Die Liebe zur Geometrie* manchmal etwas überholt wirkt.
5 Die Schwäche von Peter Rupperts sonst ausgezeichneter existentialistischer Interpretation liegt darin, daß er die individuelle Freiheit zu stark betont und die Macht der Gesellschaft zu wenig in Betracht zieht. Andererseits übertreibt Hans Gerd Rötzer, indem er behauptet: »Don Juan spielt sich nicht selbst, sondern eine ihm oktroyierte Rolle.« (S. 254) Die Wahrheit ist kaum so einfach: Das Ineinandergreifen sozialer Deformation und persönlicher Schwäche stellt den Schlüssel zur Motivierung von Frischs Helden dar.
6 Der Zusammenhang zwischen Don Juan und Anatol Stiller ist oft bemerkt worden, die Ähnlichkeit in der Struktur der beiden Werke dagegen meistens nicht. Es fällt jedoch auf, daß Stillers »Aufzeichnungen im Gefängnis« den ersten vier Akten des Stückes entsprechen, da sie sich auch mit der sozialen Determinierung des Individuums befassen und seine ›geistigen‹ Fluchtversuche aus dem Rollenhaften dokumentieren. Stillers endgültigem Rückzug mit Julika nach Glion entspricht Don

Juans Zuflucht mit Miranda zum Schloß Ronda im fünften Akt – wenigstens äußerlich.
7 Informationen hierzu, siehe III 862 und 865.
8 Vgl. *Dramaturgisches. Ein Briefwechsel mit Walter Höllerer* (Berlin: Colloquium 1969), S. 18. Siehe auch Frischs Aufsatz *Illusion zweiten Grades* (V 477).
9 Vgl. die falsche Auslegung von Stillers Benehmen am Tajo im spanischen Bürgerkrieg. Seine Feigheit wurde von seinen Freunden als Sieg des Humanismus über die Ideologie aufgefaßt, was Stiller selbst aber »als Anfang aller Übel, als Fluch, als Unstern« (III 492) charakterisiert.
10 *Nachträgliches zu Don Juan* (III 170).
11 Wie zum Beispiel Peter Gontrum es tut: »The world of the brothel is free of the world's sentimentality and false feelings« (S. 118). Siehe auch Robert Matthews: »In the bordello the dramatis personae of Seville may step out of their various roles« (S. 744).
12 Den dramatischen Zusammenhang, den Gontrum und Matthews außer acht lassen, stellt allerdings Celestinas Züchtigung von Miranda dar. Indem diese sich in einen Kunden verliebt, verstößt sie gegen die allerwichtigste Anordnung des Hauses: Miranda gefährdet den Profit.
13 Die komödienhafte Atmosphäre dieses Sevilla erlaubt Frisch, Don Juans Mordtaten als reine Farce darzustellen. Im Falle Anna unterstreicht das Ophelia-Motiv gerade das Epigonale im Sevilla-Leben und vermeidet so jedes Abgleiten ins Tragische.
14 Vgl. Matthews, S. 744 f. Die entstellende Macht der Namengebung ist ein wesentlicher Aspekt von Frischs ›Bildnis‹-Thematik. Der tödlichste Name der jüngsten Geschichte Deutschlands war ›Jude‹. Vgl. Andris schmerzvollen Schrei in *Andorra*: »Ich habe gejauchzt, die Sonne schien grün in den Bäumen, ich habe meinen Namen in die Lüfte geworfen wie eine Mütze, die niemand gehört wenn nicht mir, und herunter fällt ein Stein, der mich tötet« (IV 527).
15 Vgl. Rötzer, S. 255.
16 Den psychologisierenden Interpretationen der Don-Juan-Figur im neunzehnten Jahrhundert folgend, betrachtet ihn Albert Camus als Verkörperung von ›l'homme absurde‹, als eine Art intellektuellen Meursault, der sich hartnäckig weigert, die Ausflüchte einer verlogenen Gesellschaft gutzuheißen. Der Schlüssel zu Camus Don Juan liegt in dessen ›sisyphusschem‹ Streben nach dem Wissen – vgl. i. d. B. S. 186 ff.
17 Vgl. Stillers Bemerkung: »Man müßte imstande sein, ohne Trotz durch ihre Verwechslung hindurchzugehen, eine Rolle spielend, ohne daß ich mich selber je damit verwechsle, dazu müßte ich einen festen Punkt haben« (III 590).
18 Don Juans Verzweiflung in *Die Chinesische Mauer* darüber, daß es keine verheißungsvolle *terra incognita* mehr gebe, erwidert der Weltforscher Columbus: »Auch euch, mein junger Mann, verbleiben noch

immer die Kontinente der eigenen Seele, das Abenteuer der Wahrhaftigkeit. Nie sah ich andere Räume der Hoffnung« (II 184).

19 In: Brigitte Wittmann (Hg.), *Don Juan. Darstellung und Deutung* (Darmstadt: Wiss. Buchges. 1976), S. 12 f. Frisch faßt seine Don-Juan-Figur als einen Intellektuellen im Sinne Ortega y Gassets auf: »Die Welt, die der Intellektuelle antrifft, scheint ihm nur dazu da zu sein, damit sie in Frage gestellt werde. Die Dinge an sich genügen ihm nicht. Er macht ein Problem aus ihnen.« (Zitiert in *Nachträgliches*, III 168.)

20 Das Stück heißt *Don Juan ODER Die Liebe zur Geometrie*, was die wesentliche Zwiespältigkeit des Helden unterstreicht. Notwendig wäre dagegen eine Vermittlung zwischen den beiden Extremen, eine Wiederherstellung der fehlenden Dialektik also. Diese Aufgabe übernimmt Don Juan nie.

21 Vgl. Ruppert, S. 238: »Behind the sensuousness, the ›erotic genius‹ of Don Juan, is abstraction, the desire to be abstracted out of the ambiguity and complexity of ordinary human consciousness.«

22 Das Echo von Niolaus Lenaus Don Juan ist nicht zu überhören:
>Dies ist der Sinnenlüge Fluch:
>Verwechseln, täuschen und berücken
>Und selbst gesetzliches Entzücken
>Der Eh' ist doch ein Ehebruch.
>*Don Juan. Ein dramatisches Gedicht*, Zeilen 669–672

23 Siehe die Auseinandersetzung in *Entweder/Oder*, das auch eine faszinierende Analyse von Mozarts *Don Giovanni* enthält.

24 Vgl. Don Juans Bemerkungen an Roderigo: »Ich bin jetzt nicht in der Verfassung, Gefühle zu haben« (III 129) und »Mir graust vor dem Sumpf unserer Stimmungen« (III 131). Der Staatsanwalt Rolf warnt seinen Freund Stiller gerade vor dieser lähmenden Einseitigkeit, indem er ihm die Geschichte des fleischfarbenen Pakets erzählt.

25 *Fear of Freedom* (1942) (London: Kegan Paul ³1963), S. 98 (Übersetzung des Verfassers).

26 A. a. O., S. 99.

27 A. a. O., S. 99 f. Hier läßt Fromm allerdings das christliche Gebot der Nächstenliebe völlig gelten. Frisch akzeptiert selbst die konventionell oberflächliche Auffassung des Narzißmus, indem er schreibt: »Don Juan ist ein Narziß, kein Zweifel; im Grunde liebt er nur sich selbst« (*Nachträgliches*, S. 169). Peter Horn ist einer der wenigen Kritiker, der Fromms subtilerer Einsicht nahekommt: »Don Juan bleibt nicht nur ohne Du – Don Juan bleibt ohne Ich. Denn ohne Anerkennung des ›Sinns‹, der individuellen Motivationen seiner Taten durch die Gesellschaft, fehlt ihm jede Bestätigung dieses Ichs.« (S. 131)

28 *Krankheit zum Tode, Gesammelte Werke*, Bd. 8 (Jena: Diederichs 1911), S. 33. (Zitiert in englischer Übersetzung in: Ruppert, S. 243.)

29 Vgl. Frischs Behauptung: »Die einzige Realität auf der Bühne besteht darin, daß auf der Bühne gespielt wird. Spiel gestattet, was das Leben nicht gestattet [...], daß wir die entsetzliche Kontinuität der Zeit aufheben.« (*Dramaturgisches*, S. 16)

30 Das Erlebnis des ›Spiegelsturzes‹ wird von Wolf Marchand als Grunderfahrung aller Helden Frischs betrachtet (»*Mein Name sei Gantenbein*«, in: *Zeitschrift für deutsche Philologie* 87 [1968], S. 517). Der Spiegel ist allerdings das vorherrschende Motiv des *Gantenbein*-Romans.

31 Vgl. Jurgensen, S. 44 f. In seinem Aufsatz *Spanien – Im ersten Eindruck* hatte Frisch die verzaubernde Schönheit der Alhambra dagegen als »eine Heirat zwischen Algebra und Sinnenlust« gelobt (III 192; i. d. B. S. 204).

32 Diese Art von bürgerlicher Ehe wurde zunächst in *Die Schwierigen* durch Yvonne und Hauswirt verkörpert, später in der Rolf-Sibylle-Bindung in *Stiller* tiefer konzipiert. Adelheid Weise überhört die durchgehende Ironie dieser Ronda-›Partnerschaft‹, indem sie behauptet: »Die Liebe überwindet die Entfremdung, weil sie die Wesenshälften Geist und Natur in der Wahl zweier selbstverantwortlicher Partner vereint.« (S. 85) Manfred Durzak kommt zu demselben optimistischen Ergebnis: »Die Zufälligkeit der Liebe wird offensichtlich auf positive Weise in der Ehe eliminiert.« (S. 205)

33 Vgl. Frischs Behauptung: »Indem er Vater wird – indem er es annimmt, Vater zu sein – ist er nicht mehr Don Juan. Das ist seine Kapitulation, seine erste Bewegung zur Reife.« (*Nachträgliches*, III 171) Gerade diese Annahme bleibt aber im Stück aus.

34 Vgl. Frischs Aufsatz *Vom Umgang mit dem Einfall* (1956): »Es bleibt immer noch die Frage, was wir von der Kunst erhoffen: Ersatz des Lebens oder Durchsicht des Lebens« (III 357). Diese Thematik greift Frisch vor allem durch die Figur des Clochard in seinem bisher letzten Stück *Triptychon* (1978) wieder auf.

35 Dieses Malaise wird am klarsten in *Stiller* ausgedrückt: »Wir leben in einem Zeitalter der Reproduktion. Das allermeiste in unserem persönlichen Weltbild haben wir nie mit eigenen Augen erfahren, genauer: wohl mit eigenen Augen, doch nicht an Ort und Stelle; wir sind Fernseher, Fernhörer, Fernwisser« (III 535). Laut Stiller erlebt jeder durch Angelesenes »in lauter Plagiaten« (III 536). Ein ähnlicher, wenn auch zugespitzter Gedanke wird in den Mund von Don Juan in *Die Chinesische Mauer* gelegt: »Ich komme aus der Hölle der Literatur« (II 153) – allerdings erst in der zweiten Fassung von 1955. Die Aussage ist daher als Kommentar zum *Don-Juan*-Stück, nicht als dessen Vorwegnahme, wie in der Sekundärliteratur beharrlich behauptet wird, aufzufassen.

36 *Theater ohne Illusion* (II 335).

Eduard Schaefer

Don Juan in der Schule

Literaturdidaktische Überlegungen zu Max Frischs Komödie

Dem Don Juan in den Jahresberichten preußischer und bayerischer Gymnasien zwischen 1850 und 1900 nirgends zu begegnen, ist nicht verwunderlich.[1] Diese Zurückhaltung ist von den Verantwortlichen für den Lektürekanon deutscher Gymnasien im 20. Jahrhundert beibehalten worden. Ein Grund liegt nahe: bis zu Max Frischs »Denk- und Bewußtseinsspiel«[2] über *Don Juan oder Die Liebe zur Geometrie* (1953/1961)[3] hat es keinen literarischen Gestaltungsversuch in deutscher Sprache gegeben, dessen thematische Konzeption und poetische Umsetzung das anregende Vorbild angemessener und selbständiger weitergeführt hätte. Für einen am Bestand der nationalen Dichtung ausgerichteten Literaturunterricht mag zudem der zwingende Anlaß gefehlt haben, sich mit diesem weltliterarischen Archetypus zu befassen. Wenngleich der exemplarische Rückgriff auf Themen und Motive der Weltliteratur für den literarischen Unterricht im 19. und 20. Jahrhundert im Grundsätzlichen unangefochten war, hat der Gesichtspunkt seiner weltliterarischen Geltung nicht ausgereicht, die Don-Juan-Thematik in den Lektürekanon des Deutschunterrichts aufzunehmen.[4] Möglicherweise gilt dies auch für die Literaturpädagogik außerhalb Deutschlands: in der literaturpädagogisch konzipierten Leseliste der *Hundred Great Books* des St. John's College in Annapolis, Maryland, U.S., in der die bedeutendsten Stoffe der Weltliteratur als Leseempfehlung für die Kollegiaten zusammengestellt sind, fehlt ebenfalls jeder Hinweis auf eine der zahlreichen Don-Juan-Fassungen.

Dies ist auch deshalb bemerkenswert, weil alle großen Literaturnationen diesen Stoff aufgenommen und ihrer Denkart und Zeit angeglichen haben. Margret Dietrich hat die ungewöhnliche Breitenwirkung der Don-Juan-Thematik nachgezeichnet und hervorgehoben, daß in der dreihundertjährigen Wirkungsgeschichte dieses Stoffes »der Anteil der Neugestaltungen im 20. Jahrhundert in fast allen Ländern die Hälfte der Versionen ausmacht«; allein für die deutschsprachigen Länder werden für diesen Zeitraum 35 Neufassungen vermerkt.[5]

Um so schwerverständlicher ist die rigide Enthaltsamkeit des Literaturunterrichts gegenüber dem Don Juan, der allenfalls mittelbar über Mörikes *Mozart auf der Reise nach Prag* unterrichtswirksam geworden ist.[6] Allerdings sollte auch nicht übersehen werden, daß das Fehlen einer repräsentativen deutschsprachigen Textversion eine leitbildbezogene Bildungstheorie und Literaturpädagogik vor indizierenden Erörterungen bewahrt hat. Die Enttabuisierung Don Juans (sofern man ein Tabu voraussetzt) ist erst mit Frischs Komödie eingeleitet worden, doch keineswegs ungestüm: im Schuljahr 1961/62 erscheint dieses Werk dreimal in der Gesamtliste der Lektüre auf der Oberstufe hessischer Gymnasien,[7] und 1974 gehört es zum Reifeprüfungsprogramm an den Gymnasien des Saarlandes. Verglichen mit den Häufigkeitswerten anderer literarischer Lerngegenstände ist das nach wie vor unerheblich, auch wenn die Annahme begründet ist, daß diese Komödie in Bundesländern, die keine inhaltlichen Stoffplanentscheidungen vorgeben, vereinzelt Gegenstand von Literaturunterricht gewesen sein dürfte. Mittelbare Rückschlüsse bestätigen den aufgezeigten Befund. Beispielsweise gehen namhafte Literaturgeschichten, die vorwiegend für den Gebrauch an Schulen gedacht sind, auf Frischs *Don Juan* kaum ein; auch die fachdidaktische Literatur hat sich bisher noch nicht mit ihm befaßt.[8] Auf Grund dieser Sachlage kann sich der vorliegende Beitrag weder an Anregungen ausrichten noch sich kritisch mit Vorgaben auseinandersetzen. Er muß um eine Begründung bemüht sein, warum Max Frischs *Don Juan oder Die Liebe zur Geometrie* als Unterrichtslektüre empfohlen werden kann. Solche Empfehlungen sind beim gegenwärtigen Stand der didaktischen Diskussion nicht von lernzieltheoretischen Überlegungen zu abstrahieren. Es wird jedoch davon abgesehen, diese Lernzielerörterung auf der Ebene allgemeiner Lernziele zu führen, weil das Deduktionsproblem nach wie vor ungelöst ist und alle Ableitungen aus angenommenen gesellschaftlichen Situationen und Bedürfnissen nicht über terminologische Leerformeln und Stereotypien hinausführen. Die abschriftweise Anreicherung erziehungswissenschaftlicher und literaturdidaktischer Arbeiten und curricularer Entwürfe um Lernzielkataloge sind für die Feststellung einzelner Lerngegenstände wenig hilfreich. Die allgemeinen Lernziele des Emanzipatorischen, der kritischen Urteilsfähigkeit, der kommunikativen Funktion oder der gesellschaftlichen Bedeutsamkeit lassen sich auf Grund ihrer unbestimmten Offenheit und vieldeutigen Begrifflichkeit an jedem beliebigen Text exemplifizieren; sie konstituieren ihrem lerntheoretischen Rang entsprechend Bildungsziele, schärfen aber weder das Bewußtsein für didaktisch begründete Lernfolgen noch für überprüfbare Lernerfolge.[9]

In seiner Dramendidaktik hat sich Karl Stocker nachdrücklich für die »Notwendigkeit eines lernzielorientierten Vorgehens« im Literaturunterricht ausgesprochen.[10] Der beigegebene Katalog gegenstandsspezifischer Richtziele bestätigt, daß Textauswahlentscheidungen nicht durch katalogisierte Lernziele determiniert werden. Stocker scheint diese Entscheidung primär dem Lehrer zu belassen, erwartet aber von ihm, daß er sie seinen Schülern erläutert.[11] Daher bedürfen die Kriterien, nach denen die Textauswahl erfolgen kann, erhöhter Aufmerksamkeit; sie müssen gleichermaßen für individuelle Lehrer- wie für Curriculumentscheidungen von fachdidaktischen Kommissionen gelten.

Ein Text wird dann günstige Voraussetzungen für einen lernzielorientierten Literaturunterricht erbringen, wenn er

1. repräsentativ ist, d. h. wenn er thematische, kontextuelle, formale oder wirkungsgeschichtliche Qualitäten aufweist, die ideelle, epochale, sortenspezifische oder soziokulturelle Transferleistungen ermöglichen;[12]

2. gegenwartserschließend ist, also jene Bedingung erfüllt, die R. Geißler als »Herausbildung der Zeitgenossenschaft« beschrieben hat,[13] als solche aber die Kategorien der Geschichtlichkeit wie des Zukünftigen mitumfaßt, wenn Zeitgenossenschaft das Bewußtsein für die Bedingtheit des Gegenwärtigen einbegreift;

3. komplex ist, wobei sich diese Komplexität aus der chiffrierten Bedeutungs- und der mehrschichtigen Formstruktur ergibt, die in ihrer jeweiligen Bezogenheit die Multivalenz eines Textes ausmachen und zur Interpretation herausfordern;

4. prospektiv ist, nach K. Stocker für das außerschulische Lese-, Hör- und Sehverhalten bedeutsam ist und das literarische Freizeitverhalten motivierend beeinflußt.[14]

In der Regel werden diese Kriterien nicht in allen Schullektüren in vollem Umfang aufgewiesen werden können, doch gerade die Intensität und der Umfang, mit der sie in einem Text auftreten, begünstigen eine Lektüreentscheidung oder begründen die Ablehnung. Legt man sie an Frischs *Don Juan oder Die Liebe zur Geo-*

metrie an, kommt man zu folgendem Ergebnis: Frischs Komödie ist

– repräsentativ, insofern die Don-Juan-Gestalt einer der wirkungsvollsten Archetypen der Weltliteratur ist, die in ihrer konzeptionellen Umdeutung durch Frisch und mit der kunstvollen Verschränkung zweier einander thematisch entgegengesetzter literarischer Traditionen und deren Erweiterung um das Geometriemotiv thematisch und formal die Tradition der europäischen Komödie in die Gegenwart verlängert;
– gegenwartserschließend, insofern die Frisch-Variante ein »Bewußtseinsspiel« (Allemann) ist, in dem es nicht um die zeitgemäße Aufarbeitung eines als ›unsterblich‹ geltenden Themas geht, sondern das in dramatischer Reflexion Grundbedingungen zeitgenössischer gesellschaftlicher und persönlicher Existenz durchspielt;
– komplex, insofern die Verfremdung der Traditionsstränge, die Spiel-im-Spiel-Strukturen, die Parodien, die in die Romane des Autors übergreifende Thematik, die unter »Nachträgliches« dem Stück beigefügten analytischen Erläuterungen und die dramentheoretische Konzeption eine Vielfalt interpretativer Ansätze bieten, die das Wechselverhältnis inhaltlicher und formaler Bedeutungsstrukturen erhellen können;
– prospektiv, insofern angesichts der ungewöhnlichen Breitenwirkung dieses Stoffes in Schauspiel und Oper, wie sie vor allem im 20. Jahrhundert belegt ist und durch das Fernsehen fast unbegrenzt erweitert wird, die Chance zu einem sinnverständigen außer- und nachschulischen Umgang mit Literatur besteht, wobei zu beachten ist, daß nicht nur die Don-Juan-Tradition auf unseren Bühnen fortgeführt wird, sondern auch die Celestina-Überlieferung in neueren deutschsprachigen Bühnenbearbeitungen begegnet.[15]

Eine durch solche Vorüberlegungen begründete Entscheidung, die Don-Juan-Komödie Max Frischs in den Literaturunterricht einzubeziehen, wird durch lern- und motivationspsychologische Einsichten gestützt: ein breites Spektrum interpretativer Denkansätze spricht verschiedene Lernbedürfnisse an, löst damit zusätzliche Lernreize aus und regt zu höheren Lernleistungen an.

Wenn die einführend skizzierten Beobachtungen zur Wirkungsgeschichte des *Don Juan* in der Schule, die so extrem von der außerschulischen Rezeption über Theater und Oper abweichen, zutreffen, ist der bei den Schülern vorauszusetzende vorgegebene Kenntnisstand allenfalls mit undifferenzierten Pauschalvorstellungen und Vorurteilen besetzt, die jene »Hölle der Literatur« ausmachen, die Max Frisch in der *Chinesischen Mauer* als spekulatives Konglomerat aus dichterischer Phantasie und Mißdeutung angesprochen hat, wobei er, den Zuschauer ansprechend, die potentiellen Mißverständnisse in den Rängen miteinbeziehen mag. Dieser apperzeptive Hintergrund erstarrter Bildelemente bestimmt den didaktischen Ansatz. Die Literaturdidaktik hat bisher die Probleme, die sich in bezug auf die Lernvoraussetzungen eines literarischen Lernprozesses einstellen, der Lernzielproblematik nachgeordnet, wenngleich der Einstieg in eine Unterrichtsreihe und ihre Verlaufsplanung nicht nur zielbestimmt, sondern auch voraussetzungsbedingt ist.

Der Don-Juan-Stoff bietet die didaktische Möglichkeit, durch verschiedene, aber vergleichbare Vorbereitungen die thematische Aufgeschlossenheit zu verstärken und der Selbsttätigkeit des Schülers Raum zu geben. Die Unterrichtsreihe sollte auf das Urbild des Don Juan zurückgreifen können und mit ausgewählten Versionen bekanntmachen. Da der Text Tirso de Molinas nicht ohne Schwierigkeiten einer größeren Gruppe zugänglich gemacht werden kann, sollte die Information über den *Burlador* dem Literaturlexikon entnommen werden und als hektografierte Arbeitsunterlage allen Beteiligten verfügbar sein. Dagegen können die Fassungen Molières, Shaws und Da Pontes gruppenweise gelesen werden, wobei individuelle Interessen für französische und englische Literatur sowie für Musik die Gruppenbildung steuern. Diese Lesegruppen, die das Don-Juan-Bild des jeweiligen Autors herausarbeiten, lassen sich umgruppieren, wenn die charakteristischen Varianten, Wertungen und Wirkungen der drei Versionen erarbeitet werden. Diese Vorarbeiten bewirken, daß noch vor der Beschäftigung mit dem Frisch-Text die Entfaltung eines literarischen Motivs über Räume und Zeiten hinweg exemplarisch sichtbar wird. Die Frage stellt sich ein, welche historischen Bedingungen das Original Tirsos beeinflußt und welche Faktoren die Entwicklung des Don-Juan-Motivs bestimmt haben; damit setzen in der Einstiegsphase auch literatursoziologische Betrachtungsweisen ein. Durch textanalytisches und vergleichendes Arbeiten sowie durch Rückgriffe auf sekundäre Informationen wird problemlösendes Denken und wissenschaftspropädeutisches Arbeiten in Gang gesetzt, das über rezeptiven Lektürekonsum im Literaturunterricht hinausführt. Die Problematisierung des Lerngegenstands durch die Intensivierung des Einstiegs verändert die Erwartungshaltung und fördert die kognitive Anstrengungsbereitschaft gegenüber dem Lernobjekt.

Die an diesen Einstieg anschließende Unterrichtsreihe über Frischs *Don Juan oder Die Liebe zur Geometrie* umfaßt die folgenden thematischen Unterrichtseinheiten:
1. Motivverfremdung durch Motivverschränkung
2. Angst als Grundbefindlichkeit
3. Selbstbehauptung durch Verfremdung der Liebe
4. Höllenfahrt als Anti-Legende
5. Intellekt und Sexus

Zu 1: Motivverfremdung durch Motivverschränkung

Die erste Unterrichtseinheit dient der Einordnung von Frischs Theaterstück in die literarische Tradition mit dem Ziel, den konzeptionellen Neuansatz hervorzuheben. Die thematische Nahtstelle ist die kurze Textpassage in der Farce des Autors *Die Chinesische Mauer*:

Alle Welt bildet sich ein, mich zu kennen. Zu Unrecht [...] Ich komme aus der Hölle der Literatur. Was hat man mir schon alles angedichtet! Einmal nach einem Gelage, das ist wahr, ging ich über den Friedhof (der Abkürzung wegen) und stolperte über einen Totenkopf. Und mußte lachen, Gott weiß warum. Ich bin jung, ich hasse das Tote; das ist alles. Wann habe ich Gott gelästert? Das beichten die Ehebrecherinnen von Sevilla, und ein Pfaff, Gabriel Tellez, hat es in Verse gebracht; ich weiß. Strafe Gott ihn für seine dichterische Phantasie! Einmal kam ein Bettler, das ist wahr, und ich hieß ihn fluchen, denn ich bin ein Tenorio, Sohn eines Bankiers, und mir ekelte, in der Tat, vor dem Almosen der Tenorios. Was aber wissen Brecht und sein Ensemble sonst von mir? Im Freudenhaus, das ich nicht nötig habe, spiele ich Schach: schon hält man mich für intellektuell. Liebe zur Geometrie! Was immer ich tue oder lasse, alles wird mir verdeutet oder verdichtet. [...] Was ich suche: das Paradies. Ich suche das Jungfräuliche. (S. 22)

Diese Selbstcharakteristik Don Juans thematisiert den Rollenzwang, den er durch seine Literarizität erfährt und hebt seinen Identitätsanspruch hervor; sie bietet einen vorteilhaften didaktischen Anknüpfungspunkt, weil sie die Entfaltung der von Frisch miteinander verschränkten Don-Juan-, Celestina- und Geometrie-Motive nahelegt. Max Frisch hat seine Sicht Don Juans in seinen dem Stück beigefügten Anmerkungen *Nachträgliches* erläutert und von Tirso de Molina und Molière nuancierend abgesetzt. Die

Schüler können, wenn der skizzierte Einstieg durchgeführt worden ist, aus ihrer Textkenntnis heraus die Textverbindung herstellen, aber bereits aus dem ersten Akt die Umwertung der wichtigsten Grundzüge Juans belegen, vor allem seines bekanntesten Charakterzugs: der Verführer wird zum Verführten. Auch der zweite Grundzug Juans als des intellektuell überlegenen Spötters klingt früh an, als er Don Roderigo gegenüber seine legendäre Heldentat von Cordoba auf eine geometrische Anfängeraufgabe reduziert, eingekleidet in einige kritische Bemerkungen gegenüber einer Gesellschaft, der es an Sacheinsicht fehlt. Das dritte, das Frevlermotiv, wird schließlich im ersten Akt als »bedenkliches Bild« nicht nur eines respektlosen, Autorität demontierenden Witzemachers, sondern vor allem als eines unfrommen Heidenverehrers angespielt, im späteren Text erst entfaltet. Auch das Freudenhausmotiv der Celestina-Tradition ist bereits in die Ouvertüre miteinbezogen, so daß die beiden literarisch voneinander unabhängigen Themen miteinander verschränkt sind und damit die dramatische Polarität zwischen käuflicher Bordellgeschlechtlichkeit und don-juaneskem Verführungsreiz entsteht. Das zu den Motiven des Liebesabenteurers und des Freudenhauses hart kontrastierende Geometriemotiv, das durch die Schachbegeisterung des lustlosen Bordellbesuchers anschaulich untermalt wird, kann auf Grund allgemeiner Merkmale und im Rückgriff auf Textstellen der Komödie als Chiffre des Meß- und Berechenbaren, des Plan- und Konstruierbaren sowie der logischen Eindeutigkeit gedanklicher Operationen beschrieben werden; die Metapher luzider Intellektualität läßt kontrapunktisch »männliche Geistigkeit« (93) gegen erotisches Liebesspiel und sexuelle Triebhaftigkeit anklingen.

Die Klage des Spaniers in der *Chinesischen Mauer*, alle Welt bilde sich ein, ihn zu kennen, gibt Anlaß, die *Andorra*-Thematik aufzugreifen und auch Frischs Don Juan in dieses Problemfeld des vorgefertigten und in seiner Verselbständigung determinierenden »Bildnisses« einzuordnen. Das Geometriemotiv erweist sich in diesem Bezugssystem als Mittel der Verfremdung des durch die »Hölle der Literatur« geprägten, aber Juans Eigensein verfehlenden Bildes.

Zu 2: Angst als Grundbefindlichkeit
Schon der Don Juan des ersten Aktes hat seine lächelnde, seine Umwelt verunsichernde Überlegenheit eingebüßt: er hat Angst

(15). Die Maskerade, die in den Hochzeitstag einführt, verdichtet bildhaft vereinzelte Andeutungen. Didaktischer Ansatz der 2. Unterrichtseinheit kann die gesellschaftliche Rolle des ungeduldig Erwarteten sein: er ist der »Held von Cordoba« (9), dem als »Bräutigam« die Tochter des Komturs von Sevilla gewissermaßen ›pour le mérite‹ zufällt. Beide Rollen, die des ›Helden‹ wie die des ›Bräutigams‹, beruhen auf einer Verkennung der Persönlichkeit Juans: die einsetzende Mythisierung zum ›Helden‹ und die beabsichtige Domestizierung des Frauenverächters durch eheliche Bindung sind Behinderungen seiner Selbstverwirklichung.

Die Maskerade als Mittelpunktereignis des Hochzeitsvorabends betont in ihrer Ambivalenz diese Bedrohung des in seinem Selbstverständnis durch Zufälligkeiten und Unbestimmtheit bedrohten Individuums: in der Anonymität der Maske verliert jeder einzelne sein Gesicht. Daß in der christlichen »Nacht des Erkennens« die »Kraft wahrer Liebe« die maskenhafte Verfremdung durchdringen könne und die Liebenden sich in ihrer Personalität erfahren könnten, ist durch Erfahrung widerlegt, weil das Maskenspiel die Entfesselung des naturhaften Liebesbegehrens nicht unterbindet, sondern die »Wilde Nacht« der ungehemmten Verwechslungen nur rituell variiert. Auch vor dem Hintergrund sittenstrenger Konventionen ist Don Juan nicht nur durch die gesellschaftlichen Rollen der öffentlichen Stellung und des Familienstandes in seinem Selbstverständnis bedroht; Donna Elvirens kokette Andeutungen sind noch Gedankenspiele aus kaum verhohlener Hingabewilligkeit, die Miranda, allen gesellschaftlichen Spielregeln trotzend, offen bekennt. In der Paradoxie dieser »Wilden Nacht des Erkennens« konvergieren Heidnisches und Christliches, blindes Verlangen und unbedingte Du-Bezogenheit. Die Undurchsichtigkeit dieser geometrisch unfaßbaren Konstellationen versetzen Juan in jene Grundbefindlichkeit der Angst, sich selbst zu verfehlen.

Auch Donna Anna empfindet Angst, wie sie Pater Diego gesteht (18), aber als empfindsame Bangigkeit vor einem doch ersehnten Erlebnis von elementarer Macht. Gegenüber jener bangen Scheu vor dem Unvertrauten ist Juans Angst eine intellektuelle Erfahrung seiner existentiellen Gefährdung. Dieses Gefährdetsein erwächst ihm nicht aus der Summe umweltgegebener Reize, denen er gleichsam spielerisch nachgäbe, sondern aus der Bedingtheit seiner Person, die nur auf Vollendung aus sich selbst heraus angelegt, im hybriden Anspruch auf Selbstverwirklichung die Schöpfungswidrigkeit seines intellektuellen Narzißmus offenbart.[16]

Zu 3: Selbstbehauptung durch Verfremdung der Liebe
Der erste Akt der Komödie endet in zwei gleichen Bewegungen: Don Juan und Donna Anna fliehen voreinander; die Regiebemerkungen heben die Gleichheit dieses Gestus hervor, indem sie ebenso die gemeinsame Fluchtrichtung »über die (gleiche) Balustrade« wie das Verschwinden »im finsteren Park« (17, 21) betonen. Ihr willentliches Auseinanderstreben verkehrt sich in jene liebende Begegnung aus gegenseitiger Unkenntnis der Person, jedoch »kraft ihrer wahren Liebe« (19), wie es zwar der anfänglichen frommen Umdeutung des heidnischen Brauchs in christliche Sinngebung entspricht, sich aber in schicksalhafter Blindheit ereignet. Im Schnittpunkt der Flucht vollzieht sich in metaphorischer Mondscheinspiegelung des Teiches das beglückende Erlebnis eines unbefangenen Sich-Findens der Liebenden. Die gegenseitige Beteuerung fortdauernder Verbundenheit über die Liebesnacht hinaus setzt sich in den Ausschließlichkeitsanspruch Donna Annas fort, die keinem »anderen Mann [...] in der Welt je ein Recht« auf sie einräumen will, und in den entschlossenen Entführungswillen Don Juans, den beide beschwören (33).

Die paradoxe Flucht Annas und Juans voneinander weg aufeinander zu zu namenlosem nächtlichen Glück ist dramaturgische wie didaktische Exposition zur Entschleierung der Braut im Hochzeitszeremoniell (31). Frisch hat das Motiv des Schleiers sorgfältig mit der Erkenntnisthematik verknüpft. Im dialektischen Widerspiel zu den konventionellen kirchlichen wie gesellschaftlichen Normvorstellungen von Ehe, die von den Brauteltern scheinbar in idealer Vorbildlichkeit verwirklicht werden, steht die Beichte des allein durch gesellschaftlichen Rollenzwang gegenüber Haremsdamen gehemmten »Kreuzritters der Ehe« Don Gonzalo (27, 37), die er ausgerechnet vor dem eroserfahrenen Pater Diego ablegt, dem die Gattin des Komturs, Donna Elvira, zwar in Untreue verbunden, aber nicht verpflichtet ist, so daß sie ihrerseits dem erotisierenden Reizspiel, der Bräutigam könne die Brautmutter mit der Braut verwechseln, empfindungsvoll nachgeben kann. In diesem sensiblen Präludium verborgener Partnerwechsel spielt Frisch die Gefühlsverwirrung vor, in die Donna Annas Entschleierung Don Juan stürzt.

Dieser Entschleierungsgestus löst eine zweifache Reaktion aus, die methodisch zwei Lernschritte nahelegt:
1. die Reaktion Annas, die glückselig die Identität zwischen Entführer und Bräutigam erkennt und sich in der Totalität ihrer Hingabe fraglos bestätigt fühlt (25), und
2. die Reaktion Juans, der die Entschleierung mehr als eine Entlarvung, als Demaskierung erfährt und sich erschüttert der Diskrepanz der Empfindungen zwischen der Geliebten und der Braut bewußt wird. Blindheit und Zufälligkeit der Liebe werden ihm zum erlebnisimmanenten Gegenbeweis, daß unter den Bedingungen einer entpersonalisierenden Dunkelheit Liebe als personale Begegnung zum Gattungshaften verallgemeinert wird (36, 52).

Die kontrastive Härte im ausgleichslosen Gegensatz zwischen der aus totaler Selbstaufgabe liebenden Frau und dem sich nunmehr radikal verweigernden Mann wird durch den Tod Donna Annas und die Verführungsserie Don Juans noch verschärft: die Relativierung der Liebe erweist unverbrüchliche Bindungen wie Ehe und Freundschaft als Schein. Vor dem »Sumpf unserer Stimmungen« (48) und den Launen der Liebe (49), vor der Geschäftstüchtigkeit Celestinas (41) schützt nur das stimmige Wissen über die Eindeutigkeit geometrischer Figuren (49).

Zu 4: Höllenfahrt als Anti-Legende
Da Frisch den 4. Akt als Parodie des traditionellen Höllenfahrt-Motivs konzipiert hat, liegt es nahe, die Unterrichtsbesprechung an die Vorlagen anzuschließen.

Das Motiv des Steinernen Gasts ist auf einen Einfall Tirso de Molinas zurückzuführen. Sündhafter Leichtsinn und gotteslästerlicher Frevel finden ihre gerechte Strafe; Don Juans Diener Catalinon wird zum Zeugen eines göttlichen Strafgerichts, das die verletzte Ordnung der Welt wiederherstellt. Auch Mozarts Don Giovanni verliert seine hybride Selbstsicherheit und erfährt angesichts des Steinernen Gasts ein »ungewohntes Angstgefühl«; unsühnbare Schuld reißt ihn in »das wilde Flammenmeer der Hölle«.[17] Molières »Freigeist« Don Juan, der die Reaktion des Standbilds in der Gruft rationalistisch als »Sinnestäuschung« aus Lichtreflexen abtut,[18] weist unbußfertig jede Reue zurück. Seinen Sturz in einen flammenden Höllenschlund begründet Molière allerdings weniger moraltheologisch als sozialkritisch:

der beleidigte Himmel, die verletzten Gesetze, die verführten Mädchen, die entehrten Familien, die gekränkten Eltern, die vergewaltigten Frauen, die betrogenen Ehemänner, alle Welt ist's zufrieden.[19]

Frisch nimmt diese Kritik am gesellschaftliche und kirchliche Normen verletzenden Übermut Don Juans auf. Pater Diegos erstaunte Frage, ob der die Braut verweigernde Frevler ungestraft bleibe, löst Fluch und Verfolgung aus (37). Das Motiv gewinnt jedoch keine Selbständigkeit, da es der Autor umgehend parodierend zurücknimmt: der die Familienschmach rächen wollende Clan erschöpft sich bis zur Lächerlichkeit bei der nächtlichen Jagd auf den unauffindbaren Übeltäter und im Kampf mit der gereizten Hundemeute; entkräftet überlassen die Vettern Donna Annas die Rache dem beleidigten Himmel (46), an dessen Rachewillen aber Pater Diego frühzeitige Zweifel angedeutet hatte (38). So wird die Hoffnung, der Himmel möge den Frevler zerschmettern, zum leitmotivischen Eingeständnis eigener Ohnmacht. Da weder irdische noch himmlische Gerechtigkeit den Rollenzwang beenden, dem Don Juan so wider Willen ausgesetzt ist, scheint ihm nur der einzige Ausweg zu bleiben, im Vertrauen auf die Wundergläubigkeit seiner Mitmenschen das Strafgericht des Himmels selbst zu inszenieren.

Die Unterrichtsbesprechung muß auf diese parodierende Umkehrung des traditionellen Stoffs und seine veränderte Motivierung eingehen. Don Juan führt die »Höllenfahrt« selbst herbei, weil er sich bewußt ist: »Wenn jetzt die Höllenfahrt nicht gelingt, bin ich verloren.« (62) Es ist eine Reaktion des Überdrusses gegen den Besitzanspruch der Frau, die seinem »Bedürfnis nach männlicher Geometrie« (48) die selbstverwirklichende Erfüllung versagt.

Die Schüler können in drei Lernschritten die Bedrohung Don Juans durch die »Rachsucht des Weibes«, die Verfolgung durch die betrogenen Ehemänner und die finanziellen Schwierigkeiten, in die er geraten ist, erkennen:

– Don Juan erfährt »das Vergehen des Weibes am Mann« (69) in der Verhinderung seines intellektuellen Isolationismus. Seine Nachgiebigkeit gegenüber der Verführungskraft liebender Frauen wird zur Parodie des übermütigen Frauenverführers aus eigenem Antrieb; die Verführung der Frau wird zum einzigmöglichen Ausweg vor der Unersättlichkeit des Weibes (45).

– Die Verfolgungswut der betrogenen Ehemänner steigert nur Juans persönliche »Not«: seine siegreichen Duelle und seine öffentliche Verurteilung in den Predigten des Bischofs von Cordoba erhöhen seinen verführerischen Reiz, verfestigen das mythisierende »Bildnis« und machen Don Juan zum »Opfer seines (wachsenden) Ruhms« (69).

– Honorarforderungen und Bankettkosten offenbaren, daß Juans finanzielle Möglichkeiten erschöpft sind. Celestinas Komplizenschaft kann nur noch durch Sachwerte voll abgegolten werden: Juan ist bankrott (59, 62).

Unter solchen Umständen wird das »Spektakel« der gotteslästerlichen Inszenierung zum letztmöglichen Versuch der Selbstbewahrung. Indem Frisch den Frevel durch die Bewußtheit des Rollenspiels entmythisiert, aber den Theatercoup zusätzlich durch den unerbittlichsten Feind Juans aufdecken läßt, ohne jedoch die Mythengläubigkeit der Damen und des Kirchenvolks erschüttern zu können, verstärkt er durch diesen offenbaren »Schwindel« den Rollenzwang Juans zur ›schlimmstmöglichen Wendung‹: »der einzige Weg zu (seiner) Geometrie« (65) führt in das Schloß von Ronda.

Zu 5: Intellekt und Sexus
Der didaktische Ansatz zu dieser Unterrichtsstunde ist zweckmäßigerweise das Gespräch zwischen Don Juan und dem zum Bischof von Cordoba avancierten Pater Diego. In der Gefangenschaft (86) von Ronda entgeht Don Juan zwar den Nachstellungen der Frauen und der Gläubiger, aber sein »Unwille gegen die Schöpfung« wegen der Gespaltenheit des Menschen in Mann und Weib (88) ist ungebrochen.

Diese Gespaltenheit wird in zwei isolationistischen Modellen extrem exemplifiziert: im Bordell- und im Geometriemotiv. Der bordellgemäßen Geschäftstüchtigkeit Celestinas, die menschliches Mitgefühl und Verständnis für Miranda nicht ausschließt, korrespondiert die geometrische Sterilität einer linearen Figurenartistik: entseeltes Gefühl und narzißtischer Intellekt stehen einander als polare Perversionsformen der Schöpfung gegenüber. Max Frisch hat in seinen Anmerkungen zur Komödie Don Juan als einen »unbrüderlichen Menschen« (95) »ohne Du« (95, 94) charakterisiert; beide Kennzeichnungen gelten auch für Miranda, solange sie »großartige Dirne« (23) war. Dem bedingungslosen Ausschließlichkeitsanspruch Celestinas und dem rigiden Askesebedürfnis Juans liegen gleichermaßen erstarrte Denkmodelle eines verabsolutierten Intellekts und eines beziehungslos gewordenen Sexus zugrunde.

»Rettung« aus dieser Polarität gibt es nur in der Liebe. Die Ganzheit der Schöpfung erfüllt sich nicht je für sich in der Besonderung des weiblichen und männlichen Prinzips. Vielmehr hebt sich die Gespaltenheit der Schöpfung erst komplementär in einer »vierten Dimension« auf. Diese Schlußfolgerung Frischs wirft für Schüler nach meinen Erfahrungen Schwierigkeiten auf, weil Jugendliche eher bereit sind, den rigorosen Absolutheitsansprüchen stattzugeben. Jene »vierte Dimension«, die Don Juan glaubte »durch Denken beweisen« (86) zu können, ist eine Wahrheit jenseits quantifizierbarer Größenordnungen in geometrischen Dimensionen, aber auch frei vom »Sumpf der Stimmungen« (48) und der »falschen Gefühle« (22), eine personale Dimension menschlichen Reifens (97), in der ein aktueller Besitzanspruch und ein selbstherrlicher Absolutheitswille in gegenseitiger Du-Fremdheit überwindbar werden. Die Gespaltenheit der Schöpfung setzt die Fremdheit zwischen Mann und Frau voraus; Selbstverwirklichung erfüllt sich in der Aufhebung dieser Fremdheit im vorbehaltlosen Sich-gegenseitig-Annehmen.

Frisch hat in seinen nachgetragenen Erklärungen darauf hingewiesen, daß gerade die Intellektualität seines Juan ihn vor der Peinlichkeit bewahre, seinen jugendlichen Rigorismus in seine Mannesreife fortzusetzen (98). Affektive Selbstbefangenheit entwickelt sich fort zu reflektierter Selbstbestimmtheit. Unter diesem Gesichtspunkt gewinnen die ironisierenden Rückverweise auf das *Burlador*-Spektakel Tirso de Molinas ihren interpretativen Stellenwert: ausdrücklich werden die Höllenverdammnis Juans im *Burlador* und die zu erwartende Schadenfreude eines Publikums, das von der Eheschließung Don Juans erführe, als oberflächliche Mißverständnisse abgewiesen. Frischs Don Juan überwindet vielmehr mit seinem Rollenmythos zugleich das starre, ihn fixierende Bildnis, das er, Erfahrungen provozierend und generalisierend, von der Frau entworfen und fortgeführt hatte. In seinem Bekenntnis zu Miranda gewinnt er erst jene Freiheit zu sich selbst, die den Liebenden aus der Erstarrung löst und für das unfaßliche Geheimnis des geliebten Menschen öffnet.[20]

Über die existentielle Thematik hinaus enthält Frischs Komödie eine Reihe von einzelnen Aspekten, die als das Textverständnis vertiefende Aufgaben an Schüler vergeben werden können oder als weitere Lernsequenz an die Stoffanalyse und Werkinterpretation anschließen. So kann von den literatur- und theaterkritischen Aperçus, die in die Komödie eingestreut sind, auf Frischs Theaterverständnis übergeleitet und unter Berücksichtigung programmatischer Äußerungen des Autors sein Selbstverständnis als Schriftsteller und seine Begründung von Literatur erarbeitet werden.[21] Diese Besinnung auf das Verhältnis zwischen Schriftsteller und Öffentlichkeit führt wieder auf den Komödientext mit seinen zahlreichen gesellschaftskritischen Konnotationen zurück, die von den Schülern im Anschluß an den literatur-theoretischen Exkurs im Kontext festgestellt und erläutert werden können.

Eine andere zusätzliche Aufgabe ist die gattungspoetologische und strukturelle Analyse der Komödie. Frisch selbst regt sie unter »Nachträgliches« an, wo er abschließend bekennt, »die Lust, ein Theaterstück zu schreiben« (102), habe ihn bewogen, seinen *Don Juan oder Die Liebe zur Geometrie* zu verfassen. *Tagebuch 1946–1949* und Sekundärliteratur geben erste Aufschlüsse,[22] reichen jedoch nicht aus, die kompositorischen Strukturfragen der motiv- und handlungsverschränkenden Intermezzi, die Technik der Leitmotive und Parodien zu klären. Hier sollte der Unterricht nachgreifen; für einen Leistungskurs müßte es von nicht geringem Reiz sein, die Entwicklung dramatischer Formen und Theatertechniken an den in die Unterrichtsreihe eingebrachten *Don-Juan*-Versionen zu erhellen. Anregend zu weiteren Überlegungen kann schließlich auch der Hinweis sein, daß Frischs Komödie in der Theatersaison 1975/76 in einer Inszenierung der Comédie Française in der Pariser Theaterkritik durchgehalten und als »Posse« abqualifiziert worden ist.[23]

Die vorstehenden Erörterungen haben die dreihundertjährige Wirkungsgeschichte des Don-Juan-Stoffes zum Anlaß genommen, diesen Archetypus der Weltliteratur auf seine Verwendbarkeit im Literaturunterricht zu überprüfen. Frischs Komödienfassung schwankt im Urteil der Kritik. Eine literaturdidaktische Verfemung kann daraus nicht abgeleitet werden. Als »Denk- und Bewußtseinsspiel« (B. Allemann) hat der Don Juan im Nebeneinander verschiedener Versionen und ihrem einfallsreichen Widerspiel bei Max Frisch seinen besonderen Reiz – zumal in der Schule.

Aus: Eduard Schaefer (Hg.), Lerngegenstand Literatur, Göttingen: Vandenhoeck & Ruprecht 1977 (LiLi, Beiheft 5), S. 59–71.

Literatur

Allemann, Beda, *Die Struktur der Komödie bei Max Frisch*, in: Thomas Beckermann (Hg.), *Über Max Frisch*, Frankfurt: Suhrkamp 1973 (es 404), S. 261–273.
Dietrich, Margret, *Don Juan*, in: Joachim Schondorff (Hg.), S. 9–44.
Durzak, Manfred, *Dürrenmatt, Frisch, Weiss. Deutsches Drama der Gegenwart zwischen Kritik und Utopie*, Stuttgart: Reclam 1972.
Geißler, Rolf, *Prolegomena zu einer Theorie der Literaturdidaktik*, Hannover: Schroedel 1970.
Haupenthal, Reinhard, *Zur Problematik der Lernzielfixierung im Literaturunterricht*, in: *LiLi Zeitschrift für Literaturwissenschaft und Linguistik* 3 (1973), Heft 9/10, S. 73–107.
Herrlitz, Hans-Georg, *Der Lektürekanon des Deutschunterrichts im Gymnasium*, Heidelberg: Quelle & Meyer 1964.
Herrlitz, Hans-Georg/Scheffler, Hagen, *Die deutsche Lektüre auf den humanistischen Gymnasien des 19. Jahrhunderts*, in: *Das Studienseminar* 14 (1969), Heft 1, S. 46–72.
Robinsohn, Saul B., *Bildungsreform als Reform des Curriculums*, Neuwied: Luchterhand 1967.
Rumpf, Horst, *Zweifel am Monopol des zweckrationalen Unterrichtskonzepts*, in: *Neue Sammlung* 1973, S. 393–411.
Schondorff, Joachim (Hg.), *Theater der Jahrhunderte – Don Juan*, München: Langen-Müller 1967.
Stocker, Karl, *Die dramatischen Formen in didaktischer Sicht*, Donauwörth: Auer 1972.
Thiel, Hans, *Die deutsche Lektüre auf der Oberstufe der hessischen Gymnasien im Schuljahr 1961/62*, in: *Das Studienseminar* 10 (1965), Heft 1, S. 33–44, und 11 (1966), Heft 1, S. 72–89.

Anmerkungen

1 Vgl. Herrlitz/Scheffler, *Die deutsche Lektüre*.
2 Vgl. Allemann, *Struktur der Komödie*, S. 271.
3 Da im Lektüreunterricht in aller Regel die Taschenbuchausgabe verwendet wird, zitiere ich im folgenden nach der revidierten Textfassung von 1961, edition suhrkamp 4 (9. Auflage 1973). Seitenverweise auf diese Ausgabe werden in Klammern in den laufenden Text einbezogen.
4 Die These, die hier nicht im einzelnen ausgeführt werden soll, gilt zunächst für die klassischen antiken Werke; Shakespeare und vorübergehend Calderon erscheinen m. W. erstmals in Raumers Lektürekanon von 1852. Vgl. Herrlitz, *Der Lektürekanon*, S. 112.

5 Joachim Schondorff hat die vollständigen Dramentexte von Tirso de Molina, Molière, Da Ponte, Grabbe, Horváth, Frisch und Anouilh herausgegeben. Im Vorwort zu diesem Sammelband gibt Margret Dietrich eine Übersicht über die Entwicklung des Don-Juan-Stoffes in Literatur und Musik sowie zum Stand der Forschung (S. 9–44). Ich folge ihren Angaben S. 17 f.
6 In den saarländischen Reifeprüfungsprogrammen letztmals 1963 ausgewiesen. Von H. Thiel 1961/62 an hessischen Gymnasien 24mal registiert: *Die deutsche Lektüre*, S. 84.
7 Vgl. Thiel, *Die deutsche Lektüre*, S. 76.
8 Das gilt für die fachdidaktische Zeitschriftenliteratur wie für folgende Arbeiten: Kurt Bräutigam, *Europäische Komödien*, Frankfurt: Diesterweg 1964; Rolf Geißler, *Zur Interpretation des modernen Dramas. Brecht, Dürrenmatt, Frisch*, Frankfurt: Diesterweg 1972; Harro Müller, *Dramatische Werke im Deutschunterricht*, Stuttgart: Klett 1971; Karl Stocker 1972, ferner für das von Paul Dormagen u. a. herausgegebene, als Orientierung und als Anregung gedachte *Handbuch zur modernen Literatur im Deutschunterricht*, Frankfurt: Hirschgraben 1970. Die für den Literaturunterricht konzipierte Literaturgeschichte von Gerhard Fricke/Mathias Schreiber (16. Auflage 1974) erwähnt Frischs *Don Juan* nicht; Krell (12. Auflage 1967) und Mulot (17. Auflage 1974) enthalten nur unzulängliche Angaben.
9 Vgl. Haupenthal, *Lernzielfixierung im Literaturunterricht*; Rumpf, *Zweifel am Monopol*.
10 Vgl. Stocker, *Die dramatischen Formen*, S. 16–19 und 29–34.
11 Vgl. Stocker, *Die dramatischen Formen*, S. 16. Zur Frage der Auswahlkriterien vgl. Robinsohn, *Bildungsreform*, S. 47.
12 Vgl. Stocker, *Die dramatischen Formen*, S. 16 zu 7.
13 Vgl. Geißler, *Prolegomena*, S. 85.
14 Vgl. Stocker, *Die dramatischen Formen*, S. 19–22.
15 Vgl. die Celestina-Fassung in der Bearbeitung von Gerd Heinz, deren Aufführungsrechte beim Rowohlt Theater-Verlag liegen. Das Hamburger Thalia-Theater brachte diese Tragikomödie mit Agnes Fink in der Celestina-Rolle in der Spielzeit 1975/76 neu heraus. »Die realistische Erzählweise de Rojas' und seine überraschend modern wirkende Darstellung der gesellschaftlichen Verhältnisse jener Zeit und ihrer doppelbödigen Moral haben das Interesse an diesem klassischen Werk der Weltliteratur neu geweckt. Aus der veränderten Sicht unserer Gegenwart ist es zu erklären, daß in der Neufassung des Thalia-Theaters zum erstenmal Teile des vielschichtigen Dialogromans berücksichtigt wurden, die in keiner der bisherigen Bühnenbearbeitungen enthalten sind.« (Begründung der Inszenierung in den hektografierten *Informationen zur Aufführung*)
16 Max Frisch, *Nachträgliches* (es 4), S. 93 f.

17 Schondorff, *Don Juan*, S. 235.
18 Ders., S. 165.
19 Ders., S. 182.
20 Vgl. dazu Max Frisch, *Tagebuch 1946–1949*, GW II, S. 369 ff.
21 Siehe ders., *Tagebuch 1946–1949*, GW II, S. 396 ff., 443, 446, 467, 570 ff., 621 ff.; ferner *Öffentlichkeit als Partner* (es 209).
22 Siehe zum einen Frischs Notiz über das Lustspiel, *Tagebuch 1946–1949*, GW II, S. 505 ff., zum andern B. Allemann, *Struktur der Komödie*, S. 261–273.
23 Vgl. *Frankfurter Allgemeine Zeitung* vom 17. 1. 1976. M. Durzak, *Deutsches Drama*, macht in seinen Anmerkungen S. 378 auf das zwiespältige Echo auf die beiden gleichzeitigen Premieren in Zürich und Berlin aufmerksam. Durzak selbst wertet das Stück als eine der »vollkommensten Bühnenleistungen« Max Frischs.

Anhang

Zur Einrichtung des Bandes

Die »Quellen« werden, da nicht in jedem Fall die von Frisch benutzte Ausgabe festzustellen ist, nach den besten mir zugänglichen neueren Ausgaben und Übersetzungen gegeben; während bei Camus (und zunächst wohl auch bei Shaw) ohnehin mit Kenntnis des Originals zu rechnen ist, lag Kierkegaards *Entweder-Oder* in der veralteten Übersetzung Christoph Schrempfs vor, während hier auf die inzwischen bequem zugängliche von Heinrich Fauteck zurückgegriffen wird, auch, um dem eigenständigen Rang und Wert der »Quelle« gerecht zu werden. Auf den Abdruck von Frischs *Nachträglichem zu »Don Juan«* wurde verzichtet, weil dieser Text in jeder Ausgabe der Komödie enthalten ist.

Frischs Werke werden, soweit möglich, mit römischer Band- und arabischer Seitenzahl (ggf. ergänzt durch die Sigle: GW) nach der Ausgabe: *Gesammelte Werke in zeitlicher Folge*, hg. v. Hans Mayer unter Mitw. v. Walter Schmitz, Frankfurt: Suhrkamp 1976, zitiert; dort, im dritten Band (S. 95–167; 168–175) auch die Komödie samt Nachwort. – In dem Artikel von Schaefer allerdings wurde die vom Autor (ebd. Anm. 2) plausibel begründete Zitierweise belassen.

Alle Zitate aus Forschungsbeiträgen, die in die Bibliographie dieses Bandes aufgenommen sind, werden mit bloßer Nennung von Autornamen und Seitenzahl nachgewiesen. Die Sigle ÜMF bezeichnet den 1971 von Thomas Beckermann herausgegebenen Sammelband *Über Max Frisch* (Frankfurt: Suhrkamp, es 404), ÜMF II den von mir betreuten Nachfolgeband (ebd. 1976, es 852); *DJ* steht in den Kommentaren für Frischs Stück. – Die Bibliographie enthält die Nachweise zu den hier nachgedruckten Forschungsbeiträgen (die Artikel von Butler, Schmitz u. Viehoff wurden für diesen Band geschrieben.) Sie wird durch die von Reinhold Viehoff gesichteten literaturkritischen Beiträge ergänzt.

Mir bleibt die angenehme Pflicht, allen zu danken, die meine Arbeit an diesem Band gefördert haben, namentlich Walter Obschlager (Max Frisch Archiv/Zürich).

W. S.

Kommentierte Auswahlbibliographie

I. Der Text

Don Juan oder Die Liebe zur Geometrie. Komödie in fünf Akten. Frankfurt: Suhrkamp 1953.
[Dass.]. In: *Spectaculum. Sieben moderne Theaterstücke.* Frankfurt: Suhrkamp 1957 (Suhrkamp Hausbuch 1956), S. 321–370.
[2. Fassung]. In: *Stücke II.* Frankfurt: Suhrkamp Verlag 1962. S. 7–85.

II. Forschungsbeiträge

Bänziger, Hans. *Frisch und Dürrenmatt.* Bern: Francke ⁶1971.
  Über *DJ* S. 74–78; solide Einführung in das Stück und seine Rezeption; »an sich hätte dem Stück [...] der Titel ›Casanova und die Liebe zur Geometrie‹ gebührt« (S. 77).
Dietrich, Margret. *»Vorwort.* In: Joachim Schondorff (Hg.), *Don Juan,* München: Langen-Müller 1967 (Theater der Jahrhunderte), S. 9–44.
  Zu *DJ* S. 43 f.
Durzak, Manfred. *Dürrenmatt, Frisch, Weiss. Deutsches Drama der Gegenwart zwischen Kritik und Utopie.* Stuttgart: Reclam ²1972.
  Zu *DJ* S. 196–207; betont den Zusammenhang von »absoluter Erkenntnisfrage« und »Austauschbarkeit des Wirklichen« (S. 202); »im Hinweis auf das Kindesbild tritt [...] die [...] utopische Dimension des Stückes hervor« (S. 206).
Franz, Hertha. *Der Intellektuelle in Max Frischs »Don Juan« und »Homo faber«.* In: ZfDPH 90 (1971), S. 555–563. ÜMF II, S. 234–244.
  Gründlicher Aufweis der Parallelen; Folgerungen zum negativen Bild des Intellektuellen bei Frisch.
Gnüg, Hiltrud. *Das Ende eines Mythos: Max Frischs »Don Juan oder Die Liebe zur Geometrie.* In: H. G., *Don Juans theatralische Existenz. Typ und Gattung.* München: Fink 1974, S. 222–237. ÜMF II, S. 220–233.
  Überzeugende Durchführung der Leitthese: »Befand sich der tradierte Don-Juan-Typus archetypischer Prägung [...] in absoluter Identität mit seiner sinnlich-erotischen Existenz, so wird für Frisch diese Identität gerade zum Problem. Sein methodischer Ansatzpunkt ist nicht mehr die fraglose Selbstdarstellung einer ins Mythische stilisierten sinnlichen Genialität, sondern er entlarvt innerhalb des theatralischen Mediums die tradierten Motive, die den Typ konstituierten, als die fixierten Rollenerwartungen einer Gesellschaft, gegen die ›ein Mensch‹ vergeblich anzukämpfen versucht.« (S. 221)

–. Frisch. »*Don Juan oder Die Liebe zur Geometrie*. In: Walter Hinck (Hg.) *Die deutsche Komödie. Vom Mittelalter bis zur Gegenwart.* Düsseldorf: Bagel 1977, S. 305–323.

Vorzügliche Gesamtdeutung: »Frischs psychologischer Ansatz verwandelt das ursprüngliche Handlungsdrama in ein Bewußtseinsspiel, das gegen den Sinnhorizont des überlieferten Handlungsmodells die Bewußtseinsabläufe seines Protagonisten setzt.« (S. 322) Die »Bausteine« der überlieferten »Geschichte« hat Frisch übernommen: »Episodenvielzahl, Anonymität der Liebe, Eroberung der ›verbotenen‹ Frau, Verletzung der Ehre, Flucht und Racheschwur der empörten Gesellschaft. Gleichzeitig aber verkehrt er die alte Dramaturgie. Was vormals Substanz der dramatischen Handlung selbst war, wird jetzt zum Gegenstand der Reflexion« (S. 316); das »ursprüngliche Selbstporträt Don Juans wird jetzt als Meinungsbild der Öffentlichkeit entlarvt; was die spanische ›comedia‹ als Sein zeigte, wird als Schein vorgeführt, dem die Psyche Don Juans widerspricht. Aus diesem Gegensatz von Sein und Schein entwickelt sich die Komik eines Stückes«, dessen Protagonist in den ersten drei Akten nur bedingt komisch ist (S. 318), sich dann jedoch ebenfalls von einem »komischen Vorstellungsmechanismus« (S. 321), dem Rollenbild ›Weib‹, leiten läßt. Frisch habe den mythischen Gehalt parodiert, indem er die theatralische Geburt des Mythos darstellte.

Gontrum, Peter. *Max Frischs »Don Juan«. A New Look at a Traditional Hero.* In: *Comparative Literature Studies* 2 (1965), S. 117–123.

Vergleichende Hinweise auf Shaws *Man and Superman*.

Holley, John F. *The Problem of the Intellectual's Ethical Dilemma as Presented in Four Plays by Max Frisch.* New Orleans, Tulane Univ., Phil. Diss. 1965.

Stellt *Don Juan* in den Kontext der Intellektuellenproblematik von *Nun singen sie wieder, Die Chinesische Mauer* und *Graf Öderland*.

Horn, Peter. *Zu Max Frischs »Don Juan oder Die Liebe zur Geometrie«.* In: Manfred Jurgensen (Hg.). *Frisch. Kritik – Thesen – Analysen.* Bern: Francke 1977 (Queensland Studies in German Language and Literature 4), S. 121–144.

Der Widerspruch von Sexualität und Geistigkeit sei scheinbar, weil nach dem »Gesetz des allgemeinen Äquivalententausches« (S. 141) Don Juans Liebe zur Geometrie ebenso kindisch bleibe wie seine verbrämt ödipalen, regressiv-autistischen, immer-gleich phallisch fixierten Sexualkontakte. Die Konventionen der Väterwelt vermag er nicht zu bewältigen und verdrängt sie durch exzessiv-ödipale Verführung, sogar der ›Mutter‹ (Donna Elvira); der Mangel an Widerstand erzeugt Überdruß und die deshalb inszenierte Bestrafung wird schließlich zum ironischen Triumph der Vater-Ordnung: Juan wird Pensionär, Ehemann und Vater.

Jurgensen, Manfred. *Max Frisch. Die Dramen.* Bern: Franke [2]1976.

Zu *DJ* S. 38–46 u. 46 f. (Vergleich mit Stiller). Das Stück biete »ein eindrucksvolles dramatisches Symbol einer tragischen Inkongruenz von Natur und Geist« (S. 38), weil Don Juan »die essentia des Lebens paradoxerweise durch den Tod her [sic] zu erfahren« suche – wie eine Deutung der Brunnenszene belegt.

Karasek, Hellmuth. *Max Frisch*. Velber: Friedrich ⁵1974 (Friedrichs Dramatiker des Welttheaters).

Zu *DJ* S. 57–66; anregende feuilletonistische Einführung in dies »Drama einer aufbegehrenden Jugend« (S. 66), das sich als »Kontrafaktur zu den bisherigen Don-Juan-Dramatisierungen« (S. 59) verwirklicht.

Kieser, Rolf, u. Doris Starr Guilloton. *Faustische Elemente in Max Frischs »Don Juan oder Die Liebe zur Geometrie«*. In: Knapp (Hg.), S. 255–273.

Literarhistorische und textnah deutende Entwicklung der These: »Frisch bringt Don Juan mit Faust in Verbindung, jedoch nicht als Kontrast-Dämon der Sinnlichkeit im Gegensatz zur Geistigkeit, sondern als Wesensverwandten, als Mit-Intellektuellen, dessen Geheimnis gerade in seiner Nicht-Sinnlichkeit liegt« (S. 266), die freilich wiederum zum »Rollenzwang« ausartet (S. 262).

Knapp, Gerhard P. *Max Frisch. Aspekte des Bühnenwerks*. Bern: Lang 1979 (Studien zum Werk Max Frischs 2).

Lüthi, Hans Jürg. *Max Frisch*. München: Francke 1981 (UTB 1085).

Zu *DJ* S. 16–25; arbeitet die ›Bildnis‹-Thematik heraus.

Matthews, Robert J. *Theatricality and Deconstruction in Max Frisch's »Don Juan«*. In: *Modern Language Notes* 87 (1972), S. 742–752.

Nähert sich der These Gnügs, ausgehend von den Akten wechselseitiger Namengebung, an und verschmilzt sie mit existentialistischen Gedanken: »They have, with the exception of Don Juan, all assumed names and roles given by the Other, the Don Juan tradition. And by affirming these assumed roles and names as real rather than as simply theatrical, as defining their very being, they have fallen into bad faith, denying and alienating the underlying human presence.« (S. 746) Nur Don Juan faßt seine Rolle objektiv auf: »Divested of a human presence *symbolically* in his staged damnation and *concretely* through the historical development of tradition, the theatrical Don Juan character finally achieves divine status.« (S. 750)

Matthias, Klaus. *Die Dramen von Max Frisch. Strukturen und Aussagen*. In: *Literatur in Wissenschaft und Unterricht* 3 (1970), S. 129–150 u. 236–252. Auch in: UMF II, S. 75–124.

Zu *DJ* S. 97–102; arbeitet an der Abfolge von Intermezzi und Haupthandlung das »Grundgesetz der paradoxen Verschränkung oder Verkehrung« (S. 101) heraus.

Moog-Grünewald, Maria. »Einfluß und Rezeptionsforschung.« In: Schmeling (Hg.), S. 49–72.

Zu *DJ* S. 65–69 akzentuiertes Referat des komparatistischen Forschungsstandes (v. a. Rötzer).

Petersen, Jürgen H. *Max Frisch*. Stuttgart: Metzler 1978 (Samml. Metzler 173).

Zu *DJ* S. 107–110; aus dem forschungsgeschichtlichen Referat wird die These begründet, »daß die Rolle, die [Don Juan] jeweils spielt oder spielen muß, nicht nur die Verwirklichung des eigenen Selbst unmöglich macht, sondern zugleich auf dieses Selbst verweist.«

–. *Frischs dramaturgische Konzeptionen*. In: Knapp (Hg.), S. 27–58.

Zur »stark rezipientenorientierten Dramaturgie« (S. 41) des *DJ* als der »komödienhaften Kehrseite [von Frischs] Dramaturgie der Provokation«: Die Handlung wird durch gezielte Enttäuschung der Vorurteile des Publikums ›verfremdet‹.

Pickar, Gertrud Bauer. *The Dramatic Works of Max Frisch*. Bern: Lang 1977 (Europäische Hochschulschriften I, 182).

Entwirft den Rahmen zur Einordnung von Zeit-/Raumgestaltung, Intellektuellenproblematik u. ä. im *DJ*.

Pollack, Anita. *Die Don-Juan-Thematik bei Max Frisch. Eine Untersuchung zur Frage der Verarbeitung und Neugestaltung tradierten Stoffgutes*. Wien, Phil. Diss. 1975.

Stoffreiche Arbeit; gliedert die Tradition klar nach ihren Kennmotiven und gibt Hinweise zur parodistischen Gestaltung bei Frisch.

Profitlich, Ulrich. *»Verlorene Partien«: Modelle des Mißlingens im Drama Max Frischs*. In: Knapp (Hg.), S. 107–129.

Zu *DJ* als eines der »Stücke mit privater Thematik« (S. 110); vgl. bes.: »Das Zusammenspiel der beiden ins Metaphysische hypostasierten Prinzipien (Geometrie und Geschlechtlichkeit), das trotz aller Milderungen die Grenzen unaufhebbar macht, verläuft nach dem Muster dialektischer Verschränkung.« (S. 111)

Quenon, Jean. *Die Filiation der dramatischen Figuren bei Max Frisch*. Paris: Les Belles Lettres 1975.

Zu *DJ* S. 72–78, 106 f., 176–185, 269–276, 331–334; Einordnung vor allem Don Juans in die Gruppe der Intellektuellen in Frischs Dramenwerk, Anna u. Miranda als Liebende; außerdem zu den Bürgern in Opposition zur Zentralgestalt.

Richter, Karl. *Schwierigkeiten mit der Liebe zur Geometrie. Theatralische Fiktion und Geschichtlichkeit in einer Komödie Max Frischs*. In: Schaefer (Hg.) (s. d.), S. 40–58.

Untersucht sowohl das »Verhältnis von ›existenziellem‹ und gesellschaftlich-politischem Interesse« (S. 41) als auch »die Schicht der Reflexion auf das literarische Medium selbst« (S. 55): »Der Rollenbegriff wird zum Schlüsselbegriff eben deshalb, weil er die Rolle als Erscheinungsweise des menschlichen Verhaltens zur Rollenexposition als einer formalen Möglichkeit des Theaters in Beziehung setzt.« (S. 57)

Rötzer, Hans Gerd. *Frischs »Don Juan«. Zur Tradition eines Mythos.* In: *Arcadia* 10 (1975), S. 243–259.
 Zeichnet die Wandlungen des ›Don-Juan‹-Mythos nach; Frischs Version zerstöre nur den »sekundären Mythos von der Genialität der Sinnlichkeit«, den erst das 19. Jh. als »Donjuanismus« (S. 259) etabliert habe.

Ruppert, Peter. *Max Frischs Don Juan: The Seductions of Geometry.* In: *Monatshefte* 67 (1975), S. 236–248.
 Versuch, Don Juan als ästhetische Existenz im Sinne Kierkegaards zu erklären und die Verbindungen zu Frischs sog. ›Bildnistheorie‹ nachzuzeichnen.

Schaefer, Eduard. *Don Juan in der Schule. Literaturdidaktische Überlegungen zu Max Frischs Komödie.* In: E. S. (Hg.). *Lerngegenstand: Literatur.* Göttingen: Vandenhoeck & Ruprecht 1977 (LiLi, Beih. 5), S. 59–71.

Schmeling, Manfred (Hg.). *Vergleichende Literaturwissenschaft.* Wiesbaden: Athenaion 1981.

Schmitz, Walter. *Max Frisch: Das Werk (1931–1961).* Bern: Lang 1985.
 Zu *DJ* S. 228–243; literarhistorische Interpretation, deren Deutungsthesen sich mit denen von Jurgensen und Gnüg berühren; Einzelnachweise zu Frischs Motivsprache.

Schuhmacher, Klaus. *»Weil es geschehen ist«. Untersuchungen zu Max Frischs Poetik der Geschichte.* Königstein/Ts.: Hain 1979 (Diskurs 1).
 S. 40–57: »Don Juan oder Tod und Auferstehung«; ebenso anregende und kenntnisreiche wie komplexe Deutung. »Hinter der Maske des Don Juan, die nur eine gesellschaftliche sein kann, wird [...] ein Konflikt ausgetragen zwischen der Rolle, die der Verführer in der Gesellschaft spielt und derjenigen des Geschöpfes, das als Teil die Ganzheit der Schöpfung in sich hineinreißen will. [...] In der Realisation Max Frischs wird der Rollenkonflikt der Don-Juan-Figur, die Spannung zwischen (gesellschaftsgebundener) Legende und (schöpfungs-ursprünglichem) Mythos, zum Thema. Wir erleben die Geburt der Figur aus dem Glanz und der Misere eines Intellektuellendaseins.« (S. 45) Indem er sich in der selbstinszenierten Höllenfahrt (samt folgender »Auferstehung«) die »Legende« zunutze macht, wird Juan zur »postfigura Christi« (S. 56) und etabliert als »Erkenntnisfigur« der Legende den »neuen, nun positiv gewendeten Mythos« vom ›neuen Menschen‹ (S. 57), wird wahrhaft erlöst jedoch erst im »erreichten Sozialen« (Hofmannsthal) von Ehe und Vaterschaft.

Stäuble, Eduard. *Max Frisch. Gesamtdarstellung seines Werkes.* St. Gallen: Erker [4]1971.
 S. 157–163 über Don Juan als »Absolutist des Männlichen«; feuilletonistisch anregende Einführung mit Hinweisen auf verwandte Stellen in Frischs Werk.

Stephan, Alexander. *Max Frisch.* München: Beck 1983. (Autorenbücher 37).

Zu *DJ* S. 54–58 konzise u. philologisch zuverlässige Kurzinterpretation, die den Forschungsstand mit knappen literatursoziologischen Anmerkungen pointiert.

Weise, Adelheid. *Untersuchungen zur Thematik und Struktur der Dramen von Max Frisch.* Göppingen: Kümmerle 1969 (Göppinger Arbeiten zur Germanistik 7).
S. 78–85 über »die Entfremdung des Intellektuellen«, die zuletzt durch die Liebe überwunden werde.

Weisstein, Ulrich. *Max Frisch.* New York: Twayne 1967 (= Twayne's World Authors Series 21).
Zu *DJ* S. 136–143; zuverlässige literarhistorische Einführung, deren Deutungsthesen an Frischs Nachwort und der ›Bildnis‹-Thematik orientiert sind.

Werner, Johannes. *Ein trauriger Held. Vorgeschichte und thematische Einheit von Max Frischs »Don Juan oder Die Liebe zur Geometrie«.* In: *Sprachkunst* 8 (1977), S. 41–58.

Rechte-Vermerk

Abweichend von den zitierten Quellen liegen die Rechte für
- Albert Camus, *Der Don-Juanismus* (S. 186–191) beim Verlag Karl Rauch. Der Text auch in: Albert Camus, *Das Frühwerk*, Düsseldorf: Karl Rauch 1967, S. 464–470.
- Romano Guardini, [Aus:] *Vom Sinn der Schwermut* (S. 191–196) beim Matthias Grünewald Verlag. Der Text auch in: Romano Guardini, *Unterscheidung des Christlichen*, Mainz: Matthias Grünewald ²1963. Wir danken für die Genehmigung zum Abdruck der Auszüge auch der Katholischen Akademie in München.

suhrkamp taschenbücher materialien

st 2029 Brechts »Aufhaltsamer Aufstieg des Arturo Ui«
Herausgegeben von Raimund Gerz

Brechts *Aufhaltsamer Aufstieg des Arturo Ui*, diese Verhüllung als Enthüllung, hat mit ihrer zupackenden Verbindung von Gangster-Story und hohem Stil der Tragödie theatralische Wirksamkeit unter Beweis gestellt. Der Materialienband geht hinter die unleugbaren Oberflächeneffekte des Stücks zurück; er konfrontiert die letzte Textfassung mit den von Brecht gesammelten und der ersten (im Nachlaß überlieferten) Fassung eingeklebten dokumentarischen Fotos; er bietet unter den Materialien zum Stück neben Brechts ›Anmerkungen‹ und Eintragungen ins Arbeitsjournal verstreute Texte aus dem Nachlaß und die *Geschichte des Giacomo Ui*, umfaßt in einem Kapitel zur Rezeption Kritiken der Aufführungen in Stuttgart und Berlin. Ausgewählte ›Texte zur Erläuterung des historischen Hintergrunds‹, darunter Auszüge aus den Braunbüchern und aus Hitlers Reden, erfassen den historischen Kontext und belegen dessen Bezugspunkte für Brechts dramatische Arbeit.

st 2030 Die deutsche Kalendergeschichte
Ein Arbeitsbuch von Jan Knopf

Die kurze überschaubare Prosaerzählung, deren Gegenstand eine dem Leben des Volkes entnommene unterhaltende oder nachdenkliche Begebenheit ist, und zwar mit lehrhafter und moralischer Tendenz, erweist sich offenbar als unverwüstlich. Im Schulunterricht hat die »Kalendergeschichte« schon traditionell einen festen Platz, und es scheint, daß sie einem Leserbedürfnis entgegenkommt, das sich immer weniger auf ausgiebige und umfangreiche Lektüre einzulassen bereit ist. Das vorliegende Arbeitsbuch bietet repräsentative Texte von Grimmelshausen bis hin zu Oskar Maria Graf und Bert Brecht, die Darstellung ihres historischen und medialen Kontexts, Erläuterungen zum Autor, soweit sie für das Verständnis der Geschichten wichtig sind, ausführliche Kommentare zu den Geschichten selbst, die auch für die Analyse anderer Geschichten des Autors oder für die anderer Autoren heranziehbar sind. Es enthält zu jedem Abschnitt Arbeitsvorschläge und Literaturhinweise. Eingeleitet wird der Band durch Erläuterungen zur Gattungsfrage und zu den historischen Grundlagen.

st 2031 Brechts »Tage der Commune«
Herausgegeben von Wolf Siegert

Als Brecht 1949 in der Schweiz den Entwurf seines Stückes *Die Tage der Commune* mit der Absicht fertiggestellt hatte, ihn baldmöglichst in Berlin auf die Bühne zu bringen, während alle Kräfte für den Wiederaufbau mobilisiert wurden, ging es zugleich um die Frage, ob eine wirkliche Revolutionierung der Verhältnisse ohne einen Volksaufstand möglich sei. Daß in der damaligen Zeitlage eine Aufführung des Stücks, dieser »kämpferischen Morgengabe für das Selbstverständnis des neuen [Berliner] Ensembles wie seines Publikums« (Ernst Schumacher), nicht möglich war, mag im Rückblick wie ein Omen künftiger Theaterpraxis erscheinen. Ihre verschüttete Aktualität beweisen die *Tage der Commune* gleichwohl immer wieder dort, wo sie als engagierte Literatur auf die Zeitläufte bezogen werden: aus Anlaß ihrer Frankfurter Inszenierung 1977 ebenso wie vor dem Hintergrund der Ereignisse im Chile des Septembers 1973. Der Materialienband von Wolf Siegert stellt dementsprechend die Dokumentation der Theaterarbeit in den Mittelpunkt seines Interesses. Wie die anderen Materialienbücher zu Brecht bietet er darüber hinaus Zusammenstellungen der Selbstäußerungen Brechts, der Aussagen seiner Freunde und Mitarbeiter, der wichtigsten Analysen sowie eine exemplarische synoptische Konfrontation des Stückes und seiner Genese mit den ihnen zugrundeliegenden Quellen.

st 2032 Die Ästhetik des Widerstands
Herausgegeben von Alexander Stephan

Nach dem Erscheinen des dritten Bandes der *Ästhetik des Widerstands* im Jahre 1981 bemerkte ein Kritiker: »Was Benjamin vorschwebte, als er seine Pariser ›Passagen‹-Arbeit skizzierte, das hat Peter Weiss in der ›Ästhetik des Widerstands‹, diesem gewaltigen Epitath auf die Arbeiterbewegung in der Epoche des Faschismus, verwirklicht: die

Beschreibung eines Zeitalters aus seinen Ruinen.« Der fast tausendseitige Roman ist nach gängigem Urteil eine schwierige Lektüre. Sie zu erleichtern – ja, sie in ihrer Bedeutungsvielfalt allererst zu erschließen – unternimmt der vorliegende Band. Themenkomplexe sind die Stellung der Trilogie im Gesamtwerk des Autors, das Verhältnis von Biographie und »Wunschbiographie« in der *Ästhetik des Widerstands,* die literarischen Kompositionsprinzipien, die Funktion der Realgeschichte innerhalb des Romans, die Funktion der Kunst, das Verhältnis der nach Abschluß des dritten Bandes publizierten *Notizbücher* mit ihren Vorstufen und Entwürfen zu dem realisierten Roman, usw. Als Resultat dieser unterschiedlichen Zugangsweisen wird die spezifische »kämpfende Ästhetik« des letzten Romans von Peter Weiss erkennbar, die er selbst als eine Ästhetik verstanden hat, »die nicht nur künstlerische Kategorien umfassen will, sondern versucht, die geistigen Erkenntnisprozesse mit sozialen und politischen Einsichten zu verbinden«.

st 2033 Alexander Kluge
Herausgegeben von Thomas Böhm-Christl

Nur selten ist Alexander Kluges Werk bislang zum Gegenstand veröffentlichter Äußerungen geworden – von punktuellen ›Besprechungen‹ gerade erschienener Bücher und Filme in den Feuilletons einmal abgesehen. Dies mag um so bedauerlicher erscheinen, als die zu Kluges Werken immer kontroversen Bewertungen nicht ausgetragen wurden, sondern nur mit der Zeit ins Dunkel sanken und bei Bedarf wieder hervorgezaubert werden: Propagandist und Aktionist der Phantasie – juridischer Stilist, Dokumentarist – Verfälscher von Dokumenten, Gesellschaftskritiker mit aufklärungsorientiertem Anspruch – ästhetischer Avantgardist mit nur kunstimmanentem Anspruch, Moralist ex negatione – unversöhnlicher Zyniker. Die Polarisierung solcher Leserurteile und ihr nachweisliches Sich-Sperren gegen spätere Revision haben den adäquaten Zugang zu diesem schwierigen Autor eher verstellt als erleichtert.
Der Materialienband von Thomas Böhm-Christl will dieser Tendenz entgegenwirken: mit Arbeiten, die sich an einzelne Werke oder Werkteile anschließen und um analytische Rezeption bemüht sind, mit Aufsätzen, die bestimmte As-

pekte thematisieren, die quer zum Einzelwerk liegen oder über dieses hinausgreifen, mit Beiträgen zum ästhetisch-philosophischen Hintergrund.

st 2034 Franz Xaver Kroetz
Herausgegeben von Otto Riewoldt

Daß Franz Xaver Kroetz »mit seinen 35 Jahren bereits als junger Klassiker« dastehe, daß ihm »die Mauser zum welttheatertüchtigen Dramatiker« gelungen sei – nur zwei von vielen gleichlautenden Urteilen, die man Kroetz nach seinem erfolgreichen Debüt als Romanschreiber (*Der Mondscheinknecht*) und als dem herausragenden Dramatiker der Spielzeit 1981/82 *(Nicht Fisch nicht Fleisch)* wie Präsente für eine glücklich abgeschlossene Matura auf den Tisch legte. Gleichzeitig aber machte sich – an dieser durch den Roman gezogenen Trennlinie – Unsicherheit breit, wie die tieferliegenden Gründe solch frühzeitig errungener Klassizität und deren Aspekte für die Zukunft zu bewerten seien. Von der nunmehr abgetragenen »geheimen, instinktiven Schuld, die den Dramatiker Kroetz zu seiner genialischen Produktivität angetrieben haben dürfte«, war da die Rede und auch vom Gespür des Autors, daß »in seiner Arbeitsbiographie etwas unaufhaltsam zu Ende« gehe. Der Materialienband von Otto Riewoldt belegt, bloße Summierung von Kritiken vermeidend, dennoch die Breite und Verschiedenheit der Einschätzungen, gibt Auskünfte in Interviews und aus Werkstattfunden, liefert Erfahrungsberichte zur Theaterarbeit aus der Sicht von Regisseuren; er bietet in Originalbeiträgen Einblicke in Realismus-Konzept und Sprachgebung seines Autors, zeichnet Wege und Wendungen von den frühen Stücken bis hin zum Roman. Werkverzeichnis und ausgewählte Sekundärbibliographie runden auch diesen Band der Reihe stm ab.

st 2035 Der junge Kafka
Herausgegeben von Gerhard Kurz

Das Frühwerk Kafkas ist noch kaum erforscht. Lange ging die Kafka-Forschung von der Unterstellung aus, erst mit dem *Urteil* sei Kafka der »Durchbruch« gelungen, wie die irreführende und verräterische Metapher lautete. Konse-

quenterweise wurden daher die literarischen Anfänge vernachlässigt.
Der vorliegende Band versucht dagegen zu zeigen, wie sich die spezifische literarische Thematik und Technik Kafkas entwickelt haben, wie sehr die Motive des späteren Werks im frühen schon angelegt und ausgebildet sind. Untersucht wird das Frühwerk bis hin zum Erzählzyklus *Betrachtung* von 1912. Die wichtigsten Texte und Anreger (Flaubert, Freud) werden monographisch behandelt.

st 2036 Peter Weiss
Herausgegeben von Rainer Gerlach

Nach seinem Tod wird das Werk von Peter Weiss – zumal das Spätwerk – so heftig und kontrovers diskutiert wie in den sechziger Jahren der *Marat/Sade* und *Die Ermittlung*. Dabei treten auch das Frühwerk sowie der Filmemacher und Maler mehr und mehr in den Blickpunkt. Der Materialienband von Rainer Gerlach stellt einer breiteren Öffentlichkeit die bislang nur unzureichend erforschten Texte des Frühwerks vor; er präsentiert das bislang weitgehend unbekannte schwedische Werk; befaßt sich mit Kindheit und Jugendzeit, dem Exil und dem Prozeß der künstlerischen Entwicklung, den Einflüssen, die persönlich von Hermann Hesse ausgingen; er widmet sich dem Bild- und Filmwerk. Das dramatische Werk wird in Einzelstudien untersucht, thematisch gewertet das Problem von Unzugehörigkeit und Entfremdung, das Engagement von Weiss für die Dritte Welt, seine Haltung zum Kolonialismus; die *Ästhetik des Widerstands* – der ein eigener Band innerhalb der stm gewidmet ist – sowie die *Notizbücher* sind in den Zusammenhang einbezogen. Wie alle Bände der stm enthält auch dieser Band Vita, Werkverzeichnis und Bibliographie der Sekundärliteratur, zusätzlich eine Filmographie und ein Ausstellungsverzeichnis.

st 2037 Schillers Briefe über die ästhetische Erziehung
Herausgegeben von Jürgen Bolten

Schillers theoretisches Hauptwerk zählt zu den wenigen Texten des ausgehenden 18. Jahrhunderts, an denen unmittelbar jener Wandel des geistigen und historischen Selbstverständnisses ablesbar wird, der seinerzeit die Selbstauflösung der bürgerlichen Aufklärung in die – nicht zuletzt auch politische – Romantik fundamentierte. Wie stellt sich vor diesem Hintergrund das ästhetische Programm Schillers dar? Auf welche gesellschaftlichen und politischen Vorgänge auch außerhalb der Französischen Revolution antwortet der Plan einer ästhetischen Erziehung? Wo und aus welchen Gründen schlägt dessen zunächst metapolitischer Anspruch in eine politisch affirmative Ästhetisierung seiner geschichtsphilosophischen Grundlagen um? In welchem Zusammenhang steht hiermit der philosophische Methodenwechsel innerhalb der *Briefe*, die zunehmende Distanzierung gegenüber Kantischen Positionen zugunsten einer Annäherung an das Denken Fichtes? Und nicht zuletzt: gibt es methodische oder inhaltliche Momente, die von einer Präfiguration romantischer Denkfiguren sprechen lassen und die in gerader Linie etwa auf Hölderlin oder Schelling verweisen? Die Beantwortung dieser von der Forschung zumeist isoliert voneinander gestellten Fragen zu erleichtern und damit die Einheit der *Briefe* gerade in ihrer gedanklichen Heterogenität transparent werden zu lassen, setzt sich die Auswahl der Materialien und Aufsätze zum Ziel.

st 2038 Karin Struck
Herausgegeben von Hans Adler und Hans Joachim Schrimpf

Von 1973 an, dem Erscheinungsjahr des Erstlings *Klassenliebe*, sind Karin Strucks Romane, Erzählungen, Features Stachel im Fleisch der kritischen Öffentlichkeit gewesen. Kaum eine der unzähligen Stellungnahmen, die nicht emotional vorpreschte; wenige, die die Distanz des gelassenen Rezensenten nicht mit gleicher Heftigkeit aufgaben, mit der die Autorin in der programmatischen ›Unmäßigkeit‹ ihrer Texte die Leser bestürmte. Karin Strucks aggressiver – mindestens offensiver – Versuch, schutz- und rücksichtslos Subjektivität, *ihre* Subjektivität, ins Wort zu setzen, ist, zusammen mit dem Rezeptionsprozeß, im Rahmen der Neuen Subjektivität zu sehen, geht aber nicht darin auf.
Der Materialienband bietet beides, Kommentar und Analyse zum Werk und Dokumentation der Rezeption, um dieses

Phänomen der jüngeren westdeutschen Literatur greifbarer zu machen. Indem in Einzelbeiträgen verschiedene Aspekte des Werkes, unterschiedliche Formen und Arten der Rezeption und Probleme der Schreib-Arbeit beleuchtet werden, wird kein geschlossenes Gesambild angestrebt, vielmehr ein Aufriß von ›Literatur in Funktion‹. Karin Strucks Prosa ist eines ihrer aktuellen Paradigmata. Eine ausführliche Bibliographie weist Werk und Rezeption nach.

st 2039 Brochs »Verzauberung«
Herausgegeben von Paul Michael Lützeler

Über keines von Hermann Brochs Büchern gehen die Meinungen derart weit auseinander, weichen die Wertungen so sehr voneinander ab wie über seinen Roman *Die Verzauberung*. Solche unterschiedlichen Reaktionen haben zu tun mit der Komplexität und dem Provokationspotential des Werkes. Waren Brochs *Schlafwandler* von 1930/32 der Versuch gewesen, Tendenzen des Kulturverfalls in der Wilhelminischen Zeit zu vergegenwärtigen, so ging es in dem neuen Werk um eine Auseinandersetzung mit jenen gesellschaftlichen Kräften, massenpsychologischen Mechanismen und quasi-metaphysischen Erwartungshaltungen, welche die Heraufkunft des Faschismus in den zwanziger und dreißiger Jahren ermöglicht hatten. In der *Verzauberung* werden auf dichterische Weise jene Probleme unserer Zivilisation bedacht, die anzugehen immer dringlicher wird, und für die eine Lösung nicht in Aussicht ist: im Metaphysischen die Krise der überlieferten Religionen, im Gesellschaftlichen die abgewirtschaftete patriarchalische Ordnung, im Politischen die Tendenz zur Brutalisierung und zum Totalitären, in der Technik eine ziellos gewordene Rationalität sowie im Bereich der zwischenmenschlichen Beziehungen eine inhumane Funktionalisierung. – Dem in seiner Aktualität und gleichzeitigen Offenheit begründeten zunehmenden Interesse an diesem Roman, bis in den schulischen Bereich hinein, wird der Materialienband in der Verbindung von genetisch wichtigen Texten, Dokumentationen der brieflichen Kommentare, neuen Analysen und einem Forschungsbericht mit einer Bibliographie zur Sekundärliteratur gerecht.

st 2040 Hans Magnus Enzensberger
Herausgegeben von Reinhold Grimm

Der vorliegende Band über Hans Magnus Enzensberger enthält in einer ersten Abteilung – unveröffentlichte oder an entlegener Stelle erschienene – Texte des Autors selbst, in einer zweiten Äußerungen von Kollegen, Wissenschaftlern und Kritikern, den bedeutenden Briefwechsel mit Hannah Arendt, die Diskussion mit Peter Weiss und zwei Interviews aus den Jahren 1969 und 1979; die dritte Abteilung bietet »Längsschnitte, Querschnitte«, in denen das Nachwirken der Antike in Enzensbergers Werk ebenso thematisiert ist wie sein mögliches Einwirken auf die heutige ›Dritte Welt‹. Der vierte Abschnitt verbindet wissenschaftliche Untersuchungen und Würdigungen, Besprechungen und Stellungnahmen. Die Bibliographie schließlich ist der bislang umfassendste Nachweis zu Enzensbergers Œuvre und seiner Sekundärliteratur.

st 2041 Lateinamerikanische Literatur
Herausgegeben von Mechtild Strausfeld

Die vorliegenden Aufsätze zur lateinamerikanischen Literatur wollen dem deutschen Leser einen ersten Eindruck von dem breiten Panorama der neuen Literatur des Kontinents vermitteln. Sie ist in der Bundesrepublik weithin unbekannt, obwohl sie immer nachdrücklicher als einzige Alternative zur problematischen europäischen erzählenden Prosa bezeichnet wird. Während die Rezeption und kritische Auseinandersetzung mit diesen bedeutenden Werken bereits in den sechziger Jahren – auch als »Dekade des Booms der lateinamerikanischen Literatur« apostrophiert – sowohl in den USA als auch in den anderen europäischen Ländern begann, fehlt noch heute ein vergleichbares Echo in der Bundesrepublik. Dies gilt für die Kritik wie für die Universität.

Die ausgewählten Arbeiten behandeln entweder einzelne Romane oder das Gesamtwerk eines Autors. Dieser Materialienband soll u. a. dazu beitragen, ein größeres Verständnis für die neue lateinamerikanische Literatur zu ermöglichen, die nur allzu oft als »Produkt überschäumender Phantasie« bezeichnet wird. Bibliographische Angaben zu den Autoren sowie eine Liste der wichtigsten Sekundärliteratur und Porträtfotos vervollständigen den Band.

st 2042 Brechts Romane
Herausgegeben von Wolfgang Jeske

Mit dem vorliegenden Band gehen die Materialien-Bände zu Brecht erstmals über die mit seinem Namen am meisten verbundene Gattung hinaus und unternehmen den Versuch, den durchaus vielgelesenen und zu seiner Zeit, besonders beim *Dreigroschenroman*, auch anerkannten Romancier vorzustellen. Da sich aus der vorliegenden Forschung zu den veröffentlichten Romanen und Roman-Projekten in sich geschlossene Teiluntersuchungen schwer extrahieren lassen, wurde hier auf solche Auszüge verzichtet; durch die Heranziehung jeweils erster Reaktionen nach der Veröffentlichung der Romane läßt sich andererseits die Diskrepanz zwischen der Anerkennung des Romanciers Brecht bei Lesern und Kritik auf der einen und der relativ langen Unterschätzung und Nichtberücksichtigung in der Forschung auf der anderen Seite zeigen. Erstmals werden hier Roman-Projekte aus den zwanziger Jahren mit der Wiedergabe der vorliegenden Texte im Zusammenhang vorgestellt.

st 2043 Friederike Mayröcker
Herausgegeben von Siegfried J. Schmidt

In der Vielfalt kritischer Zeugnisse, Reaktionen, Dokumente und Meinungen sollen Zugänge zum Werk einer Dichterin geöffnet werden, die heute als eine der bedeutendsten deutschsprachigen Autorinnen gilt; aber auch als eine Autorin, deren Arbeiten Rezipienten brauchen, die noch zu kreativem Lesen bereit sind. Die Beiträge dieses Bandes, das kein Kult- und Feierbuch, sondern Spiegel einer kritischen Auseinandersetzung sein will, belegen die oft vertretene Ansicht, daß Friederike Mayröcker im Laufe ihrer dichterischen Entwicklung eine eigenständige Poetik entwickelt hat, die ihrem Rang nach in die Reihe der großen literarischen Experimente dieses Jahrhunderts seit James Joyce und Gertrude Stein gehört.

Der Band enthält exemplarische Rezensionen zu ihren verschiedenen Arbeitsperioden und Arbeitsbereichen, verfaßt von Schriftsteller-Kollegen, Literaturkritikern und Literaturwissenschaftlern. Präsentiert werden Interviews mit Friederike Mayröcker, aus denen die Poetik ihrer Arbeiten erkennbar wird. Eine Sammlung von Zeichnungen dokumentiert diesen oft übersehenen wichtigen Produktionsbereich der Autorin. Die öffentliche Reaktion auf Mayröckers literarische und künstlerische Produktion spiegelt eine auf Vollständigkeit bedachte Bibliographie der Sekundärliteratur.

st 2044 Samuel Beckett
Herausgegeben von Hartmut Engelhardt

Nach einer Reihe von Textsammlungen, die einzelne Werke Becketts zum Thema hatten, bemüht sich der neue Materialienband um eine Gesamtanschauung von Becketts Œuvre. Sicherlich kann – schon vom Umfang her – ein Materialienband zu Becketts Gesamtwerk dieses nicht ausschöpfen, kann dies nicht einmal versuchen. Dementsprechend sind Beiträge – Übersetzungen von bislang nicht in deutscher Sprache vorliegenden wichtigen französisch- und englischsprachigen Untersuchungen sowie Originaltexte – versammelt, die Aspekte beleuchten, Spuren verfolgen, Zusammenhänge rekonstruieren, aber Vollständigkeit weder anstreben noch vortäuschen. Dabei werden einerseits die ›klassischen‹ Werke – *Warten auf Godot* und *Endspiel* vor allem – berücksichtigt, liegt andererseits ein besonderer Akzent auf weniger populär gewordenen Arbeiten wie *Watt* oder *Wie es ist* sowie auf den Dramen und Prosastücken des Spätwerks. Themen der Originalbeiträge sind u. a.: Versuch, Spielstücke zu verstehen, Kunst im Kopf – Becketts späte Prosa und das Imaginäre, Becketts *Company* im Computer, Zum Protestanteil Beckettscher Dichtung, Becketts ›Losigkeit‹ – ein Versuch in Dekomposition, Becketts späte Dramen.